四川盆地天然气发展前景展望

前景展望

杨 雨　文 龙　著
李海涛　余 果

重庆大学出版社

内容提要

本书介绍了四川盆地天然气发展的基本情况和未来发展前景,从四川盆地天然气发展史入题,阐述了四川盆地天然气在国家能源战略布局中的重要地位及巨大的发展潜力;从系统论出发,研究了国内外天然气峰值产量预测模型和风险分析方法;系统剖析了四川盆地天然气资源特点及其发展规律,探索出适用于四川盆地天然气科学发展规划的储产耦合中长期峰值产量预测模型及其精准风险量化分析方法;描绘了四川盆地天然气全产业链新时期转型升级模式下的发展蓝图。

图书在版编目(CIP)数据

四川盆地天然气发展前景展望/杨雨等著. -- 重庆:
重庆大学出版社,2023.11
ISBN 978-7-5689-4061-0

Ⅰ.①四… Ⅱ.①杨… Ⅲ.①四川盆地—天然气工业
—产业发展—研究 Ⅳ.①F426.22

中国国家版本馆 CIP 数据核字(2023)第 121449 号

四川盆地天然气发展前景展望

杨雨 文龙 李海涛 余果 著
责任编辑:肖乾泉 版式设计:孙 婷
责任校对:王 倩 责任印制:赵 晟

*

重庆大学出版社出版发行
出版人:陈晓阳
社址:重庆市沙坪坝区大学城西路21号
邮编:401331
电话:(023)88617190 88617185(中小学)
传真:(023)88617186 88617166
网址:http://www.cqup.com.cn
邮箱:fxk@cqup.com.cn(营销中心)
全国新华书店经销
重庆升光电力印务有限公司印刷

*

开本:787mm×1092mm 1/16 印张:14.25 字数:340 千
2023 年 11 月第 1 版 2023 年 11 月第 1 次印刷
ISBN 978-7-5689-4061-0 定价:88.00 元

作者简介 ZUO ZHE JIAN JIE

杨雨，中国石油天然气股份有限公司正高级工程师，长期从事油气资源评价、地质综合研究、油气战略规划和勘探开发实践。围绕四川盆地天然气理论技术、战略发现、持续上产和产业发展，先后主持和参与国家科技攻关项目、中国石油重大科技专项等多类项目研究，为四川盆地天然气大发展作出了积极贡献，获得多项省部级及以上科技奖励，曾荣获国务院政府特殊津贴。

天然气是指自然界中天然存在的一切气体，包括大气圈、水圈和岩石圈中各种自然过程形成的气体（包括油田气、气田气、煤层气和生物生成气等）。天然气是最为清洁低碳的化石能源，是化石能源向非化石能源转化的桥梁和必由之路，在"碳达峰碳中和"进程中扮演着重要角色。天然气在世界能源消费结构中的占比达到25%，而在中国仅为8%，提高占比，响应"双碳"政策，中国天然气发展前景广阔。中国天然气相对稳定的供应和较为完善的基础设施，使其在替代高污染、高碳排放燃料方面具有先天优势。同时，在构建现代能源体系进程中，天然气以其灵活、低碳、高效等优势将成为可再生能源的天然伙伴。

我国油气资源主要分布在七大盆地，分别是四川盆地、鄂尔多斯盆地、塔里木盆地、松辽盆地、柴达木盆地、准噶尔盆地、渤海湾盆地。四川盆地天然气总资源量约为40×10^{12} m^3，位居全国第一。四川盆地天然气资源丰富、潜力巨大，勘探开发前景广阔，未来应加强深层、超深层勘探，推进多层系立体勘探，加快发展非常规油气勘探，力争实现天然气持续快速发展。四川盆地是世界上最早发现与利用天然气的地区，是中国现代天然气工业的摇篮。经过近70年的发展，四川盆地已建成上中下游产业链完整的天然气工业体系，天然气产量领跑全国半个世纪，现居主要产气盆地之首，在改善一次能源消费结构、建设"美丽中国"的发展进程中发挥了重要作用。

本书介绍了四川盆地天然气发展的基本情况和未来发展前景，共分为3篇、5章。第1篇——天赋西南，国之重气；第2篇——西南模式，油气之光；第3篇——科学规划，再攀高峰。本书从四川盆地天然气发展史入题，阐述了四川盆地天然气在国家能源战略布局中的重要地位及巨大的发展潜力；从系统论出发，研究了国内外天然气峰值产量预测模型和风险分析方法；系统剖析了四川盆地天然气资源特点及其发展规律，探索出适用于四川盆地天然气科学发展规划的储产耦合中长期峰值产量预测模型及其精准风险量化分析方法；描绘了四川盆地天然气全产业链新时期转型升级模式下的发展蓝图。

本书由杨雨、文龙、李海涛、余果等共同编写。其中,中国石油天然气股份有限公司杨雨编写第 1 章,中国石油西南油气田分公司勘探开发研究院文龙编写第 2 章,中国石油西南油气田分公司勘探开发研究院李海涛编写第 3 章和第 5 章,中国石油西南油气田分公司余果编写第 4 章。中国石油西南油气田分公司勘探开发研究院陈艳茹、方一竹、战薇芸、朱华等给予了大力支持,在此表示衷心感谢。本书在编写过程中参阅了大量的有关资料,在此,谨对原作者表示最诚挚的谢意。

由于作者水平有限,书中难免存在疏漏之处,敬请读者和同行批评指正。

作 者
2023 年 6 月

目录 / MU LU

第 3 篇　科学规划，再攀高峰

第1篇

天赋西南，国之重气

大国重气强发展，为国争气看四川。 火井探索先引路，燃气上产勇担当。
艰苦奋斗川油魂，争做行业领头羊。 奋建西南油气仓，不负人民不负党。

天然气是地球上最重要的清洁能源之一。 随着时代的发展，能源革命进程的加快，天然气正逐渐成为能源消费的主角。 人类利用能源的方式在继木柴向煤炭、煤炭向油气的转化基本完成之后，将经历油气向新能源的第三次重大转换。 天然气作为最清洁的化石能源，在这一次能源革命中将成为重要的桥梁和纽带。 大力发展和利用天然气，在能源需求不断增长的形势下，加大对天然气的利用是我国增强能源供应的必然选择。 我国的天然气资源主要分布在三大盆地、四大气区。 作为"天府之国"的四川盆地，天然气资源得天独厚。 四川盆地天然气开发历史源远流长，是世界天然气开发的鼻祖。 同时，四川盆地独特的地质特征使得天然气这种"气体黄金"在此大量富集，其资源量大，探明率低，发展前景广阔且具有成长性。

第1章
全球天然气发展综述 ▶▶▶▶

1.1　全球天然气发展现状和利用趋势

　　按能源的基本形态分类,能源可分为一次能源和二次能源。一次能源,即天然能源,指在自然界现成存在的能源,如煤炭、石油、天然气、水能等。二次能源指由一次能源加工转换而成的能源产品,如电力、煤气、蒸汽及各种石油制品等。目前,全球一次能源消费结构仍以传统化石能源为主。根据英国石油公司(简称 BP)的数据,2020 年石油仍是非洲、欧洲和美洲的主要燃料;天然气则在独联体和中东地区占主导地位,在这两个地区一次能源结构中的占比超过半数;煤炭是亚太地区的主要燃料(图 1.1)。截至 2020 年,全球一次能源消费结构中,石油、煤炭和天然气依旧占据最大份额,三者分别占比 31.3%、27.2% 和 24.7%。

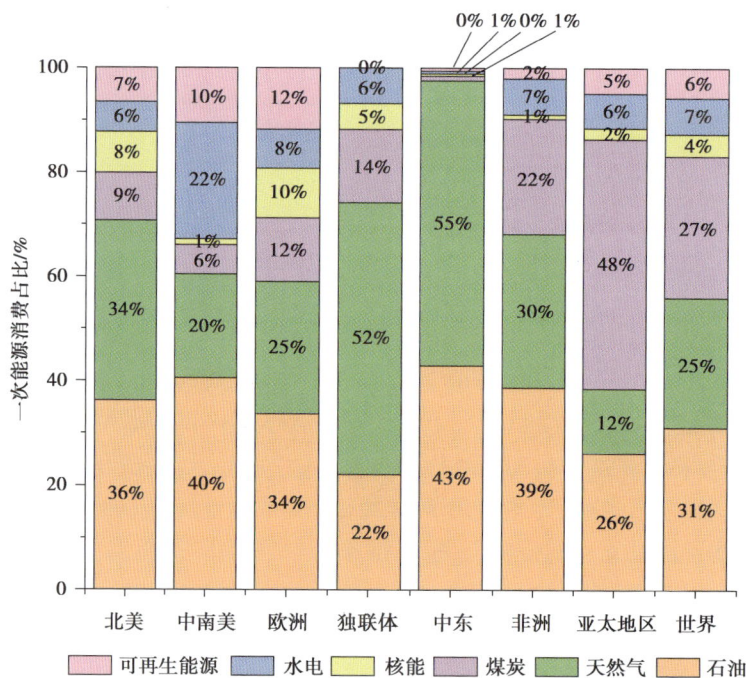

图 1.1　各地区一次能源消费占比(数据来源于 BP,2020)

　　在全球加速能源转型和碳减排的背景下,天然气作为过渡能源的重要性日益凸显。随着经济和技术的发展,化石能源的发展已经从低效走向高效、从高碳转向低碳,能源替代将是长期以化石能源为主体和新能源快速发展的过渡。天然气作为化石能源中的一种,它的主要成分是甲烷(CH_4),燃烧后几乎不会产生硫氧化物及粒状物等空气污染物。与煤炭和石油相比,天然气燃烧效率高、热值高,且在燃烧过程中产生的二氧化碳排放量仅约为燃油的 73%、燃煤的 54%。随着能源结构低碳化的发展,含碳量更低的天然气将取代石油成为主要能源。

1.1.1　全球天然气供需形势分析

1)全球天然气储量丰富

得益于勘探技术的进步、勘探范围的扩大、开采技术的提高等因素,尤其是页岩气革命,全球天然气探明储量逐年增加,天然气储量分布相对集中。根据 BP 能源统计的数据,截至 2020 年底,全球天然气剩余探明可采储量为 188.1 万亿 m^3(目前技术下无法有效采集部分未计入),约 70.4% 分布在中东地区和 CIS 地区(主要为俄罗斯);探明剩余可采储量前五名的国家分别为俄罗斯(37.4 万亿 m^3)、伊朗(32.1 万亿 m^3)、卡塔尔(24.7 万亿 m^3)、土库曼斯坦(13.6 万亿 m^3)和美国(12.6 万亿 m^3),合计占全球探明剩余可采储量的 64.01%;我国天然气探明剩余可采储量为 8.4 万亿 m^3,占全球探明剩余可采储量的 4.5%,排名世界第六(图 1.2)。

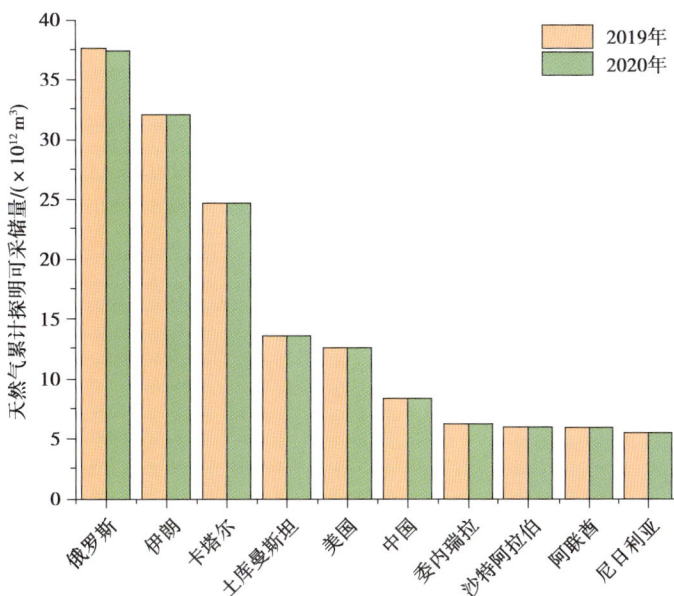

图 1.2　全球 2019 年、2020 年天然气累计探明可采储量(数据来源于 BP,2020)

2)天然气产量分布不均匀

由于天然气资源分布不均匀,天然气产量集中在少数国家。根据 BP 能源统计的数据,2020 年天然气产能位列世界前十的国家依次为美国、俄罗斯、伊朗、中国、卡塔尔、加拿大、澳大利亚、沙特阿拉伯、挪威以及阿尔及利亚,其天然气产量占全球产量的比重达到 72.19%;其中,美国和俄罗斯天然气产量领先,2020 年分别约为 9 146×$10^8 m^3$ 和 6 385×$10^8 m^3$,分别占全球天然气产量的 23.73% 和 16.57%(图 1.3)。

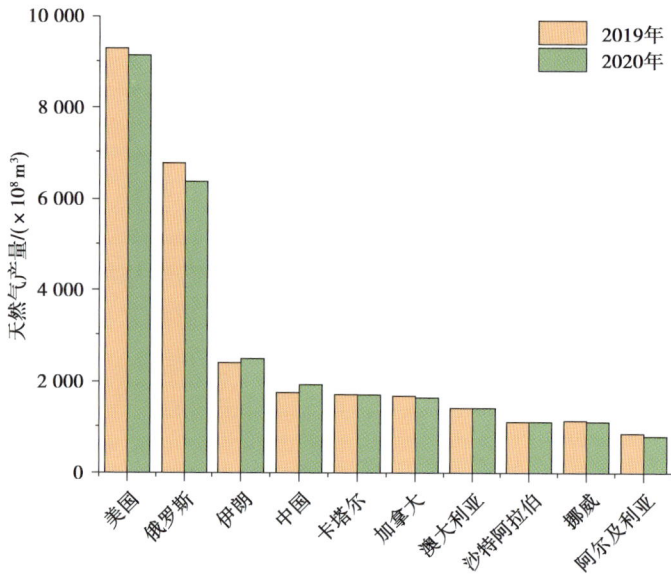

图 1.3　全球 2019 年、2020 年天然气产量（数据来源于 BP,2020）

3）全球天然气消费量

近年来,全球天然气的产量和消费量均呈稳步增长态势,2019 年分别达到 $3.98\times10^{12}\,m^3$ 和 $3.9\times10^{12}\,m^3$ 的历史最高值;2000—2019 年,产量和消费的复合增速分别达到 2.7% 和 2.6%。2020 年,受新冠疫情与低油价双重冲击,世界天然气产量为 $3.85\times10^{12}\,m^3$,同比下降 3.1%。同时,全球范围内的产品生产与贸易也受到疫情的严重影响,一次能源消费总量下降 4.5%,天然气消费量为 $3.82\times10^{12}\,m^3$,同比下降 2.1%。

根据 BP 能源统计的数据,2020 年天然气消费量位列世界前十的国家依次为美国、俄罗斯、中国、伊朗、加拿大、沙特阿拉伯、日本、德国、墨西哥以及英国,其天然气消费量占全球消费量的比重达到 62.3%;其中,美国和俄罗斯天然气消费量领先,2020 年分别约为 $8\,320.2\times10^8\,m^3$ 和 $4\,113.9\times10^8\,m^3$,分别占全球天然气消费量的 21.8% 和 10.8%（图 1.4）。

近年来,天然气短缺较为严重的地区主要是欧洲,由于欧洲能源转型力度较大,同时又由于近两年异常天气频发,风电、水电等可再生能源的发电量严重不足,这导致欧洲地区对天然气依赖度持续上升,进而造成天然气价格飙升。长期来看,能源需求主要受经济增长带动。发达国家天然气消费基本进入平台期,未来增长乏力。根据国际能源署（IEA）、壳牌（SHELL）等机构预测,普遍认为亚太地区是驱动未来天然气需求增长的主要地区,中国和印度是未来天然气需求增长最快的主要国家。中国相对印度经济发展水平高,而且中国实现"双碳"目标能源转型压力更大,因此天然气进口增长潜力更大。

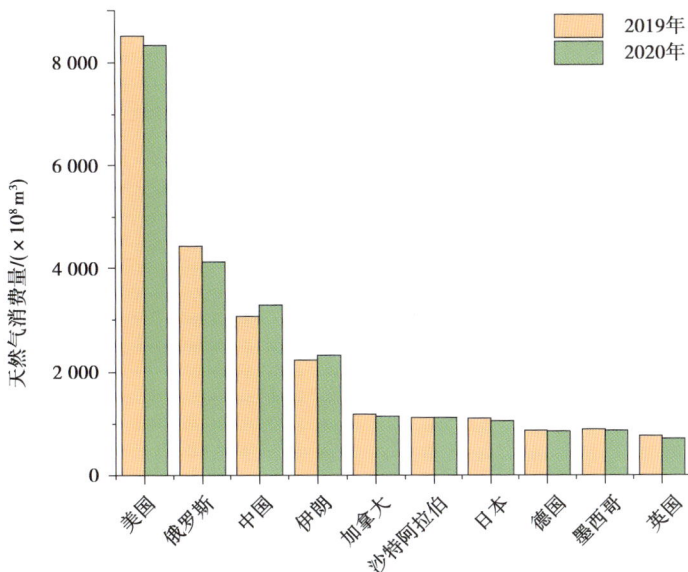

图 1.4　全球 2019 年、2020 年天然气消费量（数据来源于 BP，2020）

1.1.2　我国天然气供求

1）我国天然气消费总量居全球第三位

我国天然气消费在 2000 年以后进入快速增长阶段。1978 年改革开放后到 2000 年，我国天然气消费的复合增长率为 4.2%，2000 年至 2020 年的 20 年间的复合增长率达到 13.8%，远高于全球同期 2.4% 的增速。2020 年，我国天然气消费总量为 $3\ 280 \times 10^8\ m^3$，是全球第三大天然气消费国，但是人均天然气消费量仅为 $230\ m^3$ 左右，不足全球 $514\ m^3$ 平均水平的一半。我国一次能源消耗以煤炭为主，随着生态文明建设的持续推进，能源消费结构不断优化。近 10 年来，我国天然气消费在能源消费结构中的比重逐步上升。2010 年，我国能源消费结构中煤炭约占 70%，石油约占 18%，天然气约占 4%［图 1.5（a）］。由于目前中国天然气在能源消耗中的占比较低，未来具有很强的增长性，加上改变能源结构的需求，对天然气有着迫切需要，这都为天然气的增长提供了非常好的市场环境。到 2020 年，天然气在我国一次能源中的占比翻倍，从 4% 左右提高到 8%［图 1.5（b）］。

2）"双碳"目标下，我国天然气需求预测

天然气主要应用于发电、城市燃气、工业燃料、交通运输和化工原料 5 个领域，其中前 4 个领域是天然气作为能源的应用（图 1.6）。目前，交通运输领域的用气量还比较小，但增长很快。在全球气候治理目标下，天然气是最佳的过渡能源已在国际上取得了广泛共识。

目前，我国天然气主要用于城市燃气和工业燃料，两部分占天然气消费的 3/4。我国天然气消费结构与全球平均水平和发达国家相比，主要不同之处是我国用于发电的天然气消费占比较低。根据壳牌公司（SHELL）的统计数据，2020 年全球天然气消费结构中，发电用

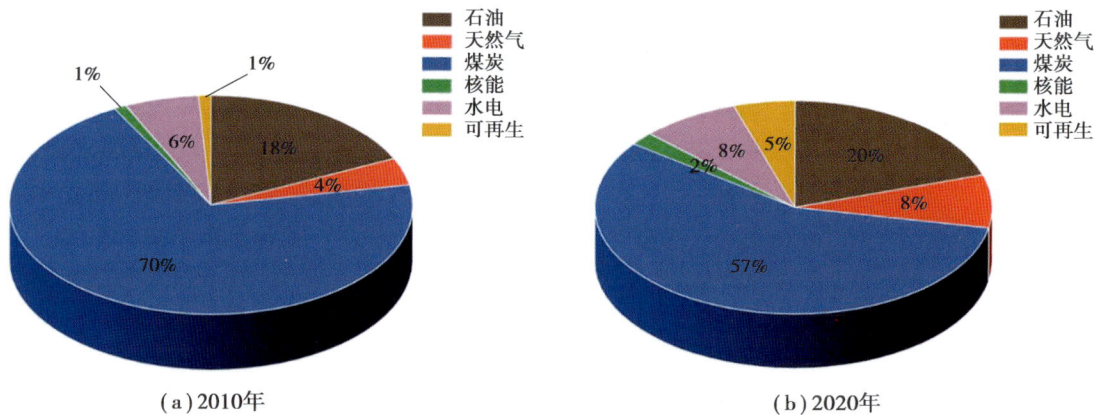

（a）2010年   （b）2020年

图 1.5   2010 年、2020 年我国能源消费占比（数据来源于 BP，2020）

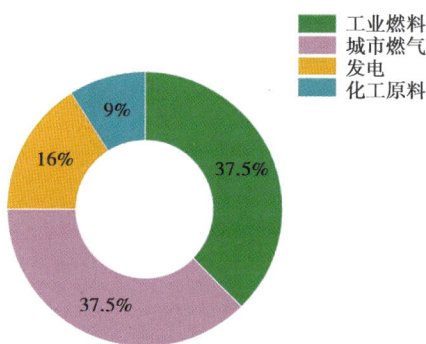

图 1.6   2020 年我国天然气消费结构

天然气占比为 31.9%，发达国家更高，其中日本最高，达到 60%。天然气发电运行灵活、爬坡速度快，调节性能出色，而且相较其他化石能源更加环保，因此发达国家天然气发电占比高。但是天然气发电在我国发展相对较慢，2020 年总发电装机容量仅占全国总装机量的 4.4%，主要原因如下：

①燃气轮机技术依旧依赖于进口。燃气轮机的核心技术上，一方面是控制软件，另一方面是轮机的生产和制造，因为起步晚，所以我国在这两个方面都处于劣势。没有自主生产的成熟化燃气轮机，我国的大部分燃气轮机就只能依赖于进口。针对于进口的燃气轮机来说，我国首先将其作为了模板，然后开始了自主开发成熟燃气轮机的相关技术。正是为了成熟化的国产燃气轮机技术服务，很多装机的国产燃气轮机并没有达到预定的发电目标，很大程度上都仅仅作为与进口燃气轮机的技术比较，所以真正能够发电的进口燃气轮机在数量上也是不足的，这便造成了我国装备的燃气轮机虽然位列世界第三，但是发电量却低的事实。

②天然气价格依旧处于上升趋势。虽然天然气对比煤炭能源体现出了诸多优势，但事实上天然气的价格却不低，这在很大程度上限制了天然气的持续使用。因为我国能拥有的天然气矿源不多，所以我国的天然气绝大部分都依赖于进口，这对天然气在我国的普及来说还是十分不利的。目前，我国的大部分天然气来源国都是俄罗斯以及中亚国家。这些国家除了要供应我国的天然气外，还要供应欧洲的天然气，这使得天然气的价格屡屡攀升。面对价格逐渐提高的天然气，我国选择了有幅度地使用天然气发电，这使得天然气发电的占比大幅降低。除了天然气本身的价格趋高外，天然气在运输以及储存上的成本也在提高。总体来看，价格已经明显不如煤炭，这也是导致天然气在使用上受限制的原因之一。

3）我国天然气产量稳步上升

随着 2004 年"西气东输"管道建成，我国天然气产量突破 $400×10^8 m^3$，之后我国天然气产量进入高速增长阶段,年均复合增速为 6.6%,基本是 1978 年改革开放后的 2 倍。2020 年,我国天然气产量超过 $1\,900\times10^8\,m^3$,已经是全球第四大产气国。按照《"十四五"现代能源体系规划》,2025 年我国天然气产量预计达到 $2\,300\times10^8\,m^3$ 以上。根据我国气田开发情况,国家能源局预测我国天然气产量将继续稳步增长,预计在 2040 年及以后较长时间将稳定在 $3\,000\times10^8\,m^3$ 以上水平。但是我国天然气储量比较有限,根据 BP 统计数据,我国天然气资源探明储量仅为 $8.4\times10^{12}\,m^3$,占全球探明总储量的 4.5%,人均储量不足世界人均值的 1/5,储采比为 43.3,低于全球 48.8 的平均水平。

据国家发展和改革委员会运行快报统计,2021 年,我国天然气表观消费量达到 $3\,726\times10^8\,m^3$,同比增长 12.7%。同口径比较,2020 年,我国天然气表观消费量为 $3\,240\times10^8\,m^3$,增长 5.6%,2021 年天然气表观消费量回升明显(图 1.7)。2021 年,国内天然气需求增速前高后低,一、二季度增速高涨,三、四季度则由于能耗双控、国际 LNG 现货价格走高、冬季气温偏高等因素,需求增速明显放缓。分领域看,工业与发电用气引领天然气需求增长;分地区看,我国中西部、长三角、西南等地区天然气消费增速较上年有明显上升。

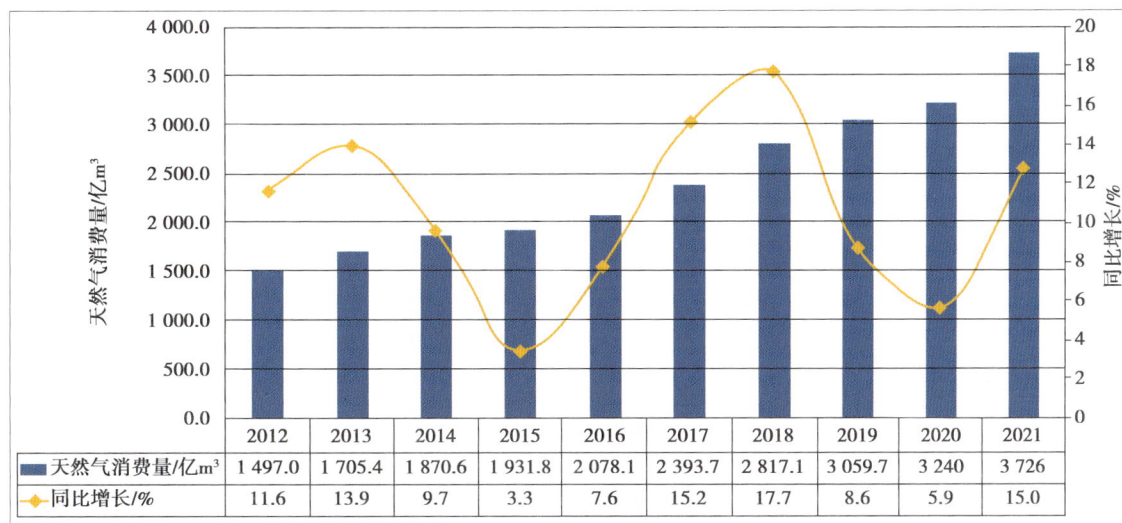

	2012	2013	2014	2015	2016	2017	2018	2019	2020	2021
天然气消费量/亿m³	1 497.0	1 705.4	1 870.6	1 931.8	2 078.1	2 393.7	2 817.1	3 059.7	3 240	3 726
同比增长/%	11.6	13.9	9.7	3.3	7.6	15.2	17.7	8.6	5.9	15.0

图 1.7　我国近年天然气产量图

1.1.3　全球天然气市场

1)三大天然气市场价格屡创新高

2021 年,随着全球央行实施大规模量化宽松措施,以及疫情好转和需求复苏,天然气市场强势复苏,叠加全球碳中和步伐加速迈进,天然气价格持续上涨,并不断刷新历史最高水平。

2021 年,亚太天然气 JKM(东北亚现货基准价格)均价为 18.51 美元/mmbtu,比上年上涨 14.16 美元/mmbtu,涨幅高达 326%。其中,2021 年 10 月 6 日 JKM 价格上涨至 56.33 美元/mmbtu,创历史新高。欧洲 TTF 期货(荷兰天然气期货)均价为 16.34 美元/mmbtu,比上年上涨 13.09 美元/mmbtu,涨幅高达 403%。2021 年 12 月 21 日,受气温骤降、俄罗斯对欧输气量下降影响,欧洲 TTF 期货价格一度攀升至 59.61 美元/mmbtu,创历史最高水平。美国亨利枢纽(Henry Hub)期货价格平均为 3.73 美元/mmbtu,比上年上涨 1.6 美元/mmbtu,涨幅为 75.1%。2021 年 10 月 6 日,美国亨利枢纽天然气期货价格上涨至 6.31 美元/mmbtu,创 7 年以来新高。

2)天然气成为全球最贵的一次能源

2021 年,全球范围内能源供需矛盾不断加剧,中国"电荒"、英国"油荒"、欧洲"气荒"、印度"煤荒"等频频上演,全球范围内的能源危机不断发酵,煤炭、石油、天然气三大传统化石能源价格纷纷创近年新高或历史新高。随着疫情好转,传统能源需求激增,天然气需求超预期增长,但上游资本支出大幅下滑,能源生产恢复滞后,造成全球供应紧张形势不断加剧;与此同时,各国环保政策不断加码,煤炭供应下降,且新能源供给不足,导致能源供应出现缺口。由于传统能源供需矛盾激化,全球能源供给危机持续发酵,天然气价格持续高位运行,天然气成为最贵的一次能源。按 2021 年 12 月 31 日天然气价格测算,JKM 价格(28.79 美元/mmbtu)在进行热值转换后,相当于油价 170 美元/桶、煤价 685 美元/t,是油价的 2.2 倍和煤价的 4 倍;欧洲 TTF 期货价格(22.99 美元/mmbtu)相当于油价(含碳排放交易价格,即碳价)的 1.6 倍和煤价(含碳价)的 1.8 倍。

3)欧洲天然气市场价格开始引领亚洲价格

由于亚太地区一直是全球液化天然气(LNG)主要进口区域,近 10 年来,亚太 LNG 进口量占全球 LNG 贸易的比重一直维持在 70% 左右,亚太天然气 JKM 价格过去 10 年一直是全球 LNG 定价标杆,欧洲天然气 TTF 期货价格多数时候跟随亚太天然气 JKM 价格波动。但 JKM 采取咨询机构普氏公司的窗口交易形式,市场参与率低,流动性较差。2021 年,欧洲天然气市场成为美国 LNG 出口的重要调节阀,欧洲天然气期货吸引大量基金和投机者涌入,TTF 天然气期货成为重要的能源投资标杆,交易活跃度不断提升,开始引领 JKM 价格走势。

2021 年,TTF 期货首行合约成交量平均为 4.1 万手,远高于 2020 年的 2.1 万手和 2019 年的 1.6 万手;2021 年,TTF 期货首行合约持仓量平均为 11.1 万手,较 2020 年增加 19%,较 2019 年增加 50%。TTF 期货价格最初仅反映欧洲当地市场水平,之后影响力逐步外溢,并对 JKM 价格构成显著影响。在普氏窗口缺少成交时,价格通常会参考 TTF 期货成交水平。特别是 2021 年下半年以来,市场关注焦点为欧洲地区天然气库存大幅下降、俄罗斯减少对欧输气等问题,TTF 期货价格由 2021 年 10 月底的 21.98 美元/mmbtu 一路攀升至 2021 年 12 月 21 日的 59.61 美元/mmbtu。尽管亚太天然气市场基本面没有明显变化,但是 JKM 价格跟随 TTF 期货价格波动较为明显,从 2021 年 10 月底的 30 美元/mmbtu 左右震荡上涨至 2021 年 12 月下半旬的 45 美元/mmbtu 左右。TTF 价格涨幅远超 JKM 价格。

JKM 和 TTF 的价差反映了东西方套利水平,是市场贸易商和投资者关注的重要价格指标。过去几年,JKM 价格通常高于 TTF 价格,二者价差为正值。2021 年 12 月,受冬季气温骤降、俄罗斯天然气管道反输、俄乌紧张局势升级等因素影响,TTF 价格快速上涨,且涨幅超过 JKM 价格,JKM 与 TTF 的价差转为负值。

4)"双碳"政策推升全球天然气需求

2021 年,全球范围内碳达峰和碳中和进程显著提速,欧盟绿色转型持续加码,欧洲碳价屡创新高。2021 年 5 月,德国提出实现碳中和的时间从 2050 年提前到 2045 年;7 月,欧洲委员会公布欧洲绿色新政提案,提出每年收紧 42% 的碳配额、2035 年禁售燃油车、2026 年起正式实施碳关税等,使得欧洲碳配额期货价格一路高涨。欧盟碳配额期货价格从年初 33.69 欧元/t 飙升至年底的 80.65 欧元/t,涨幅高达 139%,其中 2021 年 12 月 8 日一度上涨至 88.88 欧元/t,截至 2021 年底,创下历史最高水平。高昂的碳价使得火力发电成本大大增加,叠加风力发电供给不足,对天然气发电需求构成较强支撑。2018—2020 年,欧洲碳价和荷兰 TTF 天然气价格相关性仅为 47%,2021 年则大幅提高至 86%。

中国的碳减排也提上日程,2021 年 7 月,中国的全国碳排放权交易市场正式上线运行。为减少碳排放成本,越来越多的发电厂由燃煤发电改为燃气发电,加上 2021 年三季度一度出现"煤荒",也推动天然气价格上涨。

5)LNG 运输市场波动剧烈

近年来,全球 LNG 主要航线运费总体保持平稳上涨态势,LNG 运输市场主要以 LNG 项目船以及中长期租船为主,现货船相对较少。但近年来 LNG 现货交易日趋活跃,特别是 2021 年,受突发事件及市场形势等影响,全年 LNG 运费出现剧烈波动,呈现"两头高、中间低"格局。以亚太航线为例,2021 年 $17.4 \times 10^4 m^3$ LNG 运输船在 3 月至 8 月的平均日租金为 7.1 万美元,而在 9 月至次年 2 月的平均日租金高达 16.6 万美元。

具体来看,2021 年 1 月初,大西洋市场 LNG 运费一度超过 30 万美元/日,达到 32.25 万美元/日。从 3 月份开始,随着气温回暖以及供应恢复增长,船运市场供应紧张态势显著缓解,LNG 现货租船费用逐渐回落至正常水平,日租金维持在 5 万 ~ 8 万美元。从 9 月开始,随着北半球进入冬季需求旺季,全球主要天然气消费国加大 LNG 采购力度,推动 LNG 船舶运费持续走高;12 月初,亚太地区 LNG 船舶日租金上涨至 30 万美元,较 9 月初的 7.5 万美元增长近 400%,接近年初历史高位,之后再度快速回落至约 6 万美元。

1.2　世界天然气产业发展历史

纵观全球,世界天然气产业发展主要分为 6 个阶段:早期的天然气产业(1821 年以前)、天然气的商业化使用(1821—1915 年)、现代天然气产业的兴起(1916—1949 年)、现代天然气产业的成熟(1950—1970 年)、天然气产业的发展(1971—2000 年)、新型天然气产业的出现(2001 年至今)。

1.2.1　早期的天然气产业

在古希腊、古印度、古波斯和中国的文献资料中,都有过天然气的记载。早期人类发现,在旷野和湖泊中会出现一种气体,能被闪电击中而自燃产生火焰。随着人类活动的扩展和对自然现象的认识加深,天然气逐渐被人类为生活所用。18世纪末—19世纪初期,英美两国陆续出现了使用天然气照明等商业行为。但由于缺乏一些必要的技术手段,未能形成大规模的商业化应用,对天然气产业发展未产生积极推动作用。到20世纪初,美国出现了天然气矿井,开始了商业化、大规模运作,天然气产业由此诞生。

(1)中国是世界上最早大规模开采、应用天然气的国家

早在汉代,四川自贡境内便开始利用天然气进行盐卤生产活动。在开采盐井的过程中,地底的天然气逸出,遇火燃烧,人们将这样的井称为"火井"。自贡燊海井的"燊海"二字,就是指这口井既出产海水一样多的卤水,还出产可以熊熊燃烧的天然气。该井每天喷出万余担黑卤水,产天然气8 500 m³。自贡燊海井开凿于清道光三年(1823年),完工于1835年,不仅是世界上第一口超千米深井,更是中国古代钻井工艺成熟的标志。

(2)早期的燃气照明工业

英国最早开始将天然气用于街灯和家庭的照明。1732年,英国的卡立舍·斯帕丁提出利用煤矿中排出的甲烷给怀特黑文街道提供照明。到1813年,英国伦敦和威士敏斯特燃气照明与焦炭公司取得了有史以来第一个市政煤气照明合同。而美国的天然气照明工业则始于1816年,马里兰的巴蒂尔摩开始将天然气用以街灯照明。但是,此时使用的天然气大都是从煤矿中提炼而来,即煤层气。相比自然的天然气而言,此时的天然气效率低下且对环境极为不利。由于没有引起世人的注意以及对其缺乏相应的了解,此时人们对于天然气的商业化使用非常有限。

1.2.2 天然气的商业化使用

天然气在19世纪初被用以照明后,其商业化进程逐渐加快。1821年,美国出现了第一家天然气公司。随后,整个19世纪,世界各国尤其是欧美等国,陆续成立了多家燃气照明公司。此时的天然气不再仅仅是煤矿中获得的极少且效率较低的煤层气,越来越多的天然气井被发现。到19世纪中后期及20世纪初期,天然气的消费不断增加,天然气贸易也随之出现。

(1)天然气商业公司的出现

1821年,一个名叫威廉·哈特的年轻人为了获取天然气,在纽约的佛雷多尼亚凿下了一口9 m深的井,成功地取得较大量的天然气,并且创办了佛雷多尼亚天然气照明公司。这是美国第一家天然气公司,它为纽约小镇上的居民提供照明燃料。威廉·哈特因而被认为是美国的"天然气之父"。随后,天然气逐渐开始被商业化、规模化使用,但仍然多用于照明。由于当时主流的燃料还是以容易获得的木材、煤炭为主,且天然气的开发需要相应的配套设施,否则容易导致爆炸,因而天然气产业并未出现大规模的开采和商业贸易。

(2)早期的美国天然气产业

1859年,在伊利湖附近的宾州,一位名叫德雷克的上校在泰特威斯尔(Titusville)的小村庄挖出了第一口天然气井,这被很多产业界学者认为是美国天然气产业开始的标志。而与此同时,天然气逐渐被工业和家庭广泛使用,且相比煤炭而言,燃烧天然气更高效、更清洁。1885年,罗伯特·本生发明了本生灯——一种能安全燃烧混合天然气和空气的装置。

本生灯的大范围推广也使得人们开始把天然气应用于烹饪和取暖,从而拓展了天然气的需求。在这样的背景下,美国的燃气公司犹如雨后春笋般相继成立。据不完全统计,截至1890 年,美国天然气公司共计达 400 余家。匹兹堡俨然成为美国的天然气产业中心。但是,由于天然气在长途运输过程中对管道的要求越来越高,因而限制了其进一步发展。

(3)天然气贸易的出现

19 世纪中后期,世界各地,尤其是欧美等国,陆续出现了多家燃气公司,天然气的用途也逐渐不局限于照明工业。随着天然气需求的增加,天然气贸易也随之出现。1886 年,随着美孚石油托拉斯的成功,约翰·洛克菲勒创办了美孚燃气托拉斯,并且迅速购买 JN·普在匹兹堡的输气权和销售权。1891 年,加拿大和美国间铺设了一条从安大略巴特尔铺到纽约布法罗的输气管线,这标志着天然气国际贸易的出现。但是,当时的天然气产业正处于发展初期,因而贸易量极小,没有规模可言。

1.3　天然气在化石能源中的桥梁作用

1.3.1　全球已经历三次大的能源转型

能源与水、粮食一起构成人类赖以生存的三大要素。世界能源发展正步入新的历史时期,能源的清洁低碳发展是必然趋势。非常规油气革命推动了美国最近 40 多年来"能源独立"战略梦想的实现。2008 年,美国政府提出了"绿色能源再造美国"的能源大战略,特别是以页岩油气与致密油等为代表的非常规油气"四个创新"最具有革命性("四个创新"指连续型油气聚集为核心的地质理论创新、水平井体积压裂为核心的技术创新、平台式"工厂化"开采的生产方式创新、市场竞争机制为核心的管理创新)。美国的非常规油气革命正在改变全球油气乃至能源格局,深刻影响全球政治与经济发展。中国政府也提出了"推动能源消费革命,抑制不合理能源消费""推动能源供给革命,建立多元供应体系""推动能源技术革命,带动产业升级""推动能源体制革命,打通能源发展快车道"的能源革命战略。

1)能源发展的三大转换

人类利用能源的方式在继木柴向煤炭、煤炭向油气的转化完成之后,将经历油气向新能源的第三次重大转换。自原始人类首次使用火种开始,能源便成为人类生存的必需资源。在人类初期,容易获取的木材满足了取暖、烹饪等基本生存需求。随着煤矿开采技术的进步,煤炭得到了广泛应用。1769 年瓦特发明蒸汽机,1875 年法国建成世界上首座燃煤发电厂,人类文明的进步促进了煤炭产业的快速发展,并于 18 世纪 80 年代在一次能源消费比例中超过了木柴,成为总量最大的一次能源。这是木柴向煤炭的第一次重大转换。1886年,戴姆勒发明内燃机后,油气作为高效能源资源的需求量得到了大幅提升。油气地质理论、钻井和炼化等技术的进步,促使油气产量大幅提升,在一次能源消费结构中的比例快速增长,1965 年占比超过 50%,取代煤炭成为世界第一大能源,完成了煤炭向油气的第二次重大转换。

随着经济社会对能源需求量的持续增加和低碳社会要求的提出，传统化石能源向非化石新能源的第三次重大转换将成为必然。近年来，煤炭、石油等高碳能源利用带来的生态环境问题日益突出。20世纪初期，英国伦敦的"雾都"和当前我国大范围雾霾天气的形成，煤炭等高碳化石能源的大规模利用是其主要原因。随着人类对绿色生态环境需求的提升，天然气和新能源作为清洁能源在一次能源结构中的比例将逐步增大。全球一次能源正在迈入石油、天然气、煤炭和新能源"四分天下"的格局。但也需清醒地认识到，在可预见的未来，新能源仍难以独担重任。

2）能源发展的三大趋势

从能源资源类型、生产方式和利用方式来看，世界能源发展总趋势由高碳向低碳发展、由简单生产向技术生产发展、由直接一次向多次转化发展。

（1）能源类型由高碳向低碳发展，即由化石能源转向非化石能源

煤炭单位热值的碳含量为26.37 t/TJ，原油为20.1 t/TJ，天然气为15.3 t/TJ，而水电、风电、核能、太阳能等几乎不含碳。煤炭向油气、油气向新能源发展的过程中，各类型能源所产生的污染物量和碳排放量将逐渐变低，适应和满足了生态环境绿色发展的需求。

（2）能源生产方式由简单生产向技术生产发展

从能源发展的大趋势来看，原始人类从自然界中直接获取木柴作为能源，从煤矿开采到油田开发，越来越体现工程技术的重要性，核能、风能、太阳能等新能源资源的开发均为技术密集型产业。从某一类型能源的开发历程来看，也体现了技术的重要性。以油气开采为例，早期石油开采以直井为主，水平井技术和水力压裂技术的应用使大量低产井获得了有效开发。近年来，水平井分段压裂技术的应用更是推动了一场能源领域的"页岩油气革命"。

（3）能源利用方式由直接一次转换向多次转化发展

第一次工业革命以前，作为能源的木柴和煤炭以直接热利用为主；随着1769年蒸汽机和1875年内燃机的发明，能源利用向动力方向拓展；1831年法拉第发现电磁感应之后，能源利用方式又向电力方向发展，开启了能源利用的电气化时代。

3）能源发展的三大格局

伴随着社会文明的进步和科技水平的提高，全球能源正在形成"石油"与"天然气"、"常规"与"非常规"、"化石"与"非化石"协同发展的新格局。

（1）"石油"与"天然气"新格局

从国际能源发展形势和石油公司勘探开发动向来看，"稳油增气"是大势所趋；天然气将形成对石油的"第一次革命"，进入天然气发展时代。

（2）"常规"与"非常规"新格局

"常、非"并举已经被纳入各大石油公司的发展战略，坚持常规油气为勘探主体，搞透非常规关键技术理论，循序渐进实现有效开发。从长远来看，页岩气、页岩油、天然气等非常规资源潜力很大，一旦取得技术突破，必将形成对常规油气的"第二次革命"，尤其是"天然

气革命",可能比页岩气革命更具有颠覆性。

（3）"化石"与"非化石"新格局

传统化石能源不可再生,可再生的非化石新能源必将完成对传统能源的"终极革命"。若认可石油工业的 300 年发展期限,从 1859 年世界石油工业开启至今已经过去 160 多年,目前只剩下不足 150 年,这可能是化石能源的生命周期。风能、太阳能、地热能、氢能等,均展现出广阔的发展前景。或许,在化石能源枯竭之前,"新能源革命"就将到来。

4）世界能源结构形成新格局

截至 2021 年底,世界一次能源消费中,石油占比 31%、天然气占比 24.4%、煤炭占比 26.9%、新能源占比 17.7%（图 1.8）。天然气和新能源合并占比为 42.1%,在实现第三次能源转换过程中发挥着重要桥梁作用。两者消费比例大幅提高,已超过石油成为全球最重要的化石能源。

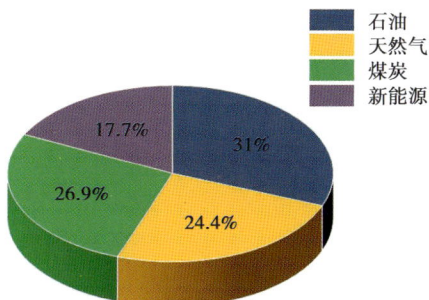

图 1.8　世界一次能源消费结构

能源发展基本规律和第三次能源大转换,促使全球 4 种主体能源分别进入各自的新时代。

（1）石油发展迈入"稳定期"

截至 2021 年底,以油气当量计,全球经济剩余可采储量为 2 074.27×10^8 t,技术剩余可采储量为 4 352.38×10^8 t。总体呈现稳步增长态势,近 10 年平均增长率为 8.1%。海洋深水、陆上深层和北极地区是未来油气持续发展三大领域。

（2）天然气发展步入"鼎盛期"

2021 年,全球天然气剩余探明天然气可采储量为 188.1×10^{12} m^3,储采比为 49.8,产量为 4.31×10^{12} m^3。页岩气等非常规天然气大幅提高了世界天然气产量规模,在一次能源消费结构中的占比从 15.6% 升至 23.7%。

（3）煤炭发展进入"转型期"

2021 年,世界煤炭探明可采储量为 9 842.11×10^8 t,其中无烟煤和烟煤为 5 094.91×10^8 t,次烟煤和褐煤为 4 747.20×10^8 t。按现阶段开采水平,中国现有煤炭探明可采储量可供开采 211 年。煤炭在一次能源消费结构中比例的进一步降低及地下气化清洁的利用,将助推"清洁、低碳、安全、高效"的现代能源体系建设。

（4）新能源发展渐入"黄金期"

2021 年,新能源消费 21×10^8 t 油当量,占一次能源消费量的 15.9%,同比增长 4.0%。新能源开发利用的成本不断下降,智能能源网络体系、网络大数据体系、石墨烯、纳米材料及电池储能等技术日新月异,新能源开发利用已成为全球能源增长新动力。

5）从常规到非常规的石油工业革命趋势

常规石油工业以传统油气地质学为基础,分析地质条件、成藏要素与动态过程,围绕"圈闭"评价油气藏。而非常规油气工业以非常规油气地质学为理论基础,聚焦源岩油气、致密油气和滞聚油气"进源找油",对连续型或准连续型油气聚"甜点区(段)"进行研究。实现石油工业革命,应"常、非"并举,做足常规,搞透非常规,循序渐进有效开发,助推世界石油工业再发展150年以上。全球常规与非常规油气资源比例为1∶4。目前,世界石油工业已进入常规油气高位稳定生产、海洋油气持续增长及非常规油气快速发展的新时期,形成"常规"与"非常规"新格局,带来理论革命、技术革命、管理革命三大革命。

(1)理论革命:从单体圈闭"油气藏"到大面积"甜点区"

常规"油气藏"是在单一圈闭中聚集的油气,具有统一的压力系统、统一的油气水边界。油气储层孔隙度、渗透率较高,分布受明确的圈闭界限控制,有自然工业稳定产量。页岩颗粒直径小于0.062 5 mm,传统认为只能作为油气烃源岩,是常规油气的隔盖层,唯一作用是生油气,与致密砂岩一同被看作油气"勘探禁区"。非常规油气源储共生,在盆地中心或斜坡大面积分布,圈闭界限和水动力效应不明显,储量丰度低,是传统技术不能开采、需要利用新技术改善储层渗透率或流体黏度才能经济开采的连续型"甜点区"。四川盆地涪陵、威远、长宁及富顺-永川奥陶系五峰-龙马溪组4个页岩气甜点区,在4 500 m以内"甜点区"面积约为$20×10^4$ km^2,探明地质储量达$9.8×10^{12}$ m^3。

(2)技术革命:从直井天然能量到水平井缝网"人工油气藏"

非常规油气资源经济有效开发的关键是不断探索低成本开采工艺与开采方式,从传统的寻找圈闭向寻找大面积甜点区转变,从传统的直井开发向水平井体积压裂转变,从传统的单井开采向平台式多井"工厂化"开采转变。受限于低渗透非常规油气低丰度连续分布、渗流能力差且无自然稳定工业产量,应优选"甜点区"压裂形成"人造高渗透区、重构渗流场",形成高丰度"人工油气藏"。我国在鄂尔多斯盆地、准噶尔盆地玛湖等低渗透致密油、致密气、煤层气开采方面,采用"平台式"钻井与"工厂化"生产的开发方式,探索大规模注液、能量补充和渗吸置换压裂的工业化试验,开展水平井井间驱替、井间能量补充、多场变化研究,在国内致密油、页岩气等5大区块开展235井次先导试验,积极探索采用水平井井群式开发模式,采出程度可达15%,高于同类储集层5%～8%。致密油的开采效果比以往常规技术提高了两倍,逐步实现非常规油气的规模效益开发。

(3)管理革命:从人工作业到信息智能化最低成本开发

随着美国页岩气革命及致密油规模开发,全球石油产量过剩造成低油价。过低油价倒逼全球油企降本增效,开展管理革命和技术进步不断逼近最低生产成本。政府对石油行业的财税支持直接反映管理改革效果,美国联邦政府66年间对本国石油天然气财税支持成本达$5 540×10^8$美元,占所有能源业补贴成本的54%。其中,直接财税优惠分别占石油和天然气各自总支出的85%和90%。

从1859年世界石油工业诞生,到近些年美国依靠"页岩革命"加速实现"能源独立",非常规油气发展影响全球战略,重塑国际能源版图。

2021年,美国天然气消费$8 267×10^8$ m^3,年产$7 345×10^8$ m^3,对外依存度由2000年的16.0%下降到0.7%。预计美国依靠非常规能源优势在2026年一次能源生产达到$24×10^8$ t油当量,实现"能源独立"。

非常规油气引领全球能源战略革命。目前,已形成4类非常规油气生产"两大版图",

即 2021 年西半球的美国年产致密气 $1\,200\times10^8\,m^3$、煤层气 $302\times10^8\,m^3$、页岩气 $4\,772\times10^8\,m^3$、致密油 $2.2\times10^8\,t$ 和东半球的中国年产致密气 $360\times10^8\,m^3$、煤层气 $49\times10^8\,m^3$、页岩气 $90\times10^8\,m^3$、致密油 $150\times10^4\,t$。初评中国页岩油技术可采资源 $(700\sim900)\times10^8\,t$，是石油接替战略性领域和未来发展的主力。预计 2030 年产量达 $0.6\times10^8\,t$，占石油总产量的 30%；非常规天然气产量是跨越增长主力，预计 2030 年产量达 $1\,300\times10^8\,m^3$，天然气总产量的 52%。

世界能源转型革命必将完成可再生的非化石能源对传统不可再生化石能源的"终极革命"。或许还等不到化石能源枯竭，"新能源革命"就将提前到来。新能源是以新材料和新技术为基础，使传统可再生能源得到现代化开发和利用，用取之不尽、周而复始的可再生能源取代资源有限、对环境有污染的化石能源，包括太阳能、风能、生物质能、地热能、氢能和核能等。按照资源预测，石油工业发展生命周期将超过 300 年，现在还剩下不到 150 年发展期。与传统化石能源相比，全球新能源资源量可利用千万年。随着社会发展和科技进步，新能源产量和消费占比不断增加，以新能源为主是未来能源消费必然趋势和必然选择。

6）从化石能源到新能源的能源转型革命

社会文明发展和科学技术进步是驱动能源转型的两大动力。从原始社会到封建时代、到工业革命、到现代文明，社会文明发展催生交通、信息和文化娱乐繁荣，对能源的需求达到了前所未有的高度。高碳能源副产物引发一系列环境生态问题，能源生产和消费的生态需求迫使能源转型。科学技术进步不仅实现了石油工业 160 多年跨越式发展，而且推动了能源利用的多样性、环保性和去碳化。油气地质理论和工程装备技术不断创新，从常规油气圈闭成藏理论到非常规油气连续型聚集理论，从寻找常规圈闭"油气藏"到评价非常规"甜点区"，从常规油气直井钻井技术到纳米、气驱提高油气采收率，科学技术进步推动油气资源发现与利用，促使世界能源发展不断转型，终将完成从化石能源到新能源转换的历史使命。

全球新能源消费占比不断增加。2021 年，全球一次能源消费 $595\times10^8\,t$ 油当量，新能源消费 $105\times10^8\,t$ 油当量，占 13.6%，同比增速 4%。中国新能源消费 $21.37\times10^8\,t$ 油当量，占全球新能源消费的 21.0%，占全国一次能源消费的 14.0%，增速为 8.3%。近 10 年来，全球新能源以水电、核电为主，太阳能、风能等消费增势强劲，地热、生物质能等缓慢增长，核电消费呈下降趋势。

7）以新能源为主是必然趋势和必然选择

新能源投资增加、生产成本下降，太阳能、风能和智能技术是新能源主要的投资领域。2021 年，全球对能源转型的投资总额达到 $7\,550\times10^{12}$ 美元，创下新纪录。包括风能、太阳能和其他可再生能源在内的可再生能源仍然是最大的投资领域，在 2021 年实现了 $3\,660\times10^{12}$ 美元的新纪录，同比增长 6.5%。包括电动汽车和相关基础设施支出在内的电气化交通是第二大投资领域，投资额为 $2\,730\times10^{12}$ 美元。随着电动汽车销量的飙升，该行业在 2021 年以 77% 的惊人速度增长，并在 2022 年（以美元计算）超过可再生能源。投资增长带来行业技术进步、成本下降和更多的就业岗位，全球约 810 万人就业于新能源领域。新能源发电装机容量越大,生产成本越低,成本下降接近化石能源成本范围。

新能源革命到来速度或将超出预期。到 2024 年,3 种情景下预测新能源实现"四分天下"格局:若保持当前全球能源政策不变,预测新能源占一次能源消费的 21.2%,以核电、水电和生物质能为主,二氧化碳排放 $42.7×10^{12}$ t;若采取新政策扶持和加大新能源研发利用,预测新能源占比 25.4%,二氧化碳排放比上一情景减少 $7×10^{12}$ t;若采取激进可持续发展政策,预测新能源占一次能源消费的 39.3%,二氧化碳排放大幅减少 $17.4×10^{12}$ t,达到年排放 $18.3×10^{12}$ t。推动能源结构转型是实现中国"能源自主"的必要选择。预计 2100 年前后,依靠可再生能源和新能源实现"能源自主",化石能源约占一次消费的 30%,非化石能源占 70%,二者实现历史地位转换。

越来越多的指标表明,能源转型正在加速,这可能对未来几十年的能源供求产生深远影响。

加快能源转型的政策决定需要与有利基础设施的发展相一致。早期的基础设施规划将是至关重要的,因为它的碳锁定效应是由长寿命和惯性造成的。需要更多地关注新出现的基础设施问题,如电动汽车的智能充电、配电网加固以及需求变化和智能电网的作用。有必要调动公共和私营部门的资源,开发能够降低投资风险的创新融资模式。风能、太阳能光伏、现代生物能源和太阳热能可以为供应方的可再生能源增长做出贡献。更多的能源效率缓和了需求增长,对可再生能源在最终能源消费总量中的总体增长贡献了约 1/4。与此同时,20% ~44% 的能源强度改善可归因于可再生能源的增长。这些数字表明,在更高的能源效率和更高的可再生能源份额之间存在重要的协同作用,这两种解决方案都应该共同努力。

到 2050 年,可再生能源将占可再生能源部署总量的 58%。可变可再生能源将占总发电量的 60%,比现在的 10% 有所上升。如此高份额的可变可再生能源发电需要电力部门的范式转变。领先国家的最佳实践表明,这种系统可以成功运作,尽管需要变革。所需的系统灵活性只能通过动员所有类型的创新的系统方法来实现。技术创新必须与基于新技术特征的新市场设计和商业模式相结合。

许多决策者和分析家还没有充分认识到这种能源转变的潜力。然而,它对实现许多可持续发展目标至关重要,它提供了一个公正和公平增长的前景。到 2050 年,将带来 27 万亿美元的额外投资、1% 的 GDP 增长、0.15% 的就业机会和环境效益,使增加的成本相形见绌。其社会经济效益是巨大的,并提供了强有力的政策依据。

化石燃料的发现和利用,不仅推动了人类社会从农业文明向工业文明的迈进,也引发了严重的环境和气候问题。地球在呼唤一个可持续的未来,在新"能源革命"的基础上从工业文明向生态文明转变。对中国环境容量和气候容量的宏观定量分析表明,中国迫切需要转变粗放型发展方式,进行能源革命。可以预见,化石燃料在现在和未来几十年仍将是中国消耗最多的能源。尽管化石燃料的高效和清洁使用非常重要,但这不是能源革命或环境和气候问题的根本解决方案。页岩气等非常规天然气在缓解环境问题和气候变化方面发挥着重要作用,但"页岩气革命"或"页岩气时代"并不适合中国,因为天然气在中国一次能源结构中的比重最多只能增加 20%。在可再生能源和核能的大力推动下,中国能源结构从化石燃料主导阶段向多能源阶段再到非化石燃料主导阶段的转变是必然的未来。在可再生能源中,非水电可再生能源的比重将逐步提高。其市场竞争力的提高依赖于技术创新。可再生能源将是未来地球的主要能源。尽管受到福岛核灾难的影响,但包括中国在内的全世界都不会放弃核能发展。安全、稳定、规模化发展核电是中国的理性选择。从核裂变电站向核聚变电站过渡是必然的未来。核能将是一种可持续的能源,也是未来地球的又一主要能源。中国需要增强能源安全意识,推进节能减排,转变能源供需格局,即从"以粗放满足过快需求"向"以合理供给满足合理需求"转变。各国需要携手应对全球环境问题和气候变化。能源革命是可持续未来的基础。国际合作范围广泛,合作共赢是克服这些挑战的必由之路。

当前,关于未来向脱碳能源系统过渡的讨论主要是可再生能源解决方案。这种转变的初始条件在不同的地区和国家可能有所不同。然而,也存在利用其他低碳能源和技术组合的创新解决方案的机会。可持续发展是一个有争议的概念,它随着社会、经济和环境目标的不同而不同。因此,需要拓宽"一刀切"式的解决方案模式,以加快中短期行动。我们的论点是,在中短期过渡阶段,天然气可以成为支持可再生能源的重要补充过渡燃料。这意味着零化石燃料作为中短期解决方案的目标需要重新考虑。这将我们带到下一个论点,即低碳化石燃料领域的创新和升级技术将为低碳转型提供重要动力,这一阶段将持续到本世纪中叶。然而,也应评估合适的当地解决方案。这些应考虑到基础设施、当地需求、资源和经济因素以及国家能源政策。

未来 20 年,全球能源将从高碳能源转向低碳能源。然而,石油和天然气将继续主导市场,忽视这一现实将导致误导性的政策行动。关于可再生能源相对于石油和天然气优势的争论可能是由于天然气的逃逸排放风险。然而,在许多国家,可再生能源渗透更快,燃气发电的实际意义需要仔细讨论和更深入地分析。将天然气和石油保持在供需平衡中,将避免在选择多种技术创新和学习发电过程技术以及末端解决方案(如碳捕获和存储)方面的偏见。

逐步淘汰化石燃料并转向基于可再生能源的解决方案的呼吁主导着全球关于低碳能源转型的讨论。一般认为,天然气在近期到长期的未来能源组合中仍然发挥着至关重要的作用。这一立场意味着需要重新评估快速淘汰天然气的目标。到本世纪中叶,天然气仍有机会成为"公正"的未来净零排放能源系统的关键推动者,尤其是在某些国家的政治经济现实和围绕天然气利用的新技术创新的情况下。在这种情况下,"正义"的基本要素可能意味着处于不同经济发展水平的国家对能源转型采取不同的方法。因此,脱碳工作必须考虑社会经济现实和技术应用的不同背景。分析表明,在天然气商业化的背景下,对气候行动采取"一刀切"的方法需要重新思考,应该允许各国根据当地情况定义低碳路径。

1.3.2　天然气是能源转型的桥梁

如今,随着科学技术的不断创新发展,我国天然气相关利用技术已在不同领域中获得了广泛的应用,如工业生产领域、交通运输领域、城市气化以及燃料电池领域等,多数利用技术已逐渐趋于成熟,在实际应用过程中取得了令人瞩目的成绩,为国家的经济发展提供了重要的物质保障。但我国在研究和开发天然气领域仍处于初级阶段，许多应用技术还存在巨大的发展空间，在未来的发展过程中还需进一步探索与发现。

1）天然气是最清洁的化石能源

相较于煤炭、石油、电力等替代能源，天然气热值高，每立方米天然气燃烧热值为 8 000 ~ 8 500 kcal（1 kcal ≈ 4 186 J），相当于 10 kW·h 电和 1.25 kg 标准煤的热值；等热值下燃烧天然气排放的 CO、NO、SO 和粉尘分别是煤的 50% ~ 60%、10%、0.15% 和 0.068%，仅为油的 70% ~ 75%、20%、0.26% 和 0.71%。因此，天然气是最好的燃料和最清洁的化石能源，同时也是一种重要的工业原料，将在未来能源由高碳向低碳的转型发展中发挥支柱性作用，并且很有可能在 2040 年前后取代石油成为世界主导性能源。我国也正在积极推动能源革命，通过限煤、稳油、增气等措施使天然气和非化石能源在能源结构中占据更高的比例。而在实现这一能源结构的转型升级过程中，天然气的作用不可替代。由此可见，充分认识和准确把握天然气在能源革命中的重要地位和作用，对科学制定天然气发展战略、助推能源革命意义重大。

2）天然气将在能源革命中扮演重要角色

能源革命的主要特征是能源供给消费的清洁低碳化发展。人类历史迄今共经历了三次能源革命：第一次能源革命以蒸汽机的发明和大规模使用为标志，煤成为推动第一次能源革命的"动力源"；第二次能源革命以电和内燃机的使用为主要标志，代表着能源利用进入了以电力和石油为主的时代；目前，我们正在经历第三次能源革命，它是以高碳能源向天然气、核能和可再生能源为主的低碳和无碳能源转型为主要标志。能源革命的本质是主体能源的更替或其开发利用方式的根本性转变，具体表现为能源形态、技术手段、管理体制、人类认知等方面出现一系列显著的变化。只有加快推动能源革命，以天然气和非化石能源作为未来的主体能源，才能从根本上化解能源资源和环境的约束，实现能源资源的永续利用，促进人类永续发展。

我国能源革命的长远目标是形成以天然气和非化石能源为主体的能源结构。2014 年 6 月 13 日，国家主席习近平主持召开了中央财经领导小组第六次会议，就推动能源革命提出了要求，概括为"四个革命、一个合作"。能源革命是一个由量变到质变的渐进过程，通过着力增加非化石能源、天然气等清洁能源的消费比重，培育绿色低碳的生产方式和生活模式，建设生态文明社会。2021 年，能源消费总量控制在 48×10^8 t 标准煤左右，煤炭消费量步入峰值期，石油消费量增速减缓，天然气和非化石能源快速发展，占一次能源消费总量的比重分别达到 10% 和 15% 左右，成为能源供给增量的主体；2030 年，煤炭消费量逐步下降，石油消费量步入峰值期，天然气消费量持续增长，天然气、非化石能源占一次能源消费总量的比重分别达到 15% 和 20% 左右，CO_2 排放量达到峰值；2050 年，能源需求量进入饱和期，天然气消费量逐步达到峰值，煤炭消费量继续下降，非化石能源产量稳步增长，逐步成为能源供应的主体。

在大气污染日益严重、低碳化清洁化发展呼声更高、生态文明建设不断深入、非化石能源还不能担当大任的背景下,天然气的利用得到社会的广泛认可。人们普遍认为,天然气是我国能源转型中最重要的支柱性能源,可以在能源大转型过程中发挥主导作用。近年来,国家陆续出台了《天然气利用政策》《页岩气产业政策》等扶持政策助推天然气行业发展。特别是在当前新常态低油价的冲击下,为加快推广天然气利用,2016 年底,国家又出台了《关于加快推进天然气利用的意见》(征求意见稿),全面布局交通、发电、气代煤等天然气利用产业发展方向,进一步明确天然气利用目标及主要任务。由此可见,天然气将在我国能源革命中扮演重要角色。

3)天然气资源与利用领域

全球常规天然气资源量达 $421×10^{12}m^3$,储产量稳步增长,储采比稳定。常规天然气储量近 30 年以年均 3.1% 的速度增长,2022 年天然气剩余可采储量达到 $6.7×10^{12}m^3$,储采比一直稳定在 49.8 左右,表明全球天然气产量还有相当大的提升空间。

全球非常规天然气资源量超过 $900×10^{12}m^3$,勘探开发已取得革命性突破。据统计,全球致密气、煤层气和页岩气资源量合计为 $921×10^{12}m^3$,是常规气资源量的 2 倍多。非常规气在北美已成功开发,深化了全球对天然气资源潜力的认识。此外,据有关专家估计,天然气水合物资源量超过 $20\,000×10^{12}m^3$,主要分布在海洋、湖泊和陆地冻土带,目前正在进行探索性试验。

中国天然气地质资源量近 $90.3×10^{12}m^3$,可采资源量约为 $50.1×10^{12}m^3$。其中,常规气地质资源量为 $38×10^{12}m^3$,煤层气资源量为 $16.8×10^{12}m^3$,页岩气可采资源量为 $15×10^{12}m^3$。此外,中国的海域以及西藏、青海冻土带也有巨大的天然气水合物资源量待评价认识和开发利用。

如今,随着科学技术的不断创新发展,我国天然气相关利用技术已在不同领域中获得了广泛的应用,如工业生产领域、交通运输领域、城市气化以及燃料电池领域等,多数利用技术已逐渐趋于成熟,在实际应用过程中取得了令人瞩目的成绩,为国家的经济发展提供了重要的物质保障。

(1)工业生产领域

天然气作为一种新型优质能源,其所含杂质极少,燃烧时具有较高洁净度的火焰,不会出现杂质污损产品的现象,产品的合格率能够得到有效提高。在生产玻璃的过程中使用全天然气玻璃窑炉,火焰清洁度高,能够直接同产品接触,从而防止对产品质量产生影响,能够有效减少企业使用其他非清洁燃料而投入的隔焰设施。将天然气作为燃料能够有效提高产品的生产效率和质量,能够使经济效益得到显著提升。

(2)交通运输领域

天然气在交通运输领域的应用主要体现在当前广泛使用的压缩天然气汽车。这一类型的汽车同普通汽车相比较,具备良好的安全性能、对大气污染程度较低,并且相关燃油费用较低。近年来,雾霾现象严重困扰着人们正常的生产生活,这也为压缩天然气汽车的发展提供了有利条件。截至 2022 年,我国天然气汽车的数量已达到 500 多万台,在今后的发展过程中具有较好的前景。

（3）城市气化领域

在相同条件下,每立方米天然气的燃烧热值是每立方煤气燃烧热值的两倍多。从环保的角度来看,天然气要比煤气更加环保。在我国四大油气输送通道建成的背景下,我国城市气化的发展进程将会进一步加快。与此同时,天然气供暖和天然气热水器的出现也有效降低了经济成本,并且实现了节能环保的目的。

20世纪,我国的天然气基础设施以及天然气管网的建设同世界其他国家相比较为落后,在发展过程中面临着较大的挑战。在进入21世纪后,我国对建设天然气基础设施以及建设大规模天然气管网的重要性有了足够的认识。在全球性环保背景下,我国对天然气的需求量有了显著的增加。随着改革开放进程的不断加快,社会主义市场经济有了长足的发展,各领域对清洁能源的需求也不断增加,我国已成为世界上能源消费第二大国。

4）天然气的关键作用

回顾历史,人类社会经历了从薪柴到煤炭,从煤炭到油气两次能源革命,由此推动了全球两次工业革命。当今世界,能源格局正在深刻调整,新一轮能源革命已经开始。在新能源技术、信息技术和全球碳减排压力的推动下,未来世界的主体能源应当是绿色低碳的,生产消费模式应当是高度智能化的,天然气和非化石能源有可能成为未来的主体能源。

中国的一次能源构成仍处在第一次工业革命后期或第二次工业革命的早期;中国煤耗占世界一半多,其中一半用于大机组发电,另一半即近世界25%的煤是用于锅炉燃料、炼铁和水泥等终端利用。这是中国能效低、环境污染、严重雾霾和CO_2排放的主要根源。同时也须看到,迄今为止,煤仍是中国终端用能的主体;不能落实终端燃料用煤的替代方案,"控煤""限煤"就会"控、限"中国经济的发展。解决这个问题已经成为中国能源转型和能源革命的首要任务。

最终以可再生能源为主的能源转型是毫无意义的。近年来,中国新增水电、风电、光伏装机领先于世界,但是它们只能通过发电来利用,而且迄今为止,其总量只占一次能源的10%,远不足以替代占总能耗30%的终端燃料用煤。

其实,答案就在历史中。世界主要经济体早在20世纪80年代就已经在恢复环境的压力下完成了终端燃煤（油）向天然气的转型,并大幅度提升了能效。种种原因使中国错失了这次历史性的机遇。中国要做的绝不是简单的"烧煤改烧气"。当前,中国能源革命对天然气有五大刚性需求:在占总能耗80%多的工业和建筑物终端用能领域采用分布式冷热电联供DES/CCHP,使中国能效提高10个百分点,以较少的天然气替代过去靠更多的煤提供的能源;以天然气CCHP替代终端燃煤,而不是用较大锅炉取代小锅炉,可有效消除40%以上的雾霾和环境污染;天然气DES/CCHP协同电力调峰、保障负荷中心供电;变负荷燃气发电协同可再生能源发电均衡入网;LNG替代汽、柴油,特别是LNG替代柴油用作交通运输燃料、减少尾气所致碳雾霾和石油对外依存度。

自第二次工业革命以来,发达国家占一次能源消耗三成多的石油,其中70%~80%构成交通运输能源的主力,20%多用作工业燃料和有机化工原料。由于中国的第二次工业革命还在进行中,有机化工工业和私人交通都还在快速增长期间,中国的石油消耗占一次能源的 17% ~ 18% ,但来自进口的已占 60% 。中国显然不可能重复发达国家"以油代煤"的历史故事,让石油占到 30% ,因为新的能源转型已经开始。中国能够、也必须"跨越式发展",即部分超越"石油世纪",直接发展电力和氢氧燃料电池驱动的乘用车,即 EV 和 FCV;采用 LNGV 来替代运输车船的柴油。至少在近 15 ~ 20 年中,用它们满足交通运输燃料的增量需求。其实这就是各国都在采取的策略,中国有着"后发优势"而已。至于石油化工,则采用煤、油、生物质 3 种原料协同的有机化工工业来取代。

"非常规"致密、页岩和煤层储层(以及潜在的天然气水合物储层)中的天然气是"常规"天然气资源的重要补充,这表明非常规天然气地层也可以为满足全球能源需求做出重要贡献。然而,大量非常规天然气资源并不一定意味着天然气将在未来占据更大的市场份额,并有助于向环境可持续性过渡。政府法规在确定非常规天然气的未来。例如,对页岩气生产的有效监管将有助于减轻过度用水、污染和处置等风险。

关于非常规化石燃料和非化石替代品的长期商业可行性的其他问题仍然没有答案。因此,未来的研究将包括分析非常规天然气和可再生能源生产的总经济成本,包括环境和社会成本。可再生能源以及天然气作为过渡燃料的可行性在很大程度上取决于技术进步。随着时间的推移,技术进步将降低总生产成本。正在进行的大量、经济地生产氢气作为能源的研究也必须继续。

中国工业化进程取得了举世瞩目的成就,国内生产总值跃居世界第二位。但能源消费总量、碳排放总量和年排放量增长也跃居世界前列。以煤炭为主的能源消费结构导致了许多严重的环境问题。全球能源消费的演变表明,以清洁低碳能源为目标不仅是能源发展的大势所趋,也是降低气候变化和生态破坏风险的必由之路。中国需要在优化产业结构、控制能源消费总量、改善能源消费结构等方面共同努力实现清洁低碳能源的目标。另一方面,考虑到我国资源禀赋和消费状况,煤炭清洁低碳利用是现实选择;大力发展非化石能源是战略选择;作为动力燃料的主导来源,石油的作用在中短期内不会动摇,天然气将在实现清洁低碳能源目标的过程中发挥重要的桥梁作用。

西方工业革命 160 年的全球能源使用历史显示了燃料替代的进程,其中一个资源部分或大部分被更高效、用途更广泛且通常更便宜的资源所取代。如果碳减排趋势和氢气继续增加,甲烷会成为全球能源结构中的主要燃料。

在过去的 25 年中,全球天然气需求以年均接近 4% 的速度增长。多项预测显示,其增长在接下来的 30 年及以后将继续。如果正确的话,将明确实现全球甲烷经济。在美国,近年来,住宅和商业消费持平,工业需求下降。交通需求增长,尽管基数很小,但天然气在发电中的消耗量近年来翻了一番。有或没有排放限制,天然气在与煤炭和核能竞争的发电领域将继续表现良好。

在应对全球气候变化和发展低碳能源的新时期,中国应加快常规-非常规天然气、煤气、氢气的生产和洁净煤及新能源的开发,实现能源结构向煤、油、气、新能源并存的转变。以非常规油气开发为基础,提高石油工业的产量和延长运营期,以低成本管理促进低油价,重构中国的能源结构和政府结构,以更安全的多元化保障油气供应。

天然气将在"气化中国,美丽中国"中发挥重要作用,天然气发展的战略布局应立足于中国的天然气资源。应通过理论和技术创新推动上游业务。充分利用国内外资源,巩固天然气供应。应加大政策制定和基础设施建设的力度,用天然气替代更多的传统能源,扩大天然气消费。整个产业链要正向规模化发展。

天然气工业的技术创新使天然气储量和产量有了巨大的飞跃,但要满足未来天然气勘探、生产和工程的需求,还有很长的路要走。中国的天然气产业正在进入一个新的时代。中国的政策引导和支持将在能源转型中发挥不可或缺的作用。

5)全球化石能源利用趋势变化

目前,世界能源总的形势,首先是随着世界发展中国家的人口与经济增长及工业化进程,能源需求将持续增长,发达国家能源增长幅度很小或基本保持稳定;同时,环境与气候变化要求21世纪中叶全球温室气体减排50%。这就意味着世界能源需求有可能增长一倍,而温室气体要减排一半。目前,化石能源低碳化是能源发展的最主要趋向。天然气以其常规和非常规巨大资源和高储采比成为能源低碳化发展的重要能源。国际大油气公司正调整油气业务的比例向天然气倾斜,调整低碳化石能源天然气的消费比例,将是一个长期重要的发展阶段。

在21世纪相当长的时期,化石能源的主要地位和作用不会改变。非水能等可再生能源产业化、规模化还需很长的时间。

世界能源消费结构的变化是社会经济发展的必然结果。自19世纪工业革命以来,人类对能源的需求快速增长,能源消费结构也在不断变化,大致经历了煤炭替代传统生物质能(木材)、石油替代煤炭和目前以化石能源为主、多种新能源互补3个阶段。

目前,化石能源仍占全世界消费能源的85%左右。但这些化石能源在使用中释放出了大量的二氧化碳,引起全球气候灾害性变化,而且化石能源为不可再生能源。基于此,以低能耗、低污染为基础,寻求在发展中排放最少的温室气体,同时获得整个社会最大产出的"低碳经济"成为全球热点。寻找低碳能源和新能源,已经成为当务之急。很快,人们就把目光聚焦在了身边的可再生能源,风能、太阳能、地热、生物质能等新能源都成为替代传统一次能源的新目标。

20世纪80年代,美国及欧洲许多国家开始开发可再生能源。20世纪,美国卡特政府的新能源战略是能源实行自给,停止进口石油、天然气,但没能实现;后来布什政府宣布以氢能作为主替能源,两年后又宣布放弃这一战略;21世纪,奥巴马政府重新实行新的能源战略,争取2030年石油进口减少一半。经过40多年的努力,仍未能确定化石能源的主替能源。最初,美国期望生物质能源,但由于受土地、水、油品质量以及环境等因素制约,经过30年的努力,生物质能源在能源结构中比例仍不到1%;大型风电经过约20年的研发、建造,预计再经过10多年可达1%。

近年金融危机期间,发达国家取消或减少了财政支持,严重影响了新能源产业的发展进程。风能、太阳能等可再生能源的产业化、规模化还需很长的时间。

经过近30年的努力,化石能源的主替能源仍未形成,依靠化石能源将是长期的。据国际能源署、美国电子工业协会预测研究，考虑发展中国家的能源需求，2030 年化石能源消费比例仍将达 83%，包括水电等能源在内的可再生能源为 11%。在 21 世纪相当长的时期，化石能源的主要地位和作用不会改变，化石能源在全球一次能源消费中仍将保持主体地位。

天然气发展是化石能源低碳化发展的趋势。在天然气资源量丰富的俄罗斯，政府和天然气公司正加速投资天然气开采、建设亚洲及环太平洋地区外输和扩建欧洲外输系统，天然气产量计划由 2009 年的 $5\,275\times10^8\,m^3$ 提高到 2023 年的 $1\times10^{12}\,m^3$。美国通过各大公司的努力，预计使非常规天然气产量在 2030 年达到 $4\,000\times10^8\,m^3$。中国大石油公司或将加速国内常规与非常规天然气的勘探与开采和海外天然气项目合作的参与。

天然气输送的多样化促使其很快成为全球体系的商品能源。随着国际石油价格的不断攀升，每个国家都在为本国的持续发展寻找足够强大的替代能源支持；同时，人们对区域环境的持续关注也让众人的目光聚集到了天然气的采、输、利用领域上。科技进步，包括 LNG 的生产和海运输送，使天然气供需体系正在从局部地区走向世界，价格也将逐步由地区走向国际化。受世界经济的发展、LNG 技术的进步和供应成本下降等多重因素的影响，全球 LNG 生产和贸易日趋活跃，LNG 在行业中的地位急剧上升。特别是亚太地区 LNG 市场一派兴旺。国际能源署公布的数据显示，自 1995 年以来，全球 LNG 市场一直保持平均每年 7.5% 的增幅。

2021 年，世界能源统计数据显示，2021 年世界管道气贸易量为 $7\,044\times10^8\,m^3$，船运 LNG 量为 $5\,162\times10^8\,m^3$，合计 $12\,206\times10^8\,m^3$。随着各洲管网的建设和 LNG 进一步发展，洲际间天然气输送体系将逐渐建成并完善，天然气输送的多样化促使其很快成为全球体系的商品能源。

从世界范围看，天然气利用正从发达国家向发展中国家转变，如中国、印度、南美洲和非洲等，新的管网建设正在加速进行，LNG 和海运的技术及输送体系加速了天然气能源的全球化。

就国内而言，中国政府高度重视天然气产业发展。不断加大天然气科研和勘探开发力度，多元天然气资源不断得到发现和开发，储量大幅增长，十几年来剩余可采储量增加了数倍，产量稳步上升。与此同时，我国有较好的外部环境，陆地接壤国多为天然气资源丰富地区，长输管道输配气系统正快速发展。中土、中乌和中哈天然气项目实现后，天然气年输送量将达 $600\times10^8\,m^3$。中俄天然气项目的计划初步确定输气量为 $300\times10^8\sim400\times10^8\,m^3$；中缅天然气管道项目已开工，建成后输气量为 $60\times10^8\sim120\times10^8\,m^3$。中东、非洲的天然气资源也可以通过 LNG 输往国内。天然气产业的发展有利于改善我国能源结构，提高天然气消费比例，减少二氧化碳的排放。

天然气的气态特性使它作为能源具有方便、干净、热效率高等优点。为提高我国天然气在一次能源结构中的比例，应采取以下 4 个方面措施，以提高天然气的利用程度：一是加大天然气勘探开发力度；二是大力建设管网和跨国管道；三是将海外项目的天然气就地加工成 LNG，并输往国内；四是逐步调整、理顺国内天然气价格与国际价格接轨机制，实现市场体制下的良性循环。

利用化石能源中相对低碳的天然气已引起世界范围的热议和重视，天然气将成为走向低碳化的桥梁。依靠化石能源将是长期的,调整低碳化石能源天然气的消费比例,将是一个长期的、重要的发展阶段和趋势。今后,世界天然气产量和消费量将会以较高的速度增长。20年以后,世界天然气产量将要超过煤炭和石油,成为世界最主要的能源,并逐步成为第一能源。

6)天然气需求的前景取决于能源转型的速度

在3种情景里,受新兴经济体需求增长的推动,全球天然气需求起初将有所增加(图1.9)。然而,在"快速转型"和"净零"情景下,增长将出现逆转。到2050年,全球天然气消费量将分别下降35%和60%左右。相比之下,"新动力"情景里,天然气需求在整个展望期内将持续增长,与2019年相比增长近30%。在"新动力"和"快速转型"情景下,展望期内前10年左右,受煤改气政策的支持,中国天然气需求强劲。与此同时,印度以及亚洲其他新兴国家也有强劲需求。因此,天然气的整体需求也将增加。而在"净零"情景下,需求增长持续时间较短,将在本世纪20年代中期达到峰值,随后便开始下降。2030年前,亚洲新兴经济体的天然气需求将稳健增长,但以美国和欧盟为主的发达国家需求持续降幅更大。在"快速转型"和"净零"情景下,从本世纪30年代初起,随着全球日益向低碳能源转型,全球各主要需求中心的天然气消费量将不断下降,天然气需求也随之下降。而在"新动力"情景下,本世纪30年代与40年代天然气需求将继续增加,除中国外的亚洲新兴国家和非洲的需求均在增加。在"新动力"和"快速转型"情景中展望期的前半段,新兴经济体(尤其是亚洲各新兴经济体)将继续向工业化迈进,其工业中的天然气使用量也不断增加,推动全球天然气需求持续上升。

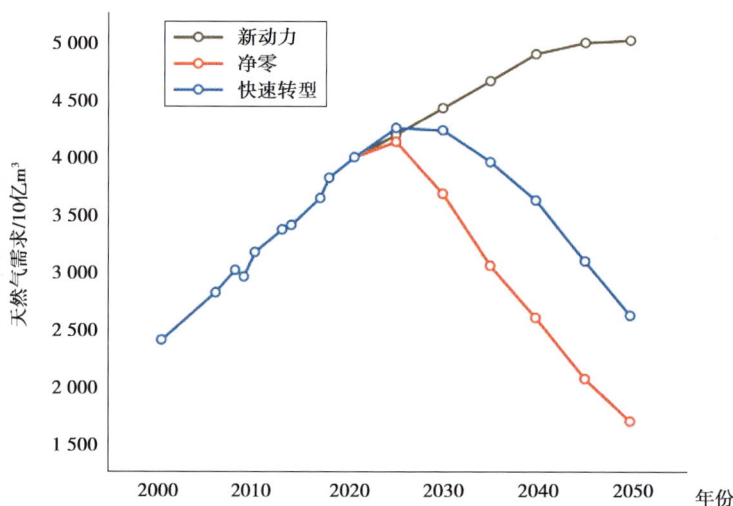

图1.9 全球天然气需求预测曲线

在"快速转型"和"净零"情景下,2030年后,工业与建筑业,尤其是在发达经济体,天然气消耗量减少,同时可再生能源也日益渗入全球电力市场,导致天然气需求不断下降。但由于越来越多的天然气被用来制造蓝氢,从而抵消了部分天然气使用量的下降。相比之下,在"新动力"情景下,全球天然气消费量将继续增加。部分原因在于,世界发电总量稳步增长,而天然气在全球发电量中的占比将基本保持不变。

第 2 章
四川盆地天然气发展史 ▶▶▶▶

2.1 我国天然气资源分布

我国是世界上最早发现和利用天然气的国家之一。20 世纪 90 年代以来,我国在塔里木盆地、鄂尔多斯盆地、四川盆地及海域天然气勘探连续取得了重大突破,相继发现了一大批大中型气田,储量和产量呈现快速增长。"陕京一线""陕京二线""西气东输"等管线的建成,促进了天然气工业的跨越式发展,天然气勘探开发利用前景广阔。

四川盆地、塔里木盆地和鄂尔多斯盆地天然气资源丰富,潜力大,是目前和今后天然气勘探开发的主战场。其中,四川盆地沉积盖层巨厚,纵向上发育多套生烃层系,资源类型多,包括深层碳酸盐岩气藏、致密砂岩气藏、页岩气和煤层气等,具有立体勘探优势。塔里木盆地为古生代海相克拉通盆地与中新生代陆相前陆盆地组成的叠合复合盆地,发育了多套主力烃源岩,目前已在 10 个层系发现了工业性油气。鄂尔多斯盆地是陆上第二大沉积盆地,发育上古生界、下古生界两套含气层系,致密气资源丰富。目前,鄂尔多斯、四川和塔里木构成了我国天然气开发生产的三大主力盆地。

2.1.1 三大盆地

1)四川盆地天然气资源分布与潜力

四川盆地天然气资源丰富,根据自然资源部组织开展的"十三五"资源评价,四川盆地常规+致密气总资源量达 $18.31 \times 10^{12} \mathrm{m}^3$。相继发现了罗家寨、普光、元坝、安岳、长宁等大型气田。随着勘探投入的增加、地质认识的深化和技术水平的提高,下古生界天然气、页岩气勘探取得新的突破,其他层系、领域也取得新的进展,资源潜力有了新的增长。

四川盆地前 50 年的勘探发现以中小型气田为主,自普光气田发现以来,四川盆地天然气勘探进入快速发展时期。近 10 年来,四川盆地天然气勘探海相和陆相、深层和浅层、常规和非常规共同发展,多层系、多领域、多区块均取得了新的发现和突破。

近年来,四川盆地天然气探明地质储量和产量不断增加,给发展带来新的动力,新增探明地质储量连续多年达千亿立方米以上。由于川中古隆起磨溪—高石梯构造勘探取得重大进展,寒武系勘探获得历史性突破,天然气产量也稳步增长。天然气累计探明地质储量约占全国的 1/4,产量约占全国的 1/5。

四川盆地是中国的两大致密气区之一,同时也是页岩气勘探开发最有利的地区,因此,除了对常规天然气藏进行评价外,还对致密气和页岩气资源进行了评价,是对四川盆地天然气资源潜力的一次全面系统的评价。值得注意的是,页岩气是典型的非常规天然气,致密气在大多数国家也被看作是非常规天然气。而我国传统上则是将致密气划分到常规天然气当中，将其与常规天然气放在一起勘探、统计，事实上致密气已是我国天然气产量中的主力军之一。

四川盆地经历了长期的勘探开发历程，已探明储量主要分布在中生界，如广安、合川、成都、新场等气田，占探明储量的一半以上。其次是上古生界，如普光、元坝长兴组礁滩气藏及川东石炭系气藏等。再次是下古生界，从磨溪—高石梯地区震旦系到寒武系碳酸盐岩气藏实现了快速发展。

但是四川盆地资源探明程度依旧不高，未来勘探潜力可观，待探明资源量主要分布在川西和川中地区。从深度来看，待探明资源主要分布在深层和超深层，二者合计占待探明资源总量的70%。虽然近年来深层探明储量快速增长，但是探明率依然较低。

虽然四川盆地天然气待探明资源量巨大，但是必须认识到待探明天然气资源以致密气藏和深层气藏为主，勘探目标埋藏深、厚度薄、物性差、勘探难度大，勘探开发成本高。此外，四川盆地也是我国典型高含硫气藏的分布地区，如普光、元坝和龙岗等地区的飞仙关组礁滩气藏H_2S含量在5%以上，部分地区高达10%以上，对勘探开发提出了高要求。

四川盆地油气勘探取得了快速发展，为未来更长时间的勘探开发工作奠定了坚实的基础。回顾四川盆地的勘探历程，结合勘探新进展和地质新认识，未来勘探以3个方向为主。

（1）强化深层、超深层勘探

资源评价结果显示，四川盆地深层、超深层天然气资源丰富，深层天然气勘探具有雄厚的物质基础；勘探进展显示，新发现的大气田目的层埋深大都超过3 500 m，如川西新场气田气藏埋深为4 500～5 200 m，川北元坝气田气藏平均埋深为6 800 m，川中安岳气田气藏埋深为4 500～6 000 m。深层、超深层勘探开发技术日趋成熟，深层天然气勘探目标广阔，前景乐观。今后应继续强化深层、超深层天然气勘探，主要目标包括川北—川东地区二叠系—三叠系礁滩复合体、川西—川中上三叠统—侏罗系致密砂岩气藏和川中古隆起震旦系—寒武系丘滩。

（2）推进多层系立体勘探

四川盆地是典型的叠合盆地，纵向上发育多套生储盖组合，具有"层系多、类型多、领域多"的天然气资源赋存地质特征。川北普光、元坝等气田除长兴组—飞仙关组主力气层外，在雷口坡组、须家河组、自流井组等层系也取得突破；川中磨溪—高石梯地区除龙王庙组、灯影组和须家河组外，下二叠统勘探也取得新发现，揭示栖霞组勘探潜力；川西地区除须家河组和侏罗系气藏外，龙门山前雷口坡组海相气藏勘探也取得重要发现。这些新的发现和突破，展现了四川盆地多层系立体勘探的巨大潜力。未来应按照"主力层系优先探明，其他层系分步展开"的思路推进多层系立体勘探。

（3）加快发展非常规天然气勘探

四川盆地是我国两大致密气产区之一，也是页岩气勘探开发最有利和最重要的地区，未来应加快发展非常规天然气勘探开发。受资源分布限制，致密气勘探未来主要集中在川西和川中地区，以须家河组和侏罗系为勘探重点；页岩气勘探主要集中在川东、川南、川西南地区，以上奥陶统五峰组—下志留统龙马溪组为勘探重点，下寒武统筇竹寺组为准备领域。

2) 鄂尔多斯盆地天然气资源分布与潜力

鄂尔多斯盆地是地质学上的名称,一般称陕甘宁盆地,行政区域横跨陕、甘、宁、蒙、晋五省(区)。鄂尔多斯盆地是中国第二大沉积盆地。该盆地天然气总资源量为 $11.14 \times 10^{12} \, m^3$。中国石油长庆油田公司已发现苏里格、靖边、乌审旗、榆林、神木、米芝、子洲、胜里井、刘家庄等气田;除靖边气田外,其余 8 个气田均为上古生界气田。这些气田的发现是实践—认识—再实践的成功过程,是长庆人取得的丰硕成果。油田通过不断探索新的勘探方法,总结勘探经验,注重技术创新。在实践中,油气勘探活动日益受到勘探成熟度和勘探目标复杂性的挑战。通过转变勘探观念,加大对勘探研究的投入,进行理论、技术、管理等方面的创新,长庆油田已发展成为中国最大的天然气生产基地和天然气管网枢纽。

目前,已探明的储量超过 $1\,000 \times 10^8 \, m^3$ 的大气田分别有苏里格气田、靖边气田、乌审旗气田和榆林气田。鄂尔多斯盆地是我国中部大型叠合盆地,油气资源禀赋巨大,是我国未来油气储量和产量增长潜力最大的盆地之一。鄂尔多斯盆地是以地层、岩性圈闭为主,构造圈闭为辅的含油气盆地。盆地油气资源分布集中性不强,勘探领域分散。每个领域的突破都会带来储量的明显增长,油气储量、产量增长的多峰性十分突出。

根据全国油气资源评价和全国油气资源动态评价结果分析,鄂尔多斯盆地天然气待探明地质资源量大,天然气探明程度为 21.4%,为勘探早期阶段,天然气储量、产量具有较大的增长空间。为了缓解我国油气供需矛盾,应尽快实施找油突破行动。对鄂尔多斯盆地来说,首先重点勘查伊陕斜坡,提交规模储量,为大规模油气勘探开发提供资源保障;其次加强天环坳陷、伊盟隆起、渭北斜坡、晋西挠褶带和西缘逆冲带勘查,寻找后备资源接替区。

研究表明,鄂尔多斯盆地内煤层气主要分布在盆地东缘的河东煤田和陕北石炭系—二叠系煤田、盆地南缘的渭北煤田;页岩气主要分布在盆地中东部的石炭系—二叠系页岩和盆地南部的三叠系延长组页岩中。随着我国非常规油气勘探开发技术的成熟,未来非常规天然气资源将进一步提高鄂尔多斯盆地天然气的保障能力,有效缓解我国能源紧缺和能源安全问题。

3) 塔里木盆地天然气资源分布与潜力

塔里木盆地是世界第一大内陆盆地,位于新疆维吾尔自治区南部,西起帕米尔高原东麓,东到罗布泊洼地,北至天山山脉南麓,南至昆仑山脉北麓,大致在北纬 37° ~ 42° 的暖温带范围内。同时也是古生代克拉通盆地和中新生代前陆盆地组成的大型叠合复合含油气盆地,气区面积为 $56 \times 10^4 \, km^2$。

塔里木盆地是一个富含天然气的盆地,近几年天然气勘探不断获得突破。塔里木盆地天然气主要富集在盆地周缘前陆盆地和台盆区古生界碳酸盐岩,其中库车前陆盆地天然气三级储量已经超过万亿立方米,成为国家"西气东输"工程的主力气源地;台盆区塔中、塔北天然气三级储量也超过 $1.1 \times 10^{12} \, m^3$,是盆地天然气产量的重要组成部分。塔里木盆地天然气资源主要包括常规天然气资源和非常规天然气资源。

塔里木盆地天然气勘探以常规天然气为主。在天然气资源评价结果基础上,结合已发现的天然气三级储量,对盆地常规天然气剩余资源分布情况进行分析。非常规天然气在盆地内的分布比较局限,致密砂岩气主要分布于库车坳陷东部,页岩气主要分布于塔东隆起和库车坳陷北部构造带。

用盆地的一级构造单元天然气资源量减去三级储量就得到各构造单元的剩余资源量。通过计算表明,塔里木盆地剩余天然气主要分布在库车坳陷、西南坳陷、北部坳陷、塔中隆起和塔北隆起。其中,库车坳陷未发现天然气地质资源量最大,达到 $2.96\times10^{12}\mathrm{m}^3$,占库车坳陷常规天然气资源量的 64%。塔西南坳陷剩余常规天然气资源量约为 $1.93\times10^{12}\mathrm{m}^3$,已发现的天然气三级储量仅占到 4.67%。北部坳陷也是天然气剩余资源量较大的构造单元,约为 $1.3\times10^{12}\mathrm{m}^3$,发现率仅为 0.75%。塔北隆起和塔中隆起发现率约为 40%,剩余天然气资源量也比较大。

盆地不同层系剩余资源量的分析结果显示,塔里木盆地层系中天然气最富集的为白垩系,天然气地质资源量为 $4.59\times10^{12}\mathrm{m}^3$,已提交天然气三级储量为 $1.49\times10^{12}\mathrm{m}^3$,剩余资源量为 $3.09\times10^{12}\mathrm{m}^3$。其次是奥陶系,天然气地质资源量为 $2.59\times10^{12}\mathrm{m}^3$,已提交天然气三级储量为 $0.98\times10^{12}\mathrm{m}^3$,剩余资源量为 $1.60\times10^{12}\mathrm{m}^3$。再次为古近系,天然气地质资源量为 $1.51\times10^{12}\mathrm{m}^3$,已提交天然气三级储量为 $0.29\times10^{12}\mathrm{m}^3$,剩余资源量为 $1.22\times10^{12}\mathrm{m}^3$。寒武系地质资源量排在第 4 位,总地质资源量为 $1.29\times10^{12}\mathrm{m}^3$。

从天然气剩余资源量分布看,塔里木盆地库车坳陷仍是今后天然气勘探的主要场所,同时西南坳陷和北部坳陷也是今后勘探的重要地区。同时从层系剩余资源量分析,白垩系、奥陶系、寒武系和古近系仍是天然气勘探的主要层系。因此,今后天然气勘探主要目标区应集中在库车坳陷白垩系发育区,包括大北—克深地区、秋里塔格构造带,西南坳陷白垩系和古近系分布区,包括昆仑山前冲断带和喀什北缘冲断带,台盆区奥陶系以及寒武系盐下。

2.1.2 三种非常规天然气

我国天然气资源丰富,增储上产潜力巨大。常规天然气的快速发展为我国非常规天然气的勘探开发奠定了基础。常规天然气勘探开发中的气藏描述技术、钻完井工艺技术、增产改造技术、采气工艺技术和集输处理技术,可为非常规天然气资源的勘探开发提供技术基础。已建成的苏里格、榆林和靖边等产能超过 $10\times10^8\mathrm{m}^3$ 的 14 个大气田,形成的塔里木、长庆、西南上百亿立方米的三大气区,均可为非常规天然气的有效开发提供示范作用。

我国天然气消费量增长迅速,常规天然气的产量已不足以满足快速增长的需求。因此,政府和各大石油企业十分重视对非常规天然气资源的勘探开发。通过近年来的勘探开发实践,可以认为我国非常规天然气资源丰富,开发潜力巨大。在不同程度上对包括致密气、煤层气、页岩气等非常规天然气进行了资源评价,目前致密气和煤层气均已进入商业化开发阶段。

1)致密气资源分布与发展方向

致密砂岩气(以下简称致密气)是目前开发规模最大的非常规天然气之一。1980 年,美国联邦能源管理委员会将地层渗透率小于 0.1 mD 的砂岩气藏(不包含裂缝)定义为致密气藏,并以此作为是否给予生产商税收补贴的标准。根据我国石油天然气行业标准《致密砂岩气地质评价方法》(GB/T 30501—2022),致密气是指覆压基质渗透率小于或等于 0.1 mD 的砂岩气层,单井一般无自然产能或自然产能低于工业下限,但在一定经济条件和技术措施下可获得工业天然气产量。

美国是全球致密气工业发展最早、开发利用最成功的国家,其致密气藏具有气层厚度大、丰度高且多含凝析油的特点,气井最终累计产气量高、开发效益较好。我国致密气也具有巨大的资源潜力和可观的规模储量,主要分布于鄂尔多斯、四川、松辽、吐哈等沉积盆地,其中鄂尔多斯盆地是我国最大的致密气生产基地。我国致密气藏主体以大面积、连续分布为主,以鄂尔多斯盆地苏里格气田、神木气田、大牛地气田、延安气田等为代表;也存在部分以构造控制为主的致密气藏,以四川盆地上三叠统须家河组气藏、吐哈盆地巴喀气藏为代表。

经过近 20 年的努力,我国致密气开发取得了巨大成就,建成了我国产量规模最大的气田——苏里格气田,并形成了致密气藏低成本开发技术。

致密气藏广泛分布于世界各大含油气盆地中,全球发育致密气的盆地约 70 个,总资源量为 $210 \times 10^{12} \mathrm{m}^3$,剩余技术可采资源量约 $81 \times 10^{12} \mathrm{m}^3$(图 2.1)。亚太与美洲地区是致密气分布的主要地区,超过全球总资源量的 60%。由于致密气藏的特殊性,目前采收率多介于 30%~50%,均远低于常规气藏。致密气藏采收率低受多种因素影响,主要原因包括宏观和微观两个方面:一是宏观上,致密气藏有效砂体呈孤立状非均匀分布,储量的动用程度主要受控于井网密度,无论井网密度多大(目前全球最大井网密度为 16 口井/km^2),仍有部分储量难以充分动用;二是微观上,致密储层孔喉细小,相当比例的天然气储存于纳米级储集空间或非连通孔隙中,该部分气体难以产出。

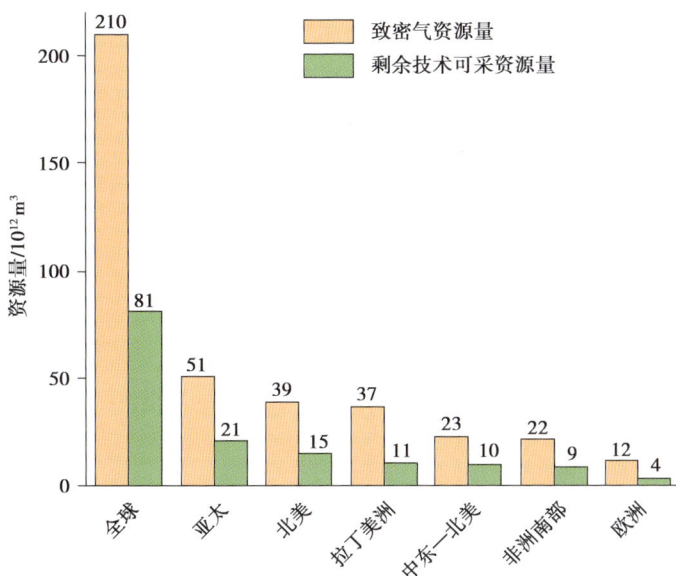

图 2.1　全球致密气资源量与剩余技术可采资源量分布

我国致密气广泛分布,各大盆地中均有发育,但分布极不均衡。根据中国石油第四次油气资源评价结果,我国陆上致密气总资源量为 $21.85\times10^{12}\,m^3$,其中,鄂尔多斯盆地上古生界达 $13.32\times10^{12}\,m^3$,占总资源量的 60% 以上,四川、松辽、塔里木盆地均超过 $1.00\times10^{12}\,m^3$,其他盆地零星分布(表2.1)。

表 2.1　我国陆上致密气资源量、探明储量与产气量

层　次	盆　地	勘探区带或领域	地质资源量 /($10^{12}\,m^3$)	2021 年累计探明地质储量 /($10^{12}\,m^3$)	目前资源探明率	2021 年产量 /($10^8\,m^3$)
主体区	鄂尔多斯	上古生界	13.32	4.06	30.5%	430
接替区	四川	侏罗系沙溪庙组、三叠系须家河组	3.98	1.36	34.2%	35
突破区	松辽	白垩系营城组、登娄库组、沙河子组	2.24	0.06	2.7%	5
	塔里木	库车坳陷侏罗系	1.23	—	0	—
	准噶尔	南缘深层侏罗系	0.15	—	0	—
远景区	吐哈	台北凹陷深层、北部山前带	0.51	0.01	2.0%	—
	渤海湾	东部断陷群	0.42	—	0	—

截至 2020 年底,我国陆上致密气探明地质储量为 $5.49\times10^{12}\,m^3$,探明率仅为 25.1%,仍处于勘探早中期,探明储量具备进一步增加的潜力。2020 年,我国致密气产量达 $470\times10^8\,m^3$,占全国天然气总产量的 24.4%,其中,鄂尔多斯盆地为 $430\times10^8\,m^3$、四川盆地为 $35\times10^8\,m^3$、松辽盆地为 $5\times10^8\,m^3$,鄂尔多斯盆地致密气产量超过全国致密气总产量的 90%,是我国当前致密气开发的核心区,未来也将是致密气开发的主力区。

截至 2020 年底,我国天然气累计探明地质储量为 $17.2\times10^{12}\,m^3$,其中致密气探明储量为 $5.49\times10^{12}\,m^3$,占总探明储量的 32%。近 10 年来,致密气占天然气总探明储量的比例不断增加,但致密气探明率仍然偏低,具有较大的增长潜力。

我国开发已动用的探明致密气储量为 $2.39\times10^{12}\,m^3$,剩余未动用储量为 $3.10\times10^{12}\,m^3$,储量动用率为 43.5%,与常规气 68.9% 的储量动用率相比,明显偏低。展望我国致密气发展前景,未动用探明储量的接续动用、已动用探明储量的挖潜、新增探明储量的有效开发是确保我国致密气中长期发展的 3 个重要方面。

已探明剩余可采储量是致密气持续上产与稳产的现实资源基础,探明已动用储量按照采收率 50% 计算,则可采储量规模为 $1.20\times10^{12}\,m^3$,目前已采出 $0.44\times10^{12}\,m^3$,探明已动用剩余可采储量为 $0.76\times10^{12}\,m^3$;探明未动用储量为 $3.1\times10^{12}\,m^3$,按采收率 35% ~40% 计算,探明未动用可采储量为$(1.09\sim1.24)\times10^{12}\,m^3$。致密气已探明剩余可采储量共计$(1.86\sim2.00)\times10^{12}\,m^3$,具备 2030—2035 年上产至 $800\times10^8\,m^3$ 并稳产 10 年以上的资源基础。

根据中国石油第四次资源评价结果,我国致密气探明率处于偏低水平(仅为 25.1%),与成熟探区 50.0% 左右的探明率相比,具有进一步提升的空间。预测未来我国致密气的可新增探明储量为 $5×10^{12} m^3$,主要集中在鄂尔多斯盆地和四川盆地。未来新增探明储量是确保我国致密气进一步稳产的资源基础,按采收率 30% ~ 35% 计算,新增探明部分的天然气可采储量为 $(1.50 ~ 1.75)×10^{12} m^3$,可支撑我国致密气 $(700 ~ 800)×10^8 m^3$ 年产规模并持续稳产至 2050—2060 年。

2)煤层气资源分布与发展方向

煤层气是一种与煤伴生、共生的非常规天然气,也是一种较强的温室气体。它是煤层中的烃类气体,以甲烷为主要成分。煤层气又俗称"瓦斯",热值高于通用煤 1 ~ 4 倍,$1 m^3$ 纯煤层气的热值相当于 1.13 kg 汽油、1.21 kg 标准煤。其热值与天然气相当,可以与天然气混输混用,而且燃烧后很洁净,其燃烧几乎不产生任何废气,是上好的工业、化工、发电和居民生活燃料。

煤层气空气浓度达到 5% ~ 16% 时,遇明火就会爆炸,这是煤矿瓦斯爆炸事故的根源。煤层气直接排放到大气中,其温室效应约为二氧化碳的 21 倍,对生态环境破坏性极强。

我国煤层气资源丰富。据煤层气资源评价,我国埋深 2 000 m 以浅煤层气地质资源量约为 $36×10^{12} m^3$,主要分布在华北和西北地区。其中,华北地区、西北地区、南方地区和东北地区赋存的煤层气地质资源量分别占全国煤层气地质资源总量的 56.3%、28.1%、14.3%、1.3%。1 000 m 以下、1 000 ~ 1 500 m 和 1 500 ~ 2 000 m 的煤层气地质资源量,分别占全国煤层气资源地质总量的 38.8%、28.8% 和 32.4%。全国大于 $5 000×10^{12} m^3$ 的含煤层气盆地(群)共有 14 个,其中含气量在 $(5 000 ~ 10 000)×10^{12} m^3$ 之间的有川南黔北、豫西、川渝、三塘湖、徐淮等盆地,含气量大于 $1 000 km^3$ 的有鄂尔多斯盆地东缘、沁水盆地、准噶尔盆地、滇东黔西盆地群、二连盆地、吐哈盆地、塔里木盆地、天山盆地群、海拉尔盆地。我国煤层气可采资源总量约为 $10×10^{12} m^3$,其中大于 $1 000×10^{12} m^3$ 的盆地(群)有 15 个:二连、鄂尔多斯盆地东缘、滇东黔西、沁水、准噶尔、塔里木、天山、海拉尔、吐哈、川南黔北、四川、三塘湖、豫西、宁武等。二连盆地煤层气可采资源量最多,约 $2×10^{12} m^3$;鄂尔多斯盆地东缘、沁水盆地的可采资源量在 $1×10^{12} m^3$ 以上,准噶尔盆地可采资源量约为 $8 000×10^8 m^3$。

3)页岩气资源分布与发展方向

我国地大物博,发育多种富有机质页岩类型,包括海相、海陆过渡相和陆相 3 种类型。海相页岩主要分布在四川盆地及周边和中—下扬子区为主的南方地区,以及以塔里木盆地为主的中西部地区,层系上则以上奥陶统五峰组—下志留统龙马溪组为重点;海陆过渡相页岩主要为分布在鄂尔多斯盆地、准噶尔盆地、塔里木盆地等中西部沉积盆地的石炭系—二叠系,以及南方地区的二叠系;陆相页岩主要分布于松辽盆地、渤海湾盆地、鄂尔多斯盆地、四川盆地等大型沉积盆地,分别以青山口组、沙河街组、延长组和三叠系—侏罗系为重点层系。勘探开发实践初步证实,3 类富有机质页岩中,海相页岩气勘探开发前景最为现实。我国页岩油气勘探潜力大,多个能源机构认为中国的页岩气总资源量世界排名第三。

"十三五"期间,我国页岩气进入创新突破与快速发展快车道。截至2020年,已在四川盆地上奥陶统五峰组—下志留统龙马组相继发现涪陵、威荣、长宁、威远、昭通和永川6个大中型页岩气田,累计探明地质储量超过2×10^{12} m³。较"十二五"末累计探明地质储量($5\,441\times10^{8}$ m³)相比,增长了2.7倍,且页岩气产量由2015年的45×10^{8} m³增至2019年的154×10^{8} m³,增长了2.4倍。

全球多个科学家预测,2045—2050年期间,天然气能源将会超过石油成为人类一次能源中的主体能源。随着常规油气的勘探开发,常规油气勘探对象越来越复杂,隐蔽性越来越强,勘探难度越来越大。根据最新统计,我国页岩气地质资源量可达$80.45\times10^{12}\sim144.5\times10^{12}$ m³,可采资源量为$11.5\times10^{12}\sim36.1\times10^{12}$ m³,其中3 500 m以深资源占65%以上且主要集中在四川盆地。我国从零起步,用10年的时间使得页岩气产量达到了200×10^{12} m³的水平;预计再用10年的时间至2030年,页岩气产量将占我国整个天然气产量的1/3。未来页岩气的勘探将向四川盆地深层、四川盆地外围,向更多的层系进军。随着庆城油田十亿级页岩油田的发现,未来我国页岩油气勘探开发工作还将从海相页岩气向陆相页岩油拓展,期待在我国实现新的陆相页岩油革命。

2.2 四川盆地——天然气开发的鼻祖

四川盆地是世界天然气开发的摇篮,也是我国天然气工业的发祥地。早在西汉时期,就有开发利用天然气的记载。在13世纪,四川盆地开发了世界首个气田。1835年,在四川自贡开发了世界上第一口超千米深井——"燊海井"。本节重点介绍四川盆地天然气的发展史。

2.2.1 四川盆地天然气开发历程回顾——以西南油气田为例

四川盆地天然气勘探开发历经六十多年,在艰苦中创业,在探索中前进,在发展中壮大,经历了探索起步、稳步增长、发展壮大3个阶段。四川盆地天然气储量、产量持续增长,是国内首个百亿气区,也是首个以气为主的千万吨级大油气田。四川盆地天然气工业发展历程如图2.2所示。

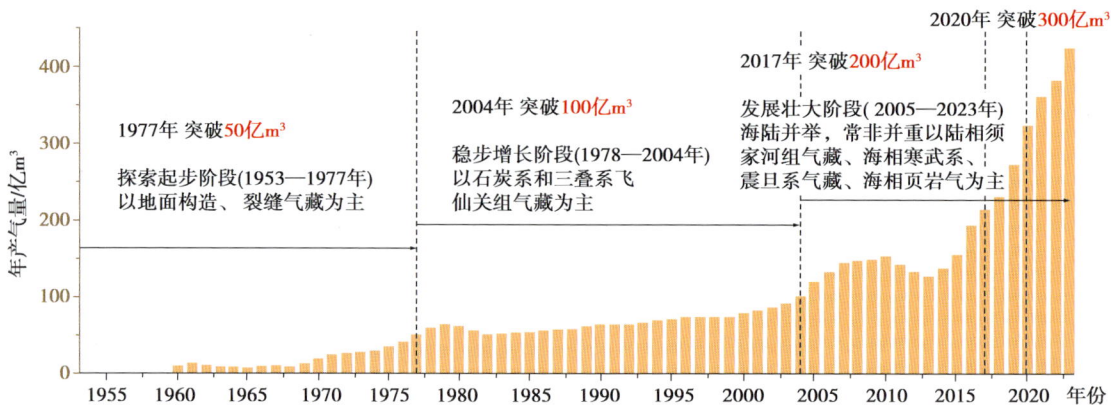

图2.2 四川盆地天然气工业发展历程图

1）早期探索起步阶段

1953—1977 年是以地面构造、裂缝性气藏勘探为主,四川盆地天然气工业的起步、自然发展到快速扩张阶段。

四川盆地天然气工业的起步时期,处于含油气基本地质条件探索阶段;以勘探地面正向构造为指导思想,通过两次会战,发现了蜀南灰岩缝洞型气藏群,威远、卧龙河、中坝等一批裂缝—孔隙型整装气藏。从单一裂缝系统逐步走向整装气藏正规化、科学化开发,编制一批开发方案指导气藏开发。该阶段新增天然气探明储量为 $1\ 611 \times 10^8 m^3$,1977 年突破 $50 \times 10^8 m^3$ 产量大关,为我国天然气工业的发展扎下了坚实的根基。

1953—1960 年是四川盆地天然气工业的起步时期,地质认识程度低,勘探技术落后,仅获得一些小型气田。1960 年以后,盆地油气勘探技术获得第一次飞跃,从地面构造分析发展到利用模拟地震资料进行构造分析,勘探以地面背斜构造为指导思想,在川南、川西南地区发现了一大批碳酸盐岩缝洞型气藏,以及卧龙河、威远、中坝等一批裂缝—孔隙型整装气藏,并钻获一批高产气井。累计探明天然气储量为 $1\ 611 \times 10^8 m^3$,年均探明储量为 $73 \times 10^8 m^3$。

开发以二、三叠系碳酸盐岩裂缝型气藏为主,形成"三占三沿"精选井位原则、有水气藏排水采气及"三稳定"生产制度等,形成具有四川特色的天然气开发技术体系。1970 年以后,天然气进入一个快速增长期,产量从 1970 年的 $19.9 \times 10^8 m^3$ 快速增长到 1977 年的 $52.24 \times 10^8 m^3$。逐步形成了成都、重庆、泸州、自贡等城市及相邻地区就近供气的区域性供气系统和连接成渝两地的南半环输气干线,初步建成川渝天然气工业基地。

2）稳步增长阶段

1978—1994 年是石炭系为主的裂缝—孔隙型气藏勘探,属于天然气产量调整恢复阶段;1995—2004 年是飞仙关组鲕滩气藏为主勘探,属于天然气产量缓慢增长阶段。新增天然气探明储量为 $6\ 250 \times 10^8 m^3$,2004 年跨越 $100 \times 10^8 m^3$ 产量大关。

1978 年以后,四川盆地勘探发生重大转变,以裂缝—孔隙型储层为主要对象,以大中型气田为目标,主探石炭系,兼探二、三叠系,在山地地震勘探技术和高陡构造变形机理研究取得突破的基础上,发现了大池干井、五百梯等一批大中型整装气藏。新增天然气探明储量为 $2\ 535 \times 10^8 m^3$(其中石炭系探明储量为 $1\ 439 \times 10^8 m^3$),1994 年产量达到 $70.67 \times 10^8 m^3$。

1995 年,发现渡口河飞仙关组鲕滩气藏,打破了以石炭系为主的勘探格局,在地质认识、物探技术取得突破的基础上,相继发现了罗家寨、铁山坡等一批川东北高含硫大中型整装气藏。新增天然气探明储量为 $3\ 715 \times 10^8 m^3$(其中飞仙关组探明储量为 $1\ 480 \times 10^8 m^3$)。开发大打增储上产攻坚战,坚持"稀井高产"和气田合理开发程序,油气田开发规模不断壮大,2004 年产量跨越 $100 \times 10^8 m^3$,成为国内首个产量过百亿立方米气区,为我国天然气工业体系建设打下了扎实的基础。建成了盆地环形输气管网,实现"川气东输两湖",当年末储采比达 29.5∶1。

3）发展壮大阶段

2005 年至今,勘探开发以陆相须家河组气藏、海相寒武系、震旦系气藏、海相页岩气为主,天然气储量、产量快速增长。累计探明天然气探明储量为 27 821.53×10^{8}m^3,年均 1 738.85×10^{8}m^3,2020 年地质产量达 325×10^{8}m^3,油气当量跃上 2 500×10^{4}t 级新台阶,盆地从百亿立方米气区迈入三百亿立方米大气区。

勘探上以战略大发现为目标,持续加大风险勘探和甩开预探力度,积极寻找优质规模储量接替区,形成以中深层碳酸盐岩、页岩和须家河组为代表的海、陆相并重,岩性—复合型油气藏勘探为主线,浅、中、深相结合的整体勘探格局,发现了广安、合川、龙岗等大型气田,实现了盆地震旦系勘探突破、龙王庙组历史性新发现、川南五峰组—龙马溪组海相页岩规模增储,高效探明安岳和川南中浅层页岩气两个万亿方特大型气田,实现天然气储量高峰增长。

开发上以新区建产和老区稳产工程为依托,加快产能建设节奏,天然气产量快速增长。2006 年实现油气当量千万吨跨越,成为全国首个以天然气为主的千万吨级大油气田;随着磨溪龙王庙、高磨震旦系、川南页岩气等一批优质规模产能的建成投产,新区产量比例达到 60% 以上,中国石油西南油气田产量持续增长和效益发展的能力显著增强。2019 年天然气地质产量再创历史新高,达 276×10^{8}m^3,油气当量为 2 140×10^{4}t,跃上两千万吨级新台阶;到 2020 年,天然气地质产量达 325×10^{8}m^3,工业产量达 318.2×10^{8}m^3,全面建成三百亿立方米战略大气区,进入了天然气储、产量高速增长期。

2.2.2 四川盆地气藏开发技术发展历史

四川盆地气田分布多位于山地,气藏类型包括常规砂岩气藏和碳酸盐岩气藏、致密油气藏、页岩气藏以及尚未规模开发的煤层气藏。气藏普遍含边、底水,且部分气藏水体能量活跃,部分气藏含硫量高。圈闭类型涵盖构造、岩性和裂缝型 3 大类型。已发现的常规气、致密气产层约 24 个,埋深从 400 ~ 7 000 m 皆有分布。气层储集空间包括孔隙型、裂缝—孔隙型、裂缝—孔洞型及裂缝型等多种类型。自 1939 年以来,经过 80 多年的探索,四川盆地天然气行业已经形成了常规天然气、致密气、页岩气开发技术,其中的开发关键技术主要体现在钻井、储层改造、气藏工程、排水采气和含硫气藏安全生产 5 个方面。

1）钻井技术的发展历程

（1）四川盆地天然气现代钻井里程碑

①1939 年,钻成的巴 1 井是我国现代第一口天然气井,标志着四川盆地现代天然气工业的开始。

②1966 年,在威远气田钻成我国第一口横穿油层的拐弯多底井和第一口水平多底井。

③1976 年 4 月,在武胜县完成了我国第一口井深超过 6 000 m 的超深井——"女基井"。

④1977 年 12 月,四川盆地钻成井深 7 175 m 的关基井,是国内第一口超过 7 000 m

的井。

⑤2019 年 8 月，剑阁县双鱼 X133 井安全钻至井深 8 102 m 完钻，创下我国石油陆上最深水平井完钻新纪录。

近年来，四川盆地天然气勘探开发得到了前所未有的发展，主要得益于钻井技术的不断进步。例如，高陡构造钻井技术的突破解决了井斜问题，为川东鲕滩气田群的发现和建产奠定了基础；低成本快钻技术和水力压裂技术成就了川西浅层天然气的工业开发，催生了新场、洛带气田；超深井快优钻井技术实现了深度超过 8 000 m 深井的安全经济钻探，为龙王庙、灯影组地层中发现多个超大型气田提供了技术保障；抗高温水基完井液、有机盐无固相完井液、合成基完井液、低胶质油包水完井液、低荧光水包油完井液、阴离子无固相聚合物等完井液技术有效解决了高产井试井、修井作业中管柱解封发生的井漏、卡钻难题，达到了提速提效和保护储层的目的。

（2）深井超深井钻井重大进展

①深井超深井钻井提速技术。川渝地区须家河、茅口组地层非均质性强、研磨性高、可钻性差、钻井速度慢，严重影响钻头破岩效率，机械钻速低于 1 m/h。通过提高工具动力、配套个性化长寿命钻头、强化钻井参数，解决了深部难钻地层钻进慢的问题。

②基于人工智能的井下复杂情况高效处理技术。复杂海相碳酸盐岩深层缝洞型油气层地质条件复杂、高温高压、地应力大、漏失坍塌频发、作业风险大。通过人工智能融合地质—地震—测井—钻井等多源信息，结合精确刻画地层深部复杂结构，结合专家系统，形成了人工智能决策系统，可以实现溢流以及各类恶性井漏、井塌的快速识别与高效处理。

③全生命周期井筒完整性与环空带压防控技术。针对超高压、超高温、高含 CO_2/H_2S、高产井不同工况下的井筒安全问题，形成了涵盖全生命周期的水泥环长效封隔、油套管材料长期服役寿命预测、多场耦合井筒完整性管控与维护技术，可有效防控全生命周期内井筒环空带压问题。

④基于人工智能、大数据的完井方式优选及实验评价技术。深层碳酸盐岩储层钻井施工难度大，完井投资大，对单井产量及开采年限要求高。完井方式选择应有利于发挥气井产能并保证其长期投产。通过大数据综合多个指标，实现了完井方式定量优选，增加了对完井评价数据的利用程度，可为射孔完井和衬管完井参数优化提供方案。

2）储层改造技术的发展历程

几十年来，四川盆地天然气开发过程中，使用过水力压裂、酸化（包括解堵酸化和酸压）、高能气体压裂、震荡洗井、超声波采油、低频脉冲解堵和微生物解堵等多种储层改造工艺。从实施的数量和效果看，酸化和水力压裂占主要地位。

四川盆地天然气储层改造技术发展，总体上可以分为 5 个阶段。

①20 世纪 60 年代以前，主要在隆昌圣灯山气田尝试酸化和水力压裂，但是设备和技术落后，施工效果差。

②20 世纪 60—70 年代，主要针对二、三叠系气藏的裂缝性碳酸盐岩储层，实施解堵酸化，实现了"人不见酸，酸不见天"的全过程机械化酸化施工。

③20 世纪 80—90 年代,为解决川东石炭系气藏的裂缝—孔隙型白云岩储层及川中磨溪雷口坡组气藏的孔隙型石灰岩储层的增产改造难题,形成了解堵酸化和酸压系列技术。在川中雷口坡气藏还曾实施 7 口井水力压裂试验,但仅 1 口井增产。

④20 世纪 90 年代中后期—21 世纪前十年,围绕侏罗系和三叠系的多个砂岩气藏进行了水力压裂技术持续攻关,发展了直井分层压裂、水平井喷砂射孔、喷射压裂等新工艺,当时创造了国内多项压裂施工纪录。

⑤2010 年以来,页岩气开发的蓬勃发展,推动了以水平井分段多簇压裂为代表的储层改造技术发展。四川盆地页岩气开发初期,主要借鉴北美页岩气压裂的经验,采用多段少簇的模式,以大排量、大液量、低砂比方式造缝。近年来,随着相关理论和配套技术的进步,逐渐形成了降本增效的新一代水平井压裂工艺,主要特点是采用少段多簇、密集切割的布缝方式,通过暂堵调压、控液提砂方式建造复杂缝网。碳酸盐岩酸压改造中,还借鉴页岩气压裂理念,形成了缝网酸压工艺。主要采取滑溜酸、酸液、压裂液与不同类型暂堵剂组合应用方式,建造复杂的酸蚀裂缝网络。

3)气藏工程理论与技术的发展历程

随着四川盆地天然气开发的进程不断推进,气藏工程理论与技术在渗流建模、相态分析、数值模拟、试井等方面取得了明显进步。表 2.2 展示了四川盆地气藏工程理论与技术发展历程。

表 2.2　四川盆地气藏工程理论与技术发展历程

时　间	气藏工程理论与技术主要进展
20 世纪 60 年代	渗流:双重介质模型
	试井:常规试井分析发展
	数模:三维黑油、双重介质模型,单点上游加权,IMPES,隐式,可计算 200 网格
20 世纪 70 年代	相态:开始相态计算物理化学的应用,SRK,PR 状态方程
	试井:现代试井分析出现
	数模:D4CG9 点法,两点上游权,组分模型,Peaceman 井模型,三重介质,2 000 网格
20 世纪 80 年代	渗流:三重介质模型、复杂结构井渗流,LHSS 模型
	相态:出现商业化相态模拟软件
	试井:现代试井分析发展
	数模:嵌套隐式分解,TVD 高精度,局部加密,角点网格,AIM,水平井
20 世纪 90 年代	相态:形成多孔介质中高含硫气藏流体相态实验测试及相态模拟技术,考虑多孔介质影响,考虑水组分影响
	试井:大斜度/水平井,计算机辅助试井
	数模:并行计算,网格粗化,PEBI 网格,DF 模型应用,GRMES,多分支井

续表

时　间	气藏工程理论与技术主要进展
2000—2010 年	渗流:超双重介质模型四重介质模型,微纳米渗流分形
	相态:页岩气 CO_2、CH_4 竞争吸附等非平衡相态实验测试,分子模拟技术,PC-SAFT
	试井:压裂水平井,数值试井
	数模:流线,异步并行,自动历史拟合实用化百万网格
2010 年 至今	渗流:超双重介质模型四重介质模型,微纳米渗流分形
	相态:GERG-2008,分子势能模型在油气相态领域推广和应用
	试井:复杂气藏、缝网压裂水平井试井
	数模:GPU,千万级、亿级网格,微纳尺度模拟,复杂压裂缝

(1)渗流模型的进步

四川盆地已投入规模开发的气藏主要有碳酸盐岩气藏、低渗透或致密砂岩气藏、页岩气藏。对气藏渗流规律的研究也主要围绕这 3 种类型展开,构建了针对不同气藏的渗流理论模型。

①缝洞型碳酸盐岩气藏渗流模型。四川盆地碳酸盐岩储集空间包括溶洞、裂缝、孔隙。裂缝按尺度划分,包括显微裂缝、微裂缝、小裂缝、大裂缝和大断裂。与国内外碳酸盐岩油气藏的渗流理论同步。1960—1970 年,采用裂缝—基岩类型的双重介质模型表征渗流过程。虽然离散裂缝模型的概念在这一时期已经提出,但受计算能力限制未实际运用。20 世纪 70 年代,三重介质模型成为热点,出现了缝—洞—孔三重介质、孔隙—小裂缝—大裂缝三重介质模型,针对更复杂的气藏,甚至构建了四重介质、五重介质模型。然而,这些多重介质理论模型中的窜流项只限于微元本点,即质量守恒方程中的源汇项。实际气藏的跨介质传质属于对流扩散项,需要以对流扩散项描述。因此,上述宏观模型中将对流扩散项简化成源汇项的做法仅适用于特殊情形。对于不能纳入多重介质模型的介质,可重组为复合介质或采用离散介质模型描述。2000 年以后,发展了考虑流体沿大裂缝窜流的超双重介质渗流模型。同时,为了解决大裂缝快速水窜、压裂缝导流等数值模拟难题,离散裂缝模型逐渐成为模拟大裂缝渗流的主流方法。目前,重组型缝洞双重/三重介质与离散缝裂缝网络耦合的渗流模型,能兼顾准确性和计算效率,成为缝洞型油气藏渗流模型中反馈效果最好的模型。

②低渗透或致密砂岩气藏渗流模型。常规砂岩气藏在四川盆地较少见,其渗流模型为经典的单一介质的渗流数学模型。低渗透或致密砂岩气藏在四川盆地更为常见。这类气藏往往需要压裂增产才获得工业产量。因此,渗流空间包括储层孔隙和压裂裂缝网络两部分。四川盆地低渗透或致密砂岩气藏的压后渗流模型可分为 4 类模型。Ⅰ类是按平均渗透率建立的粗化模型、等效半径或负表皮系数模型。其局限在于不能反映压力场和饱和度场的分布。在 2000 年前的数值模拟中主要采用这类方法,目前主要用于气藏工程的简单估算。Ⅱ类是离散压裂缝与连续多孔介质耦合模型。这类模型将压裂缝简化为平板形,只考

虑主压裂缝,而将次生裂缝与储层孔隙平均粗化,是 2000—2010 年应用的主流模型。Ⅲ 类是离散裂缝—双重介质—单孔介质耦合模型。与 Ⅱ 类模型的区别在于,将次级压裂缝与储层孔隙介质采用双重介质模型描述,该类模型已成为近年来的主流模型。Ⅳ 类是分形裂缝模型,采用分形理论描述裂缝,反映裂缝的多级次特征。该类模型目前主要用于理论分析,实际生产实践的应用较少。

③页岩气藏渗流模型。页岩气的压后渗流模型基本形式与低渗透—致密砂岩气藏压后渗流模型类型相似,主要的不同点在于,页岩气渗流需要考虑甲烷吸附、解吸、扩散、渗流等多元机理。1970—2000 年,国外学者建立起此类渗流现象的核心理论。虽然近年来国内学者在吸附和扩散理论方面有很多新认识,但从应用层面看并无本质区别。吸附—解吸规律多采用 Langmuir 曲线。该方法只需测定几个压力点下的吸附量即可确定整条曲线,但不能反映储层的非均质性引起的曲线形态变形。另一类方法是直接确定不同压力条件下的吸附量。这类方法接近实际,但测量时往往将岩样打碎为颗粒状测量。这与实际地层差别较大,因而实验结果的代表性受到质疑。实际研究中常将两类方法结合应用。

(2)相态分析的进步

气藏流体相态表征是气藏工程基础内容之一,目的是获取油气藏烃流体不同温压条件物性参数(组成、黏度、偏差因子及凝析油含量等),进而为油气储量计算、开发方案设计、试井及生产动态分析提供基础参数。经过几十年的持续攻关研究,在含极性物质气态天然气相态、酸性气藏气—液—固三相相态、饱和凝析气藏相态、非常规油气相态等方面取得理论和技术突破,形成了针对四川盆地气藏相态理论及评价技术。

①高含硫气藏流体相态理论及测试技术。针对高含硫酸性气藏元素硫沉积问题,基于以状态方程为基础的气相和液相热力学模型、以溶液理论为基础的固相热力学模型,建立了气液固三相相平衡热力学模型,发展了酸性气藏流体物性计算方法,研发了硫沉积点、沉积量及其伤害的高温高压可视化实验装置及测试技术。

②含极性物质 CO_2/H_2O—干气/凝析气相态理论。高温高压气藏普遍含有水蒸气,而经典状态方程(PR、SRK 等)忽略了水的影响。鉴于此,提出的四参数立方型状态方程与 GE 型活度系数模型相结合,建立了描述含水气藏烃类混合物相平衡的热力学理论模型。

③非常规油气相态预测理论。非常规油气层的微纳米孔发育,流固界面作用力大幅度增加。常用状态方程预测流体高压物性涉及 20 多个参数,计算过程复杂。近年来,从描述流体分子间相互作用角度,建立了具有严格理论基础的五参量指数型势能模型,为流体相态研究从宏观尺度向微观分子尺度研究奠定了理论基础。

(3)数值模拟的进步

四川盆地气藏类型多,但气藏数值模拟技术难点是碳酸盐岩有水气藏。碳酸盐岩有水气藏的数值模拟技术代表了盆地气藏模拟技术的发展。针对四川盆地碳酸盐岩具有水气藏储集类型多、非均质性强、多尺度流动的特点,模拟技术取得快速发展,并逐渐呈现出以下特点:

①超大规模化、超高精细化。超大规模指模拟网格数量由常规的百万级向千万级、亿级增长,对中大型油气藏实现全气藏整体模拟,对超大油气藏采用分区域,先完成每个子区

域的模拟,然后合并模拟的方式。超高精细指对数值模拟直接在三维地质模型基础上建立,不粗化,非结构化表征裂缝产状,对流体和储层物性突变区域,数值模型网格比三维地质模型网络更为精细。

②多学科综合化、流动模型复杂化。多学科综合化模拟指地质建模—开发方案—采气工程一体化模拟,包括地质建模—数模一体化、气藏模拟—井筒模拟、地应力—裂缝—气藏渗流、地震信号模拟—气藏渗流等。流动模型复杂化是指数值模型包含多物理场的复杂过程,如针对硫沉积或防砂的气—水—固模型,耦合裂缝变形的应力模型,离散介质、连续介质耦合模型,微观孔隙缝网络模型,突变界面及相平衡渗流模型等。特别是,针对四川盆地海相页岩气藏开发特点,考虑吸附—解吸—扩散主要流动特征,基于多尺度流动机理,发展了耦合裂缝扩展—开发动态的模拟技术。

③计算力超级化、高效化。主要体现在大量应用 GPU 并行计算技术和云计算。2007年,由 NVIDIA 率先推出 GPU(图形处理器)加速器。1 个 GPU 的计算能力是 1 个 CPU 的数倍甚至十余倍。单个 GPU 的价格远低于 CPU,更低于每个计算机节点。GPU 应用显著降低并行平台构建成本,显著提高了运算效率。

(4)气井试井技术的进步

在气田整个勘探开发过程中,试井发挥着不可或缺的作用。从新气区的发现井开始,到落实气田储量、开发建设、气田开发生产的整个过程中,在确认气层的存在、测取气井产能、了解储层物性、进行开发方案设计和投入开发后的动态分析等方面,都离不开试井。现在的试井工作,已不单是获取诸如储层渗透率等简单参数,还要求提供介质类型、物性展布、边界情况等信息,最终需要得到一个真实反映气井和气藏情况的"动态模型",用于气田评价和动态预测。为解决四川盆地气藏储集类型多样、非均质性强、多井型开采所带来的试井难题,试井技术已经发生深刻变化。

试井测试技术由单一测压向储层分段测试及多参数、精细化、功能多样化发展,向生产测井与试井及产能测试深度融合技术发展,形成了非常规气藏的压裂缝网参数、SRV 诊断及评价技术,建立了强非均质气藏储层非均质性诊断及评价技术,创新了长水平井非均质解释及多功能测试解释理论,发展了水平井多段压裂分段测试、分布式光纤温度、噪声、应力测试和基于低频电磁波的全井无线直读等核心测试技术。

试井解释技术正在向多相、复杂介质、复杂井型发展,向数值试井、流线试井解释方法发展;产能评价技术正在向储层精细化、功能多样化、数据分析综合化及智能化发展。其表现为:

①模型多样化,涉及强非均质气藏、变形介质气藏、多重介质气藏、致密气藏、凝析气藏、高含硫气藏、页岩气藏、有水气藏等多种气藏类型;

②井型多样化,涉及直井、斜井、水平井、压裂直井、多级压裂水平井、多分支井、井工厂水平井、多井系统等多种井型;

③复杂介质流动规律建模,涉及多运移机制多尺度耦合建模、复杂井结构描述等。

4)排水采气技术的发展历程

四川盆地的天然气井排水采气技术起步于 20 世纪 60 年代末期。1968 年以前,四川油气区还存在"排水采气"还是"控水采气"的争论。1969年,在纳6井开展气水同采现场试验,确定了有水气藏排水采气的工作方法。随后,优选管柱、泡排、气举、机抽和电潜泵排水采气先后开展现场试验并取得成功。近年来,随着天然气勘探开发领域连续取得重大突破,排水采气工艺技术也取得长足进步。主要体现在以下3个方面:

①常规排采工艺进一步优化,逐渐形成技术系列,已应用于定向井、水平井、高温深井等,形成了优选管柱—泡排、气举—泡排、加速泵—气举、机抽—速度管等组合排采工艺,连续油管、涡流、同井回注等新工艺也日臻完善。

②在气井工况监测与诊断基础上,排水采气已向精细化、数字化和低成本发展。建立"气井精细分类—工况监测—措施优选—制度优化"排水采气机制,实现"一类一法"。基于单井数据监测,利用远程传输技术,自动识别预警和控制,开发低产低效井管理数字化技术。更加注重低成本高效益,发展经济适用的工艺技术。

③形成了控水和排水有效方法。针对水源区物性较差水侵不活跃的气藏,优化边部区域气井生产压差,控制地层水入侵;对水侵活跃的气藏进行排水采气。边水气藏早期在边部区域排水,底水气藏早期在高渗透区气—水界面以下层段排水。针对气藏不同开发阶段优化排水工艺,早期气藏能量充足,自喷排水;中后期采用泡沫、柱塞、气举、机抽、电潜泵等进行排水。

5)高含硫气藏安全生产技术的发展历程

20世纪60年代以来,自威远震旦系含硫气藏进行开发实践以来,四川盆地陆续成功开发了卧龙河、中坝等一批中小规模、中低含硫气藏。进入21世纪后,普光、龙岗等一批高含硫气田相继投产,标志着我国高含硫气藏开发水平已经居于世界前列。

针对高含硫气井钻完井,井控风险高、地层复杂多变和钻完井作业难度大等问题,形成了高含硫深井超深井安全高效建井技术,涉及深层超深层三压力剖面精确预测、优快钻完井与高效破岩工具、复杂压力系统井控、各类恶性井漏高效防漏防塌、井筒完整性与环空带压管控等方面。

2.2.3 四川盆地是我国天然气工业的摇篮和未来

四川盆地是一个富饶而"年轻"的盆地,有着6亿年的漫长演化历史、近$40\times10^{12}\,m^3$的天然气资源量,历经近70年的勘探开发,仍屡有重大发现。天然气探明率仅15%,勘探处于早中期,表现出较大的天然气勘探开发潜力。近年来,发现了多个川中、川东深层常规气,川南页岩气,川中-川西浅层致密气大气田,天然气储量产量进入高峰增长阶段,未来仍将保持强劲的增长势头。

西南油气田已形成"海陆并举、常非并举、构造与岩性并举"的勘探开发新格局,2030年天然气年产量将达到$800\times10^8\,m^3$。届时,天然气产运储销一体化工业体系基本实现现代化,可有力保障川渝云贵地区和国家天然气消费需求,带动四川盆地天然气产业规模快速发展。西南油气田坚持"创新引领""管理提升""绿色和谐""合作共赢"的最优发展路径,推动天然气全产业链转型升级,实现高质量效益发展。未来10年,四川盆地将进入天然气工业高质量、高效益发展的新"黄金时代"。

2.3　四川盆地——天然气的博物馆

2.3.1　四川盆地是大型叠合盆地

我国陆上主要有 7 大含油气盆地,依据含油气类型可以划分为"五油三气",天然气主要分布在其中的四川盆地、鄂尔多斯盆地、塔里木盆地。2020 年底,上述 3 个盆地天然气合计产量占全国总产量的 75% 左右。

四川盆地是在上扬子克拉通基础上发展起来的海相克拉通与陆相前陆盆地叠合的大型盆地,现今属于环青藏高原盆山体系,面积为 $1.8 \times 10^4 \ km^2$,是我国陆上第三大含油气盆地。四川盆地有着 6 亿年的漫长地史,海相、陆相两套沉积盖层累计厚度超过 $1 \times 10^4 \ m$,海相克拉通持续时间长、地层厚度为 $4\,000 \sim 7\,000 \ m$。先后经历了扬子、加里东、海西、印支燕山、喜马拉雅等 6 期构造运动,在印支期初具雏形,于喜马拉雅期定形。现今该盆地内部形成了 6 大构造单元:川北低缓构造带、川中平缓构造带、川东高陡构造带、川西低陡构造带、川南低陡构造带、川西南低褶构造带。

四川盆地具有满盆含气的特点,共计发育 6 套广覆式分布的优质烃源层(海相 4 套、陆相 2 套)、11 套油气成藏组合(海相 8 套、陆相 3 套),已发现 29 套工业油气产层(常规、致密油气产层 26 个,页岩气产层 2 个,火山岩产层 1 个),总体具有油气成藏组合多、产层多、气藏类型多的特点。已发现 200 余个气田及含气构造,其中储量超过 $1\,000 \times 10^8 m^3$ 的大气田有 12 个(海相 8 个、陆相 4 个)。2020 年底,后者产气量占该盆地总产气量的 75% 以上。海相气田产气量占比达 95%,具有明显的优势。四川盆地区域上已经形成了以深层常规气为主的川中气区、以页岩气为主的川南气区、以中高含硫气藏为主的川东气区、以龙门山前超深层常规气和火山岩气藏为主的川西气区。上述四大气区是目前该盆地天然气勘探开发的主阵地,也是未来实现天然气上中下游产业升级的主战场。

2.3.2　四川盆地天然气基本地质特征

四川盆地经历了从震旦纪至中三叠世的克拉通盆地演化阶段,主要接受一套巨厚的海相沉积,其中在新元古代至早古生代构造运动中主要表现为大隆、大坳的地壳升降运动。其隆起是在一种基于整体下沉背景下的相对局部的隆升,其中乐山—龙女寺古隆起分布范围广、持续时间最长。在晚古生代Ⅰ早中三叠世,主要为克拉通裂陷盆地,其盆地北部及邻区的秦巴地区主要以裂陷带形成演化为特征。目前,四川盆地的基本地质特征如下:

(1)烃源岩层系多,分布广,质量好

四川盆地发育多套烃源岩,主要有下寒武统、下志留统、二叠系、上三叠统及下侏罗统等。下寒武统烃源岩为海相暗色泥,有机质主要为Ⅰ型,有机碳丰度为 0.4% ~ 1.6%,主要分布在川西南、川北和川东地区。下志留统烃源岩为黑色页岩和深灰色泥岩,有机质主要为Ⅰ型,有机碳丰度为 0.5% ~ 4%,主要分布在川东及川南地区。下二叠统烃源岩为碳酸盐岩及泥质,有机质主要为Ⅲ型,有机碳丰度为0.24%~1.76%,主要分布在川东及川西南地区。上二叠统烃源岩为泥质岩、碳酸盐岩及煤,有机质类型主要为Ⅰ~Ⅲ型,有机碳丰度为0.2%~5%,主要分布在川东及川西南地区。上三叠统烃源岩为陆相煤系地层及暗色泥岩,有机质类型主要为Ⅲ型,有机碳丰度为1.0%~4.5%,主要分布在川西及川中地区。下侏罗统烃源岩为浅湖和半深湖暗色泥岩,有机质主要为Ⅰ型、Ⅱ型,有机碳丰度为0.4%~1.2%,主要分布在川中、川北地区。

(2)储层类型多,裂缝—孔隙性储层质量好

四川盆地从震旦系到侏罗系已发现含油气层系有19个。主力产气层为震旦系、石炭系黄龙组、下二叠统茅口组和栖霞组、上二叠统长兴组、下三叠统飞仙关组和嘉陵江组、上三叠统须家河组、侏罗系沙溪庙组和蓬莱镇组。

储层以碳酸盐岩裂缝—孔隙型和低孔低渗砂岩储层为主。储层物性较差,碳酸盐岩储层平均孔隙度为1.79%,但也存在高孔渗储集岩。例如:石炭系储层平均孔隙度为5.49%,飞仙关组鲕滩平均孔隙度为8.16%;砂岩孔隙度分布于3%~8%,渗透率小于0.1×10^{-3} μm^2,但侏罗系蓬莱镇组平均孔隙度大于10%。

(3)气藏类型多,已发现的气藏以构造气藏为主

气藏类型多样,有构造、地层、岩性、构造—岩性等多种类型。到目前为止,已发现的气藏,以构造气藏为主,其中背斜构造气藏数约占总气藏数的94%,平均气藏规模为$17\times10^8 m^3$;构造—岩性气藏数小于4%,但气藏规模较大,平均气藏规模为$160\times10^8 m^3$。近年来,盆地内发现了多个岩性气藏或岩性构造复合气藏(如七里北)。这类气藏将会是盆地下一步勘探的重点。

2.3.3 四川盆地天然气资源状况

截至2020年底,四川盆地天然气总资源量为$39.94\times10^{12} m^3$,已获探明储量近$6\times10^{12} m^3$,天然气地质产量达为$1\,243\times10^8 m^3$,新增探明储量为$13\,282\times10^8 m^3$,年均新增探明储量为$2\,650\times10^8 m^3$。

(1)地层层位分布特征

四川盆地的天然气资源量主要分布在2 000~3 000 m的中深层中,约占41%,其次为3 500~4 500 m的深层,约占31%;小于2 000 m的浅层和大于4 500 m的超深层中天然气资源约各占14%。主要分布层系为侏罗系—震旦系,地质资源量最大在$8\,000\times10^8$~$10\,000\times10^8 m^3$的3个层系分别是下三叠统飞仙关组、上三叠统和石炭系,分别占全盆地总资源量的19%、17%和15%,合计约占51%,即全盆地天然气资源量的一半分布在此层组中。资源量在$4\,000\times10^8$~$6\,000\times10^8 m^3$的层系依次是侏罗系(12%)、下二叠统(9%)、上二叠统(8%)和下三叠统嘉陵江组(8%)。天然气资源量最少的层系是下古生界和震旦系,各层系资源量在$1\,000\times10^8$~$2\,000\times10^8 m^3$,所占比例仅有2%~3%。

(2)勘探区块分布特征

在四川盆地六大勘探区块中,以川东区块的天然气资源量最为丰富,总地质资源量和可采资源量分别为$23\,177.8\times10^8 m^3$和$16\,253.5\times10^8 m^3$,占全盆地总资源量的43.26%,其

中海相地层的天然气资源量又占绝对优势,接近95%。其余区块的资源量排位依次是川西(23.46%)、川中(12.43%)、川北(9.65%)、川西南(6.22%)和川南(4.98%)。上三叠统产气量达245.08×10^{12}m^3,占四川盆地该层系总产气量的61.71%。除川西的天然气资源主要蕴藏在陆相地层中,其余区块均以海相地层占主导地位。

(3)天然气资源品质分布特征

参考四川盆地第三次资源评价资料,按天然气成因分类,四川盆地天然气主要由陆相油型气、海相油型气和陆相煤型气3种类型组成,且以海相油型气为主,其天然气资源量约占全盆地总资源量的71%;其次为煤型气,约占25%。根据气藏(储气层)的物性条件,四川盆地天然气均属资源品位较差的低渗气($1×10^{-3}\ \mu m^2 \leq K \leq 10×10^{-3}\ \mu m^2$)和特低渗气($K<1×10^{-3}\ \mu m^2$),主要为特低渗气,约占71%。在四川盆地巨厚的海相碳酸盐岩地层中,天然气资源主要蕴藏在以碳酸盐岩孔隙或洞穴的储层中,碳酸盐岩孔洞型气约占88%,而碳酸盐岩裂缝型气仅占12%。海相碳酸盐岩气田多为含硫化氢天然气,具有极强的毒性和腐蚀性。

2.4　四川盆地——天然气发展前景广阔

2.4.1　资源量大且探明率低

根据全球各含油气盆地天然气储量、产量的增长规律,以探明率为基础,通常将天然气的发展分为4个阶段:

①勘探初期(探明率不足10%),产量上升一般较缓慢;

②勘探中期(探明率为10%～45%),是大气田的主要发现时期,天然气产量迅速上升;

③勘探成熟期(探明率为45%～65%),新发现以小气田为主,储量增长低于勘探中期,进入高产稳产期;

④勘探高成熟期(探明率超过65%),储量增长速度减缓,产量呈下降趋势。

经统计,全球年产气量超1 000×10^{8}m^{3}的国家共有9个,探明率一般在30%以上;我国2020年产气量为1 888×10^{8}m^3,探明率最低,仅为8.6%。

根据自然资源部新近完成的"十三五"全国油气资源评价结果,四川盆地天然气总资源量为39.94×10^{12}m^3,已获探明储量近6×10^{12}m^3,居全国首位。截至2020年底,四川盆地天然气探明地质储量为6.02×10^{12}m^3,探明率仅15%,处于勘探早中期。按照进入勘探成熟期的门槛值(探明率45%)估算,四川盆地进入成熟盆地的标志储量是17.97×10^{12}m^3,还有近11.95×10^{12}m^{3}的增长空间(图2.3)。如果按照最高探明率60%(美国二叠盆地)来计算,四川盆地天然气累计探明地质储量则可达24×10^{12}m^3,为目前的4倍,证明其天然气勘探潜力大、持续上产资源基础扎实。

四川盆地是世界上最早发现与利用天然气的地区,我国现代天然气工业也在此起步。经过近70年的发展,已建成上中下游产业链完整的天然气工业体系,天然气产量领跑全国半个世纪,在改善一次能源消费结构、建设"美丽中国"的发展进程中发挥了重要作用。"十三五"全国油气资源评价结果表明,四川盆地天然气资源量达39.94×10^{12}m^3,居我国各含油气盆地之首,且探明率仅15%,仍处于勘探早中期,天然气勘探开发潜力大。

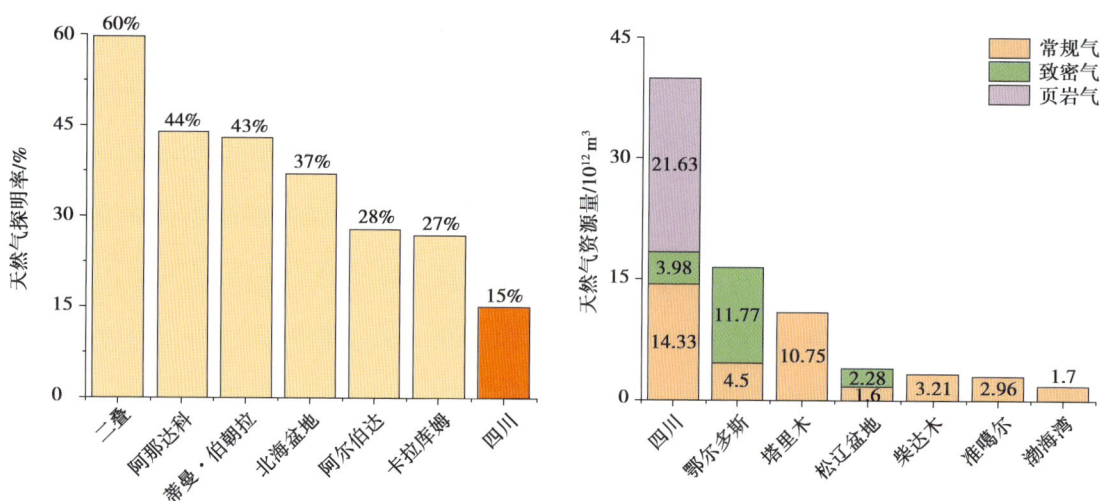

图 2.3　我国主要盆地天然气资源量及四川盆地与国外成熟盆地天然气探明率对比(张道伟,2021)

2.4.2　天然气储量不断提升

中华人民共和国成立以后,作为中国天然气工业的摇篮,四川盆地历经了以下 3 个发展阶段:

①探索起步阶段(1953—1977 年),以川南裂缝型气藏为主要勘探开发对象,累计探明天然气地质储量为 $1\ 227\times10^8\mathrm{m}^3$,年均探明 $51\times10^8\mathrm{m}^3$,年产量突破 $50\times10^8\mathrm{m}^3$。

②稳步增长阶段(1978—2004 年),以大中型整装气田为目标,累计新增天然气探明地质储量为 $6\ 328\times10^8\mathrm{m}^3$,年均探明 $243\times10^8\mathrm{m}^3$,年产量跨越 $100\times10^8\mathrm{m}^3$,成为国内首个百亿立方米气区。

③发展壮大阶段(2005 年至今),天然气储、产量高峰增长,发现海相碳酸盐岩、陆相致密气、海相页岩气 12 个储量超过 $1\ 000\times10^8\mathrm{m}^3$ 大气田,获得两个万亿立方米储量级气区。2020 年,天然气年产量为 $565\times10^8\mathrm{m}^3$,期间净增 $423.49\times10^8\mathrm{m}^3$,约占全国天然气产量总增量的 30%,年均增长率为 9.7%。

回顾历史,四川盆地在前两个发展阶段实现年产气 $100\times10^8\mathrm{m}^3$ 用时 50 年,进入发展壮大时期。随着储量的高峰增长、储量品质持续提升,天然气年产量跨越的步伐不断加快,从 $100\times10^8\mathrm{m}^3$ 到 $300\times10^8\mathrm{m}^3$ 用时 13 年,从 $300\times10^8\mathrm{m}^3$ 到 $500\times10^8\mathrm{m}^3$ 用时仅 5 年。

2.4.3　油气藏分布深度跨度大

四川盆地是世界上最早开发利用天然气的大型盆地。四川盆地大规模油气勘探与开发始于 20 世纪 50 年代。经过持续的规模勘探,2020 年,四川盆地天然气年产量达 $565.00\times10^8\mathrm{m}^3$,其中,中国石油矿权区的年产气量为 $318.19\times10^8\mathrm{m}^3$。四川盆地具有丰富的油气资源,油气产层多,已发现 29 个油气层,油气资源类型具有多样性,包括常规天然气和非常规油气两大类油气资源。其中,常规气藏有孔隙型、裂缝—孔隙型、裂缝—孔洞型、裂缝型等多种类型储集层和下生上储、上生下储、旁生侧储、自生自储等多种油气成藏组合,以及各类油气圈闭。非常规油气包括致密砂岩气、致密油、页岩气、页岩油、火山岩气和煤层气等多种类型资源。常规与非常规天然气之间存在复杂的成因联系、属性递变、类型交互、分布交错等现象。在一个盆地或构造单元中同时出现多种类型天然气的有序分布。

四川盆地油气藏分布区域广,在盆地内各勘探区块均有发现;同时,油气藏分布深度跨度大,浅层、中层、深层、超深层均有发现,已发现气藏的产层最小埋深为 400 m(卧龙河构造上三叠统须家河组气藏),最大埋深为 7 770 m(双鱼石构造中泥盆统观雾山组气藏)。盆地内常规天然气藏分布最广泛,主要分布于震旦系—中三叠统海相碳酸盐岩中,致密砂岩气分布于上三叠统—下白垩统陆相地层中,致密油主要分布于中下侏罗统沙溪庙组、凉高山组和自流井组(珍珠冲段)的河湖相砂岩中,页岩油产于下侏罗统凉高山组、自流井组(大安寨段、东岳庙段)的富有机质页岩层系中,页岩气主要分布在下寒武统筇竹寺组和上奥陶统五峰组—下志留统龙马溪组,火山岩气产于二叠系火山岩中,煤层气产于上二叠统龙潭组。

2.4.4　勘探成果持久不衰

随着盆地勘探、开发工作的不断深化,对油气富集规律的认识也随之深化。在此基础上,油气地质工作者已完成了盆地天然气远景资源量的三次科学评价,其远景资源量约为 $7 \times 10^{12} m^3$。这些资源赋存在已发现和尚未发现的油气圈闭中,包括构造圈闭和非构造圈闭,目前已发现的共计 700 余个,其钻探率仅 57%,但钻探成功率却高达 70% 以上。盆地待发现天然气资源量大于 $5 \times 10^{12} m^3$,广大的川北、川中地区及盆地下古生界的天然气资源勘探仍处于早期阶段,盆地其余地区的多产层还有深化勘探的余地。因此,进一步展开勘探的资源基础是良好的。

纵观四川盆地天然气储产量的增长趋势不难发现,具有明显的接替式持续上升规律,近期仍有大发现。20 世纪 70 年代后期和 90 年中后期,四川盆地勘探领域出现了两次重大资源接替:一是川东地区相国寺构造相 18 井石炭系气藏的发现(1978 年),继而以石炭系裂缝—孔隙型气藏为主要对象扩大勘探范围,形成了川东勘探主战场;30 年来,共在该领域探明储量近 $3\,000 \times 10^8 m^3$,开发气田近 30 个,完成了对 20 世纪五六十年代川东南地区二、三叠系裂缝性气藏为主的并处于储量缓慢增长的勘探对象的资源接替,为 1994 年中国石油在四川盆地天然气年产量突破 $70 \times 10^8 m^3$ 大关发挥了重大作用。二是 20 世纪 90 年代中期川东北地区渡口河潜伏构造渡 1 井发现了三叠系飞仙关组鲕滩白云岩气藏(1995 年),此时正是石炭系主力层系即将转入深化勘探的时期,可供勘探的储备圈闭越来越少、越来越小,亟待寻求新的勘探接替领域。渡 1 井飞仙关鲕滩白云岩气藏的发现预示着盆地内一种新型碳酸盐岩优质裂缝—孔隙型气藏的出现。近 10 年来,中国石油针对该领域持续不断地加大了天然气勘探力度和地质综合研究深度,共探明和发现气田和含气构造 12 个,储量超过 $2\,000 \times 10^8 m^3$,川东北地区正在成为四川盆地又一个勘探主战场。

与此同时,在四川盆地五大油气区(川中、川西、川南、川东及川东北)其他领域也不断取得勘探新成果,展示了可持续发展的良好前景:一是在川东北和川中新区勘探中发现了中国石油矿权范围内规模最大的气田,即渡(渡口河)、罗(罗家寨)、铁(铁山坡)地区,探明

储量超过 $1\,400\times10^8\,m^3$，发现了迄今为止埋藏深度最大（超过 6 500 m）的优质白云岩（$\varphi>$ 8%）气藏和储层厚度最大（超过 215 m）的飞仙关鲕滩储层，探明了盆地侏罗系红层第一个次生整装油田——川中公山庙油田，探明储量超过 $580\times10^4\,t$；二是几经勘探、几经挫折的盆地上三叠统须家河组碎屑岩再次成为勘探的新热点，川西南部地区邛西构造在 1、2 井失利之后坚持再探，终于在 3、4、6 号探井钻获高产工业气流；三是蜀南地区麻柳场、宜宾、同福场及川中磨溪、潼南，川东大池干井、黄草峡、沙坪场等地区相继发现和探明了一批下三叠统嘉陵江组多产层整装气田，表明老探明区嘉陵江组勘探正在"青春焕发"，大有二次勘探价值；四是首次在方斗山构造带发现了石炭系气藏，将石炭系勘探领域扩大到长江以南地区；五是侏罗系红层发现白马寺、观音寺、苏码头、盐井沟、莲花寺、渡口河等浅层规模次生气藏，打破了中国石油在四川红层无油气的历史；六是威远寒武系白云岩多口井钻获工业气流，开辟了扩大储量的新领域；七是龙门山北段矿 1 井钻获工业气流突破了龙门山冲断带出气关。

一个看似勘探比较成熟的盆地近 10 年来仍有如此众多新发现，这充分说明四川盆地天然气资源是丰富的，进一步勘探大有可为。

2.5 四川盆地——天然气最具成长性

四川盆地是我国页岩气勘探开发先导性试验基地，页岩气勘探开发起步早。2005 年，程克明、董大忠、李新景等借鉴美国页岩气勘探开发成功经验，从四川盆地威远地区古生界海相页岩入手，开展全盆地页岩气形成富集条件与资源前景评价。2010 年评价钻探的威 201 井在五峰组—龙马溪组、筇竹寺组率先取得我国页岩气突破，2014 年长宁—威远、焦石坝等区块建成了规模产能，实现了工业化生产。迄今，以中国石油天然气股份有限公司、中国石油化工股份有限公司为主体的石油企业和以四川省能源投资集团有限责任公司、重庆市能源投资集团公司为核心的地方企业等，在长宁—威远、富顺—永川昭通北、焦石坝、犍为等区块的古生界海相页岩以及涪陵、建南、元坝、新场等区块的中生界湖沼相煤系、湖相页岩中陆续发现了页岩气，建立了长宁—威远、富顺—永川、焦石坝、昭通北 4 个海相页岩气勘探开发先导试验区，初步形成了 $25\times10^8\,m^3/a$ 的页岩气产能。研究与实践成果均证实，四川盆地页岩气资源丰富，能够形成较好的工业产能，发展前景优于我国其他地区，是我国页岩气勘探开发最有利和最重要的地区。

2.5.1 天然气在川渝地区一次能源消费占比全国最高

2009 年前，四川盆地的天然气年产量曾领跑全国半个世纪。近年来，随着普光、安岳、元坝、涪陵、长宁、威远等大气田相继建成，盆地天然气年产量重回全国第一。如今，建设中国"气大庆"吹响了四川盆地新一轮天然气大发展的号角。

"气大庆"意为油气当量相当于大庆油田高产稳产时期的年产油量，约为 $5\,000\times10^4\,t$。位于松辽盆地的大庆油田于 1959 年首次发现，让中华人民共和国甩掉了"贫油国"帽子，有力支持了国家工业建设。

在天然气领域,四川盆地也有着同样的重要性。这里利用天然气的历史可以追溯到2 000 多年前。从 1958 年起,四川盆地逐步建立起我国第一个天然气工业基地和上中下游一体化的天然气工业体系。2005 年以后,四川盆地天然气工业步入发展壮大阶段。

目前,在川渝地区一次能源消费结构中,天然气占比达到 16% 左右,远高于 8% 的全国平均水平。2020 年,四川、重庆两省市的天然气产量达 $562×10^8m^3$,约占全国天然气产量的 29%。

按 1 255 m^3 天然气折算 1 t 原油计算,实现"气大庆"目标意味着四川盆地内的天然气产量达到 $630×10^8m^3$,这一目标有望在 2025 年实现。天然气千亿立方米产能基地预计 2035 年建成。

根据川渝两地签订的《共同推进成渝地区双城经济圈能源一体化高质量发展合作协议》,川渝天然气千亿立方米产能建设项目总投资 7 100 亿元,其中"十四五"期间投资 2 700 亿元。两地将重点开发川中磨溪龙王庙组气藏、川中高石梯—磨溪区块震旦系气藏、川东北高含硫气田等常规天然气,以及涪陵、南川、长宁—威远、渝西等区域的页岩气。

2.5.2　天然气资源开发利用条件

四川油气田企业拥有一支训练有素的石油天然气勘探开发员工队伍,有一支学科齐全,专业配套的研究、设计、制造油气勘探开发所需的各种设备、工具、仪器、仪表及配件的强大的技术力量,并具有广泛吸收国内外资金和引进先进技术的良好条件和显著优势,集石油天然气勘探、开发、采输、脱硫净化、炼制、机械制造、科研设计、油气田工程建设及油气综合利用等为一体,已形成了比较成熟的成套先进工艺技术,以及广阔的利用市场。这些都为四川勘探开发利用天然气资源创造了良好条件。四川盆地位于我国西南地区,囊括四川省中东部和重庆大部,是以天然气为主的含油气盆地。自然资源部资源评价显示,四川盆地天然气资源丰富,总资源量达 $66×10^{12}m^3$,约等于鄂尔多斯、塔里木、柴达木三大盆地天然气资源量的总和,已获探明储量达 $6.17×10^{12}m^3$,探明率仅 9.3%,是国内最具潜力的天然气勘探开发盆地。

截至 2020 年,四川盆地共发现 189 个油气田及含油气构造,天然气产量约占全国产量的 1/4,支撑四川、重庆成为我国用气范围最广、气化率最高的地区。同时,中国石油西南油气田公司和中国石化石油勘探开发研究院统计数据显示,四川盆地 2020 年天然气产量超过 $550×10^8m^3$,西南油气田公司天然气产量增幅占全国增幅的 1/3。

2.5.3　开发利用天然气资源的有效保护措施

针对四川盆地的特殊地质情况和复杂的气藏关系,采取相应的开采和保护措施,对提高天然气资源开发利用水平,科学合理有效地保护天然气资源发挥了重要作用。

①法规政策保障。《矿产资源法》明确规定,石油天然气属特定矿种,国家实行一级管理。这对依法规范勘探开采利用天然气资源的经营活动,防止乱探滥采起了重要的保障作用。

②在勘探中遵循天然气矿产特有规律,坚持统一规划,整体勘探的有效方法。

③实施欠平衡保护气层钻井技术。四川盆地天然气气层属低孔低渗储层,特别是压力较低的中浅气层,采用轻比重优质钻井液欠平衡钻井技术,减轻了钻井液对气层的污染,为保护气层、改造储层,提高采收率创造了条件。

④推广应用储层改造技术。对低孔低渗储层孔隙连通性差的实际情况,在 90% 以上的气田推广应用加沙压裂和酸化等工艺技术对储层进行改造,进一步提高了采收率。

⑤制订合理的开发方案科学开采。针对低孔低渗裂缝型有水气藏多和有水气藏不同压力气藏的特点,制订合理的开发方案进行科学开采,提高了采收率,有效地保护了资源。

⑥增压开采措施。对开采到后期气藏自然能量减弱、压力降低后的气田,采取增压开采措施后,虽然增加了开采成本,但提高了天然气资源采收率。

⑦排水开采措施。对有水气藏的气田采用排水开采,解决了水淹气藏问题。

2.5.4　天然气资源开发利用情况

四川盆地已钻获 105 个气田和 20 多个含气构造,最低开采规模可达 $110×10^8 m^3$,但部分老气田已处于开采后期或枯竭,实际已建成生产能力为 $100×10^8 m^3$。已开采 100 个气田、18 个含气构造,年产天然气量为 $96×10^8 m^3$,占全国天然气产量的 30% 以上。

川渝地区有化肥、化工、冶金、机械、轻工、建材、电力、商业、交通、民用 10 个行业利用天然气资源,大中城市气化率已达 70% 以上,在能源生产结构中所占比例为 15% 左右,居全国之首。

天然气资源共伴生矿产资源综合利用较好。开发利用天然气资源过程中,伴有大量的共生和伴生矿产出。这为净化天然气建成有一定规模的脱硫净化厂、氦气提炼厂、重烃回收厂,有效地综合利用共伴生矿产资源创造了条件。

四川盆地天然气资源开发利用水平较高。一是天然气资源采收率高。采出程度最高的达 100%,尤其是一些开采到后期的气田,采出程度均在 70% 以上。二是天然气储量品质越好,采出的程度越高。一类储量采出程度最高已达到 83.22%,二类储量为 25.76%,三类储量为 10.38%。三是天然气资源开发利用水平较高。

四川盆地已发现的 105 个气田已投入开发 100 个,开发利用率达 95% 以上,各类储量均已投入开发利用。

2.5.5　四川盆地——超级富气盆地

四川盆地油气勘探开发历史悠久,在油气地质理论认识不断深入和工程技术不断进步的带动下,经过半个多世纪的持续勘探开发,盆地油气勘探开发成效不断提升,从盆地结构、油气资源规模、油气储量产量、油气资源类型、油气空间分布等方面看,四川盆地含油气地质、成藏条件优越。

1)发育多套含油气系统

从盆地结构看,四川盆地位于上扬子克拉通西北部,沉积盖层巨厚,厚 6 000 ~ 12 000 m,为海相地层和陆相地层的二元结构;中三叠统以上为碎屑岩地层,厚 2 000 ~ 5 000 m;中三叠统以下海相碳酸盐岩地层为主,厚 4 000 ~ 7 000 m,盆地面积为 $18×10^4$ km^2,是中国陆上第三大含油气盆地。从含油气系统看,四川盆地具有 6 套主力烃源层,海相 4 套,陆相 2 套,以烃源岩发育为基础,纵向上发育 6 套含油气系统,11 套成藏组合。含油气系统为:Z—O 含油气系统、S—C_2 含油气系统、P_2 含油气系统、P_3—T_2l 含油气系统、T_3—J 含油气系统、J_{1+2} 含油系统。海相成藏组合 6 套,包括震旦系、寒武系、石炭系、中二叠统、川西火山岩、二叠系礁滩成藏组合;陆相成藏组合 3 套,包括须家河组、侏罗系大安寨段、侏罗系沙溪庙组;页岩气成藏组合 2 套,包括下志留统龙马溪组和下寒武统筇竹寺组。

2)盆地资源规模巨大

从油气资源规模看,历次油气资源评价均表明四川盆地油气资源巨大。根据自然资源部组织的"十三五"资源评价,四川盆地天然气总资源量为 $39.94×10^{12}$ m^3,已获探明储量近 $6×10^{12}$ m^3,探明率为 15% ,是我国天然气勘探开发最具潜力的盆地,常规气、页岩气资源均居全国之首。中国石油西南油气田勘查开采矿权面积为 $13.03×10^4$ km^2,矿权区内天然气资源量为 $30.2×10^{12}$ m^3,石油资源量为 $11.5×10^8$ t。其中,常规气资源量为 $12.23×10^{12}$ m^3,致密气资源量为 $2.87×10^{12}$ m^3,页岩气资源量为 $15.1×10^{12}$ m^3;页岩油资源量为 $9.91×10^8$ t,致密油资源量为 $1.59×10^8$ t。

3)盆地油气储量产量大

从油气储量产量看,盆地油气勘探始于 1953 年,历经 4 个阶段勘探开发,天然气储量、产量持续增长,是国内首个百亿立方米气区,也是中国石油首个以气为主的千万吨级大油气田。目前,常规气与致密气累计获得探明储量近 $6×10^{12}$ m^3。其中,盆地中部的震旦系灯影组和盆地南部的页岩气探明储量均大于 $1×10^{12}$ m^3。2020 年,四川盆地共生产天然气 $504.5×10^8$ m^3,约占全国天然气产量的 29% 。截至 2020 年末,四川盆地的累计天然气产量为 $6 300×10^8$ m^3,已经成为我国重要天然气能源基地。根据最新资源规划,到 2025 年,四川盆地将新增产气量为 $3 000×10^8$ m^3,届时四川盆地累计产气量将达到近 $10 000×10^8$ m^3(约 $55×10^8$ bbl)。

4)盆地油气资源类型多

从油气资源类型看,四川盆地多类型油气资源并存,已发现常规天然气、页岩气、致密气、致密油、页岩油、煤层气 6 种不同类型油气资源(表 2.3)。常规气资源主要分布在深层—超深层震旦系灯影组—下三叠统雷口坡组的海相碳酸盐岩地层中;页岩气主要富集在川南和渝西地区海相下寒武统筇竹寺组、上奥陶系五峰组—志留系龙马溪组的深水相富有机质硅质页岩地层中;页岩油主要分布在川中地区侏罗系自流井组大安寨段、凉高山组等地层中;致密气主要分布在川中和川西地区的上三叠统须家河组和侏罗系沙溪庙组的砂岩地层中;煤层气主要分布在川南地区泄湖—潮坪相的二叠系龙潭组煤系地层中。

表2.3　四川盆地油气资源类型及分布层系简表

序　号	资源类型	地　层		含油气层
1	常规气	三叠系	中统	雷口坡组
2			下统	嘉陵江组
3				飞仙关组
4			上统	长兴组
5		二叠系	中统	栖霞组
6				茅口组
7		石炭系	上统	黄龙组
8		志留系	—	志留系
9		奥陶系	—	奥陶系
10		寒武系	中上统	洗象池组
11			下统	龙王庙组
12		震旦系	上统	灯影组
13	非常规油气	页岩气	志留系 下统	龙马溪组
14			寒武系 下统	筇竹寺组
15		致密气	侏罗系 —	侏罗系
16			三叠系 上统	须家河组
17		致密油	— 中统	沙溪庙组
18		页岩油	侏罗系 下统	凉高山组
19				自流井组
20		煤层气	二叠系 上统	龙潭组

5）与超级油气盆地对比

从油气空间分布看,四川盆地纵向已发现含油气层系28套,从震旦系—侏罗系均有分布,埋深为1 000～7 000 m,油气层跨度大,油气层纵向上叠置,平面上连片,整体上满盆含油气,形成海相碳酸盐岩、海相页岩气、陆相致密气、火山岩四大勘探领域,具备立体勘探开发的优越条件。

与国外超级油气盆地对比表明(表2.4),四川盆地各项油气地质、成藏条件优越,多类型油气资源并存,具有多套含油气系统,是一个名副其实的超级富气盆地。

表 2.4　四川盆地与超级盆地对比

超级盆地（HIS）	四川盆地	对比情况
已产出 50×10^8 bbl，油当量至少还有 50×10^8 bbl	累计产量 35×10^8 bbl，根据最新资源规划，2025 年达到 50×10^8 bbl	2025 年达到
致密油气、非常规油气资源丰富	致密气、致密油、页岩油、页岩气资源丰富，总资源量达 $35 \times 10^{12} m^3$	符合
含多套烃源岩和含油气系统	烃源层：6 套主力烃源层，海相 4 套，陆相 2 套含油气系统；从下到上 7 套	符合
盆地已有较完善的基础设施和工程服务，作业者拥有水平井和完井等技术与经验	具备完善的基础设施及工程服务技术	符合

6）努力建设中国第一大气区

2009 年以前，四川盆地天然气年产量曾领跑中国半个世纪。近年来，随着普光、安岳、元坝、涪陵、长宁、威远等气田的相继建成，四川盆地天然气年产量又重回全国第一，未来将上产至 $1\,000 \times 10^8 m^3/a$ 以上，油气当量在 $8\,000 \times 10^4 t/a$ 左右，建成中国第一大气区。西南油气田拥有四川盆地 3/4 以上的天然气资源量，未来将持续加大天然气勘探开发力度，加快"气大庆"建设，在国家能源革命和构建安全高效的现代能源体系中发挥重要的作用。

西南油气田目前已形成"海陆并举（海相领域与陆相领域）、常非并举（常规气与非常规气）、构造与岩性并举（构造圈闭与岩性圈闭）"的天然气勘探开发新格局，预测天然气最终可采储量为 $5 \times 10^{12} \sim 6 \times 10^{12} m^3$，年产量峰值为 $800 \times 10^8 \sim 900 \times 10^8 m^3$，在 2030 年左右进入产量峰值区。其中，常规气+致密气预计可以上产至 $400 \times 10^8 m^3/a$，页岩气预计可以上产至 $400 \times 10^8 m^3/a$。

目前，西南油气田常规气年产量超过 $200 \times 10^8 m^3$，其中川中古隆起安岳气田生产能力为 $150 \times 10^8 m^3/a$。

川中古隆起位于四川盆地中西部，是四川盆地常规天然气资源最富集的地区，面积约为 $6.5 \times 10^4 km^2$，震旦系—下古生界发育优质烃源岩，4 套孔隙（孔洞）型储层，天然气总资源量超过 $5 \times 10^{12} m^3$。2011—2012 年，高石 1 井、磨溪 8 井取得天然气勘探重大突破，发现了安岳特大型气田。2013 年，发现"德阳—安岳大型克拉通内裂陷"，创新了古老碳酸盐岩油气成藏理论，将四川盆地乃至上扬子区的油气地质理论向前推进了一大步。已整体控制有利含气范围为 $7\,500 km^2$，累计探明天然气储量为 $1.15 \times 10^{12} m^3$，预计未来安岳气田将整体探明天然气储量为 $1.5 \times 10^{12} m^3$。截至 2020 年底，西南油气田已建成 $150 \times 10^8 m^3$ 的年生产能力，累计产气量超过 $600 \times 10^8 m^3$，树立了大气田建设的新典范。

探索川中古隆起斜坡区，安岳气田以北蓬探 1 井震旦系灯影组二段测试获气，勘探又获重大突破，发现太和含气区及四川盆地新的含气层系，区域纵向上多套层系立体含气，平面上大范围整体含气，展现出万亿立方米天然气储量前景。依据安岳气田灯四段气藏的开发指标来预测，太和含气区整体具备上产天然气 $150 \times 10^8 m^3/a$ 以上的潜力。

未来，川中古隆起有望建成 $3×10^{12}m^3$ 天然气储量、$300×10^8m^3$ 年产量的特大型气田。

我国页岩气有利勘探面积超过 $43×10^4km^2$，评价页岩气可采资源量为 $12.8×10^{12}～31.2×10^{12}m^3$，其中海相页岩气约占 2/3，主要分布在四川盆地及其邻区，中国石油矿权内页岩气资源量为 $15.1×10^{12}m^3$。四川盆地内的页岩气主产区位于川南、川东地区，主产层为奥陶系五峰组—志留系龙马溪组。川南地区富有机质页岩厚度为 30～70 m，大面积连续稳定分布，页岩储层品质优、含气性好，TOC 为 2.5%～4.5%，游离气含量为 50%～76%，区域构造稳定，保存条件较好，具备页岩气连续富集成藏的优越条件。

西南油气田是国内页岩气勘探开发的先行者，经过 15 年的探索实践，历经评层选区、先导试验、示范区建设和工业化开采 4 个阶段，创造了多项国内第一的纪录；创建了页岩气"甜点层"高产、古地理控制"甜点层"分布、超压区高产理论；形成了埋深 3 500 m 以浅海相页岩气规模效益开发的 6 项主体技术（地质综合评价、开发优化、优快钻完井、体积压裂、工厂化作业、清洁开发）；打造了 3 个工业化开采区（长宁、威远、泸州）和 1 个突破区（渝西）；在川南建成了目前国内最大的页岩气生产基地。在埋深 3 500 m 以浅已累计探明页岩气储量为 $1.06×10^{12}m^3$，2020 年页岩气产量突破 $100×10^8m^3$。通过区块拓展和补充开发井，未来可以实现 $100×10^8m^3$/a 长期稳产。

综合上述分析认为，四川盆地未来可以建成 $4×10^{12}m^3$ 储量、$400×10^8m^3$ 年产能力的页岩气生产基地。

四川盆地陆相致密气主要分布在上三叠统及其以上地层，含油气层系包括三叠系须家河组，侏罗系沙溪庙组、蓬莱镇组、遂宁组、珍珠冲段等。沙溪庙组是目前天然气勘探开发的重点层系，天然气资源量为 $3.66×10^{12}m^3$，其中天然气探明储量仅 $527.66×10^8m^3$，探明率只有 1.4%。

2018 年以来，整体评价沙溪庙组致密气勘探开发潜力，认识到川西—川中地区沙溪庙组河道砂体大面积分布，具备油气大规模成藏的有利地质条件。纵向上叠置发育 23 期河道，储层累计厚度为 20～70 m，孔隙度主要为 8%～14%，气源主要来自须家河组，生烃强度为 $20×10^8～40×10^8m^3/km^2$。优质烃源、优质河道砂体、多级断裂体系共同控制了油气成藏富集，总体上为"一河一藏"或"一河多藏"的岩性气藏，压力系数为 0.45～2.05 且具有西高东低的特征。

川中核心建产区的金秋气田勘探开发一体化实践成效显著，通过三轮工艺试验攻关，水平井天然气测试产量从 $5×10^4m^3$/d 提高到 $48×10^4m^3$/d。初步估算川中核心建产区天然气资源规模达 $1.3×10^{12}m^3$，预测可以得到天然气探明储量规模为 $6 000×10^8m^3$、建产规模为 $30×10^8～50×10^8m^3$/a。通过持续向西、向东扩展，整个陆相致密气领域最终可探明天然气储量超过 $1×10^{12}m^3$，建产规模达 $100×10^8m^3$/a。

第2篇

西南模式，油气之光

发展目标定方案，储产预测为罗盘。 规避风险强防范，量化评价作标杆。

技术创新精改良，合理规划成果繁。 能源体系新发展，油气之光在西南。

近年来，国家践行新发展理念，提出"双碳"目标，加快建立现代能源体系，大力提升天然气勘探开发力度是迫切的现实需求。 储量和产量是天然气产业链的"指南针"，制订科学的储量和产量战略目标是天然气大发展的前提和基础。"十二五"以前，战略规划发展目标的制订主要以政策要求为依据，构建高精度的储量和产量发展目标预测方法是多年来尚未解决的行业难题。

四川盆地天然气资源量居全国首位，在全国天然气产业中占据重要地位，具备实现大发展的独特优势。 以四川盆地为切入点，构建了适应各类复杂盆地天然气发展特点的目标预测方法体系，具有较强的技术创新性和适用性。 通过开展大型复杂盆地背景下的全生命周期储量、产量预测技术攻关，构建了天然气产业高质量发展目标预测体系，并将研究成果在川渝地区实践应用，实现了区域能源行业协调发展路径的高水平制订。

第3章
中长期发展规划产量预测方法综述 ▶▶▶▶

天然气发展规划是在系统总结勘探开发历程、正确评价气田现状及面临形势、科学预测未来发展趋势的基础上,制订发展策略、明确发展方向和发展目标、指导生产实践的综合研究工作,具有综合性、前瞻性和指导性。

"凡事预则立,不预则废",研究制订中长期天然气发展规划意义重大。制订合理的中长期发展目标和策略,把握好适当的勘探开发节奏,既能保障油气田按照其自然规律开采,又能实现自身快速有效协调的良性发展。对于资源型企业而言,发展规模受资源、技术发展制约,如何根据目前盆地天然气的发展情况,去预测未来储量、产量发展规模,是编制高质量的战略规划的基础。精准地预测盆地、气区中长期产量是合理制订气区规划方案、实现高效管理和开发的关键步骤。

基于对大量油气田开发实际资料调研,国内外油藏工程师推导和提出了一系列油气田产量预测方法及模型,基本上满足和覆盖了不同层面的预测需求。天然气产量的预测方法主要包括油气藏数值模拟法、产量构成法、类比预测法、峰值模型预测法、储采比控制法、供需一体化预测法、动态系统预测法等(图3.1)。每一种预测方法的特点和适用条件都不尽相同(表3.1)。

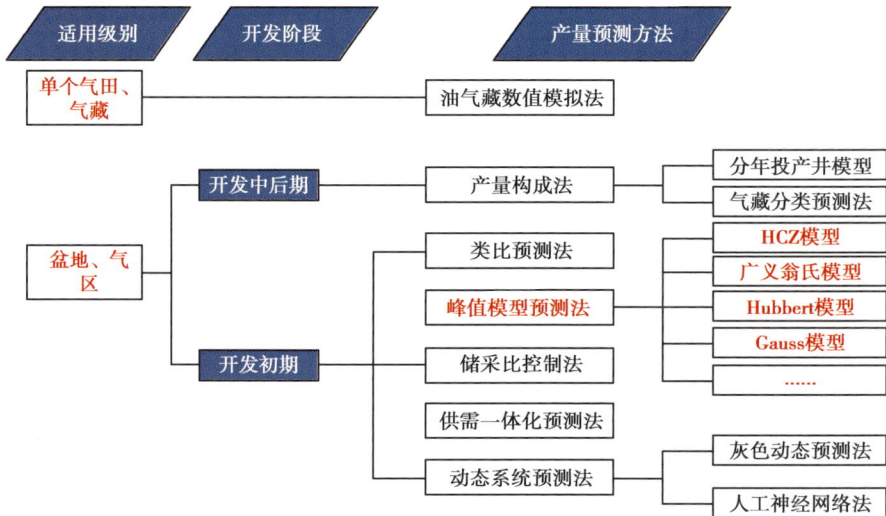

图3.1　天然气产量预测方法

储量及产量等指标预测应根据不同的对象和需求的具体情况,灵活采用不同的模型或多种模型。预测时间的长短与预测质量的高低成反比关系。由于油气田开发系统的复杂多样性,指标预测中往往采用多种方法的相互印证,来加强指标预测的可靠性。针对不同预测方法的特点和阶段,需使用不同的预测方法。除可单独使用一种预测方法外,指标预测中往往采用多种方法联合使用,相互印证。

表 3.1　天然气产量预测方法对比

预测方法	方法描述	所需数据	特 点
油气藏数值模拟法	通过建立微观机理模型,进行实际的从井到整个油气藏的模拟预测	历史产量、地质模型	适合单个气藏或气田的预测,不适合气区或更高层面的产量预测
产量构成法	模拟实际产能建设过程,将开发井按投产时间分别进行产量递减预测和叠加	储量指标、产量指标、开发节奏	常用于油气田中长期的产量规划,可靠程度高,但涉及参数较多
类比预测法	类比同类型已开发气田进行预测	盆地/气田资源量、储量、采气速度	开发早期的主要方法,不确定性大
峰值模型预测法	模拟生命体系总量有限的过程,包括翁氏模型、Weibull 模型、Gauss 模型等	历史产量、最终可采储量	适合区域性的产量预测,预测的后期产量递减较快
储采比控制法	以储采比作为控制条件,合理控制储量及产量的匹配关系	剩余可采储量、年度新增可采储量、储采比	取决于新增储量规模以及储量—产量的平衡关系
动态系统预测法	从系统工程角度,通过弱化波动与随机性及参数辨识,建立微分表达或隐含多层表达动态预测模型,包括灰色动态预测法、人工神经网络法、动态微分模拟等	历史产量、影响因素权重(地质、技术、市场、政策)	适合复杂油气藏,影响因素多、不确定大的油气田
供需一体化预测法	着眼市场需求,基于天然气业务一体化协调发展来预测产量	供应、需求、配套、政策等	上中下游一体化,涉及参数较多

3.1　油藏数值模拟法

　　油藏数值模拟法(Reservoir Simulation)是一种数值计算方法,用于研究油气藏的流体动力学行为。该方法可以建立数学模型,通过对油藏中各种因素的数学描述和计算,预测油藏中的油气产量和采收率等关键参数,以帮助石油工程师做出决策,优化采气方案。

　　油藏数值模拟法一般包括以下步骤:

　　①建立油藏模型。根据地质资料、测井数据、采样分析等资料建立油藏模型,包括油藏几何形态、岩石物性、渗透率、孔隙度、地层结构等信息。

　　②确定模拟范围和边界条件。根据油藏的地理位置、边界条件和注采井网格设置等,确定数值模拟的范围和边界条件。

　　③制订数学模型。通过对油藏流体力学、物理化学特性等进行分析,建立数学模型。通常使用偏微分方程组来描述油藏内部的流体运动、物质传递等过程。

　　④计算机模拟。将建立的数学模型转化为计算机可执行的代码,并将其应用于实际计

算。在模拟过程中,需要考虑各种不同的条件和参数,包括地层渗透率、水平井长度、注采压力等因素,以获得准确的预测结果。

⑤结果评估和分析。通过对模拟结果的评估和分析,判断不同开采方案的优劣,制订更为科学和合理的开采方案。同时,需要对模拟结果进行修正和验证,以提高模拟结果的精度和可靠性。

⑥优化开采方案。基于模拟结果,对开采方案进行优化,制订更加经济、高效和环保的油田开发方案。

3.1.1　优缺点及适用条件

该方法具有以下优点:

①通过建立数学模型,可以对油藏进行多种参数的预测和优化,包括产油量、注水量、油田的可采储量等;

②可以帮助石油工程师更好地理解和优化油藏,从而提高开采效率和减少损失;

③可以进行各种模拟,如增气、注水、人工压裂等多种情况,以便确定最佳开采方案;

④可以用于进行风险评估,以帮助开采方案的优化。

该方法具有以下不足之处:

①油藏数值模拟方法需要大量的计算,需要高性能计算机或者计算集群的支持;

②由于模拟结果建立在一定的假设和模型基础上,因此可能会存在误差或不确定性;

③在油藏参数不明确或存在不确定性时,模拟结果的准确性和可靠性可能会受到影响。

该方法适用于以下条件:

①石油工程师需要对油藏开采效果进行预测和优化;

②油藏参数已经得到充分的了解和测量;

③需要进行多种模拟,以确定最佳的开采方案;

④具备高性能计算机或计算集群支持。

近年来,利用 Petrel 地质建模软件系统,通过对井数据及地震横向预测结果,应用三维地质建模技术,采用确定性建模与随机建模相结合的原则,以天为时间步长,开展历史拟合(井底压力绝对误差一般小于 1 MPa,相对误差小于 1.5%),建立了国内单体规模最大的海相碳酸盐岩气藏磨溪龙王庙组开发主体区的构造模型、岩相模型及储层属性模型,为气藏模拟预测研究、气田科学开发提供依据。针对页岩气全井段生产动态规律预测难题,结合生产测井、分布式光纤监测及气藏数值模拟理论,开发了嵌入式离散裂缝模型和基于人工智能的生产监测数据自动拟合算法,模型优化迭代效率提高 20%。通过集成气藏、压裂和井筒模型研究成果,考虑井筒压力损失,对 DTS 温度场和渗流场双重拟合,形成基于人工智能的页岩多段压裂参数反演数值模拟技术,产能预测精度达到 90%,实现了各簇裂缝参数精细刻画及产气、产水的准确预测的技术突破。该技术在川南深层页岩气开展运用 40 余井次,创新建立了复杂裂缝及应力条件下水平井差异化设计技术,支撑了开发方案技术政策设计。

3.1.2　应用实例

建立油藏数值模拟模型,是预测剩余油分布和油藏动态的关键。因此,在建立油藏数值模拟模型时,需要解决好数值模拟模型与油藏的一致性,既要满足油藏历史拟合的需要,又要确保数值模拟模型能够真实反映油藏的地质、油藏特征,要重点从选择数学模型、建立参数场、生产历史拟合 3 个方面入手。

1）选择数学模型

$$\frac{\delta}{\delta x}\left(\frac{\rho_0 K K_{r0}}{\mu_0} \cdot \frac{\delta P}{\delta x}\right) + \frac{\delta}{\delta y}\left(\frac{\rho_0 K K_{r0}}{\mu_0} \cdot \frac{\delta P}{\delta y}\right) + q_0 = \frac{\delta(\phi \rho_0 S_0)}{\delta t}$$

$$\frac{\delta}{\delta x}\left(\frac{\rho_w K K_{rw}}{\mu_w} \cdot \frac{\delta P}{\delta x}\right) + \frac{\delta}{\delta y}\left(\frac{\rho_w K K_{rw}}{\mu_w} \cdot \frac{\delta P}{\delta y}\right) + q_0 = \frac{\delta(\phi \rho_w S_w)}{\delta t}$$

$$S_0 + S_w = 1$$

初始条件:$P\big|_{t=0} = P_i$,$S_w\big|_{t=0} = S_{wi}$。

边界条件:$\frac{\delta P}{\delta n}\big|_r = 0$($r$ 为单元边界),$P\big|_{r_1} = P_{iwf}$(r_1 为注入井边界),$P\big|_{r_2} = P_{wf}$(r_2 为生产井边界)。

2）建立参数场

（1）含油面积的确定

根据油田含油面积图分别圈定各断块、层系含油面积。

（2）有效厚度的确定

有效厚度数据来源于断块内生产井及非生产井的测井解释数据。

（3）有效孔隙度的确定

本次模拟所用孔隙度数据均来自断块内生产井及非生产井的测井解释结果。

（4）含油（水）饱和度的确定

考虑到油田的实际生产情况,为使油田的含水率能尽量与实际相吻合,结合静态储量计算结果,本次模拟所用含油水饱和度在参照测井解释数据的基础上作了适当调整。

（5）渗透率的确定

由于渗透率实验数据很少,本次模拟所用渗透率数据是根据测井解释所提供的结果,在历史拟合时根据地层压力情况作了适当调整。

（6）原始地层压力的确定

根据每一层系未生产前,最先测得地层压力,并将其折算至油层中部的压力作为该层系的原始地层压力。

（7）流体高压物性数据的确定

流体高压物性数据较多,其中地面条件下油水密度、饱和压力、油水相压缩系数、岩石压缩系数等直接取自各井试油成果报告。油相粘度、体积系数、溶解气油比等参数随压力变化的数据,由于未做试验分析,只能据经验综合确定。

3）生产历史拟合

（1）油藏原始平衡状态拟合

当油藏未投产时，油藏的压力系统应处于静止平衡状态，相邻点不应有压差，即流体未发生流动为检验输入的参数是否满足平衡条件，必须将产量注入、生产井置零时对模型进行计算。计算一两个时步后，看地层压力、井底流压等是否发生变化。若上述参数不发生改变，说明油藏处于原始平衡状态，否则必须对输入参数乃至模拟程序进行必要的修改。

（2）含油面积及储量拟合

含油面积拟合是整个历史拟合的基础。它主要是以储量计算提供的面积为标准，对输入的模拟网格边界进行适当的增删，直至模拟网格所代表的面积接近储量计算所提供的面积或在允许误差范围内，在含油面积拟合的基础上，再对各层系所控制的储量进行拟合。影响储量的参数主要有含油面积、有效厚度、有效孔隙度、含油饱和度等，含油面积已拟合好，有效厚度、有效孔隙度一般不作修改或仅作细微改动，剩下的就是含油饱和度。本次拟合时，主要考虑各层系实际生产情况，即地层压力、产油量、含水率等的变化，对测井提供的含油饱和度作了适当的增加，否则与实际生产情况不相吻合。例如，第一层系生产至今不出水，若采用测井所提供的含油饱和度，则历史拟合就会出水。因此，只好将含油饱和度作适当增加。由于提高了含油饱和度，则各层系所模拟计算的储量比实际计算储量偏大。

（3）地层压力、井底流压的拟合

在定产条件下，随着油田的开采，地层压力及井底流压会逐渐下降。若对油田注水，地层压力、井底流压又会上升，地层压力、井底流压的拟合正是建立在上述原理之上，根据实际测压数据来调整输入的模拟参数，从而使模拟出的地层压力、井底流压与实际数据基本吻合。影响压力的参数主要有产量、井底完善系数、渗透率等。本次拟合主要根据油田的动态特征，重点对渗透率作了调整。由于渗透率实验资料很少，在应用时只能参照测井所提供的数据作适当修改。

（4）含水率的拟合

含水率主要受相对渗透率的影响。由于整个油田仅井有相渗数据，实际拟合时，只能以这一相渗曲线为基础，根据模拟出的含水率大小，对相渗曲线作适当的平移，从而使模拟结果与实际含水率基本相吻合。

3.2 产量构成法

产量构成法指根据评价单元开发状态将评价单元分成探明已开发、探明未开发和待探明 3 个部分，先计算每部分产量，再求和计算整体产量。

$$Q_t = \sum_{i=1}^{m+n+l} q_{i,t} = \sum_{i=1}^{m} PD_{i,t} + \sum_{i=m+1}^{m+n} PUD_{i,t} + \sum_{i=m+n+1}^{m+n+l} UD_{i,t} \tag{3.1}$$

式中，PD 为探明已开发气田产量，$10^8 \text{m}^3/\text{a}$；PUD 为探明未开发气田产量，$10^8 \text{m}^3/\text{a}$；UD 为待探明气田的产量，$10^8 \text{m}^3/\text{a}$；m 为探明已开发气田的个数；n 为探明未开发气田的个数；q 为待探明气田的个数；i 为气田顺序；t 为时间。

$$q_{i,t} = \begin{cases} \dfrac{t-1}{C_T \times \overline{q_i}} (t < C_T) \\ \overline{q_i} (C_T < t < PL + C_T) \\ q_{i,t-1} \times R_d (PL + C_T < t < T_f) \\ 0 (T_f < t) \end{cases} \tag{3.2}$$

式中，C_T 为产能建设周期，年；PL 为稳产年限，年；T_f 为整个生命周期年。

产量构成法中最小的评价单元为气田，气田开发包括上产、稳产、递减 3 个阶段(图 3.2)。针对探明已开发气田，按照评价单元所处开发阶段的不同，模拟实际产能建设过程，采用分段函数分别对 3 个阶段进行产量预测和叠加。此外，产量构成法还可以按照分年度和分层系两个角度进行产量预测。

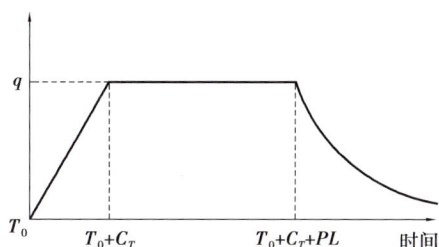

图 3.2　气田开发阶段划分

产量构成方法是中长期规划和年度计划编制的常用方法，包括用于中长期规划编制的 5 年产量构成法和用于年度计划编制的年度构成法。由于中长期规划和年度计划编制的需求以及年度产量构成法的局限性，杨菊兰等提出年度计划编制的 3 年产量构成法。

(1)5 年产量构成法

5 年产量构成法是以趋势预测为基础，配合相关开发指标的匹配关系，以 5 年为基本时间单元，将开发井按投产时间划分单元，包括规划期以前投产的老区老井、规划期间投产的老区新井、规划期间投产的新区新井，分别进行原油生产规划指标测算，叠加构成预测期产量指标。年度产量构成只涉及上一年的数据(包括产量、递减率等)，数据获取容易方便。有时，上一年数据不能代表油田总体趋势，特别是在油田进行调整或波动时。如在产量上升阶段，递减率出现负值，上一年的数据需要谨慎使用或不能使用。

(2)3 年产量构成法

考虑到年度构成法的局限性，受 5 年产量构成法的启发，提出了 3 年产量构成法。3 年产量构成法主要是根据年度计划实施年的 3 年产量构成数据，逐年计算产量构成。采用年产量构成法，推算老井产量。3 年产量构成法计算公式为：

$$Q_{老n} = Q_{老n-3}(1-D_R)^3 + E_{n-3}D_{到}(1-D_R)^2 + E_{n-2}D_{到}(1-D_R) + E_{n-1}D_{到} \tag{3.3}$$

式中，$Q_{老n}$ 为第 n 年老井产量；D_R 为第 n 年综合递减率；E_n 为第 n 年新建产能；$D_{到}$ 为上一年度新井在第 n 年的到位率。

产量构成法的关键指标是递减率。

①老井产油量自然递减率按下式计算：

$$D_n = 1 - \frac{Q_i - Q_x - Q_c}{Q_{i-1}} \tag{3.4}$$

式中，D_n 为第 i 年自然递减率；Q_i 为第 i 年累计采油量；Q_x 为第 i 年新井累计采油量；Q_c 为第 i 年累计措施增产量。

②老井产油量综合递减率按下式计算：

$$D_n = 1 - \frac{Q_i - Q_x}{Q_{i-1}} \tag{3.5}$$

式中,D_n 为第 i 年综合递减率。

③总递减率按下式计算:

$$D_n = 1 - \frac{Q_i}{Q_{i-1}} \tag{3.6}$$

式中,D_n 为第 i 年总递减率。

④5 年产量构成综合递减率和自然递减率按下式计算:

$$D_{5R} = 1 - \left(\frac{Q_{老5}}{Q_{前5}}\right)^{\frac{1}{5}} \tag{3.7}$$

$$D_{5n} = 1 - \left(\frac{Q_{老5n}}{Q_{前5}}\right)^{\frac{1}{5}} \tag{3.8}$$

式中,D_{5R} 为 5 年产量构成综合递减率;D_{5n} 为 5 年产量构成法自然递减率;$Q_{老5}$ 为 5 年末老井产量;$Q_{前5}$ 为上一个 5 年末老井产量;$Q_{老5n}$ 为 5 年末老井自然递减产量。

3.2.1 该方法优缺点

该方法具有以下优点:一是精度较高。气田的产量构成法可以通过统计分析实际产量数据、井底流压力数据等多种数据,提高预测气井产能的精度和准确性。二是可靠性较强。该方法基于实际数据进行分析和预测,预测结果较为可靠,可以为决策提供依据。三是可操作性强。该方法需要收集的数据相对较少,且数据处理和计算方法相对简单,在实践中应用比较方便。

该方法也有以下不足之处:一是数据需求高。气田的产量构成法需要大量的产量、压力、温度等数据来支持建模和计算。如果数据不足或不准确,会影响预测结果的精度。二是对技术人员要求高。气田的产量构成法需要较高的技术水平,需要具备较为专业的技术人员才能进行分析和应用。三是需要基础数据支持。气田的产量构成法需要基础数据的支持,如井底流压力、储层参数等。如果这些基础数据不完整或不准确,会影响预测结果。

3.2.2 应用实例

DK13 区块位于大牛地气田西南部,主要开发层位为盒 3、盒 2、盒 1、山 1 段,属常温、低—常压、低渗一致密砂岩、无边底水定容弹性驱动的岩性气藏。总体上,盒 3、盒 2 段物性最好,盒 1 段、山 1 段次之,山 2 段储层物性相对较差。

DK13 区块生产时间长,效果好,开发期间进行滚动建产,井数变化幅度大。2011 年后主要采用水平井开发,区内包含直井 525 口、水平井 60 口;截至 2017 年 11 月,已投产 585 口,开井 505 口,月产气 0.84×10^8 m³,月产水 0.58×10^8 m³,平均油压为 3.71 MPa,平均套压为 4.79 MPa,累计产气 158.57×10^8 m³。

为消除开井数的波动对 SEC 储量评估的影响,按照产量构成法将 DK13 区块分成直井、水平井两种井型,并将每种井型按照稳定生产与否(开井数稳定、气产量平稳递减)合理划分评估年度。

（1）直井评估

DK13 井区共有直井 525 口，将直井按年度划分如下：

①2003—2008 年，投产直井 463 口，稳定生产井 289 口，不稳定生产井 174 口。将 2003—2008 年投产的直井划为一类评估井。

②2010—2015 年，投产稳定生产直井 30 口，无明显递减趋势，为定产降压阶段，非稳定生产直井 11 口。将该类井划为一类评估井。

③为方便评估 2010—2015 年投产直井的剩余可采储量，将投产时间相隔最近的稳定生产直井的递减规律作为类比对象，将 2009 年投产的直井划分为一类评估井。

按照 SEC 储量评估要求，选择拟合递减规律生产曲线段如下：评估井 2010 年出现产量递减，2010—2013 年与 2017 年开井数稳定为 289 口，油压套压保持较稳定速率下降，产水量稳定；2014 年采取增压措施，2015 年与 2016 年限产，均不能作为拟合递减规律的曲线段。因此，选择 2010—2013 年与 2017 年生产曲线作为递减率拟合段，且递减规律符合指数递减类型，由此得到 2003—2008 年投产稳定生产直井的 SEC 储量为 $44.07×10^8 m^3$。不稳定生产直井生产曲线显示，生产井 174 口；投产后出现了关停井、措施等造成不能连续生产，递减率类比稳定生产直井递减率，由此得到 SEC 储量为 $16.79×10^8 m^3$。

（2）水平井评估

DK13 区块共有水平井 60 口，将水平井按年度划分如下：

①2007—2011 年，投产水平井 16 口，是大牛地气田实施大规模水平井开发的实验阶段，因此将该类井划分为一类评估井。

②2013—2014 年，投产水平井 2 口，是大牛地气田实施大规模水平井开发阶段相对生产时间较长的井，因此将该类井划分为一类评估井。

③2015—2017 年，投产水平井 23 口，是大牛地气田整体实施大规模水平井开发阶段相对生产时间较短的新井，因此将该类井划分为一类评估井。

扣除 2007—2011 年投产水平井影响的生产曲线段，选择能真实反映目前递减规律的生产曲线段进行拟合。结果表明，递减类型为指数递减，递减率为 11.43%，评估出 SEC 储量为 $2.07×10^8 m^3$。

3.3　储采比控制法

3.3.1　合理储采比

合理储采比最直观的含义是气田剩余可采储量在相应的采气速度下可以开采多长时间。储采比越大，表示剩余可采储量采出时间越长；反之，则表示采油速度大，采出时间短。合理储采比则通常只定义合理储采比的下限值，一般是指气田保持稳产的最后一年其对应的储采比。气田要保持相对的稳产，储采比必须大于或等于此值，否则气田产量将出现大幅度递减。

不同国家发展阶段的构成模式不同,如美国到目前经历了缓慢发展、快速发展、稳产3个阶段。发展模式跟该国的资源基础和消费需求相关,也受国家能源战略倾向的影响。综观世界不同国家天然气储采比的状况及历史变化过程,早期储采比均较高,但市场一旦启动,储采比将大幅下降,至稳产阶后保持相对稳定,递减阶段又开始下降(表3.2)。一般情况下,快速上产期储采比大于20,稳产期储采比为15~30,储采比低于15时进入递减期。

表3.2 世界典型国家不同勘探开发阶段储采比分析

国 家	所处阶段(2008年)	历史不同阶段储采比			
		缓慢上升	快速上升	稳产	递减
美国	稳产	12~24	17~40	8~14	—
加拿大	稳产	—	27~57	26~42	—
英国	递减	—	21~378	12~21	<7
伊朗	快速上升	—	161~864	—	—
挪威	快速上升	—	—	52~113	—
荷兰	稳产	—	21~712	20~31	—
意大利	递减	—	11~19	14~20	9~16
德国	递减	—	21~59	13~23	9~14
印度	稳产	—	26~291	31~37	—
印度尼西亚	稳产	18~531	22~121	34~43	—

截至2022年底,四川盆地西南油气田剩余可采储量为34 200×10^{8}m^3,计算储采比为89,表明具有较好上产和稳产潜力(图3.3)。通过抓好老井维护和新井快建快投,加强产销平衡和春冬季保供,2023年西南油气田天然气产量预计达到425×10^{8}m^3,储采比为80,天然气产量持续高峰增长。

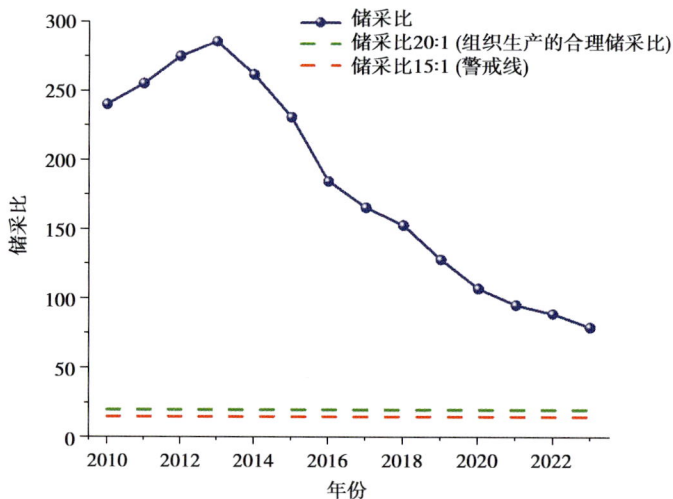

图3.3 四川盆地西南油气田天然气历年储采比变化图

储采比控制预测法是万吉业于 1994 年提出的,基本原理是认为预测期内新增可采储量等于预测期内累计产量与剩余可采储量增量之和,将储采比作为控制条件,通过设置老区增加可采储量、新区增加可采储量等不同方案条件,实现新区和老区产量预测。

3.3.2　预测方法

在以上原理的指导下,常用的算法是把产量构成分为已开发气田基础产量、已开发气田提高采收率产量、已探明未开发气田产量和新探明气田产量。其中,已开发气田基础产量、已开发气田提高采收率产量和已探明未开发气田产量又可归为已探明气田产量。

预测时,先根据预测期前的剩余可采储量和储采比计算出预测期内每年的基础产量,再计算通过提高采收率增加可采储量的已开发气田产量,已开发气田产量减去基础产量得到已开发气田提高采收率的产量。如此类推,通过在预测期内已开发气田剩余可采储量基础上分别增加已探明未开发气田可采储量和新探明气田可采储量,再结合储采比可分别计算出已探明气田产量和总产量,分别减去已开发气田产量和已探明气田产量后,即可算出已探明未开发气田产量和新探明气田产量。以下根据常用算法,进行了数学描述和公式推导。

储采比按下式计算:

$$\omega = \frac{N_{rr}}{Q} \tag{3.9}$$

式中,ω 为储采比,无量纲;N_{rr} 为剩余可采储量,$10^8\mathrm{m}^3$;Q 为年产量,$10^8\mathrm{m}^3$。

进一步细化后的计算方法如下式:

$$\omega_{t+1} = \frac{N_{rrt}+\Delta N_{rt+1}-Q_{t+1}}{Q_{t+1}} \tag{3.10}$$

式中,ω_{t+1} 为下一年储采比,无量纲;N_{rrt} 为当年剩余可采储量,$10^8\mathrm{m}^3$;ΔN_{rt+1} 为下一年增加的可采储量,$10^8\mathrm{m}^3$;Q_{t+1} 为下一年产量,$10^8\mathrm{m}^3$。

由式(3.10)可推得由当年剩余可采储量、下年新增可采储量和储采比计算下年产量的式(3.11):

$$Q_{t+1} = \frac{N_{rrt}+\Delta N_{rt+1}}{\omega_{t+1}+1} \tag{3.11}$$

式中各参数同式(3.10)。

根据式(3.11),可计算已开发油田在没有新增可采储量的情况下,按照目前储采比生产的基础产量,计算方法如下式:

$$Q_{Bt+1} = \frac{N_{rrt}}{\omega_{t+1}+1} \tag{3.12}$$

式中,Q_{Bt+1} 为已开发气田基础年产量,$10^8\mathrm{m}^3$,其他同式(3.10)。

同理,根据式(3.11),可计算已开发气田在有新增可采储量的情况下,按照目前储采比生产的产量,计算方法如下式:

$$Q_{Dt+1} = \frac{N_{rrt}+\Delta N_{rDt+1}}{\omega_{t+1}+1} \tag{3.13}$$

式中，Q_{Dt+1} 为已开发气田年产量，10^8m^3；ΔN_{rDt+1} 为已开发气田年增可采储量，10^8m^3。

同理，根据式（3.11），可计算已开发气田有新增可采储量和已探明未开发气田储量动用的情况下，按照目前储采比生产的已探明气田产量，计算方法如下式：

$$Q_{Et+1} = \frac{N_{rrt} + \Delta N_{rDt+1} + \Delta N_{rUt+1} + \Delta N_{rUEORt+1}}{\omega_{t+1} + 1} \tag{3.14}$$

式中，Q_{Et+1} 为已探明气田年产量，10^8m^3；ΔN_{rUt+1} 为已探明未开发气田年增可采储量，10^8m^3；$\Delta N_{rUEORt+1}$ 为已探明未开发气田提高采收率每年增加的可采储量，10^8m^3。

同理，根据式（3.11），可计算已开发油田、已探明未开发气田和新探明气田都有可采储量动用的情况下，按照目前储采比生产的总产量，计算方法如下式：

$$Q_{Tt+1} = \frac{N_{rrt} + \Delta N_{rDt+1} + \Delta N_{rUt+1} + \Delta N_{rNt+1} + \Delta N_{rUEORt+1} + \Delta N_{rNEORt+1}}{\omega_{t+1} + 1} \tag{3.15}$$

式中，Q_{Tt+1} 为气田总年产量，10^8m^3；ΔN_{rNt+1} 为新探明气田年增可采储量，10^8m^3；$\Delta N_{rNEORt+1}$ 为新探明气田每年提高采收率增加的可采储量，10^8m^3。

已开发气田提高采收率的产量为已开发气田产量减去基础产量，由式（3.13）减式（3.12）计算所得，计算方法如下式：

$$Q_{EORt+1} = Q_{Dt+1} - Q_{Bt+1} = \frac{\Delta N_{rUt+1}}{\omega_{t+1} + 1} \tag{3.16}$$

式中，Q_{EORt+1} 为已开发气田提高采收率年产量，10^8m^3；其余参数同前述各式。

已探明未开发气田的产量为已探明气田产量减去已开发气田产量，由式（3.14）减式（3.13）计算所得，计算方法如下式：

$$Q_{UDDt+1} = Q_{Et+1} - Q_{Dt+1} = \frac{\Delta N_{rUt+1} + \Delta N_{rUEORt+1}}{\omega_{t+1} + 1} \tag{3.17}$$

式中，Q_{UDDt+1} 为已探明未开发气田年产量，10^8m^3；其余参数同前述各式。

新探明气田的产量为总产量减去已探明气田产量，由式（3.15）减式（3.14）计算所得，计算方法如下式：

$$Q_{NEDt+1} = Q_{Tt+1} - Q_{Et+1} = \frac{\Delta N_{rNt+1} + \Delta N_{rNEORt+1}}{\omega_{t+1} + 1} \tag{3.18}$$

式中，Q_{NEDt+1} 为新探明气田年产量，10^8m^3；其余参数同前述各式。

根据式（3.12）、式（3.16）及式（3.18）可以分别计算基础产量、已开发气田提高采收率产量、已探明未开发气田产量和新探明气田产量。

许多学者也利用储采比控制法开展油气田产量预测研究。张劲等从油气田的储采比和合理储采比的定义出发，同时从油藏工程方法中优选出7种产量预测模型拟合油田的产量和累积产量，从而算得气田的合理储采比。李明葵在 Arps 递减曲线和产量预测数学模型理论研究的基础上，分别导出了油田产量遵循不同开发规律时储采比与时间的关系式及确定油田保持稳产时所需的储采比下限值，将其应用于辽河油区合理储采比确定中，效果较好。

3.3.3 应用实例

四川盆地正处于产量快速增长的黄金时期,资源勘探率仍低于 20%,且川中古隆起勘探进展使得盆地天然气开发工作取得重大突破。因此,基于最终可采储量 URR(即以地质资源量为主要考虑的影响因素)影响下的产量增长趋势,产量增长曲线不会较大程度地偏离该结果。

天然气产量增长趋势在人为控制条件下会发生改变,选取储采比作为产量预测的主要指标,深入研究产量增长趋势,研究不同储采比情况下的产量增长规律,为四川盆地天然气产量规划提供长远理论依据。

由于油气单位以 5 年为一个产量规划周期,因此选择每 5 年为一个预测单位,统计1956—2019 年每 5 年的储采比与产量均值。将统计得到的储采比与产量均值,通过灰色GM(1,2)模型预测未来时间段的储采比,每 5 年为一个单位(以 2021—2025 年为例),预测未来时间段的储采比,并代入数值计算 2021—2025 年的产量曲线。与基于 URR 预测2021—2025 年的产量进行相关性分析,若相关性系数较小(即预测曲线偏离初级规划曲线较远),调整步长重新预测,直至相关性系数较大,再进行下一个 5 年的产量预测。其原理如图 3.4 所示,相关性系数阈值设为 0.95。

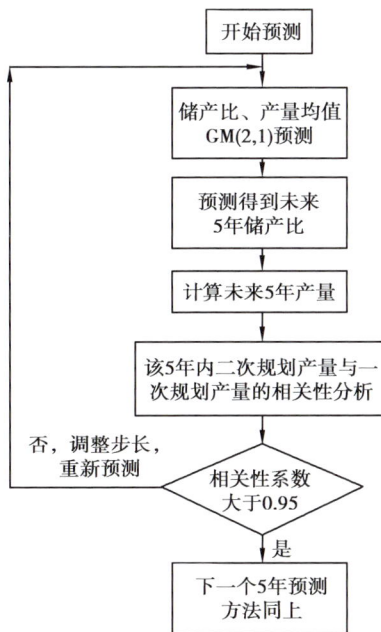

图 3.4　产量预测流程图

该预测方法可得到多个产量预测结果,将不符合阈值设定的产量预测结果筛除。每种探明率(40%、45%、50%、55%、60%)下选择 4 种相关性较大的预测结果及产量相对应的储采比(图 3.5)。

由于储采比灰色预测是以相关性系数为限定阈值,因此产量预测曲线的变化规律相近,这也符合天然气产量的主要限制因素是资源量这一规律。

　　以储采比作为变量,每种探明率的 4 种产量预测曲线均与预测基准的变化趋势接近,但局部有微小的上下波动。以基准预测产量曲线为中心,4 种预测产量曲线围绕其增长,产量增长曲线的凹凸性并未改变。

　　由于储采比＝剩余可采储量/当年产量,因此前期产量越大,后期剩余可采储量减小速度越快,远大于当年产量递减率,可采储量的快速减少也会加速产量的递减率。在同样探明率条件下,前期产量增长越快,后期产量递减也越快。

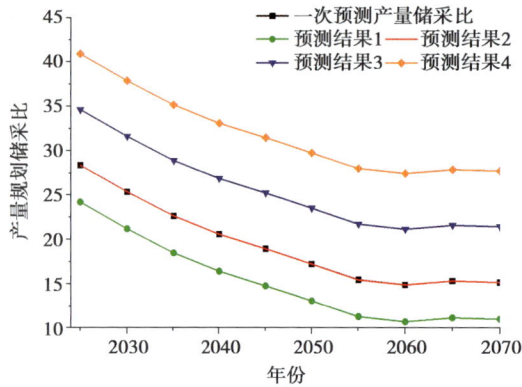

（a）40%探明率预测产量储采比

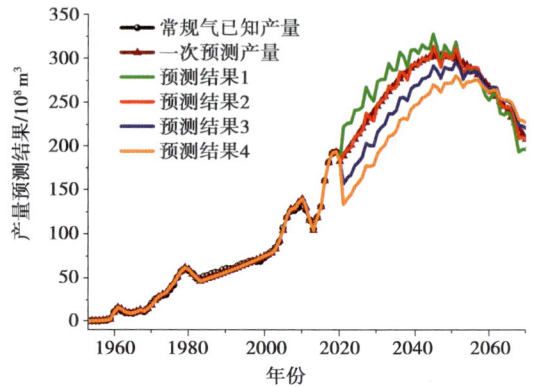

（b）40%探明率二次预测产量结果

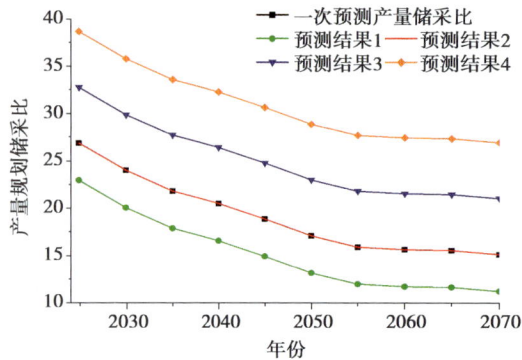

（c）45%探明率预测产量储采比

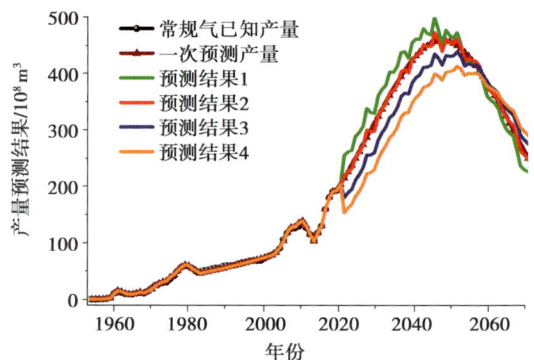

（d）45%探明率二次预测产量结果

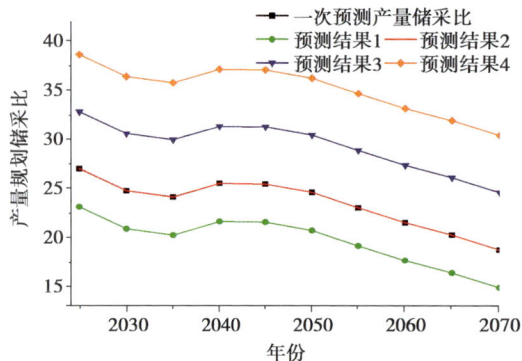

（e）50%探明率预测产量储采比

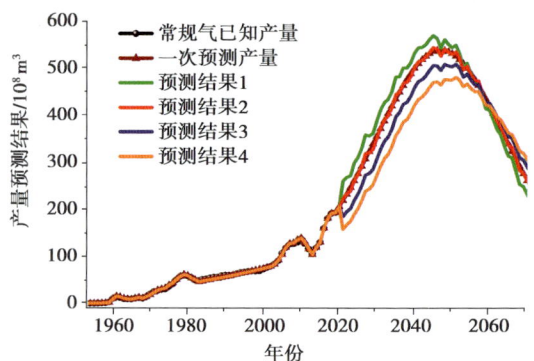

（f）50%探明率二次预测产量结果

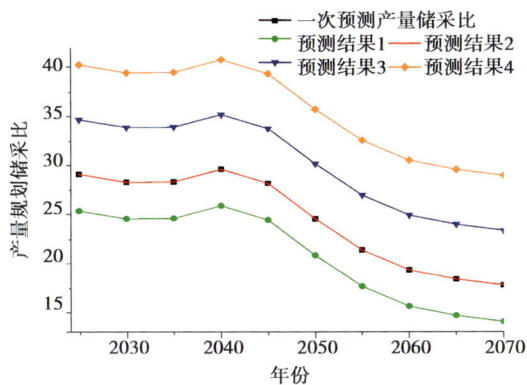

（g）55% 探明率预测产量储采比

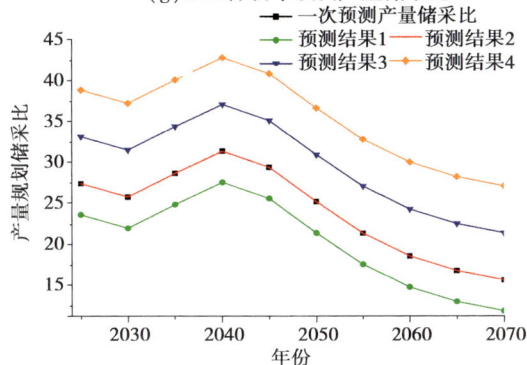

（h）55% 探明率二次预测产量结果

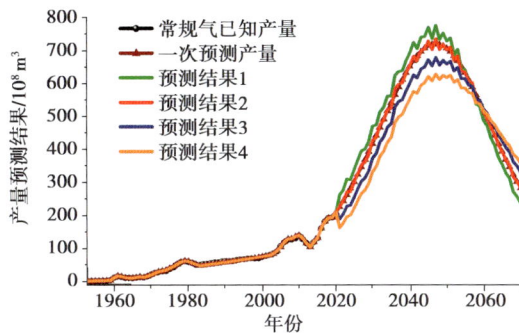

（i）60% 探明率预测产量储采比

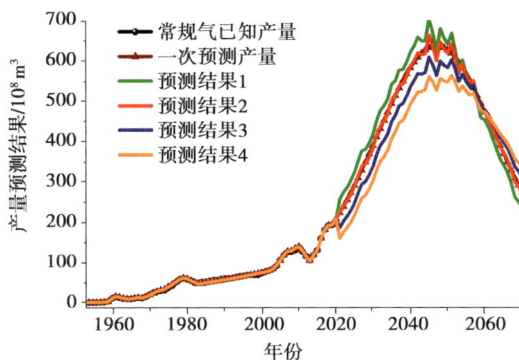

（j）60% 探明率二次预测产量结果

图 3.5   不同探明率下储采比+*URR* 常规气预测产量结果

引入储量替换率（储量替换率 = 当年新增探明储量×采收率/当年产量）评估产量变化规律。可以看出，储量替换率变化曲线的多旋回特征非常明显，且峰值时间与预测储量的峰值时间相同。由于天然气预测储量也有明显的多旋回性，且每个单旋回内储量变化率极大，产量在 2020 年后呈现单旋回特征，因此储量替换率也呈现明显的多峰性。

在 2055 年稳产期之前，产量处于递增趋势或递减率较低，因此储量替换率在多旋回局部特征下呈明显的下降趋势；在 2055 年稳产期过后，产量递减率变大，与此时的储量递减率接近，因此储量替换率区域呈现平稳不变的趋势，且随着探明率的提高，相应预测结果的储量替换率也随之增大。

3.4   动态系统预测法

动态系统预测法从系统工程角度，通过弱化波动与随机性及参数辨识，建立微分表达或隐含多层表达动态预测模型，包括灰色预测法、人工神经网络法、动态微分模拟等。

3.4.1   灰色预测法

灰色预测法是一种对含有不确定因素的系统进行预测的方法。它是介于白色和黑色系统之间的一种系统。灰色系统内的一部分信息是已知的，另一部分信息是未知的，系统内各因素间具有不确定的联系。灰色预测是对既含有已知信息又含有不确定信息的系统进行预测。灰色预测通过鉴别系统因素之间发展趋势的相异程度,即进行关联分析,并对原始数据进行生成处理以寻找系统变动的规律,生成有较强规律性的数据序列,然后建立相应的微分方程模型,从而预测事物未来发展趋势的状况。灰色预测法用等时距或不等时距观测到的反映预测对象特征的一系列数量值构造灰色预测模型,预测未来某一时刻的特征量或达到某一特征量的时间。尽管油气井产量生产过程中所显示的现象随机性较大,但其有序性可通过灰色预测模型分析并得出油气产量变化规律。

1)预测模型

GM(1,1)模型是最常用的一种灰色模型。它是由一个只包含单变量的一阶微分方程构成的模型。如果原始数据中存在局部数值突变,会影响预测模型的整体精确度。因此,利用修正权重系数的 GM(1,1)模型及新陈代谢 GM(1,1)模型修正计算误差,以提高计算精度。

假设变量的原始数据序列 $X^{(0)}$ 为:

$$X^{(0)} = \{X^{(0)}(1), X^{(0)}(2), \cdots, X^{(0)}(N)\} \tag{3.19}$$

传统 GM(1,1)算法直接将该序列一阶累加生成累加序列 $X^{(1)}$:

$$X^{(1)} = \{X^{(1)}(1), X^{(1)}(2), \cdots, X^{(1)}(N)\} \tag{3.20}$$

其中:

$$X^{(1)}(k) = \sum_{i=0}^{k} X^{(0)}(i) \tag{3.21}$$

(1)修正权重系数的 GM(1,1)预测模型

利用累加序列 $X^{(1)}$ 建立 GM(1,1)的简化微分方程得到预测模型。经过研究发现,如果 $X^{(0)}$ 中存在局部数值突变,会影响预测模型的整体精确度。因此,在数值突变处引入修正权重系数 α,减少预测模型误差。

修正后的累加式为:

$$\begin{cases} X^{(1)}(k) = X^{(1)}(k-1) + \alpha X^{(0)}(k) + (1-\alpha)X^{(0)}(k-1) \\ \alpha = 1 [X^{(0)}(k) 在 X^{(0)} 处连续] \\ \alpha = 0.75 [X^{(0)}(k) 在 X^{(0)} 处不连续] \end{cases} \tag{3.22}$$

利用权重系数修正后得到的 $X^{(1)}$ 建立简化微分方程,并得到预测模型:

$$\frac{dX^{(1)}(t)}{dt} + aX^{(1)}(t) = b \tag{3.23}$$

式中,a、b 由下式求得:

$$\frac{dX^{(1)}(t)}{dt} + aX^{(1)}(t) = b \tag{3.24}$$

$$B = \begin{bmatrix} -\frac{1}{2}[X^{(1)}(1)+X^{(1)}(2)] & 1 \\ -\frac{1}{2}[X^{(1)}(2)+X^{(1)}(3)] & 1 \\ \cdots & \cdots \\ -\frac{1}{2}[X^{(1)}(n-1)+X^{(1)}(n)] & 1 \end{bmatrix} \tag{3.25}$$

$$Y_N = \left[X^{(0)}(2), X^{(0)}(3), \cdots, X^{(0)}(N) \right]^{\mathrm{T}} \tag{3.26}$$

根据上述方法,求出参数 a 与 b,从而建立灰色预测模型:

$$\overline{X}^{(1)}(k+1) = \left(X^{(0)}(1) - \frac{b}{a} \right) e^{-ak} + \frac{b}{a} \tag{3.27}$$

通过该预测模型,求解得出新的数列 $\overline{X}^{(1)}$,并通过权重系数修正的一阶累减得到数列 $\overline{X}^{(0)}$。

$$\overline{X}^{(0)}(k) = \frac{\overline{X}^{(1)}(k) - \overline{X}^{(1)}(k-1) - (1-\alpha)\overline{X}^{(0)}(k-1)}{\alpha} \tag{3.28}$$

(2)新陈代谢 GM(1,1)预测模型

GM(1,1)模型为连续时间函数,从初值 $X^{(0)}(1)$ 连续计算到未来任何时间段。随着时间推移,老数据增加,旧数据往往不能代表新的变化趋势,每计算一个新数值都会增加计算量。

当原始数据序列 $X^{(0)}$ 出现不规则变化的现象时,GM(1,1)模型可能无法精准预测。可在 $X^{(1)}$ 计算过程中进行滑动平均处理,预测过程如下:

①建立新的原始数据序列 $X^{(0)''}$,对 $X^{(0)}$ 进行一次滑动平均处理,计算过程如下:

$$X^{(0)''}(1) = \left[3X^{(0)}(1) + X^{(0)}(2) \right]/4 \tag{3.29}$$

$$\begin{cases} X^{(0)''}(a) = \left[X^{(0)}(a-1) + 2X^{(0)}(a) + X^{(0)}(a+1) \right]/4 \\ \qquad\qquad 1 < a < N \end{cases} \tag{3.30}$$

$$X^{(0)''}(N) = \left[3X^{(0)}(N) + X^{(0)}(N-1) \right]/4 \tag{3.31}$$

②将新的序列 $X^{(0)''}$ 一次累加得到新的累加序列 $X^{(1)''}$,并计算出 $X^{(1)''}(N+1)$;通过得到预测模型 $X^{(1)''}(t)$,从而求取 $X^{(0)''}(N+1)$。

③将 $X^{(0)''}(N+1)$ 添加入原来的序列 $X^{(0)''}$ 中并去掉最远的数据 $X^{(0)''}(1)$,重复步骤①、②,递归运算。

2)优缺点及适用条件

该法具有以下优点:

①可以在数据不完备的情况下进行预测,不需要太多的历史数据就可以得到一个相对准确的预测结果。

②灰色预测法可以对时间序列数据进行分析和预测,适用于一些非平稳时间序列。

③灰色预测法可以用于建立较为简单的预测模型,不需要太多的数学知识。

该方法也有以下不足之处:

①灰色预测法对数据的准确性和质量要求较高。如果数据中存在异常值或噪声,预测结果可能会有较大的误差。

②预测结果受初始值的影响较大,因此需要对初始值的选择进行较为准确的分析和判断。

③通常是基于某个假设模型进行预测的,如果模型与实际情况不符,预测结果可能会有偏差。

该方法适用于以下条件:

①适用于数据较为简单的预测问题,不适用于复杂的预测问题。

②适用于样本数据较少或时间序列数据较短的情况。

③适用于预测的对象是非线性和非稳态的情况。

许多学者利用灰色预测理论对天然气产量进行了预测。李宏勋在灰色预测模型的研究基础上,针对灰色预测模型拟合结果误差方面的问题,引入了广义翁氏模型的对数方程式积分形式,以此给出了灰色预测模型提高预测精度的理论依据及其改进过程,构建改进后的灰色预测模型。周相广针对灰色模型对天然气产量预测精度不高的问题,应用指数平滑法对样本数据进行处理,既充分利用样本中的有用信息,又减少其随机性,同时对灰色模型的背景值计算方法进行了改进,将样本数据变换成规律性强的呈指数变化的序列。实例分析表明,改进的灰色模型有较高的预测精度。周猛开展灰色预测模型优化研究:以典型的三参数灰色预测模型的基本形式作为模型研究基础,通过对其表达形式进行简化,构建三参数灰色预测模型通用形式。将分数阶累加/累减技术引入三参数灰色预测模型通用形式,将建模序列整数阶生成过程扩展至分数阶生成,建立分数阶三参数离散灰色预测模型。然后基于新信息优先原则,推导模型时间响应式,同时讨论并证明新模型的性质。最后在建模过程中利用粒子群算法以模拟误差最小为原则,对模型的累加生成阶数进行寻优。同时,还开展中国页岩气产量的预测研究。在数据预处理过程中,结合对未来发展趋势和转折点等的定性分析与构建灰色页岩气产量预测模型的定量分析,然后利用新模型对2012—2018 年中国页岩气产量进行建模,并与已存的页岩气灰色预测模型进行比较。结果表明,文中构建的新灰色预测方法优于已存的页岩气产量灰色预测方法,可实现较好的中国页岩气产量预测。

3)应用实例

天然气储产量预测不能仅从历史数据变化规律出发,要综合考虑储量影响因素,为预测将来的预测参数提供预测研究条件。

四川盆地天然气历史储量增长曲线历经 12 个波峰,由于第 12 次单旋回变化状态难以判断,由此确定储量变化曲线的多旋回数为 11(图 3.6)。

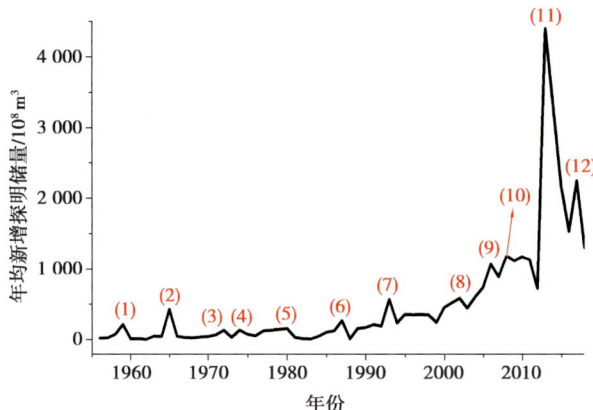

图 3.6　四川盆地年均新增探明储量峰值统计

表 3.3 所示为该年份期间储量曲线的多峰统计参数。本节提取储量曲线中的高峰时间 t_m、峰值 N_m、模型参数 b 及标准差 s。其中,b 为 Hubbert 模型的参数,标准差 s 为 Gauss 模型的参数,高峰时间 t_m 与峰值 N_m 为两种模型的共同参数。每个模型各有 3 个多旋回变量参数对各参数进行预测,通过灰色预测 GM(1,2)方法,以其余两个参数的数值作为原始数据,分别预测每个模型中 3 个参数的变化规律。然后再将新预测得到的参数值作为原始数据,进行下一轮预测。为避免预测过程中原始数据过长对预测结果产生影响,采用前文介绍的方法,每得到一组新的参数值,将最前端的一组数据从预测原始数据中去除,将新预测得到的参数值作为新的预测原始数据,并进行新一轮的预测。

表 3.3　储量多旋回参数

参　数	峰 1	峰 2	峰 3	峰 4	峰 5	峰 6	峰 7	峰 8	峰 9	峰 10	峰 11
峰值 N_m	210.2	425.1	133.3	153.4	266.9	565.5	581.1	1 066	1 184	4 403	2 248
高峰时间 t_m	1957 年	1963 年	1972 年	1978 年	1985 年	1991 年	2000 年	2004 年	2006 年	2011 年	2015 年
模型参数 b	7.393	2.877	2.000	1.000	15.00	1.11	0.50	7.950	1.858	0.966	1.980
标准差 s	0.877	0.393	2.248	0.814	1.620	1.21	1.500	0.550	1.741	1.124	1.891

3.4.2　人工神经网络法

1)人工神经网络原理

神经网络由许多并行运算、功能简单的神经元组成,神经元是构成神经网络的基本元素。因此,构造一个人工神经网络系统的首要任务,是构造人工神经元模型,如图 3.7 所示。

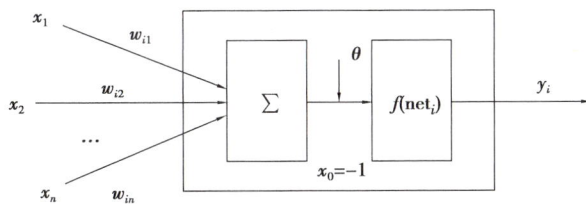

图 3.7　人工神经元模型

图 3.7 中,$x_1 \sim x_n$ 是从其他神经元传来的输入信号,w_{ij} 表示从神经元 j 到神经元 i 的连接权值,θ 表示一个阈值(或称为偏值),则神经元 i 的输出与输入的关系表示为:

$$\text{net}_i = \sum_{j=1}^{n} w_{ij}x_j - \theta \qquad (3.32)$$

$$y_i = f(\text{net}_i) \qquad (3.33)$$

图 3.7 中,y_i 表示神经元 i 的输出,函数 f 称为激活函数或转移函数,net 称为净激活。若将阈值看成神经元 i 的一个输入 x_0 的权重 w_{i0},则式(3.32)可以简化为:

$$\text{net}_i = \sum_{j=0}^{n} w_{ij}x_j \qquad (3.34)$$

若用 X 表示输入向量,用 W 表示权重向量:

$$X = \begin{bmatrix} x_0 & x_1 & x_2 & \cdots & x_n \end{bmatrix} \tag{3.35}$$

$$W = \begin{bmatrix} w_{i0} \\ w_{i1} \\ w_{i2} \\ \cdots \\ w_{in} \end{bmatrix} \tag{3.36}$$

神经元的输入可以表示为向量相乘的形式:

$$\text{net}_i = XW \tag{3.37}$$

$$Y_i = f(\text{net}_i) = f(XW) \tag{3.38}$$

若神经元的净激活 net 为正,则称该神经元处于激活状态;若净激活 net 为负,则称神经元处于抑制状态。

2)BP 神经网络算法

BP 神经网络算法的主要思想是:对于 n 个输入学习样本"$x_1, x_2, \cdots, x_n$",已知与其对应的 m 个输出样本为"$t_1, t_2, \cdots, t_m$"。用网络的实际输出$(z_1, z_2, \cdots, z_m)$ 与目标矢量$(t_1, t_2, \cdots, t_m)$ 之间的误差来修改其权值,使 $z_l(l = 1, 2, \cdots, m)$ 与期望的 t_l 尽可能地接近,即使网络输出层的误差平方和达到最小。据统计,有 80% ~ 90% 的神经网络模型都采用 BP 网络或它的变形。

BP 神经网络的学习过程主要由 4 个部分组成:输入模式顺传播、输出误差逆传播、循环记忆训练、学习结果判别。这个算法的学习过程由正向传播和反向传播组成。在正向传播过程中,输入信息从输入层经隐含层单元逐层处理,并传向输出层,每一层神经元的状态只影响下一层神经元的状态。如果在输出层不能得到所期望的输出,则转入反向传播,将误差信号沿原来的连接通路返回,通过修改各层神经元的权值,使得误差信号减小,然后再转入正向传播过程。反复迭代,直到误差小于给定的值为止。

采用 BP 神经网络算法的前馈型神经网络通常被称为 BP 网络。BP 网络具有很强的非线性映射能力,一个 3 层 BP 神经网络能够实现对任意非线性函数的逼近。一个典型的三层 BP 神经网络模型如图 3.8 所示。

设网络的输入模式为 $x = (x_1, x_2, \cdots, x_n)^{\text{T}}$,隐含层有 h 个单元,隐含层的输入为 $y = (y_1, y_2, \cdots, y_h)^{\text{T}}$,输出层有 m 个单元,它们的输出为 $z = (z_1, z_2, \cdots, z_m)^{\text{T}}$,目标输出为 $t = (t_1, t_2, \cdots, t_m)^{\text{T}}$,隐含层到输出层的传递函数为 f,输出层的传递函数为 g。于是可得:

$$y_j = f\left(\sum_{j=1}^{n} w_{ij}x_j - \theta\right) = f\left(\sum_{j=0}^{n} w_{ij}x_j\right) \tag{3.39}$$

式中,y_j 表示隐含层第 j 个神经元的输出,$w_{0j} = \theta, x_0 = -1$。

$$z_k = g\left(\sum_{j=0}^{h} w_{jk}y_j\right) \tag{3.40}$$

式中,z_k 表示输出层第 k 个神经元的输出。此时,网络输出与目标输出的误差为:

$$\varepsilon = \frac{1}{2}\sum_{k=1}^{m}(t_k - z_k)^2 \tag{3.41}$$

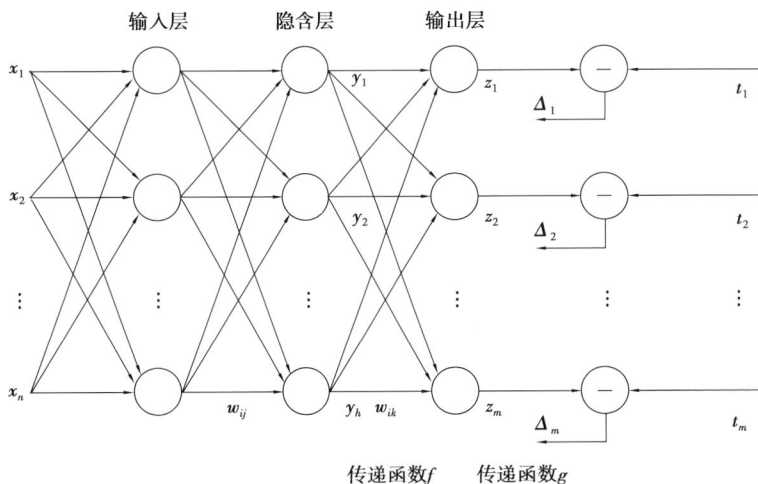

图 3.8　三层 BP 神经网络模型

下面的步骤就是想办法调整权值,使 ε 减小。由于负梯度方向是函数值减小的最快方向。因此,可以设定一个步长 η,每次沿负梯度方向调整 η 个单位,即每次权值的调整为:

$$\Delta w_{pq} = -\eta \frac{\partial \varepsilon}{\partial w_{pq}} \tag{3.42}$$

其中,η 在神经网络中称为学习速率。可以证明:按这个方向调整,误差会逐渐减小。因此,BP 神经网络(反向传播)的调整顺序为:

① 调整隐含层到输出层的权值。设 v_k 为输出层第 k 个神经元的输入,则有:

$$v_k = \sum_{j=0}^{h} w_{jk} y_j \tag{3.43}$$

$$\frac{\partial \varepsilon}{\partial w_{jk}} = \frac{\frac{1}{2} \sum_{k=1}^{m} (t_k - z_k)^2}{\partial w_{jk}} = \frac{\frac{1}{2} \sum_{k=1}^{m} (t_k - z_k)^2}{\partial z_k} \cdot \frac{\partial z_k}{\partial v_k} \cdot \frac{\partial v_k}{\partial w_{jk}} = -(t_k - z_k) g'(v_k) y_j = -\delta_k y_j$$

$$\tag{3.44}$$

于是,隐含层到输出层的权值调整迭代公式为:

$$w_{jk}(t+1) = w_{jk}(t) + \eta \delta_k y_j \tag{3.45}$$

② 从输入层到隐含层的权值调整迭代公式为:

$$\frac{\partial \varepsilon}{\partial w_{ij}} = \frac{\frac{1}{2} \sum_{k=1}^{m} (t_k - z_k)^2}{\partial w_{ij}} = \frac{\frac{1}{2} \sum_{k=1}^{m} (t_k - z_k)^2}{\partial y_j} \cdot \frac{\partial y_j}{\partial u_j} \cdot \frac{\partial u_j}{\partial w_{ij}} \tag{3.46}$$

其中,u_j 为隐含层第 j 个神经元的输入:

$$u_j = \sum_{i=0}^{n} w_{ij} x_i \tag{3.47}$$

注意:隐含层第 j 个神经元与输出层各神经元都有连接,即 $\frac{\partial \varepsilon}{\partial y_j}$ 涉及所有的权值 w_{ij},因此有:

$$\frac{\partial \varepsilon}{\partial y_j} = \sum_{k=0}^{m} \frac{\partial (t_k - z_k)^2}{\partial z_k} \cdot \frac{\partial z_k}{\partial u_k} \cdot \frac{\partial u_k}{\partial y_j} = -\sum_{k=0}^{m} (t_k - z_k) f'(u_k) w_{jk} \quad (3.48)$$

于是得：

$$\frac{\partial \varepsilon}{\partial w_{ij}} = \frac{\frac{1}{2} \sum_{k=1}^{m} (t_k - z_k)^2}{\partial w_{ij}} = -\sum_{k=0}^{m} \left[(t_k - z_k) f'(u_k) w_{jk} \right] f'(u_j) x_i = -\delta_j x_i \quad (3.49)$$

因此，从输入层到隐藏层的权值调整迭代公式为：

$$w_{ij}(t+1) = w_{ij}(t) + \eta \delta_j x_i \quad (3.50)$$

3）优缺点及适用条件

人工神经网络法具有许多优点：

①可以自适应地学习输入数据的特征和规律，适用于处理非线性、复杂的模式识别和分类问题；

②具有较强的容错性，对于输入数据中存在的噪声、异常值和缺失值等情况，仍能给出相对合理的输出结果；

③可以处理大量、高维的数据，具有较强的泛化能力和适应能力。

人工神经网络法也有以下不足之处：

①训练过程需要大量的计算和时间，需要对网络结构和参数进行调整，容易陷入局部极值；

②人工神经网络模型结构和参数的解释性较差，难以理解和解释网络如何得出预测结果；

③需要大量的训练数据来训练模型，如果训练数据不足或存在偏差，可能导致模型的过拟合或欠拟合。

人工神经网络法适用于以下条件：

①适用于处理非线性、复杂的数据模式识别和分类问题，如图像识别、语音识别、自然语言处理等领域；

②适用于处理大量、高维的数据，如数据挖掘、模式识别、信号处理等领域；

③适用于处理需要快速响应和实时性要求不高的问题，如控制、自适应系统、风险评估等领域。

许多学者结合人工神经网络对天然气产量进行了预测。薛亮建立了基于长短期记忆深度神经网络的生产动态预测模型，并采用粒子群优化算法对神经网络模型超参数进行优化，提高长短期记忆深度神经网络的预测效果，实现对气井生产动态的准确预测和神经网络超参数的自动优化。郭超利用人工神经网络模型评估页岩气产量，利用测井数据作为基础，充分利用智能方法对非线性以及多变量交互影响回归问题的优势，从常规的测井曲线中提取出有关于产量的信息，最终实现对给定储层的页岩气产量的定量评估。宋尚飞等引入具有高度非线性预测能力的误差反向传播的人工神经网络方法，以人工调试后的井筒模型结果作为数据样本库，模拟各种影响因素与天然气井产量之间的映射关系，通过学习和训练建立了基于 BP 神经网络模型的天然气井产量计算模型，预测精度较高。

综合分析表明,人工神经网络模型能够满足实际生产需要,且该模型结构简单,不拘泥于具体的形式,计算量小。

4)应用实例

(1)实例背景

鄂尔多斯盆地延长组致密油主要发育于半深湖—深湖相区,以延长组 7 段(简称长 7)油层组油页岩、致密砂岩组致密砂岩最为典型。长 7 油层组油页岩分布范围广,厚度大,为典型的页岩油。长 7 油层组中的砂岩储集体紧邻优质烃源岩,油源条件优越,资源配置好,储层致密,为典型的致密砂岩油。其中,对处于产量递减阶段的 M1 井连续 23 个月的平均日产油量数据进行实验,产量数据如表 3.4 所示。

表 3.4　油井 23 个月平均日产油量

月　份	平均日产油量/($t \cdot d^{-1}$)	月　份	平均日产油量/($t \cdot d^{-1}$)	月　份	平均日产油量/($t \cdot d^{-1}$)
1	5.262 7	9	3.267 1	17	2.013 2
2	4.751 1	10	3.033 8	18	2.014 3
3	4.518 9	11	3.034 9	19	1.921 6
4	4.240 9	12	2.755 5	20	1.735 6
5	4.008 7	13	2.570 2	21	1.875 8
6	3.776 5	14	2.525 1	22	1.736 3
7	3.498 6	15	2.292 2	23	1.690 9
8	3.265 3	16	2.293 3		

(2)BP 神经网络预测

对 M1 井连续 23 个月的平均日产油量数据进行训练和预测,选取 3 层神经网络,采用过去 5 个月的平均日产油量历史数据为输入,下个月的平均日产油量预测数据为输出。将表 3.4 中前 17 个月的数据做成 12 组训练样本,分组分别为:1~6,2~7,3~8,4~9,5~10,6~11,7~12,8~13,9~14,10~15,11~16,12~17。将后 11 个月的数据做成测试样本,分组分别为:13~18,14~19,15~20,16~21,17~22,18~23。

根据实例背景,用前 5 个月的平均日产油量作为输入,下个月的平均日产油量作为输出,输入层节点数为 5,输出层节点数为 1、隐层节点数的设计取决于经验,通常使用公式计算与实验修改来决定隐层节点数。本研究使用基于最小二乘法的设计方法,结合凑试法、修剪法及增长法等对其进行修改,最终确定隐层节点数为 15。

对网络进行 10 次训练与测试,测试样本平均误差最低为 2.094%,最高为 3.573%,预测精度较高。实验基本上在遗传 50 代以内就收敛达到稳定状态。

3.5　峰值模型预测法

峰值模型预测法是目前运用最为广泛的天然气中长期储量、产量预测方法,也称为生命旋回预测法或预测模型法。用生命旋回预测法建立拟合模型去逼近以往的勘探或开发历程,模型的外延部分则可以预测未来勘探或开发的前景。采用非线性时间序列的生命旋回预测模型对气区产量变化趋势进行预测,从数学模型的角度论证天然气业务发展规划主要指标的科学性,对指导天然气业务中长期发展规划方案的编制具有现实意义。生命旋回法模拟生命体系总量有限的过程。目前,公开发表的预测模型有 20 多个,常见的有十几个,包括 Weibull、Hubbert、Weng、Gauss 等预测模型。

3.5.1 优缺点及适用条件

峰值模型预测法具有以下优点:

①适用范围广,适用于周期性较为稳定的时间序列数据;

②预测精度高,通过对峰值的拟合,可以获得较高的预测精度;

③易于理解和实现,理论基础较为简单,易于理解和实现。

峰值模型预测法也有以下不足之处:

①对峰值的判断要求高,需要准确地判断峰值的位置和高度。如果峰值存在波动或变形,可能会影响预测精度。

②对数据要求严格,峰值模型预测法对数据的周期性要求较高。如果数据中存在异常值或周期变化不稳定,可能会导致预测精度降低。

③无法处理长期趋势,只能对周期性变化进行预测,无法处理长期趋势的预测。

峰值模型预测法适用于以下条件:

①数据具有一定的周期性;

②数据周期性较为稳定,不存在明显的趋势变化或异常值;

③数据峰值较为明显且不易发生变形或波动;

④预测精度要求较高,可以通过对峰值的拟合来提高预测精度。

许多学者利用峰值预测模型法对天然气产量进行预测。余果等从四川盆地中部古隆起震旦系气藏天然气资源地质与开发特点出发,将最终可采储量作为影响产量增长趋势的边界条件,引入到峰值预测产量增长趋势理论的 Hubbert 与 Gauss 两种非线性时间序列峰值预测模型中,开展不同探明率条件下的四川盆地中部古隆起震旦系气藏产量预测研究,进一步明确未来勘探开发潜力。陈艳茹等针对传统的翁氏和 Weibull 产量预测模型受指数预测误差的影响而易出现指数倍级别的偏差,不能有效拟合四川盆地油气产量发展趋势的问题,提出了一种基于倍数和指数修正系数的模型修正方法——基于原始数据和一次计算结果计算指数与倍数修正系数。指数修正系数通过调整对模型影响较大的 e 指数消除数量级上的计算误差,倍数修正系数修正整体计算误差,再利用原产量函数中的 t 子函数指数多值求解,选取最优解减少预测曲线与原始数据变化规律的差异性,构建符合四川盆地产量发展特点的峰值预测模型。何琰等针对目前的生命旋回模型预测中存在的不足,通过储产量数据序列优化技术降低了异常数据带来的预测风险,并提出在传统生命旋回预测模型中引入储产量增长影响因素的新方法。

采用上述新方法对某气区天然气储量进行预测,结果表明:改进的生命旋回模型对天然气的储量增长趋势预测有着很好的效果,预测结果与实际情况吻合度更高。

3.5.2　应用实例

1956—2019 年,四川盆地常规气产量增长曲线如图 3.9 所示。由图 3.9 中可以看出,常规气增长并不一直符合多旋回变化趋势,在整体类指数增长的趋势下保持多旋回增长趋势。即产量增长曲线由基线和多旋回曲线共同组成,如图 3.10 所示。依据产量曲线的平滑性,将产量曲线分割为表征产量变化趋势的基线和多旋回生命曲线,旋回数为 3。

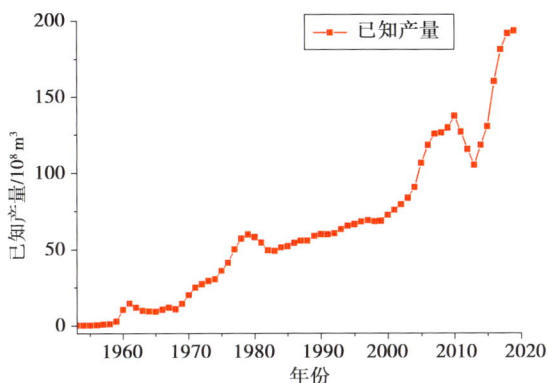

图 3.9　四川盆地 1956—2019 年常规气产量增长曲线

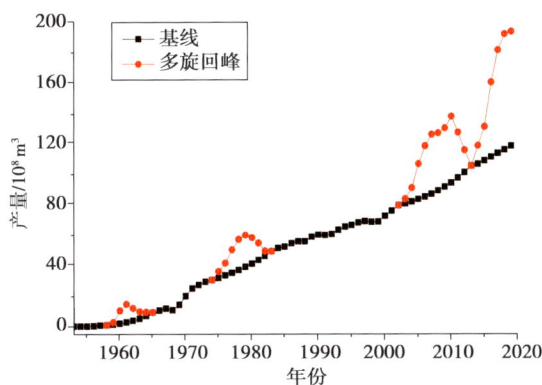

图 3.10　四川盆地 1956—2019 年常规气产量增长曲线划分

产量预测过程分为两个部分,分别进行预测:

①基线部分。首先将多旋回峰平缓部分筛选出来,通过 Weng 模型拟合预测得到基线,并预测至未来时间段。

②运用 Hubbert 多旋回模型预测得到图 3.10 中 3 个峰的参数。常规气增长曲线参数如表 3.5 所示。由表 3.5 中可以看出,灰色预测后验算方差比值 $C = 0.121$,小误差概率 $P = 0.964$。因此,产量预测精度较高。由于将已知产量视为基线与 Hubbert 生命旋回模型的加和,因此每个旋回峰是原产量曲线减去基线后得到的。从表 3.5 中数据与图 3.10 对比可以看出,新得到的产量峰值 N_m 明显减小,峰值时间 t_m 也发生了微小改变。

表 3.5 四川盆地 1956—2019 年常规气产量预测结果参数

参 数	峰1	峰2	峰3	后验算方差比值
斜率 b	1.89	1.65	2.12	0.121
峰值 N_m	11.30	22.45	43.45	小误差概率
峰值时间 t_m	1963 年	1979 年	2008 年	0.964
Weng 模型预测基线方程	$Q=27.11(t-1955)^{0.1}e^{0.023(t-1955)}$			

注:式中,Q 为基线产量值,t 为年份。

四川盆地 1956—2019 年常规气产量预测如图 3.11 所示,预测未来基线趋势持续上升,符合四川盆地天然气产量快速持续上涨的趋势。由于产量增长趋势不是完全的多旋回曲线,且多旋回峰仅有 3 个,因此不能简单地用灰色预测模型预测未来多旋回峰的参数,需计算最终可采储量 URR 来预测未来产量增长趋势。

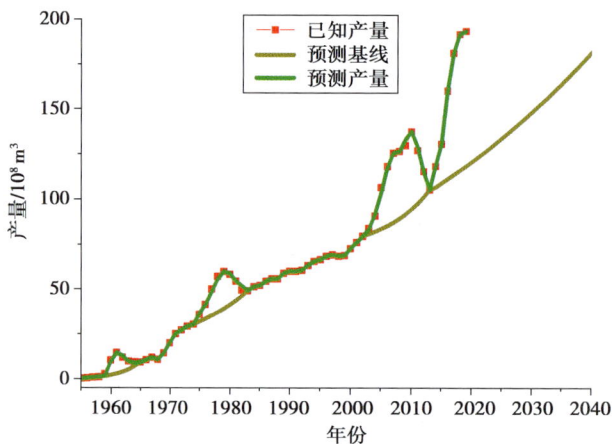

图 3.11 四川盆地 1956—2019 年常规气产量预测曲线

根据预测,四川盆地将在 2060 年左右进入勘探后期,之后的新增探明储量对产量峰值的影响较小,故待发现储量由 2020—2060 年累计新增探明储量的预测结果进行折算。因此,综合分析后得出常规气最终可采储量为 $2.20\times10^{12}\sim3.20\times10^{12}\,m^3$。依据不同资源量条件下的生命周期的预测储量计算结果,结合储量升级转化率计算最终采储量 URR,中国石油矿权内常规气+致密气最终可采储量如表 3.6 所示。

表 3.6 常规气最终可采储量 URR 估算

不同情景	40% 探明率	45% 探明率	50% 探明率	55% 探明率	60% 探明率
URR 估算值	$2.20\times10^{12}\,m^3$	$2.57\times10^{12}\,m^3$	$2.74\times10^{12}\,m^3$	$2.96\times10^{12}\,m^3$	$3.16\times10^{12}\,m^3$

不同资源量情况的产量增长曲线如图 3.12 所示。从图 3.12 可以看出,四川盆地未来 20 年内产量都处于快速增长阶段,至 2047 年产量将达到峰值。这与罗家寨、合川须二气藏、龙王庙等领域取得重大勘探开发成果相符合。预测结果显示,5 种资源量情景下的预测

产量峰值、峰值出现时间均在较远的时间段,最终可采储量 URR 越大,峰值产量越大,预测产量曲线的凹凸性越明显。由于天然气产业链具有上中下游一体化的特点,消费市场和输配管网建设都要求天然气供应必须有较长的稳定期。定义天然气高峰产量为达到最大规模上下波动不超过 10% 的产量。

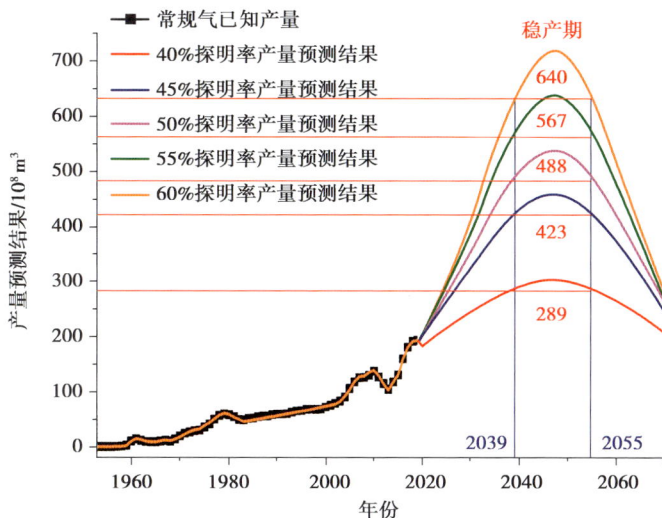

图 3.12 四川盆地常规气产量预测结果

如表 3.7 所示,当 $URR = 2.20 \times 10^{12} \mathrm{m}^3$ 时(40% 探明率),天然气产量峰值为 $303 \times 10^8 \mathrm{m}^3$,高峰产量为 $289 \times 10^8 \mathrm{m}^3$,稳产期为 2039—2055 年,稳产期末累计产量为 $1.37 \times 10^{12} \mathrm{m}^3$,$URR$ 采出程度为 62.3%;

当 $URR = 2.57 \times 10^{12} \mathrm{m}^3$ 时(45% 探明率),天然气产量峰值为 $458 \times 10^8 \mathrm{m}^3$,高峰产量为 $423 \times 10^8 \mathrm{m}^3$,稳产期为 2039—2055 年,稳产期末累计产量为 $1.76 \times 10^{12} \mathrm{m}^3$,$URR$ 采出程度为 68.4%;

当 $URR = 2.74 \times 10^{12} \mathrm{m}^3$ 时(50% 探明率),天然气产量峰值为 $538 \times 10^8 \mathrm{m}^3$,高峰产量为 $488 \times 10^8 \mathrm{m}^3$,稳产期为 2039—2055 年,稳产期末累计产量为 $1.94 \times 10^{12} \mathrm{m}^3$,$URR$ 采出程度为 70.9%;

当 $URR = 2.96 \times 10^{12} \mathrm{m}^3$ 时(55% 探明率),天然气产量峰值为 $637 \times 10^8 \mathrm{m}^3$,高峰产量为 $567 \times 10^8 \mathrm{m}^3$,稳产期为 2039—2055 年,稳产期末累计产量为 $2.16 \times 10^{12} \mathrm{m}^3$,$URR$ 采出程度为 72.9%;

当 $URR = 3.16 \times 10^{12} \mathrm{m}^3$ 时(60% 探明率),天然气产量峰值为 $719 \times 10^8 \mathrm{m}^3$,高峰产量为 $640 \times 10^8 \mathrm{m}^3$,稳产期为 2039—2055 年,稳产期末累计产量为 $2.34 \times 10^{12} \mathrm{m}^3$,$URR$ 采出程度为 74.0%。

表 3.7 不同探明率下常规气产量预测结果

产量预测结果指标	最终可采储量 $URR/10^{12}\mathrm{m}^3$	产量峰值 $/10^8\mathrm{m}^3$	产量峰值时间	高峰产量 $/10^8\mathrm{m}^3$	相对稳产时期	节点产量/$10^8\mathrm{m}^3$		
						2025 年	2030 年	2035 年
40% 探明率	2.20	303	2047 年	289	2039—2055 年	214	273	287
45% 探明率	2.57	458	2047 年	423	2039—2055 年	262	361	413
50% 探明率	2.74	538	2047 年	488	2039—2055 年	275	354	434
55% 探明率	2.96	637	2047 年	567	2039—2055 年	290	389	494
60% 探明率	3.16	719	2047 年	640	2039—2055 年	301	416	540

第4章
峰值预测的前沿进展 ▶▶▶▶

近年来,我国天然气行业迅速发展,天然气消费持续快速增长,在国家能源体系中的重要性不断提高。天然气峰值产量预测及风险量化分析是气田发展规划的重要组成部分,是气田开发规划的核心工作之一,对气田开发规划指标的实现及生产指标的完成起到了举足轻重的指导作用。由于天然气开发需要投入大量的人力物力,在天然气开发规划中,需要进行峰值产量预测及风险量化分析,形成准确性与合理性相协调的判断机制,进而达到开发效益最优化的目的。

4.1 峰值预测法研究现状及特点

4.1.1 国外峰值理论研究

20世纪60年代以来,国外大量研究学者应用峰值模型定量预测油气储产变化趋势。Hubbert(哈伯特)是美国著名的石油地质学家,他开创了用数学模型研究油气产量峰值的历史。1956年,Hubbert准确预测出美国将在1971年达到石油产量峰值,并创建了预测累积产量(CP)和最终可采储量(URR)的模型,被命名为Hubbert模型。

此后,Al-Jarri. A. S.和Startzman在1999年,将单旋回的Hubbert模型发展成为多旋回模型,并预测了世界天然气的产量。此外,得到广泛应用的预测模型还有Gauss(高斯)模型、Compertz(龚帕兹)模型和基于概率论和统计学理论的随机模型,如威布尔(Weibull)模型等。目前,国际上研究应用比较广泛且深入的多旋回模型主要有多峰Hubbert、多峰Gauss模型。

4.1.2 国内峰值理论研究

国内对油气产量的预测研究发展较晚,起步于20世纪80年代。翁文波院士于1984年出版专著《预测学基础》,提出了泊松旋回模型。该模型是我国建立的第一个油气田中长期产量预测模型,通常称为翁氏模型。在翁文波院士的研究基础上,以陈元千为代表的一批专家学者发展了预测理论,于20世纪90年代研究了油气田产量随时间的变化特征,与概率分布规律相似,提出了将油气田产量的单峰分布,利用概率分布规律的原理和方法,建立了可用于预测油气田产量和储量的Weng(广义翁氏)模型、Weibull(威布尔)模型、Rayleigh(瑞利)模型和对数正态分布模型。

此后,由于统计分析与理论研究工作的深入,在预测模型的建立与应用方面取得了显著的成绩。胡建国基于大量油气田开发的实际产量数据,进行统计研究和理论推导,建立了 HCZ（胡建国-陈元千-张盛宗）模型、H-C（陈元千-胡建国）模型、广义Ⅰ型预测模型和广义Ⅱ型预测模型等。

上述模型既可对油气田、油气区、国家与地区的产量和储量进行预测，也可对资源量和储量的增长与变化进行战略性预测。峰值预测模型可分为单峰预测模型和多峰预测模型。油气田开发实践表明，峰值预测法在油气田储量、产量预测及中长期规划方面是一种较为有效的预测方法。

4.1.3　峰值预测模型特点

应用峰值预测模型定量预测大致分为单峰模型横向研究和多峰模型发展两大阶段。

单峰预测模型可归纳于广义Ⅰ型、广义Ⅱ型，适用于具有单峰特点的盆地或地区，以广义翁氏等应用为主。若给定不同的 b 和 m 值，可以分别派生出不同的预测模型。广义翁氏模型、Weibull 模型为非对称模型，最高年产量对应发生时间由模型常数 b、c 控制；Rayleigh 模型、HCZ（胡陈张）模型预测油气田的产量与时间的变化关系时，累积采出量达到可采储量的 39.4% 进入递减期，适用于产量快速上升、达到峰值后产量又快速下降的油气田。

陈元千于 2013 年提出了多峰预测模型方法。多峰预测模型由多个单峰预测模型叠加得到，能反映多个单峰模型的特征信息，对引起产量起伏变化的重要事件描述更为精准，求解方法更为复杂。随着地质认识过程和勘探过程呈阶段性发展，以及油气地质理论的创新和油气勘探技术的不断进步，油气储产量的发现与增长呈现多峰的特征。因此，针对储产特征具有阶段性、起伏性、存在多个产量循环的盆地或气区，多峰模型更加有效和适用。多峰 Hubbert、多峰 Gauss 模型预测产量与时间的变化关系时，产量曲线是一个对称"钟型"曲线，适用于累计采出量达到可采储量 50% 左右进入递减期的油气田。多峰 Gauss 模型的曲线形态相对多峰 Hubbert 模型，曲线形态更趋平缓一些。因此，多峰 Gauss 模型更适合预测储量与产量发现历程比较平缓一些的盆地。

对具体的盆地或气区产量趋势进行预测时，选择的预测模型是否适宜，应以充分的定性分析为依据。预测模型的选择具有多样性，基于各预测模型自身数学原理不同，均有其适用条件，需经过多种模型进行预测、检验并判断其合理性。检验后的预测模型才能用于产量的预测。

在盆地、气区层面进行中长期产量预测时，对尚处于开发初期或上产阶段的气区，使用峰值预测模型更能把握宏观趋势，这是其他预测方法不可替代的。

4.2　起步——单峰预测

4.2.1　峰值预测模型简介

1）广义翁氏模型

翁文波院士于 1984 年发表的《预测论基础》，首次提出泊松旋回模型（翁氏模型），可以说是我国建立的第一个预测油气田产量的模型,因而受到石油专家的广泛重视和应用。

通过实际应用发现,原翁氏预测模型是一个具有 3 个待定常数的非线性模型。陈元千在 1996 年完成了对原翁氏预测模型的理论推导,并首次提出了求解非线性模型的线性迭代试差法。由于原翁氏模型是在模型常数 b 为正整数时理论推导结果的特例,故将陈元千的推导结果称为广义翁氏模型。

对于油气田资源开采体系,开采全周期过程可以用翁氏模型表述:

$$Q = At^n e^{-t} \tag{4.1}$$

$$t = \frac{y - y_0}{C} \tag{4.2}$$

式中,Q 为油气田产量,$10^4 \, \text{t/a}$(油田)或 $10^8 \, \text{m}^3/\text{a}$;$t$ 为翁氏时间,a;y 为油气田某一生产年份;y_0 为油气田生产参考起始年份;n、A、C 均为模型常数。

将式(4.2)代入式(4.1)得到新的产量计算公式:

$$Q = A\left(\frac{y - y_0}{C}\right)^n e^{-\left(\frac{y - y_0}{C}\right)} \tag{4.3}$$

由于 $y - y_0$ 实际代表油气田的实际生产时间,可采用油藏标准符号 t 代替,令 $t = y - y_0$,$B = AC^{-n}$,$a = 1/C$,式(4.3)可简化为:

$$Q = Bt^n e^{-at} \tag{4.4}$$

可采储量为油气开采全生命周期内的产量加和,推导 N_R 公式如下:

$$N_R = \int_0^\infty Q \, \mathrm{d}t \tag{4.5}$$

将式(4.4)代入式(4.5)可得:

$$N_R = B\int_0^\infty t^n e^{-at} \, \mathrm{d}t \tag{4.6}$$

令 $x = at$,式(4.6)可转换为:

$$N_R = Ba^{-(n+1)} \Gamma(n+1) \tag{4.7}$$

式中,$\Gamma(n+1)$ 为完全伽马函数,可通过查询伽马函数表获得。

相应的剩余可采储量公式如下:

$$N_{RR} = N_R e^{-at} \tag{4.8}$$

在计算可采储量 N_R 时,首先需要确定模型常数 a、B。本书通过一种线性试差的方法进行求解。将式(4.4)两边取对数得到:

$$\lg(Qt^{-n}) = \lg B - 0.434at \tag{4.9}$$

假设 $\alpha = \lg B$,$\beta = -0.434a$,可得线性试差方程如下:

$$\lg(Qt^{-n}) = \alpha + \beta t \tag{4.10}$$

通过采用不同的 n 值进行检验计算,选取使公式两端线性相关性最好的 n 值作为计算指数,从而计算出模型常数 a 和 B,再将模型常数代入产量与可采储量式中计算,就可实现全生命周期产量预测。

翁氏模型是一种常用于预测天然气产量的经验公式。它基于历史数据,通过对不同的产量因素进行加权计算,来估计未来的天然气产量。然而,翁氏模型也存在一些局限性,主要包括以下 4 点：

①假设过于简单。翁氏模型基于产量因素的加权计算，这些因素包括天然气储量、生产压力、地层渗透率等。然而，这些因素之间的相互作用非常复杂，翁氏模型无法充分考虑它们之间的交互影响。此外，翁氏模型也没有考虑一些外部因素，如市场需求、价格变化等。这些因素也会对天然气产量产生影响。

②对新领域不适用。翁氏模型是基于历史数据进行拟合的，只能适用于已经有充分数据支持的领域。对于新开发的领域，由于缺乏足够的历史数据，翁氏模型无法准确预测产量。

③对异常值敏感。翁氏模型依赖于历史数据，因此对于历史数据中存在的异常值或者误差，翁氏模型可能会产生误差，从而导致预测结果不准确。

④预测精度有限。翁氏模型是一种经验公式，其预测精度不如基于物理模型的预测方法高。因此，在实际应用中，需要对翁氏模型的预测结果进行进一步的修正和验证。

2）HCZ 模型

根据大量油气田开发实际资料的统计研究和理论推导，胡建国、陈元千、张盛宗于 1995 年提出了 HCZ 预测模型。

油气田开发的实际工作表明，对产量、累积产量和可采储量的正确预测，始终是油气藏工程师的重要任务。翁文波教授提出的 Poisson（泊松）旋回产量预测模型，虽已取得了明显的应用效果，但是由于该预测模型的产量是时间的幂函数，即 $Q=at^b e^{-t}$。因此，在通过实际资料拟合方法，确定模型参数 a 和 b 值时，常会遇到一定的困难。胡建国、陈元千和张盛宗基于累积产量随时间递增的信息特征，结合大量油气田的统计研究成果，推导建立了新的预测模型。经验表明，在一定条件下，油田开发中年产油量与累计产量的比值与开发时间有如下关系式：

$$\lg\left(\frac{Q_0}{N_P}\right)=A+Bt \tag{4.11}$$

式（4.11）也可改写为：

$$\frac{Q_0}{N_P}=a\mathrm{e}^{-bt} \tag{4.12}$$

其中，$a=10^A$，$b=2.303B$。

式中，Q_0 为递减期某一给定的产量，t；N_P 为递减阶段累计产油量，t；A、B、a、b 为数理统计常数。

由于累积产油量 N_P 与开发时间之间是增长信息函数关系，因此可记为：

$$\frac{\mathrm{d}N_P}{N_P\mathrm{d}t}=f(t) \tag{4.13}$$

由于 $\frac{\mathrm{d}N_P}{\mathrm{d}t}=Q_0$，因此变形后可得：

$$\frac{\mathrm{d}N_P}{N_P\mathrm{d}t}=\frac{Q_0}{N_P} \tag{4.14}$$

将式(4.13)代入式(4.14),并分离变量积分得:

$$\ln \frac{N_R}{N_P} = -\frac{a}{b}(e^{-bt_R} - e^{-bt})$$

(4.15)

式中,t_R 为采出石油可采储量所需时间,月或者年;N_R 为石油可采储量,t。

当 t_R 很大时,e^{-bt_R} 趋近于 0,故式(4.15)可写为:

$$\ln \frac{N_R}{N_P} = \frac{a}{b}e^{-bt}$$

(4.16)

利用式(4.16)可得到预测累计产量的关系式:

$$N_P = N_R e^{-\frac{a}{b}e^{-bt}}$$

(4.17)

对式(4.17)求导后,可得预测产量的关系式:

$$Q_0 = aN_R e^{-\frac{a}{b}e^{-bt}}$$

(4.18)

式(4.18)对时间求导,并令 $\frac{dQ_0}{dt} = 0$,则得到最高产量发生时间为:

$$t_m = \frac{1}{b}\ln \frac{a}{b}$$

(4.19)

将式(4.19)代入式(4.18),得到阶段最高产量:

$$Q_{0m} = \frac{bN_R}{e} = 0.367\ 9N_R$$

(4.20)

式中,Q_{0m} 为阶段最高产量,t 或 10^4 t。

对式(4.17)取常用对数后得:

$$\lg N_P = \alpha - \beta e^{-bt}$$

(4.21)

式中,$\alpha = \lg N_R, \beta = \frac{\alpha}{2.303}$。

令 $x = e^{-bt}$,则得:

$$\lg N_R = \alpha - \beta x$$

(4.22)

由式(4.20)可以看出,HCZ 模型适用于采出可采储量的 36.79% 左右进入递减阶段的油气田。这点与 Weibull 模型相同,但在递减阶段的产量变化,HCZ 模型要比 Weibull 模型递减明显更慢。

3)胡张陈模型

胡张陈模型是基于对大量油气田开发实际动态资料的统计研究,建立的一种预测油气田产量、累积产量、可采储量、最高年产气量及其发生的时间的模型。该模型不仅适用于油气田产量存在单峰的情形,而且也适用于油气田投产之后持续递减的情形。胡张陈模型的数学模型为:

$$Q = \frac{CN_R\left[(t-1)^{-B} - t^{-B}\right]}{(1+Ct^{-B})\left[1+C(t-1)^{-B}\right]}$$

(4.23)

$$N_P = \frac{N_R}{(1+Ct^{-B})}$$

(4.24)

对式(4.23)和式(4.24)处理可得:

$$\lg \frac{Q}{N_P^2} = \lg \frac{BC}{N_R} - (B+1)\lg t \qquad (4.25)$$

式中,Q 为油气田产量,10^4t/a(油)或 10^8m³/a(气);B、C 为常数;N_R 为油气田最终可采储量,10^4t/a(油)或 10^8m³/a(气);t 为油气田实际生产时间,a;N_P 为油气田累积产量,10^4t/a(油)或 10^8m³/a(气)。

对气田的年产量与累积产量平方之比与生产时间之间的双对数进行线性回归,即可得到模型参数。模型的产量计算公式(4.23)是年产量 Q 关于时间 t 的函数,影响曲线形态的参数有 B、C 和 N_R。

4) Logistic 模型

Logistic 模型常称为逻辑推理模型,其适用于当油气田的产量达到峰值时,相应的累积产量等于采出可采储量的 50%,具有对称分布的特征。

$$Q = \frac{acN_R\exp(-at)}{[1+c\exp(-at)]^2} \qquad (4.26)$$

$$N_P = \frac{N_R}{1+c\exp(-at)} \qquad (4.27)$$

式中,Q 为油气田产量,10^4t/a(油)或 10^8m³/a(气);a、c 为常数;N_R 为油气田最终可采储量,10^4t/a(油)或 10^8m³/a(气);t 为油气田实际生产时间,a;N_P 为油气田累积产量,10^4t/a(油)或 10^8m³/a(气)。

将上述模型线性化处理后,带入实际生产数据,拟合得到模型参数。再利用求取的模型,进行产量预测。

5) 对数正态分布模型

对数正态分布模型是基于对概率统计学中对数正态分布建立的预测油气田产量、可采储量、最大年产量及其发生时间的数学模型。对数正态分布的数学模型为:

$$Q = \frac{N_R}{\sqrt{2\pi}\beta}\frac{1}{t}\exp\left(-\frac{(\ln t-\alpha)^2}{2\beta^2}\right) \qquad (4.28)$$

式中,Q 为油气田产量,10^4t/a(油),10^8m³/a(气);N_R 为油气田可采储量,10^4t(油)或 10^8m³/a(气);t 为油气田开发时间,a;α、β 为控制油气田产量分布形态的参数,两者的有效变化范围分别为:$1<\alpha<5$,$0<\beta<1$,且油气田的最大年产量主要受 α 值的控制。

对式(4.28)等号两端取常用对数得:

$$\lg Q = \lg\frac{N_R}{\sqrt{2\pi}\beta} - \frac{1}{4.606\beta}(\ln t-\alpha) \qquad (4.29)$$

若给定不同的 α,利用式(4.29)进行线性试差求解,对于能够得到最大相关系数的直线的 α 值,即为要求的正确的值。再通过线性回归,可以分别得到可采储量 N_R 和参数 β 的数值。

6）瑞利（Rayleigh）模型

瑞利模型由陈元千等建立，可用于预测油气田的产量、累积产量、可采储量、最高年产量及其相应的开发时间和累积产量。应用实例证明，该模型有广泛的有效性。瑞利模型预测产量和累积产量的表达式为：

$$Q = at e^{-\frac{t^2}{c}} \tag{4.30}$$

$$N_P = \frac{ac}{2}(1 - e^{-\frac{t^2}{c}}) \tag{4.31}$$

式中，Q 为年产量，$10^8 m^3/a$；N_P 为累产气量，$10^8 m^3$；t 为开发时间，a。

利用瑞利模型进行各项预测必须先确定模型常数 a、c。为此，将式（4.31）两端先除以 t 再取常用对数，得：

$$\lg \frac{Q}{t} = \lg a - \frac{1}{2.303}t^2 \tag{4.32}$$

可改写为如下形式：

$$\lg \frac{Q}{t} = \lg \alpha - \beta t^2 \tag{4.33}$$

根据气田的实际生产数据，由式（4.33）进行线性回归后，求得直线截距 α 和斜率 β，即可确定常数 a 和 c 的数值。

7）t 模型

t 模型只适用于产量递减阶段的预测，模型参数 $n < -1$。

$$\frac{dG_P}{G_P dt} = kt^n \tag{4.34}$$

式中，G_P 为从人为选定的 $t = 0$ 时算起的累积产量，$10^4 m^3$ 或 $10^8 m^3$；k 为递减率。

将实际生产数据代入上述模型，对模型线性化处理后，运用线性回归，找出最佳拟合情况下的模型参数。再利用求取的模型，进行产量预测。

8）James D. Ward 模型

2012 年，James D. Ward 提出了一种用于碳排放增长的预测，用于分析气候变化。2016 年，Wang Ke 将该方法用于石油和天然气的产量增长预测。在该方法中，产量 $P(t)$ 以指定的初始增长率 r 呈指数增长，但随着累积产量接近可采储量 Q_∞ 时逐渐减少。该模型预测公式为：

$$P(t) = P_0 e^{krt}\left(1 - \frac{Q}{Q_\infty}\right) \tag{4.35}$$

式中，Q 为 t 时刻的累积产量；P_0 为初始时刻的产量；$P(t)$ 为 t 时刻产量；Q_∞ 为可采储量；r 为第一个时步的增长率；k 为使模型符合规定增长率 r 的指数增长系数。k 由下式确定：

$$k \approx \frac{\ln\left[(1+r)^{t_1}/(1-((P_0(1+(1+r)t_1)t_1)/2Q_\infty))\right]}{rt_1} \tag{4.36}$$

利用可采储量约束产量的增长模型,可以在历史数据很少甚至没有的情况下对未来产量进行模拟。这种方法使用从选定的初始产量开始的一系列增长曲线来模拟未来的生产,同组增长曲线的区别在于生产增长率不同。在模拟中,增长率在选定的值范围内随机分配,以近似模拟未来的生产不确定性。在这种方法中,允许产量以指定的初始增长率 r 呈指数增长,但会逐步减少。

9）Weibull 模型

Weibull 模型是由瑞典工程师 Waloddi Weibull 在 20 世纪 50 年代提出的,旨在研究工程领域中材料疲劳、断裂等故障现象的发生概率和寿命分布规律。Weibull 最初是在航空工业从事材料疲劳寿命的研究,发现常用的正态分布无法很好地描述材料寿命的分布规律。因此,他开始探索其他概率分布模型,并提出了 Weibull 分布模型。Weibull 分布模型具有很好的灵活性和广泛的适用性,不仅能够描述材料的疲劳寿命分布,也可以应用于其他领域的分析,如电子设备的失效时间分析、可靠性分析等。

后来,基于 Weibull 分布模型又提出了 Weibull 预测模型。该模型不但可以全过程地预测油气田的产量和累积产量,而且还可以预测油气田可采储量、剩余可采储量、剩余可采储量的储采比,以及预测油气田的最高年产量及其发生的时间。大量油气田实际应用结果表明,这个新的预测模型非常实用有效。其产量计算公式如下:

$$Q = \frac{N_R \alpha}{\beta} t^{\alpha-1} \mathrm{e}^{-\frac{t^\alpha}{\beta}} \tag{4.37}$$

为确定最高年产量的发生时间,由式(4.37)对时间 t 进行求导:

$$\frac{\mathrm{d}Q}{\mathrm{d}t} = \frac{N_R \alpha}{\beta} t^{\alpha-1} \mathrm{e}^{-\frac{t^\alpha}{\beta}} \left(\alpha - 1 - \frac{\alpha}{\beta} t^\alpha \right) \tag{4.38}$$

当 $\frac{\mathrm{d}Q}{\mathrm{d}t} = 0$,可得到最高产量的发生时间 t_m 为:

$$t_m = \left[\frac{\beta(\alpha-1)}{\alpha} \right]^{\frac{1}{\alpha}} \tag{4.39}$$

为确定可采储量 N_R 和产量 Q 的数值,需确定模型参数 α 和 β,将式(4.37)改写为:

$$\frac{Q}{t^{\alpha-1}} = \frac{N_R \alpha}{\beta} \mathrm{e}^{-\frac{t^\alpha}{\beta}} \tag{4.40}$$

式(4.40)两端取对数得:

$$\lg\left(\frac{Q}{t^{\alpha-1}} \right) = \lg\left(\frac{N_R \alpha}{\beta} \right) - \frac{t^\alpha}{2.303\beta} \tag{4.41}$$

假如令

$$\begin{cases} a = \lg\left(\dfrac{N_R \alpha}{\beta} \right) \\ b = \dfrac{1}{2.303\beta} \end{cases} \tag{4.42}$$

式(4.41)可以改写为:

$$\lg\left(\frac{Q}{t^{\alpha-1}}\right)=a-bt^{\alpha} \tag{4.43}$$

若给予不同的指数 α 值,开展试差法求取等号两端线性相关性最高的 α 值。利用该数值进行线性拟合,得到线性回归方程的截距 a 和 $-b$ 斜率的数值,并求出可采储量 N_R 及模型参数 β。同理,将确定的模型参数代入产量式中,可实现全生命周期产量、最高年产量及发生时间的预测。

$$\begin{cases} N_R = \dfrac{10^{\alpha}\beta}{\alpha} \\ N_{RR} = N_R \mathrm{e}^{-\frac{t^{\alpha}}{\beta}} \\ \beta = \dfrac{1}{2.303\beta} \end{cases} \tag{4.44}$$

该方法受指数 α 的预测结果影响较大,易造成数量级误差。在计算过程中,往往要引入校正因子以提高预测精确度。

该模型具有以下特点:

①可以考虑天然气产量随时间的变化趋势,即产量的增长速度不断减缓的情况;

②能够用较少的参数描述产量变化的特征,提高预测的精度和准确性;

③适用于产量具有单峰或多峰分布的情况,因为 Weibull 分布具有灵活的形态,可以拟合各种类型的分布。

该模型适用条件如下:

①假设产量的增长率是固定的,即产量的增长速度随时间呈指数下降趋势;

②假设产量变化的速率是固定的,即产量的增长率服从 Weibull 分布;

③数据量较大,足够代表产量变化的趋势;

④模型的参数能够被估计,使得模型可以在给定的数据上进行预测。

10)Hubbert 模型

Hubbert 模型的提出可以追溯到 20 世纪 50 年代,当时石油产业经历了一场重大转型。第二次世界大战后,石油成为世界上最重要的能源之一,石油产业开始快速发展。然而,石油储量的有限性成为人们关注的焦点。有些人担心,石油产量在未来达到峰值后会开始快速下降。这将会对全球经济和能源供应造成巨大冲击。在这种背景下,M. King Hubbert 在 1956 年发表了一篇名为《能源资源的未来前景》(*Nuclear Energy and the Fossil Fuels*)的文章,预测石油产量的峰值将在 20 世纪 60 年代末或 70 年代初达到峰值,并随后逐渐下降。这篇文章成为 Hubbert 模型的基础。

Hubbert 模型在国外得到了广泛的应用,但在国内直到 1997 年才从文献中查到有关 Hubbert 建模的基本假定及其所依据的产量和累积产量的二次函数关系。美国著名地质学家 Hubbert 在建立预测模型时,将油气田产量的历史数据与对称的钟形曲线相拟合,并提出了如下的两个假定:

①对于任何一个具有一定可采储量的油气田,在它投入开发之后,产量从 0 开始随时间逐渐上升。当其达到最高产量之后,产量又随开发时间而逐渐减少;当开发时间趋近于无

穷时,产量将趋近于 0。

②当开发时间趋近于无穷大时,在产量与开发时间下的总面积等于油气田的最终可采储量,或称为总可采储量。

在上述两个基本假定条件下,Hubbert 为了建立预测模型,特意提出并利用了油田产量与累积产量之间存在的如下二次函数关系:

$$\frac{Q}{N_P}=a-\frac{a}{N_R}N_P \tag{4.45}$$

令 $A=a$,$B=-a/N_R$,得到下列二次经验函数:

$$Q=AN_P+BN_P^2 \tag{4.46}$$

对于这一经验公式,Hubbert 认为其具有以下特征:当 $t=0$ 时,$Q=0$,$N_P=0$;当 $t=\infty$ 时,$Q=0$,$N_P=N_R$。

已知产量随时间的关系式如下:

$$Q=\frac{acN_R\mathrm{e}^{-at}}{(1+c\mathrm{e}^{-at})^2} \tag{4.47}$$

将其中的产量 Q 对时间 t 求导数可得:

$$\frac{\mathrm{d}Q}{\mathrm{d}t}=\frac{a^2cN_R\mathrm{e}^{-at}(c\mathrm{e}^{-at}-1)}{(1+c\mathrm{e}^{-at})^3} \tag{4.48}$$

其中,$\frac{\mathrm{d}Q}{\mathrm{d}t}=0$ 时,有:

$$c\mathrm{e}^{-at}-1=0 \tag{4.49}$$

由式(4.49)可以得,预测油气田最高年产量发生时间 t_m 的关系式为:

$$t_m=\frac{1}{a}\ln c \tag{4.50}$$

将其代入年产量随时间的关系式可得,预测油气田最高年产量 Q_m 为:

$$Q_m=\frac{1}{4}aN_R \tag{4.51}$$

将其代入累计产量随时间的关系式 $N_P=\frac{N_R}{1+c\mathrm{e}^{-at}}$ 可得,预测油气田产量达到最大值时,累计产量 N_{pm} 的关系式为:

$$N_{pm}=\frac{1}{2}N_R \tag{4.52}$$

式中,Q 为年产量,10^8t/a(气);t 为时间,a;N_R 为可采储量,10^8t/a(气);N_{pm} 为最大值时累计产量,10^8t/a(气);Q_m 为最高年产量,10^8t/a(气);t_m 为最高年产量发生时间,a;a、c 为模型参数,无量纲。

由式(4.52)可看出,Hubbert 模型的一个重要特征是:当油气田的产量达到最高年产量时,应当采出可采储量的 50%。因此,油气田的产量随时间的分布,应当接近于一个对称的钟形曲线分布。对于那些在采出可采储量 50% 左右进入递减的油气田,应用该模型可以得到比较满意的结果。然而,上述的特点同样也限制了 Hubbert 模型的广泛应用。当四川盆地产量曲线与钟形曲线相差较大时,该方法的预测误差会变大。

Hubbert 模型简单、直观,适用于研究单个油气田或者地区的产量走势。该模型可以提供关于天然气储量、产量峰值以及耗尽时间等方面的重要信息,有助于制订相应的能源政策和规划产业发展。

Hubbert 模型适用条件如下:

①数据质量高。产量数据应具有高质量,避免出现数据缺失、异常和错误等情况。

②资源类型相对单一。该模型适用于天然气产量变化比较稳定的地区,即天然气资源类型相对单一,不受多个油气田产量波动的影响。

③发展历史长。该模型对历史数据敏感,需要有足够长的产量历史数据,才能得到较为准确的预测结果。

④市场环境相对稳定。该模型假定了未来的天然气市场环境相对稳定,即天然气价格、技术等因素不会发生大幅度变化,否则预测结果可能存在误差。

11)Gauss 模型

Gauss 模型的提出可以追溯到 18 世纪末和 19 世纪初。当时,欧洲的天文学家和科学家们在进行大量的测量和实验。他们需要一种能够描述误差分布的模型来评估测量结果的准确性。Gauss 在研究误差分布时,发现误差值的分布呈钟形曲线,即呈现出对称的正态分布。他认为这种分布模式是由许多随机因素同时起作用。这些随机因素的影响是相互独立的,因此它们的和遵循正态分布。

Gauss 还通过数学方法推导出了正态分布的具体形式,称为高斯分布或正态分布,其分布密度函数为:

$$f(x) = \frac{1}{\sqrt{2\pi} s} e^{\frac{-(t-\mu)^2}{2s^2}} \tag{4.53}$$

由正态分布密度函数的性质,对 x 从 $0 \sim \infty$ 区间内的积分等于 1。在油气开发过程中,开发时间从 $0 \sim \infty$ 区间内累计产量可视为可采储量(N_R)。在数学模型转为预测油气田产量的模型时,需要对密度函数的右边乘以 N_R。对于预测模型而言,N_R 可看作理论模型转化为实用模型的转换常数。设 $t = x$ 和 $Q = f(t)$,即 $Q(t)|_{x\to\infty} = N_R \times \int_0^\infty f(t)\,\mathrm{d}t = N_R$。由此得到预测油气田产量的数学模型为:

$$Q = \frac{N_R}{\sqrt{2\pi} s} e^{\frac{-(t-\mu)^2}{2s^2}} \tag{4.54}$$

由式(4.54)对时间 t 求导得:

$$\frac{\mathrm{d}Q}{\mathrm{d}t} = \frac{N_R}{\sqrt{2\pi} s} e^{\frac{-(t-\mu)^2}{2s^2}} \left[-\frac{(t-\mu)}{s^2} \right] = 0 \tag{4.55}$$

达到产量峰值时,产量变化率为 0。即 $\frac{\mathrm{d}Q}{\mathrm{d}t} = 0$ 时,得到油气田最大年产量发生时间为:

$$t_{\max} = \mu \tag{4.56}$$

将式(4.56)代入模型表达式得到峰值产量表达式为:

$$Q_{\max} = \frac{N_R}{\sqrt{2\pi}s} \tag{4.57}$$

将式(4.55)、式(4.56)代入式(4.57)即得到通常能查到的高斯模型的表达简式：

$$Q = Q_{\max} e^{\frac{-(t-t_{\max})^2}{2s^2}} \tag{4.58}$$

式中，Q 为年产量，10^8t/a(气)；t 为时间，a；N_R 为可采储量，10^8t/a(气)；N_{pm} 为最大值时累计产量，10^8t/a(气)；$Q_{\max}$ 为最高年产量，10^8t/a(气)；$t_{\max}$ 为最高年产量发生时间，a。

Gauss 模型在预测天然气产量峰值和产量曲线形态方面较为准确，能够考虑天然气产量的非对称性和波动性。该模型能够对天然气产量进行精细的分析，较为适用于研究复杂地质构造的油气田或者地区的产量走势。

Gauss 模型的适用条件如下：

①数据质量高。产量数据应具有高质量，避免出现数据缺失、异常和错误等情况。

②可用的天然气资源储量比较大。该模型适用于可用的天然气资源储量比较大的地区或油气田，即产量曲线有一定的波动和起伏。

③数据的非对称性和波动性。该模型适用于产量曲线非对称的情况，即产量曲线在峰值两侧的斜率不同，以及产量曲线有波动性的情况。

④具有一定的产量历史数据。该模型对历史数据的要求比较高，需要有足够长的产量历史数据，才能得到较为准确的预测结果。

⑤未来的天然气市场环境相对稳定。该模型假定了未来的天然气市场环境相对稳定，即天然气价格、技术等因素不会发生大幅度变化，否则预测结果可能存在误差。

4.2.2　单峰预测模型的局限性

单峰预测模型是一种将天然气产量曲线视为单个峰值的预测模型。该模型假设天然气产量曲线在峰值处达到最大值，并随着时间的推移逐渐下降。单峰预测模型存在以下局限性：

①忽略多个峰值的存在。实际上，许多油气田的产量曲线存在多个峰值。单峰模型无法考虑这种情况，因此对这类油气田的预测精度不高。

②对非峰形产量曲线的适用性有限。对于非峰形的天然气产量曲线，如波形或缓慢上升的曲线，该模型的适用性较低。

③对异常数据的敏感性。单峰预测模型的预测结果较为敏感。当存在异常数据或噪声时，预测结果可能会受到较大的影响，从而导致误差较大。

相比之下，多峰预测模型能够考虑天然气产量曲线存在多个峰值的情况，并能够更好地适应非峰形产量曲线。多峰预测模型具有以下优点：

①能够更准确地预测峰值产量。多峰预测模型能够预测油气田在不同的开发阶段的产量峰值，从而更准确地预测未来的产量走势。

②能够更好地适应非峰形产量曲线。多峰预测模型能够适应非峰形产量曲线，如波形或缓慢上升的曲线，从而具有更广泛的适用性。

③对异常数据的容错能力更强。多峰预测模型能够更好地处理异常数据或噪声，从而

能够更稳健地进行产量预测。

总之,多峰预测模型相比单峰预测模型具有更好的适应性和更高的预测精度,能更准确地预测未来的天然气产量走势,但同时需要更多的数据。

4.2.3 单峰预测模型的改进及应用

1)基于指数与倍数修正系数修正的广义翁氏、Weibull 模型

根据翁氏和 Weibull 两种模型的产量计算公式,其预测结果受时间 t 的指数 n 和 α 的影响较大,指数的精准计算需要高精度地一次拟合 Q 与 t 的衍生式,指数的计算误差容易造成产量预测结果出现指数倍的偏差。因此,为纠正计算误差,建立了一种指数及倍数修正因子方法。修正原理是分别在翁氏预测模型和 Weibull 预测模型中加入倍数修正系数和指数修正系数。修正后的产量计算公式如下:

$$Q_2 = \alpha_1 \left[B t^n e^{\alpha_2(-at)} \right] \tag{4.59}$$

$$Q_2 = \alpha_1 \left[\frac{N_R \alpha}{\beta} t^{\alpha-1} e^{\alpha_2 \left(-\frac{t^\alpha}{\beta} \right)} \right] \tag{4.60}$$

式中,Q_2 为修正后的产量值,$10^4 \mathrm{t/a}$(油田)或 $10^8 \mathrm{m}^3/\mathrm{a}$(气田);$\alpha_1$ 为倍数修正系数,无量纲;α_2 为指数修正系数,无量纲。

在产量 Q 的计算公式中,由于 e 指数函数的变化速度相对于 t 指数函数更快。因此,在 e 指数中添加指数修正系数 α_2 后,可以使预测曲线更接近原始曲线,同时通过 α_1 修正整体倍数关系,可以进一步减小误差。修正系数的计算原理如下:

$$\begin{cases} \alpha_2 = \dfrac{\ln \left(\prod_{i=N/2}^{N} Q_0 \right)}{\ln \left(\prod_{i=N/2}^{N} Q_1 \right)} \\ \alpha_1 = \left[\dfrac{\prod_{i=N/2}^{N} Q_0(i)}{Q_1^{\alpha_2}(i)} \right]^{2/N} \end{cases} \tag{4.61}$$

式中,Q_0 为原始产量值,单位 $10^4 \mathrm{t/a}$(油田)或 $10^8 \mathrm{m}^3/\mathrm{a}$(气田);$N$ 为 Q_0 序列包含的元素个数。

由于原始数值曲线随着时间推移很难一直保持稳定的函数关系,因此推荐选取原始数据的后半段作为参照修正值,对整体数值进行修正。

产量 Q 的 t 子函数的指数 n 与 α 影响产量的数值大小与曲线形状,指数与倍数系数仅能减小 Q 的数值计算误差,不能修正 Q 的变化规律。因此,在修正计算后,在原指数 n 与 α 附近重新选取多个指数的数值再次计算,与原始数值 Q_0 进行相关性分析,选取使公式两端线性相关性最好的指数值作为计算指数。基于指数与倍数修正系数进行改进的预测模型,可以减少修正预测模型与原始数据变化规律的误差,提高拟合精度,使预测结果更加可靠。

2)应用举例

四川盆地为典型的大型复杂叠合盆地,历经 60 余年的勘探开发,主要经历 3 个阶段:探索起步阶段(1953—1977 年)、稳步增长阶段(1978—2004 年)、发展壮大阶段(2005 年至

今）。伴随勘探开发节奏,盆地的天然气产量发展也出现了 3 个明显的峰谷起伏,整体上仍呈现持续增长的态势。考虑年产气量整体呈上升趋势,伴随较小的局部峰,局部波动处的数值突变较小,对整体类指数增长趋势影响较小。因此,产量计算可采用翁氏和 Weibull 单峰预测模型。

以四川盆地 1953—2019 年的天然气历史产量数据为基础,通过历史数据拟合,检验相关性合格后再预测分析至 2140 年产量变化趋势(图 4.1)。将 1953 年作为原始时间点 $t=0$,$t=1$ 时间点代表 1954 年,其他时间点依次类推。首先,采用传统翁氏预测方法的产量衍生式与时间进行拟合(图 4.2)。由于产量 Q 的衍生式与时间 t 不完全呈线性关系,因此分别选取 $t=30\sim50$ 及 $t=55\sim60$ 两段线性特点较好的数值点进行阶段线性拟合。通过产量的拟合结果与原始数值对比,可以看出两种拟合结果仅在相应时间段内精确度较高,整体上偏离了四川盆地实际的产量发展趋势(图 4.3)。因此,传统模型不适用于四川盆地天然气产量预测。

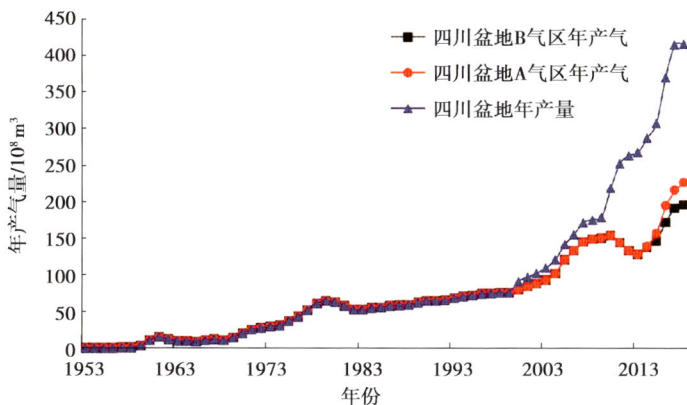

图 4.1　四川盆地年产量原始数据图

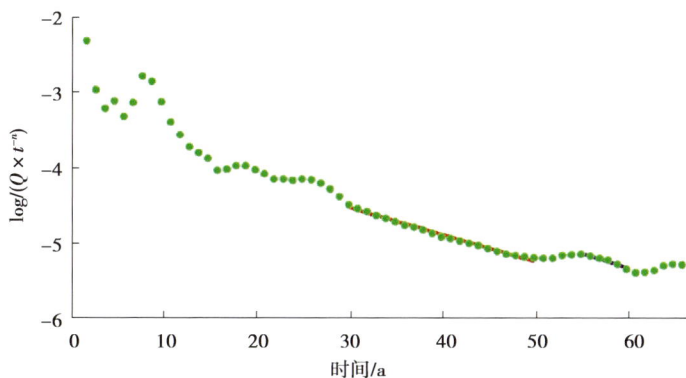

图 4.2　产量衍生公式与时间的线性拟合

采用指数与倍数修正系数改进的翁氏与 Weibull 模型,在整体线性拟合的基础上再进行系数修正校正拟合结果。改进后模型的预测曲线与四川盆地天然气历史产量曲线较为接近,拟合相关性高,可适用于四川盆地天然气产量预测。通过指数及倍数拟合修正后,再选取原始翁氏模型指数 N 及 Weibull 模型指数附近的值代入计算,可得到不同指数条件下的产量预测曲线,如图 4.4 至图 4.9 所示。

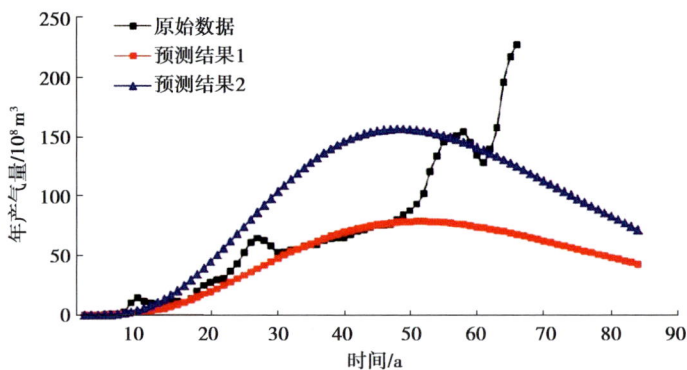

图 4.3　产量线性拟合预测结果

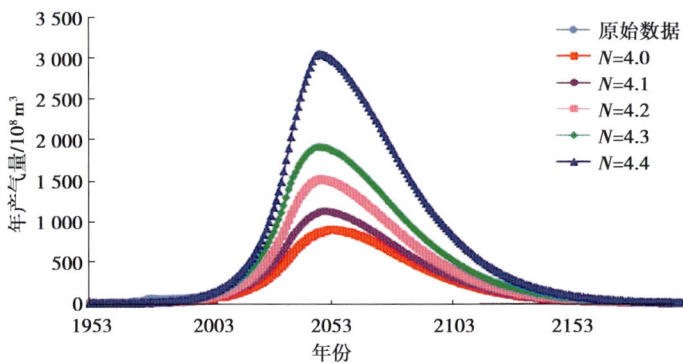

图 4.4　翁氏模型四川盆地 A 气区年气产量预测结果

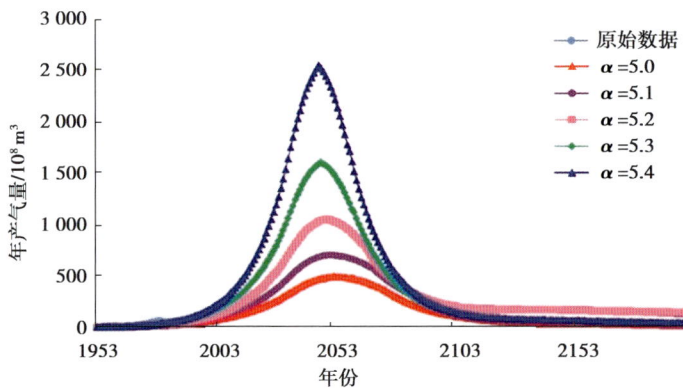

图 4.5　Weibull 模型四川盆地 A 气区年气产量预测结果

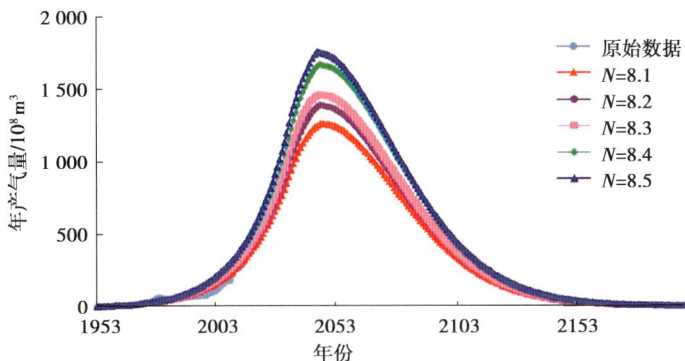

图 4.6 翁氏模型四川盆地年气产量预测结果

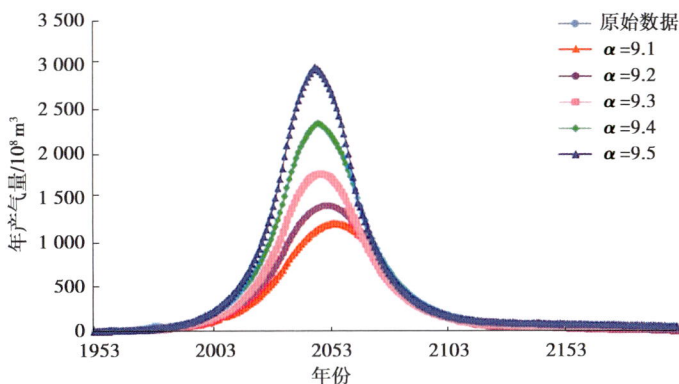

图 4.7 Weibull 模型四川盆地年气产量预测结果

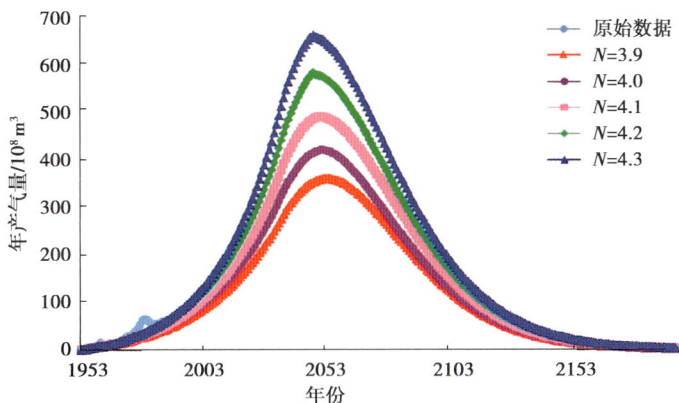

图 4.8 翁氏模型四川盆地 B 气区年气产量预测结果

将不同产量预测曲线的计算结果与原始数据进行相关性分析,选取相关性最好的一组作为预测模型,最终预测模型的相关系数、最大产量及其发生时间如表 4.1 所示。

总的来说,两种修正后模型的预测结果相接近:

①改进翁氏模型预测四川盆地峰值产量时间出现在 2047 年,峰值产量为 $1\ 453.28 \times 10^8\ m^3$;改进 Weibull 模型预测四川盆地峰值产量时间出现在 2049 年,峰值产量为 $1\ 750.38 \times 10^8\ m^3$。

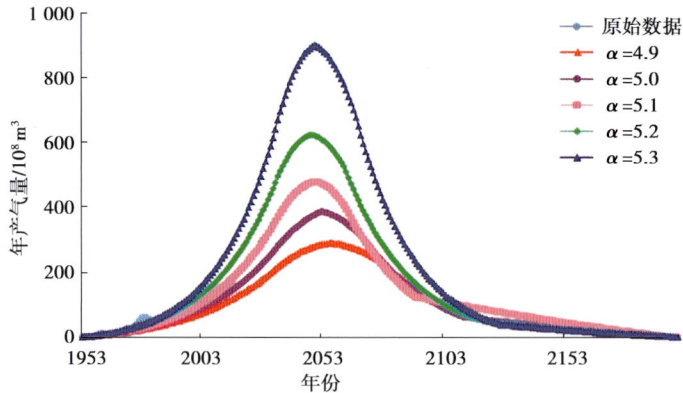

图 4.9　Weibull 模型四川盆地 B 气区年气产量预测结果

②改进翁氏模型预测四川盆地 A 气区峰值产量时间出现在 2050 年, 峰值产量为 1 128.81×10⁸m³；改进 Weibull 模型预测四川盆地 A 气区峰值产量时间出现在 2050 年, 峰值产量为 1047.88×10⁸m³。

③改进翁氏模型预测四川盆地 B 气区峰值产量时间出现在 2051 年, 峰值产量为 486.46×10⁸m³；改进 Weibull 模型预测四川盆地 B 气区峰值产量时间出现在 2050 年, 峰值产量为 478.40×10⁸m³。

应用表明, 基于指数与倍数修正系数修正的翁氏及 Weibull 预测模型能充分拟合四川盆地产量的整体发展趋势及历次产量突变。预测结果显示, 四川盆地发展潜力巨大, 未来 20 年左右将是其产量的快速发展期, 对整体气区或气田中长期发展战略的制定具有较好的指导作用。但天然气产量预测是一个复杂的过程, 仅以数学原理为基础的预测模型不能完全考虑地质条件、开发技术政策等各环节的影响, 实际应用中还需要结合气区或气田的阶段发展形势进行综合考虑。

表 4.1　四川盆地年气产量数据统计

参　数		四川盆地	四川盆地 A 气区	四川盆地 B 气区
相关系数	改进翁氏模型	0.936	0.926	0.929
	Weibull 模型	0.982	0.925	0.973
年最大气产量/10⁸m³	改进翁氏模型	1 453.28	1 128.81	486.46
	Weibull 模型	1 750.38	1 047.88	478.40
最大气产量年份	改进翁氏模型	2047 年	2050 年	2051 年
	Weibull 模型	2049 年	2050 年	2050 年

4.3　发展——多峰竞放

4.3.1　多峰预测模型

在油气田开发的实际过程中,为了提高产量或降低产量递减率,都会不失时机地进行开发调整,如打加密井、细分开发层系、缩小井距等。这些开发调整工作都会引起产量的多峰变化现象,即产量随时间的增长曲线不是一个单调递增的曲线。如何建立多峰产量和储量的预测模型,更精确地预测未来储产量发展趋势,一直引起国内外专家的共同关注。

多旋回预测模型由多个单旋回预测模型叠加得到,能反映多个单旋回模型的特征信息,对引起产量起伏变化的重要事件描述更为精准,求解方法更为复杂。随着地质认识过程和勘探过程呈阶段性发展,以及油气地质理论的创新和油气勘探技术的不断进步,油气储量的发现与增长呈现多峰的特征。因此,针对储产特征具有阶段性、起伏性,存在多个储量循环的盆地或气区,多旋回模型更能有效和适用。

1）多峰 Hubbert 模型

Hubbert 模型是储量预测模型中的一种。曲线的变化过程是从开始的平缓增加,然后在顶点处达到一个稳定时期,最后快速下降至资源完全消耗完。

Hubbert 模型关于年新增探明储量与时间的关系为:

$$N = \frac{2N_m}{1 + \cosh\left[b(t - t_m)\right]} \tag{4.62}$$

式中,N 为年新增探明储量,$10^8\,\mathrm{m^3/a}$;N_m 为年新增探明储量峰值,$10^8\,\mathrm{m^3/a}$;$\cosh$ 为双曲余弦函数;t 为储量提交时间,t_m 为年新增探明储量峰值出现时间;b 为模型参数,无量纲,可以一定程度代表峰的高度与宽度的比值。

如果在模型曲线变化过程中,发生新区、新层突破,以及预测理论创新或技术进步,就有可能在该变化过程内再次出现由增长阶段到平稳阶段再到下滑阶段的周期。若大中型气田发现及技术进步次数较多,就可能出现多次周期变化,即多峰现象。

多峰 Hubbert 模型可表示为:

$$N = \sum_{i=1}^{k} \frac{2(N_m)_i}{1 + \cosh\left[b_i(t - t_m)\right]} \tag{4.63}$$

式中,k 为总旋回数;i 为旋回个数。

用多峰 Hubbert 模型预测天然气储量未来变化规律,应根据已出现的储量峰值来确定 Hubbert 旋回的个数和时间,需掌握预测区的地质资源情况等资料。然后通过这些条件求解确定预测模型中每个旋回参数,最后将预测得到的 Hubbert 旋回曲线叠加,得到新的预测曲线。

2）多峰 Gauss 模型

Gauss 模型也是油气储量预测的重要方法之一，其原理与 Hubbert 模型相同，也是基于生命旋回得到生长曲线。Gauss 模型关于年新增探明储量与时间的关系为：

$$N = N_m e^{-(t-t_m)^2/2s^2} \tag{4.64}$$

式中，s 为峰的标准差参数，无量纲。

多峰 Gauss 模型可表示为：

$$N = \sum_{i=1}^{k} \{ N_m e^{-(t-t_m)^2/2s_i^2} \}_i \tag{4.65}$$

Gauss 模型的曲线形态与 Hubbert 曲线近似，均为对称形态的模型，但 Gauss 模型到达峰值的时间相对较晚，曲线更趋于平缓。该模型更适合用于储量预测变化相对平缓的盆地。

4.3.2 现有多峰预测模型的局限性

虽然天然气多峰产量峰值预测方法可以帮助天然气工业做好生产和储备安排，但是它们也存在一些局限性，包括以下 8 个方面：

①预测精度不高。天然气多峰产量峰值预测方法基于历史数据和数学模型进行预测，但是未来的产量受到许多因素的影响，如技术创新、市场需求、政策变化等。这些因素可能无法被考虑在内，从而影响预测的精度。

②峰值位置难以确定。天然气多峰产量峰值预测方法通常需要通过拟合历史数据来确定不同峰值的位置和大小，但是峰值位置可能随着时间的推移而发生变化。因此，对未来的产量峰值位置的准确预测可能存在困难。

③数据不充分。天然气多峰产量峰值预测方法需要大量的历史数据来训练模型，但是在一些新开发的天然气田中，数据不充分或不完整，可能无法使用这些方法进行准确的预测。

④模型参数难以确定。天然气多峰产量峰值预测方法涉及许多参数的确定，如 Hubbert 模型中的增长率和峰值位置、Gauss 模型中的正态分布参数等。这些参数的确定可能会影响预测结果的准确性，但是有时难以确定这些参数的取值范围和最优值。

⑤预测的不确定性。由于许多因素的影响，天然气多峰产量峰值预测的结果存在一定的不确定性，这可能会影响天然气工业的决策和规划。因此，需要结合其他的信息和方法进行风险评估和决策分析。

⑥缺乏边界条件。天然气产量预测需要考虑一些边界条件，如地质结构、水文地质条件、油藏物理性质等。这些因素对储量和产量的影响比较显著。但是，这些因素可能受到一些条件的限制，如技术能力、市场需求和环境法规等。这些限制条件可能会影响储量和产量的实际情况。

⑦经济因素的影响。天然气产量预测需要考虑一些经济因素，如成本、价格和市场需求等。这些因素可能影响生产和开发的决策。但是，这些经济因素可能随着时间推移而发

生变化,从而影响预测的精度。

⑧地质因素的影响。天然气产量预测需要考虑一些地质因素,如沉积岩层、构造背景和成藏史等。这些因素可能对储量和产量的空间分布和规律产生影响。但是,由于地质环境的复杂性和不确定性,这些因素的影响难以精确估计。

综上所述,天然气多峰产量峰值预测方法虽然有助于天然气工业的规划和决策,但是在实际应用中需要注意这些方法的局限性,以便更加准确地预测天然气产量和做出决策。

4.3.3　多峰模型的改进及应用

（1）多旋回预测模型改进

传统的预测模型得到所有单峰参数后,将每个预测单峰在整个时域内数值累加,在多旋回预测中具有较大的局限性。在单峰预测模型中,两种模型得到的峰关于 $t = t_m$ 左右对称;在多峰预测模型中,也容易保持该特征。当相邻峰间距较小且峰变化较缓时,相邻峰之间的预测精度易受到相互影响。四川盆地天然气勘探工作进展较大,历年储量增长较快,各峰的变化较为独立,不适宜用传统方法直接预测。

因此,预测方法从时间上的累加改进为空间上的拼接（即不再依照传统方法将所有多旋回峰累加,而是将每个独立的峰单独计算。例如:第一个峰的时间跨度为 1957—1960 年,它的计算式不会影响第二个峰 1964—1966 年的计算结果）。其具体改进步骤如下:

①使用单旋回模型分别预测每个峰的变化,模型时域长度仅为该峰的时间跨度,而不是整个时间域。

②预测多旋回峰参数,针对左右峰不对称的现象,单峰预测时左右峰应分别预测,分别求出峰斜率参数 b、标准差参数 s,N_m（年新增探明储量峰值）和 t_m（年新增探明储量峰值出现时间）为左右峰共用参数,也是 Hubbert 模型及 Gauss 模型的共用参数。

③取每个时间段内的多旋回预测数值为新的预测结果,无须累加,进行模型的有效性检验。

使用按前述步骤改进后 Hubbert 及 Gauss 模型,应用这两种方法预测 1956—2018 年已知时间段内的储量增长趋势,对比结果并选取与原始数据较为吻合的模型。

（2）多旋回模型参数预测

天然气储产量预测不能仅从历史数据变化规律出发,要综合考虑储量影响因素,为预测将来的预测参数提供预测研究条件。

四川盆地天然气历史储量增长曲线历经 12 个波峰,由于第 12 次单旋回变化状态难以判断（无法确定该旋回下降状态是否结束）,由此确定储量变化曲线的多旋回数为 11（图 4.10）。

表 4.2 所示为该年份期间储量曲线的多峰统计参数,本节提取储量曲线中的高峰时间 t_m、峰值 N_m、模型参数 b 及标准差 s。其中,b 为 Hubbert 模型的参数,标准差 s 为 Gauss 模型的参数,高峰时间 t_m 与峰值 N_m 为两种模型的共同参数。每个模型各有 3 个多旋回变量参数对各参数进行预测,通过灰色预测 GM(1,2) 方法,以其余两个参数的数值作为原始数据,分别预测每个模型中 3 个参数的变化规律。

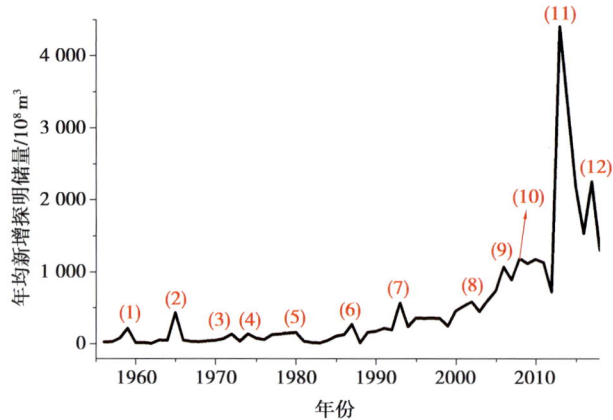

图 4.10　四川盆地年均新增探明储量峰值统计

表 4.2　储量多旋回参数

参　　数	峰 1	峰 2	峰 3	峰 4	峰 5	峰 6	峰 7	峰 8	峰 9	峰 10	峰 11
峰值 N_m	210.2	425.1	133.3	153.4	266.9	565.5	581.1	1 066	1 184	4 403	2 248
高峰时间 t_m	1957 年	1963 年	1972 年	1978 年	1985 年	1991 年	2000 年	2004 年	2006 年	2011 年	2015 年
模型参数 b	7.393	2.877	2.000	1.000	15.00	1.11	0.50	7.950	1.858	0.966	1.980
标准差 s	0.877	0.393	2.248	0.814	1.620	1.21	1.500	0.550	1.741	1.124	1.891

　　然后再将新预测得到的参数值作为原始数据,进行下一轮的预测。为避免预测过程中原始数据过长对预测结果产生影响,采用前文介绍的方法,每得到一组新的参数值,将最前端的一组数据从预测原始数据中去除,将新预测得到的参数值作为新的预测原始数据,并进行新一轮的预测。

　　GM(1,2) 理论为 GM(1,n) 预测模型的演变方法。GM(1,n) 模型表示对 n 个变量 x_1, x_2,$\cdots$,x_n 用一阶微分方程建立的灰色模型。假设:

$$x_i^{(0)} = \left[x_i^{(0)}(1), x_i^{(0)}(2) \cdots x_i^{(0)}(p) \right] (i=1,2\cdots n) \tag{4.66}$$

对 $x_i^{(0)}$ 累加生成新的序列:

$$\begin{cases} x_i^{(1)} = \left[x_i^{(1)}(1), x_i^{(1)}(2) \cdots x_i^{(1)}(p) \right] \\ x_i^{(1)}(k) = \sum_{m=1}^{k} x_i^{(0)}(m) \end{cases} \tag{4.67}$$

其中,$k=1,2,\cdots,p$;$i=1,2,\cdots,n$。

序列 $x_i^{(1)}$ 满足以下一阶线性微分方程:

$$\frac{\mathrm{d}x_1^{(1)}}{\mathrm{d}t} + ax_1^{(1)} = b_1 x_2^{(1)} + b_2 x_3^{(1)} + \cdots + b_{n-1} x_n^{(1)} \tag{4.68}$$

式(4.68)的离散格式可改写为:

$$x_1^{(0)}(k+1) + \frac{a}{2} \left[x_1^{(1)}(k) + x_1^{(1)}(k+1) \right] x_1^{(1)} = \sum_{i=1}^{n-1} b_i x_{i+1}^{(1)}(k+1) \tag{4.69}$$

令

$$Y = \left[x_1^{(0)}(2), x_1^{(0)}(3) \cdots x_1^{(0)}(p) \right] \tag{4.70}$$

$$\beta = \left[a, b_1, b_2 \cdots b_{n-1} \right] \tag{4.71}$$

$$B = \begin{bmatrix} -0.5\left[x_1^{(1)}(1) + x_1^{(1)}(2) \right] & x_2^{(1)}(2) & \cdots & x_n^{(1)}(2) \\ -0.5\left[x_1^{(1)}(2) + x_1^{(1)}(2) \right] & x_2^{(1)}(3) & \cdots & x_n^{(1)}(3) \\ \cdots & \cdots & \cdots & \cdots \\ -0.5\left[x_1^{(1)}(p-1) + x_1^{(1)}(p) \right] & x_2^{(1)}(p) & \cdots & x_n^{(1)}(p) \end{bmatrix} \tag{4.72}$$

因此,式(4.64)可记为:

$$Y = B \cdot \beta \tag{4.73}$$

式(4.73)中,Y 与 B 为已知量,β 为待定参数,可通过最小二乘法求得参数。

$$\beta = (B^{\mathrm{T}} \cdot B)^{-1} B^{\mathrm{T}} \cdot Y \tag{4.74}$$

将所求得的 β 代回式(4.64),可得解析式如下:

$$x_1^{(1)}(k+1) = \mathrm{e}^{-ak} \left[x_1^{(0)}(1) - \frac{1}{a} \sum_{i=2}^{n} b_{i-1} x_i^{(1)}(k) \right] + \sum_{i=2}^{n} \frac{b_{i-1}}{a} x_i^{(1)}(k) \tag{4.75}$$

(3)多旋回预测模型应用

四川盆地历经 60 余年勘探开发,早期发现历程较为平缓。2002 年建成中国首个百亿立方米气区历时 44 年,2010 年产量跨越 200 亿 m^3 历时 8 年,2015 年建成 300 亿 m^3 大气区历时 5 年,2017 年产量突破 400 亿 m^3 仅用 2 年。因此,选取多峰 Gauss 模型预测四川盆地的产量变化趋势。当开发时间趋近于无穷时,产量与时间关系曲线以下的面积等于最终可采储量 URR。多峰 Gauss 模型公式如下:

$$Q = \sum_{i=1}^{k} \left\{ Q_{\max} \mathrm{e}^{-\frac{(t-t_{\max})^2}{2s^2}} \right\}_i \tag{4.76}$$

式中,Q 为年产量;$Q_{\max}$ 为产量峰值;s 为控制曲线形态的模型参数;t 为开发时间;$t_{\max}$ 为产量高峰出现的时间;k 为旋回总数;i 为旋回个数。

考虑到影响中长期产量预测的主要因素为最终可采储量,将 Gauss 模型进行改进,将最终可采储量引入边界,可以使预测结果更符合实际情况。

改进的多峰 Gauss 模型公式如下:

$$Q = \sum_{i=1}^{k} \left\{ Q_{\max} \mathrm{e}^{-\frac{(t-t_{\max})^2}{2\left(\frac{URR}{\sqrt{2\pi} Q_{\max}}\right)^2}} \right\}_i \tag{4.77}$$

式中,URR 表示最终可采储量。

根据第四次资源评价,对四川盆地常规气、致密气、页岩气最终可采储量分别进行估算。结合目前勘探开发形势,预测盆地最终可采储量将达到 $6.5 \times 10^{12} \sim 7.5 \times 10^{12} \, m^3$。基于预测最终可采储量,通过多峰 Gauss 模型预测得到盆地产量增长曲线,预测曲线与实际产量数据吻合度高,预测产量快速增长,在 2048—2051 年达到产量峰值 $1\ 271 \times 10^8 \sim 1\ 423 \times 10^8 \, m^3$。考虑到天然气的供应有长期平稳供气的要求,天然气产量存在较长阶段的平台期。平台期的高峰产量定义为盆地天然气产量达到最大规模、持续稳产时间不低于 20 年时所对应的产量。预测四川盆地在 2038—2041 年达到高峰产量 $1\ 150 \times 10^8 \sim 1\ 280 \times 10^8 \, m^3$(图4.11)。

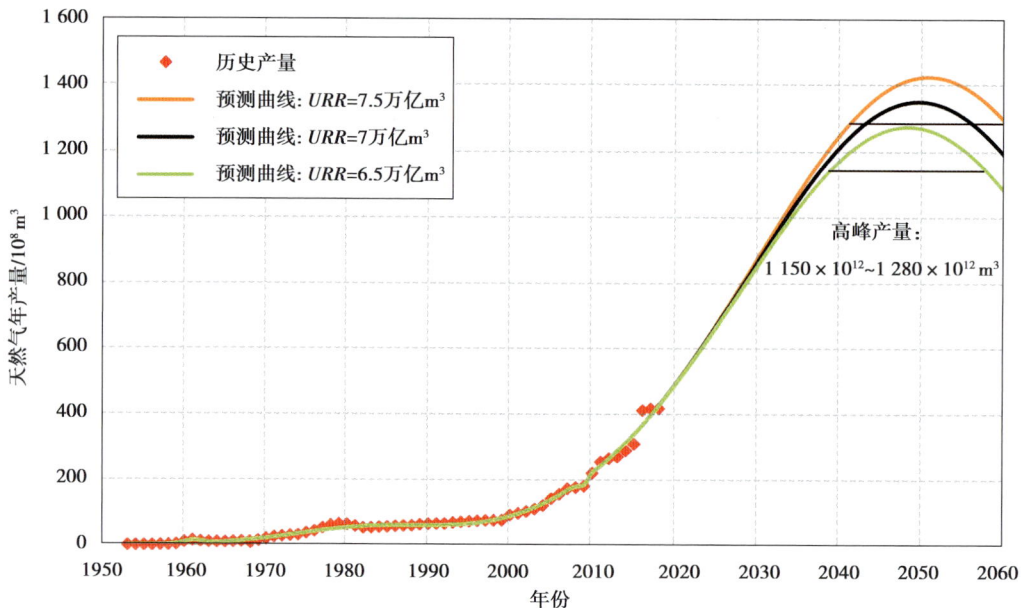

图 4.11 多峰 Gauss 模型预测不同最终可采储量下四川盆地天然气产量趋势

4.4 耦合——储产一体

产量峰值预测是在系统总结勘探开发历程、正确评价气田生产现状、科学预测未来发展趋势的基础上,制订开发策略、明确发展方向和发展目标、指导生产实践的综合研究工作,具有综合性、前瞻性和指导性。纵观国内外天然气产量预测的研究成果,均以改良 Hubbert 模型为主,在多因素耦合方面,仍然有深入研究的空间。

2018 年,方一竹、余果、李海涛等在《基于多峰高斯模型的天然气产量趋势预测》一文中,明确将最终可采储量(URR)作为决定未来产量趋势的主控因素,提出了西南气区到 2035 年的储采比均维持在 25:1。

2020 年,方一竹、余果、李海涛等在《采气速度对气田产量峰值预测模型的影响分析》一文中,建立了模型参数与采气速度之间的联系,提出在气田开发过程中,可提前预测采气速度改变对气田峰值的影响。

2020 年,余果、方一竹、陈艳茹等在《改进峰值天然气产量预测模型在四川盆地的应用》一文中指出,现有产量预测模型对产量旋回个数的确定有一定主观性,难以把握天然气的最终可采储量,即很难确定预测曲线下方面积。

由此可知,在进行峰值预测时,要考虑有关最终可采储量、采气速度、动态投资、增长率、储采比等多个影响因素。这是一个多边界耦合的问题。

4.4.1 最终可采储量对峰值产量的影响

最终可采储量(URR)是峰值预测模型的一部分,主要是对模型本身产生影响,进而影响峰值产量的大小和到达峰值的时间。

Hubbert 模型公式如下：

$$Q_m = b \times URR/4 \tag{4.78}$$

$$Q = \frac{2Q_m}{1 + \cosh\left[b(t - t_m) \right]} \tag{4.79}$$

式中，Q 为产量，$10^8 \text{m}^3/\text{a}$；URR 为最终可采储量，10^8m^3；t 为产量开采时间，a；t_m 为产量峰值时间，a；b 为模型参数。

Gauss 模型公式如下：

$$Q_m = \frac{URR}{s\sqrt{2\pi}} \tag{4.80}$$

$$Q = Q_m e^{-(t-t_m)^2/2s^2} \tag{4.81}$$

式中，Q 为产量，$10^8 \text{m}^3/\text{a}$；URR 为最终可采储量，10^8m^3；t 为产量开采时间，a；t_m 为产量峰值时间，a；s 为模型参数。

Ward 模型公式如下：

$$Q = Q_0 e^{kt}\left[1 - \frac{Q(t)}{URR}\right] \tag{4.82}$$

式中，Q 为年产量；Q_0 为初始产量；k 为增长率；$Q(t)$ 为年累计产量；URR 为最终可采储量；t 为相对开发时间。

其中，Hubbert 模型和 Gauss 模型主要用于常规气的产量预测，Ward 模型主要用于非常规气的产量预测。从模型公式可知，URR 会直接影响峰值产量的预测结果。

以 Ward 模型预测致密气产量为例。其他条件一定时，不同 URR 下（范围为 $2\,000 \times 10^{12} \sim 3\,000 \times 10^{12} \text{m}^3$）的四川盆地致密气产量预测曲线如图 4.12 所示。从图 4.12 中可以看出，随着 URR 的增大，峰值产量以及达到峰值产量的时间都在增大。这意味着增大 URR，除了增大峰值产量，也会导致峰值时间的滞后。

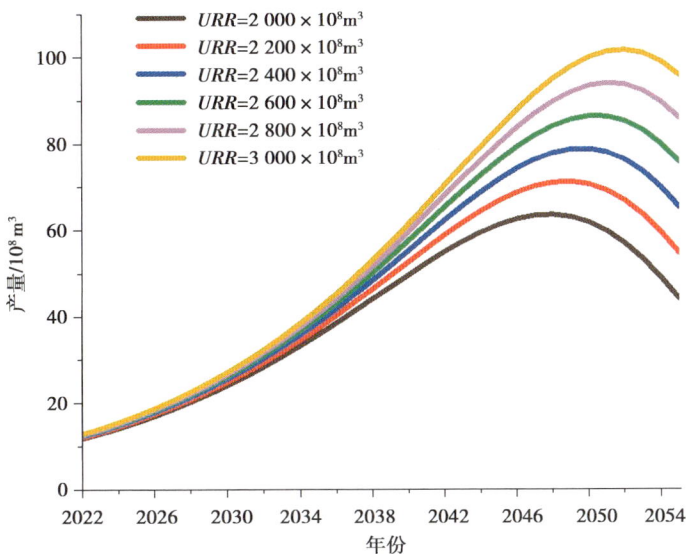

图 4.12　不同 URR 的致密气产量预测图

此外,对同一气藏采用不同的预测模型,在 URR 的控制下也会得到不同的产量预测结果。以震旦系气藏为例,分别采用 Hubbert 模型和 Gauss 模型进行预测。

震旦系气藏资源量为 $2.62 \times 10^{12} \, \mathrm{m}^3$,分别估算天然气探明率在 40% 、50% 、60% 条件下的最终可采储量 URR 值。

当天然气探明率为 40%,累计探明储量为 $1.048 \times 10^{12} \, \mathrm{m}^3$,按照 60% 采收率,对应可采储量为 $0.629 \times 10^{12} \, \mathrm{m}^3$,最终可采储量 URR 约为可采储量的 60%,估算 URR 为 $3\,770 \times 10^8 \, \mathrm{m}^3$。当天然气探明率为 50%,累计探明储量为 $1.310 \times 10^{12} \, \mathrm{m}^3$,按照 60% 采收率,对应可采储量为 $0.786 \times 10^{12} \, \mathrm{m}^3$,最终可采储量 URR 约为可采储量的 60%,估算 URR 为 $4\,716 \times 10^8 \, \mathrm{m}^3$。当天然气探明率为 60%,累计探明储量为 $1.572 \times 10^{12} \, \mathrm{m}^3$,按照 60% 采收率,对应可采储量为 $0.943 \times 10^{12} \, \mathrm{m}^3$,最终可采储量 URR 约为可采储量的 60%,估算 URR 为 $5\,660 \times 10^8 \, \mathrm{m}^3$。

在 3 种不同 URR 下,两种不同模型对震旦系的产量预测结果如图 4.13 所示。从图 4.13 可知,URR 越大,峰值产量越大,且两种模型的预测结果相差越大;$URR = 5\,660 \times 10^8 \, \mathrm{m}^3$ 时,两条预测曲线接近重合。同时,在 URR 相同时,两种模型达到峰值的时间相同,Gauss 模型具有较高的峰值产量,在达到峰值前增长较快,达到峰值后下降也较快。

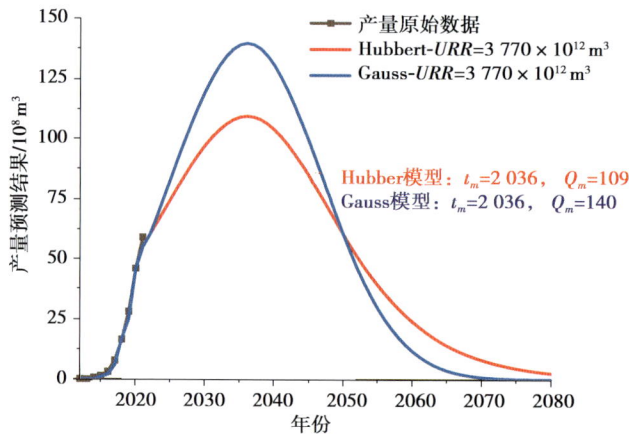

（a）$URR = 3\,770 \times 10^{12} \, \mathrm{m}^3$

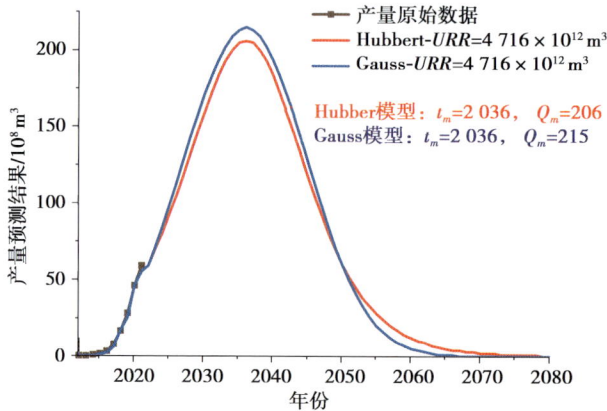

（b）$URR = 4\,716 \times 10^{12} \, \mathrm{m}^3$

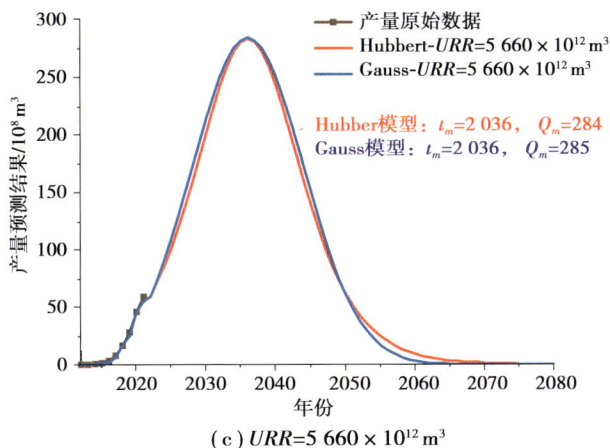

(c) $URR=5\,660\times10^{12}\,m^3$

图 4.13　不同 URR 的震旦系产量预测图

4.4.2　增长率对峰值产量的影响

增长率(k)对峰值产量预测的影响主要体现在非常规天然气。对于非常规天然气,主要采用 Ward 模型进行产量预测。

Ward 模型预测以 URR 为限定条件,并根据指定的初始增长率对未来的产量结果进行预测。不同增长率 k 会得到不同的产量增长预测曲线。根据 Ward 等的研究,非常规天然气的增长率一般为 10%。这一观点对于致密气同样适用。因此在后续工作中,采用 Ward 模型进行预测时,增长率 k 取 10%。

以四川盆地致密气预测为例,其他条件一定时,采用 Ward 模型在不同 k 值下的产量预测结果如图 4.14 所示。由图 4.14 可知,增长率越大,产量增加的幅度越大,峰值产量越大,到达峰值的时间越早,同时进入递减期之后,递减的幅度越大,产量为零的时间越早。

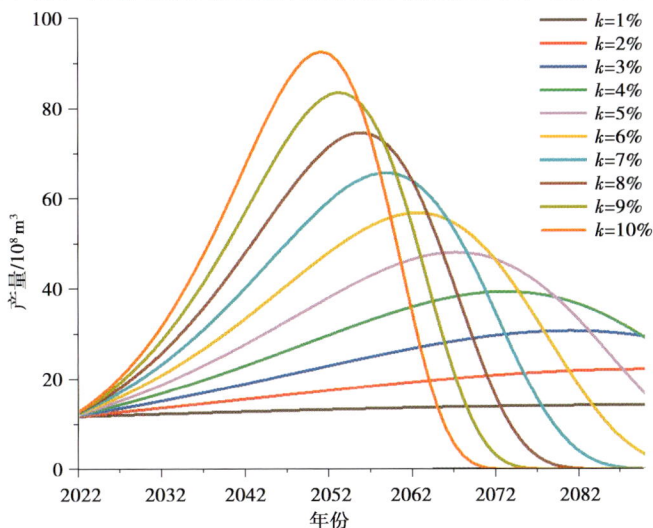

图 4.14　不同 k 的致密气产量预测图

此外,URR 和 k 既可以单独对产量产生影响,也可以同时对产量产生影响。选取这两个因素作为风险因素,对四川盆地天然气总产量进行敏感性分析。

如图 4.15 所示,以固定的增长率($k = 10\%$),增产到峰值,然后稳产 20 年,最后以一定的递减率开始下降。当增长率 k 一定时,URR 越大,到达峰值产量的时间越晚,峰值产量越大。

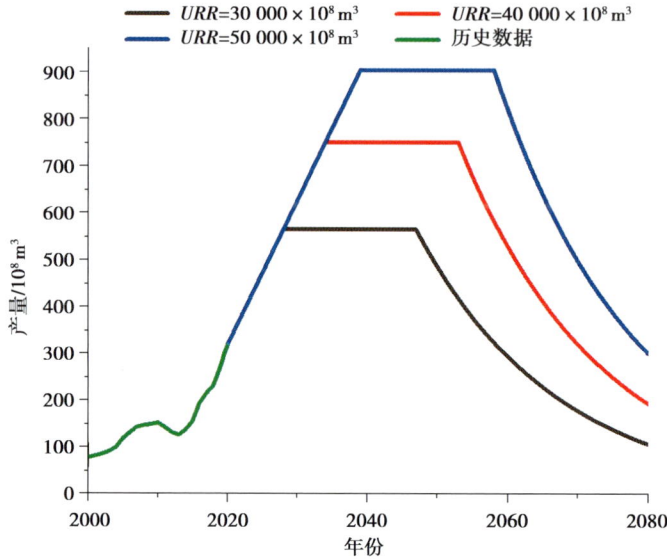

图 4.15　不同 URR 的天然气产量预测图

如图 4.16 所示,URR 保持 $40\,000 \times 10^{12} \mathrm{m}^3$ 不变时,不同增长率 k 对产量有较大影响。当 URR 一定时,增长率 k 越大,到达峰值产量的时间越早,峰值产量越大。

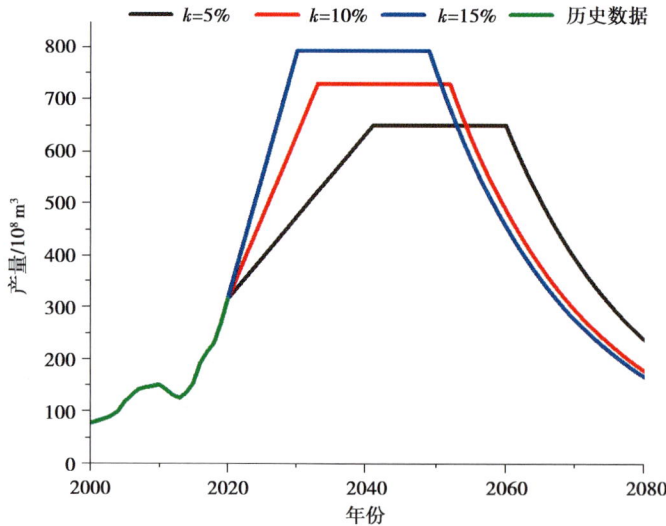

图 4.16　不同 k 的天然气产量预测图

在 URR 和 k 的影响下($URR = 30\,000 \times 10^{12} \sim 50\,000 \times 10^{12} \mathrm{m}^3$,$k = 5\% \sim 20\%$),稳产期产量的实现概率如图 4.17 所示。从图 4.16 可知:

①相比于增长率 k，URR 变动时，产量的变化幅度更大，因此 URR 对产量的影响更大，敏感性更大。

②在 URR 的影响下，产量为 $640 \times 10^{12} \sim 880 \times 10^{12} \, \mathrm{m}^3$；在增长率 k 的影响下，产量为 $650 \times 10^{12} \sim 830 \times 10^{12} \, \mathrm{m}^3$。

两个因素的敏感性程度如图 4.18 所示。从图 4.18 中可知，URR 的敏感性程度为 65.46%，远大于增长率 k 的敏感性程度。

此外，产量随 URR 的实现概率曲线，中间密集，两端分散（图 4.17）。这是因为 URR 是服从正态分布的随机抽值，概率集中在 $30\% \sim 70\%$（图 4.18）。

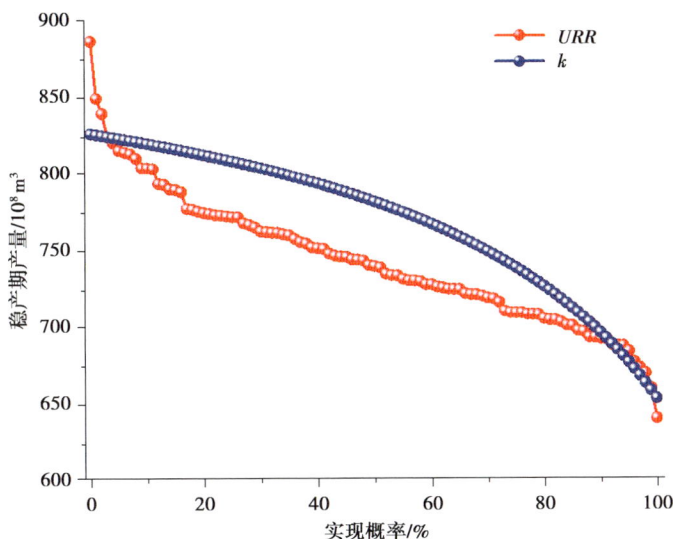

图 4.17　风险影响下产量概率图

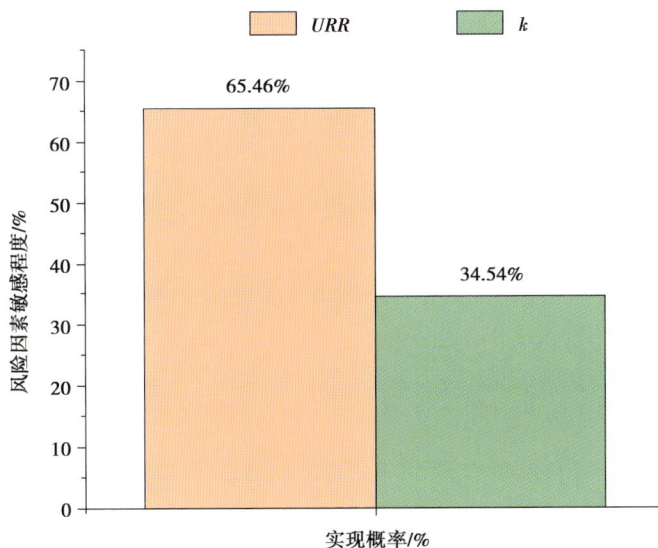

图 4.18　风险因素敏感性程度图

产量随 URR 的正态分布随机抽值结果如图 4.19 所示。抽值的结果服从正态分布,且从图 4.19 中可看出, URR 集中在 $38\,000\times10^{12}\sim44\,000\times10^{12}\,\mathrm{m}^3$。

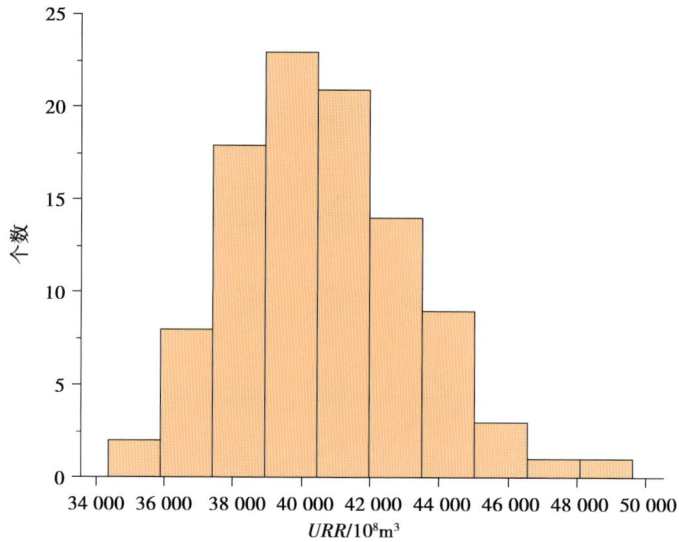

图 4.19　产量正态随机抽值结果图

$URR=39\,000\times10^{12}\,\mathrm{m}^3$ 时,产量 $727.8\times10^{12}\,\mathrm{m}^3$ 的实现概率为 60%,产量 $739.91\times10^{12}\,\mathrm{m}^3$ 的实现概率为 50%。如图 4.20、图 4.21 所示,将 URR 从 $39\,000\times10^{12}\,\mathrm{m}^3$ 增加到 $40\,000\times10^{12}\,\mathrm{m}^3$ 时,产量 $727.8\times10^{12}\,\mathrm{m}^3$ 的实现概率增加到 70%;产量 $739.91\times10^{12}\,\mathrm{m}^3$ 从原来实现概率增加到 60%,稳产期产量增加了 $12.11\times10^{12}\,\mathrm{m}^3$。

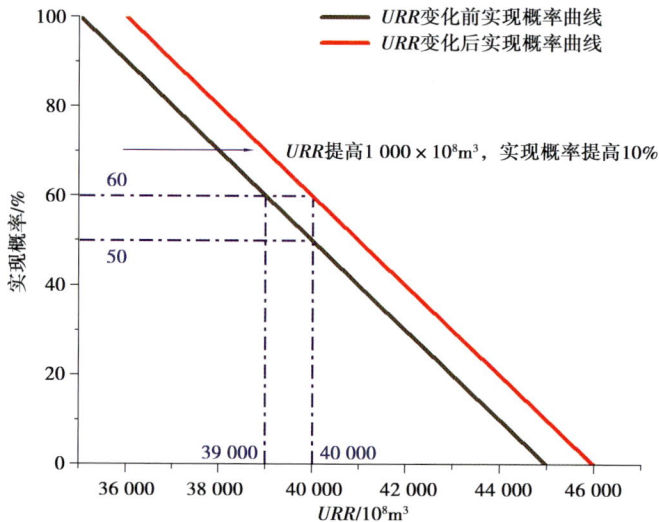

图 4.20　URR 影响下的实现概率曲线

$k=11\%$ 时,产量 $767.52\times10^{12}\,\mathrm{m}^3$ 的实现概率为 60%,产量 $782.04\times10^{12}\,\mathrm{m}^3$ 的实现概率为 50%。如图 4.22、图 4.23 所示,将 k 从 11% 增加到 12.5% 时,产量 $767.52\times10^{12}\,\mathrm{m}^3$ 的实现概率增加到 70%;产量 $782.04\times10^{12}\,\mathrm{m}^3$ 从原来实现概率增加到 60%,稳产期产量增加了 $14.52\times10^{12}\,\mathrm{m}^3$。

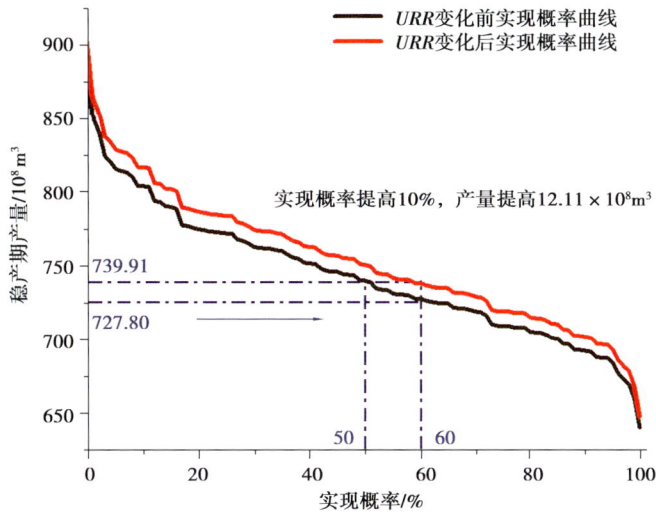

图 4.21　产量-实现概率曲线

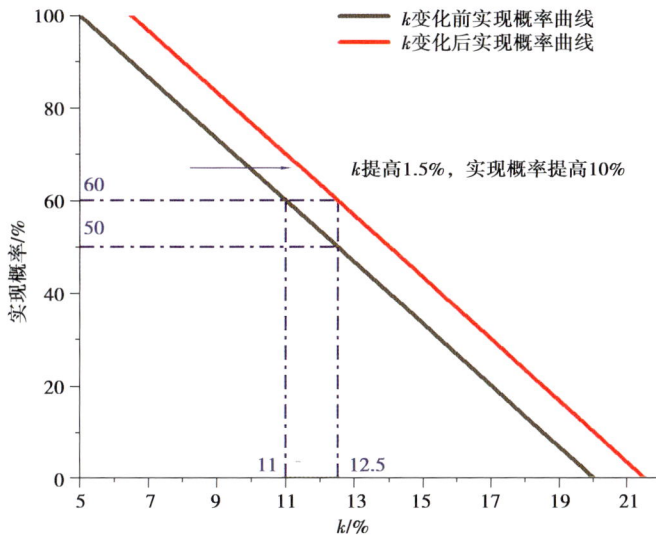

图 4.22　k 影响下的实现概率曲线

在 URR 和增长率 k 的影响下,稳产期产量变化的三维曲线如图 4.23 所示。在两种因素的共同作用下,产量为 $576 \times 10^{12} \sim 989 \times 10^{12} \text{m}^3$。此外,相邻两个实现概率之间,产量相差不同。实现概率 P_0 和 P_{10} 之间相差 $119.06 \times 10^{12} \text{m}^3$,实现概率 $P40$ 和 $P50$ 之间相差 $27.73 \times 10^{12} \text{m}^3$。这是因为 URR 是正态分布的随机抽值,中间概率的可能性更大,即概率集中在 $30\% \sim 70\%$,两端概率的可能性较低。因此,中间的产量更集中,差距小;两端的产量更分散,差距大。下面以目标产量 $800 \times 10^{12} \text{m}^3$ 为截面,研究两个因素与目标产能之间的关系。

以目标产量 $800 \times 10^{12} \text{m}^3$ 为截面,产量三维图在双因素作用下的投影图如图 4.24 所示。图 4.24 中,红色曲线表示产量等于 $800 \times 10^{12} \text{m}^3$。当 URR 或者 k 改变使曲线变动时,曲线左边表示产量低于 $800 \times 10^{12} \text{m}^3$,曲线右边表示产量高于 $800 \times 10^{12} \text{m}^3$。

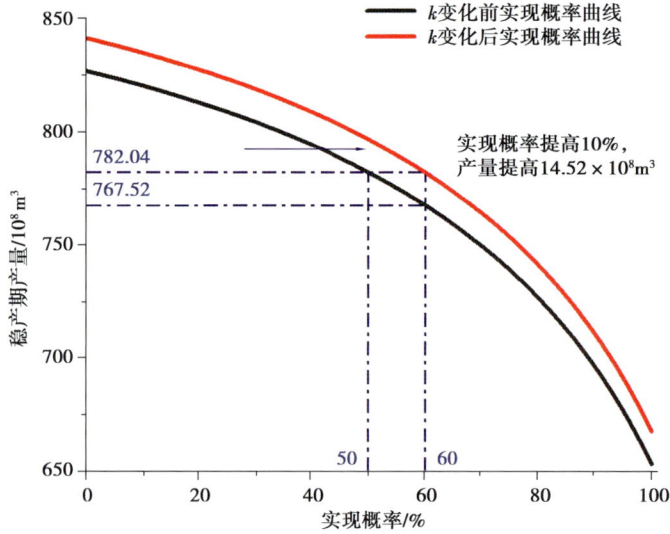

图 4.23　产量-实现概率曲线

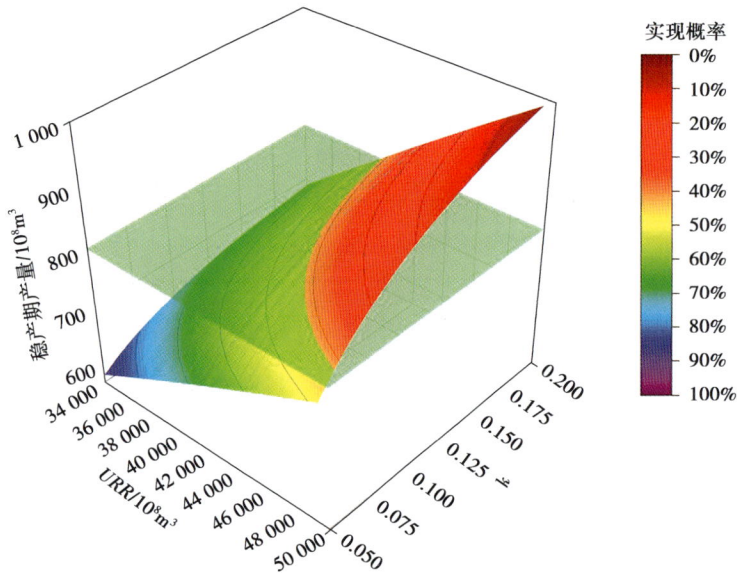

图 4.24　双因素影响下产量变化三维曲线图

当产量增长率 $k=0.12$，$URR=40\,000\times10^{12}\,m^3$ 时，产量为 $800\times10^{12}\,m^3$。此时，单独增大（减小）URR 或者 k，产量均会增大（减小）。例如，保持 k 不变，URR 增加到 41 300（增加1 300）$\times10^{12}\,m^3$，产量会高于 $800\times10^{12}\,m^3$；同理，保持 URR 不变，k 减小到 0.1（减小 0.02），产量会低于 $800\times10^{12}\,m^3$。双因素对产量的影响可作为产量风险规划的决策参考。

同时，根据图 4.25 中的实际情况，可为达到 $800\times10^{12}\,m^3$ 的产量做出合理规划。当 $k=0.1$、$URR=40\,000\times10^{12}\,m^3$ 时，预测产量低于 $800\times10^{12}\,m^3$。此时，增大 URR 至 $41\,300\times10^{12}\,m^3$ 或者增大 k 至 0.12 都能使预测产量达到 $800\times10^{12}\,m^3$。当 $k=0.12$、$URR=41\,300\times10^{12}\,m^3$ 时，预测产量高于 $800\times10^{12}\,m^3$。此时，减小 URR 至 $40\,000\times10^{12}\,m^3$ 或者减小 k 至 0.1 都能使预测产量达到 $800\times10^{12}\,m^3$。

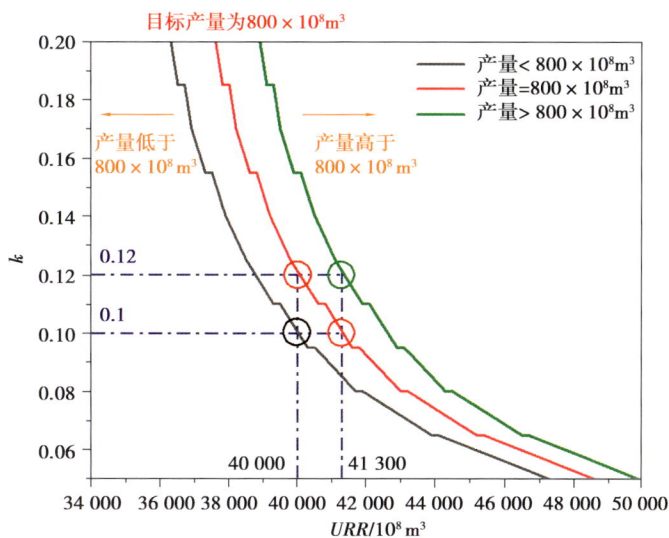

图 4.25 目标产量 $800 \times 10^{12} m^3$ 的双因素关系图

4.4.3 储采比对峰值产量的影响

储采比一般是作为预测模型的边界条件,控制产量预测曲线的整体趋势。

以 Ward 模型预测四川盆地致密气产量为例,下图为 $URR = 2\ 760 \times 10^{12} m^3$ 时,以储采比为边界条件,对模型进行控制和调整前后,产量与储采比的前后对比如图 4.26 所示(曲线为产量,点线为储采比)。

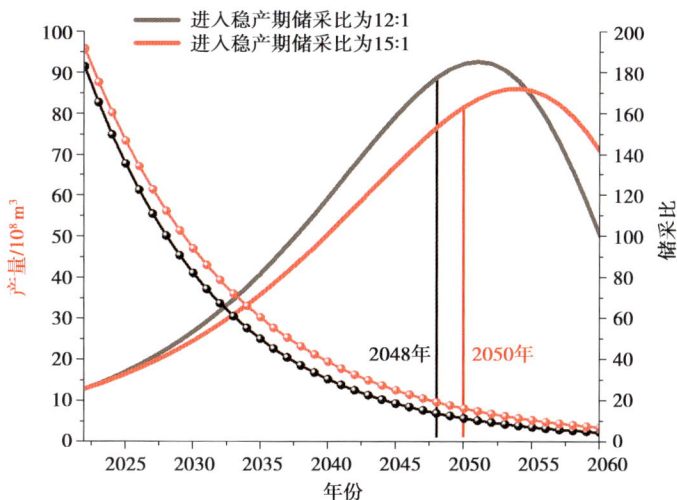

图 4.26 不同储采比下,$URR = 2\ 760 \times 10^{12} m^3$ 时的产量预测图

调整前,进入稳产期时的储采比为 12∶1(黑色曲线),此时的峰值较大,稳产期较短(稳产时间为 2048—2054 年),到达峰值后递减也比较快。调整后,进入稳产期时的储采比为 15∶1(红色曲线),此时虽然峰值减小,但稳产期较长(稳产时间为 2050—2058 年),到达峰值后递减幅度比之前小。

111

因此,选定储采比 15∶1 为边界条件时,产量的增长更加稳定。

4.4.4 储量-产量耦合预测

1)储量预测

（1）储量增长规律分析（以四川盆地天然气的产量为例）

①常规气。四川盆地常规气储量变化特征为多旋回状态,对已知年份进行多旋回参数拟合,得到已知年份储量预测曲线（图 4.27、图 4.28）。从多旋回曲线参数预测结果可看出,灰色预测后验算方差比值 $C=0.107$,小误差概率 $P=0.981$,储量预测精度较高（表 4.3）。

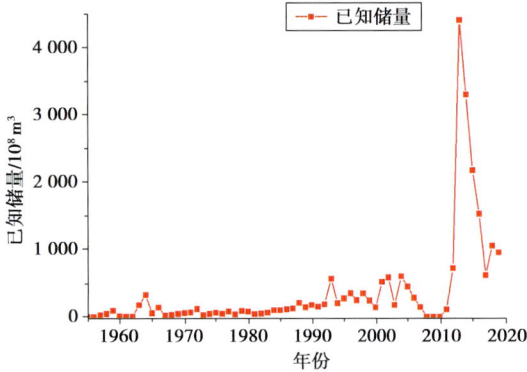

图 4.27 1956—2019 年常规气储量增长曲线

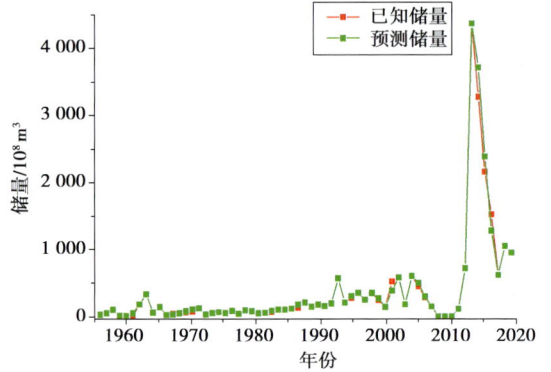

图 4.28 1956—2019 年常规气储量预测曲线

表 4.3 1956—2019 年常规气储量预测结果参数

参　　数	峰 1	峰 2	峰 3	……	峰 14	峰 15	峰 16	峰 17
左峰斜率 b_L	1.89	1.65	2.12	……	1.35	2.44	3.11	1.53
右峰斜率 b_R	3.68	3.12	3.20	……	2.41	0.89	0.82	0.64
峰值 N_m	95.97	328.67	138.47	……	581.08	600.29	4 403.83	1 052.95
峰值时间 t_m	1959 年	1964 年	1966 年	……	2002 年	2004 年	2013 年	2018 年
峰谷时间 t_{min}	1956 年	1961 年	1965 年	……	2000 年	2003 年	2011 年	2017 年
灰色精度参数	后验算方差比值 $C=0.107$				小误差概率 $P=0.981$			

②常规气+致密气。对常规气+致密气储量已知年份进行多旋回参数拟合,得到已知年份储量预测曲线（图 4.29、图 4.30）。从预测多旋回曲线参数结果看出,灰色预测后验算方差比值 $C=0.112$,小误差概率 $P=0.975$,储量预测精度较高（表 4.4）。

③常规气+致密气+页岩气。对已知年份进行多旋回参数拟合,得到已知年份储量预测曲线（图 4.31、图 4.32）。从多旋回曲线参数预测结果看出,灰色预测后验算方差比值 $C=0.095$,小误差概率 $P=0.988$,储量预测精度较高（表 4.5）。

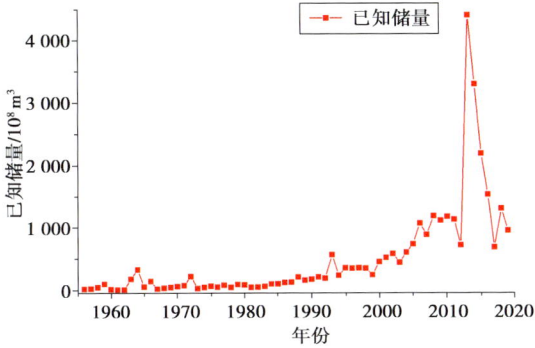

图 4.29　1956—2019 年常规气+致密气储量增长曲线

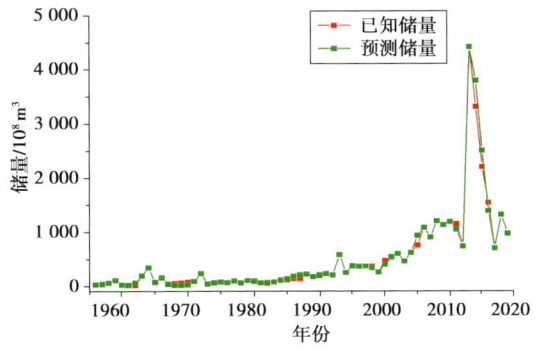

图 4.30　1956—2019 年常规气+致密气储量预测曲线

表 4.4　1956—2019 年常规气+致密气储量预测结果参数

参　数	峰 1	峰 2	峰 3	……	峰 15	峰 16	峰 17	峰 18
左峰斜率 b_L	1.89	1.65	2.11	……	1.11	0.46	3.11	1.69
右峰斜率 b_R	3.68	3.12	3.28	……	0.50	0.73	0.79	1.15
峰值 N_m	95.97	328.67	138.47	……	1 183.82	1 171.19	4 403.83	1 302.80
峰值时间 t_m	1959 年	1964 年	1966 年	……	2008 年	2010 年	2013 年	2018 年
峰谷时间 t_{min}	1956 年	1961 年	1965 年	……	2007 年	2009 年	2012 年	2017 年
灰色精度参数	后验算方差比值 $C=0.112$				小误差概率 $P=0.975$			

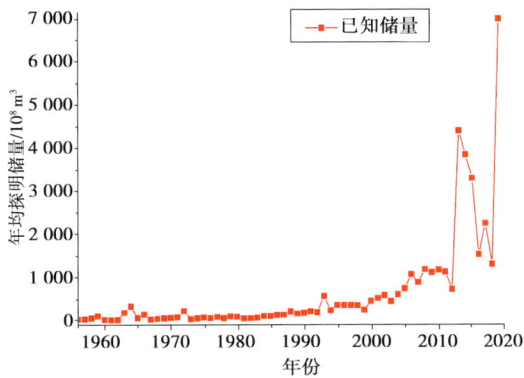

图 4.31　常规气+致密气+页岩气储量增长曲线

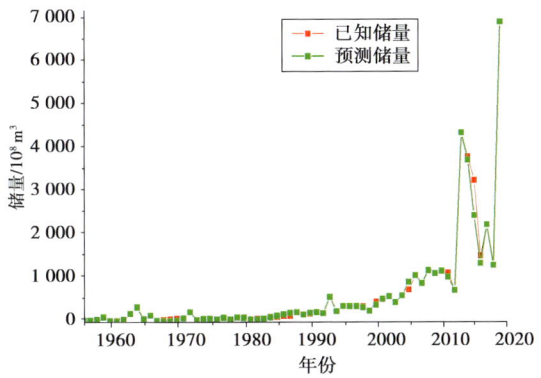

图 4.32　常规气+致密气+页岩气储量预测曲线

表 4.5　1956—2019 年常规气+致密气+页岩气储量预测结果参数

参　数	峰 1	峰 2	峰 3	……	峰 14	峰 15	峰 16	峰 17
左峰斜率 b_L	1.89	1.65	2.12	……	1.35	2.44	3.11	1.53
右峰斜率 b_R	3.68	3.12	3.2	……	2.41	0.89	0.82	0.64
峰值 N_m	95.97	328.67	138.47	……	581.08	600.29	4 403.83	1 052.95
峰值时间 t_m	1959 年	1964 年	1966 年	……	2002 年	2004 年	2013 年	2018 年

续表

参 数	峰1	峰2	峰3	……	峰14	峰15	峰16	峰17
峰谷时间 t_{min}	1956年	1961年	1965年	……	2000年	2003年	2011年	2017年
灰色精度参数	后验算方差比值 $C=0.095$				小误差概率 $P=0.988$			

（2）不同探明率情景下储量预测

依据改进的 Hubbert 原理和灰色预测方法,预测未来年份的储量参数(左峰斜率 b_L、右峰斜率 b_R、峰值 N_m、峰值时间 t_m、峰谷时间 t_{min}),从而预测储量增长规律。

尚未达到储量高峰的不同类型盆地,储量高峰所处的勘探阶段不同,但一般出现在探明程度为 40%～60% 时。勘探初期,当探明率小于 10% 时,产量上升一般较缓慢;在勘探中期,当探明率为 10%～45% 时,是油气产量迅速上升时期,也是大气田的主要发现时期;在勘探成熟期,当探明率为 45%～65% 时,进入高产稳产期,以发现小气田为主,探明速度低于勘探中期;在勘探高成熟期,当探明率大于 65% 时,由于储量增长速率的减缓或因增长速率不能补给产量上升要求,产量将出现明显下降趋势。

四川盆地探明率仅为 14%,尚处于勘探阶段初中期,符合世界含油气盆地产量增长的普遍规律。研究世界含油气盆地的增长规律,四川盆地产量将快速增长。

①常规气。选取探明率为 40%、45%、50%、55% 和 60% 共 5 种情景下,预测未来时间的储量变化情况(图 4.33)。按照灰色预测原理,预测参数和储量。

将探明储量增长分为 17 个峰值的多旋回模型,2019 年以后的曲线为待预测年份的参数和储量变化趋势。以峰值时间 t_m 为横坐标,储量峰值 Q_m、表征斜率的模型参数 b(左峰斜率 b_L、右峰斜率 b_R)为纵坐标。可以看出,t_m-Q_m 的变化规律符合相对探明率储量预测结果曲线的储量波动特征。

从 2020 年开始,储量开始迅速上升,左峰斜率 b_L 高于右峰斜率 b_R,表明储量增长速度高于下降速度。这与常规气藏勘探开发成果显著的现状相符合。在 2040 年后,左右峰斜率参数的变化趋势接近,表明年均新增探明储量在此时间以后,变化速度上没有明显的变化。

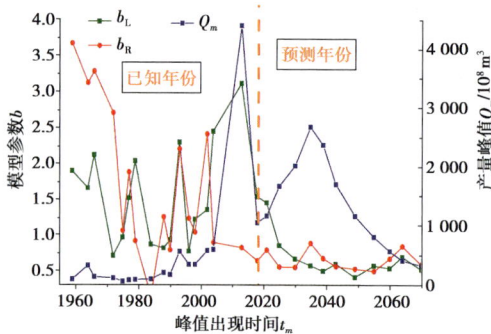

（a）40%探明率参数预测结果　　　（b）40%探明率储量预测结果

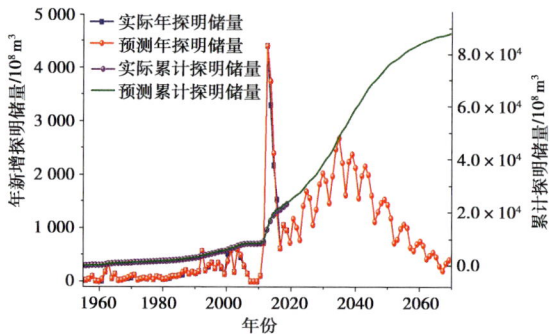

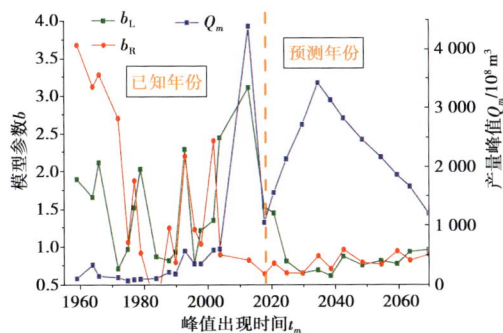

（c）45% 探明率参数预测结果

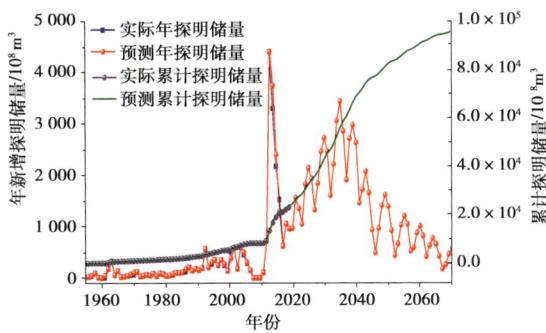

（d）45% 探明率储量预测结果

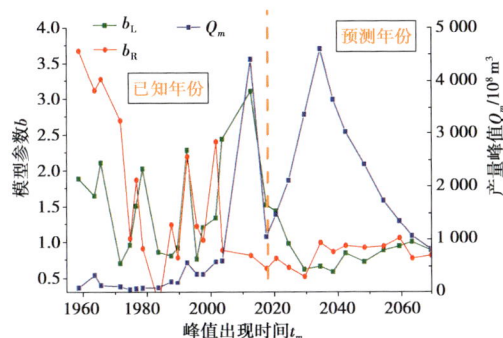

（e）50% 探明率参数预测结果

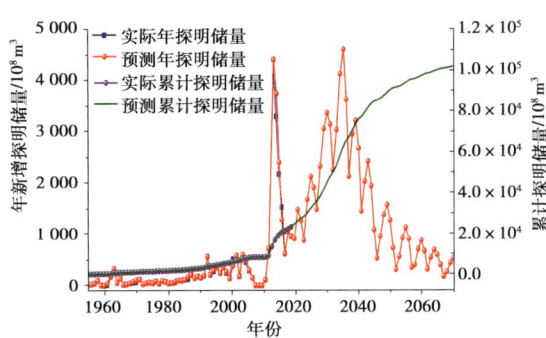

（f）50% 探明率储量预测结果

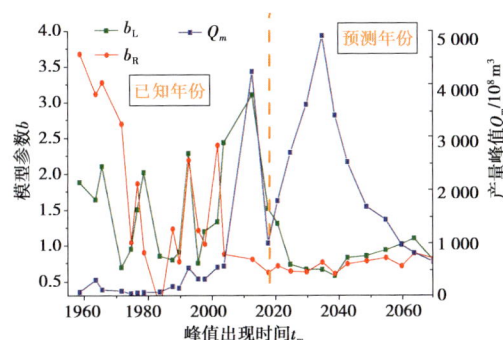

（g）55% 探明率参数预测结果

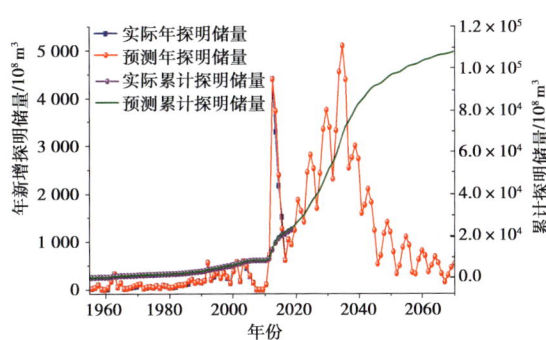

（h）55% 探明率储量预测结果

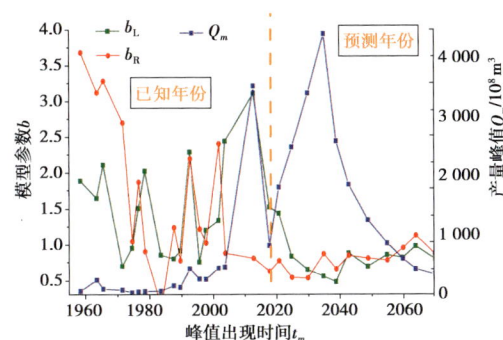

（i）60% 探明率参数预测结果

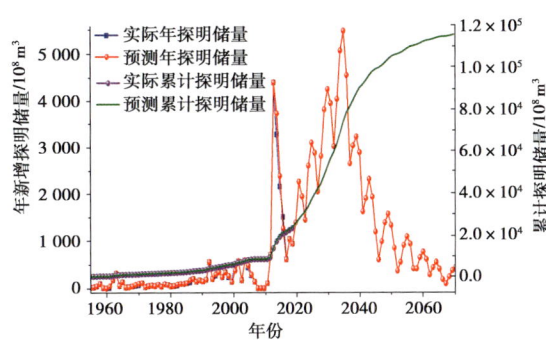

（j）60% 探明率储量预测结果

图 4.33　不同探明率情况下储量预测结果

依照改进的灰色预测理论及 Hubbert 预测模型,得出未来时间段的储量增长规律。可以看出,由于预测方法相同,预测边界条件仅为达到储量峰值时的累计探明储量。因此,5种探明率情景的峰倾斜程度较接近,到达峰顶时间、峰谷时间也较为接近。在 2035 年储量峰值点时间之前,60% 探明率情况的预测储量整体高于 55% 探明率情况,即探明率越高预测储量的数值越大;2035 年之后,探明率越高,预测储量衰减越快(图 4.34、表 4.6)。

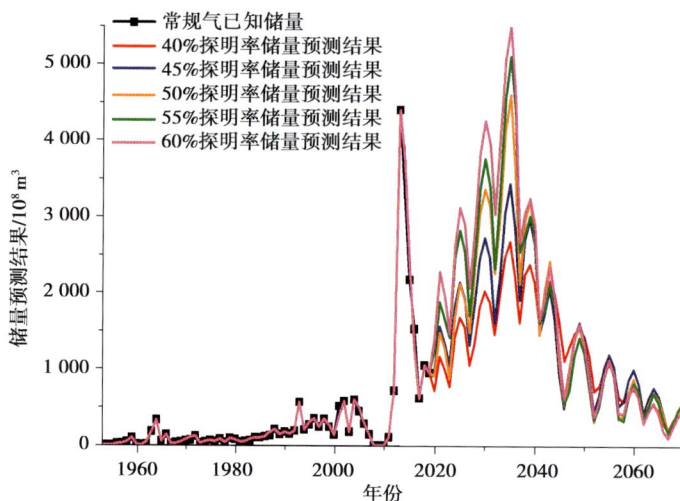

图 4.34 常规气储量综合预测结果

表 4.6 常规气储量综合预测结果

情景分析		40% 探明率	45% 探明率	50% 探明率	55% 探明率	60% 探明率
储量峰值/$10^8 m^3$		2 676.80	3 433.57	4 601.64	5 101.29	5 502.21
峰值出现时间		2035 年	2035 年	2035 年	2035 年	2035 年
平均储量 /$10^8 m^3$	2021—2030 年	1 381.74	1 819.47	1 956.65	2 402.06	2 732.18
	2031—2040 年	2 102.46	2 584.35	3 174.11	3 415.45	3 805.63
	2041—2050 年	1 611.39	1 369.65	1 463.74	1 361.75	1 502.07
	2051—2060 年	837.53	824.54	689.26	669.77	705.88
	2061—2070 年	422.01	511.74	462.31	465.69	369.69

②常规气+致密气。选取累计探明储量分别为资源量的 40%、45%、50%、55% 和 60%,依据这 5 种探明率情况,预测常规气+致密气未来时间的储量变化情况(图 4.35)。

将探明储量增长分为 17 个峰值的多旋回模型,从对应探明率的参数预测结果和储量预测结果可以看出,t_m-Q_m 的变化规律符合相对探明率储量预测结果曲线的储量波动特征。

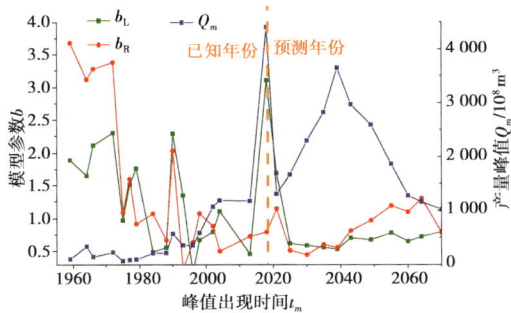

（a）40% 探明率参数预测结果

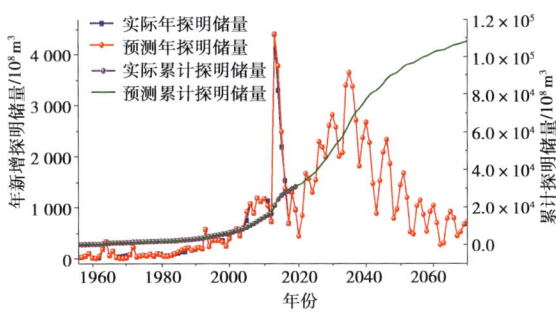

（b）40% 探明率储量预测结果

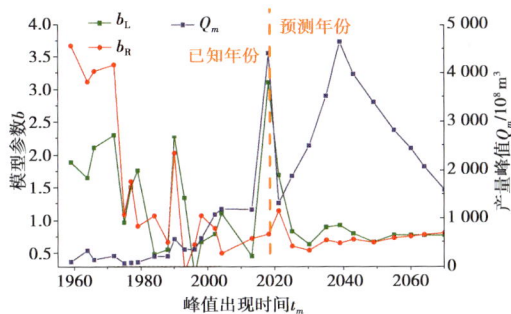

（c）45% 探明率参数预测结果

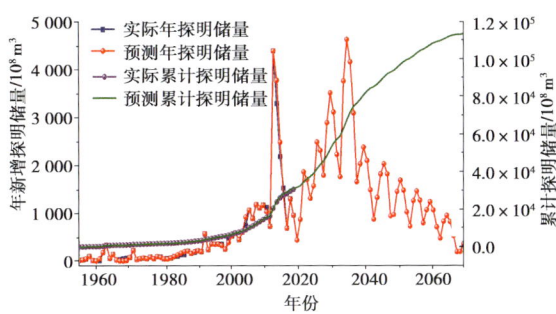

（d）45% 探明率储量预测结果

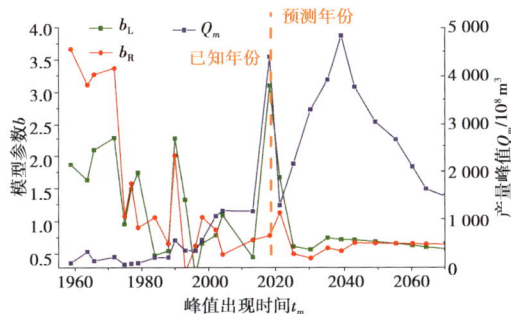

（e）50% 探明率参数预测结果

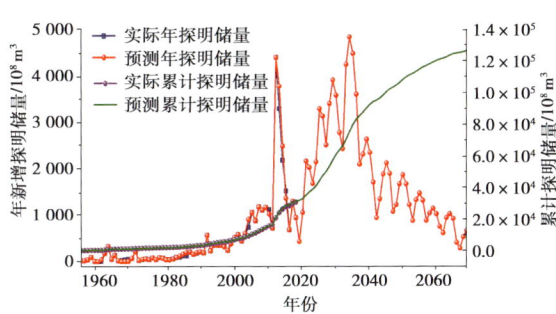

（f）50% 探明率储量预测结果

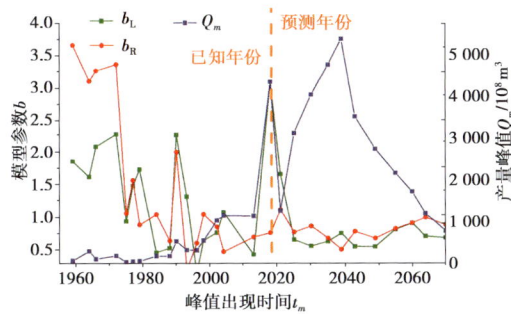

（g）55% 探明率参数预测结果

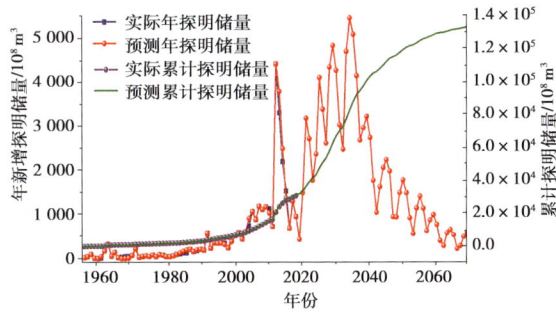

（h）55% 探明率储量预测结果

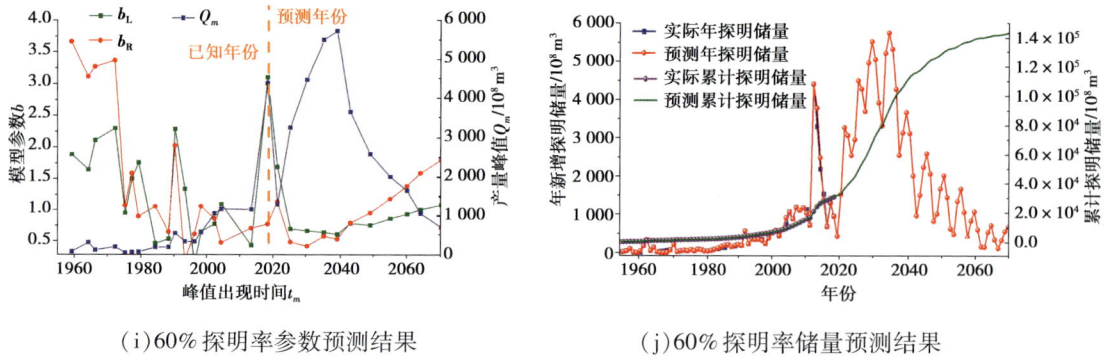

（i）60%探明率参数预测结果　　　　　　（j）60%探明率储量预测结果

图 4.35　不同探明率情况下储量预测结果

依照改进的灰色预测理论及 Hubbert 预测模型，得出未来时间段的储量增长规律。5 种探明率情景的峰倾斜程度较接近，到达峰值时间也较为接近。在 2035 年储量峰值点时间之前，60%探明率情况的预测储量整体高于 55%探明率情况，即探明率越高，预测储量的数值越大；2035 年之后，探明率越高，预测储量衰减越快（图 4.36、表 4.7）。

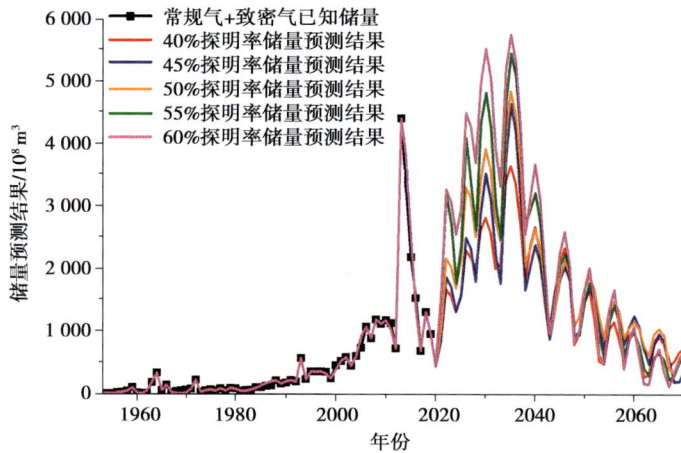

图 4.36　常规气+致密气储量综合预测结果

表 4.7　常规气+致密气储量综合预测结果

情景分析		40%探明率	45%探明率	50%探明率	55%探明率	60%探明率
储量峰值/$10^8 m^3$		3 641.67	4 641.21	4 841.32	5 441.98	5 742.31
峰值出现时间		2035 年	2035 年	2035 年	2035 年	2035 年
平均储量/$10^8 m^3$	2021—2030 年	1 881.05	2 034.80	2 537.26	3 072.65	3 630.08
	2031—2040 年	2 662.91	2 886.85	3 303.16	3 792.46	4 217.84
	2041—2050 年	1 561.09	1 483.02	1 628.29	1 681.12	1 799.70
	2051—2060 年	937.99	1 200.93	1 288.77	1 089.93	1 091.81
	2061—2070 年	608.30	608.25	722.77	482.44	417.91

③常规气+致密气+页岩气。依据改进的 Hubbert 原理和灰色预测方法,预测未来年份的储量参数(左峰斜率 b_L、右峰斜率 b_R、峰值 N_m、峰值时间 t_m、峰谷时间 t_{min}),从而预测储量增长规律。

将探明储量增长分为 17 个峰值的多旋回模型,预测不同探明率的参数和储量(图 4.37)。2019 年以后的曲线为待预测年份的参数和储量变化趋势。

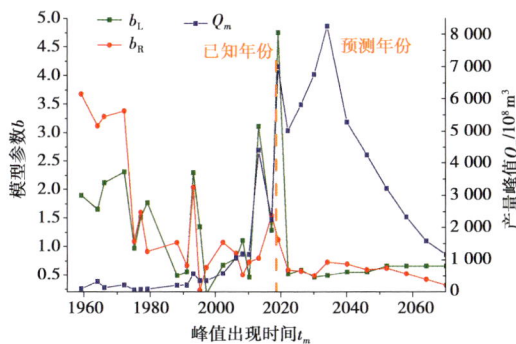

(a)40%探明率参数预测结果

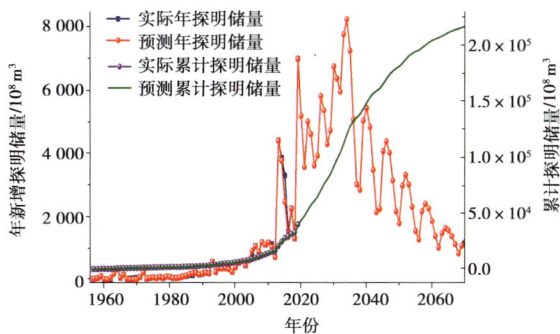

(b)40%探明率储量预测结果

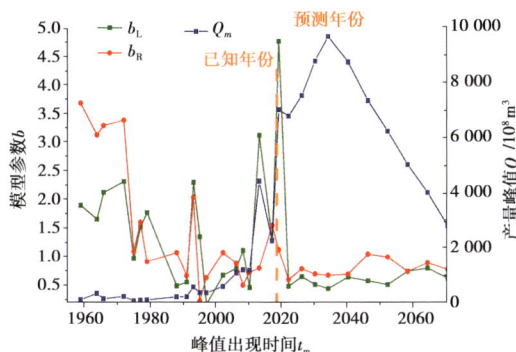

(c)45%探明率参数预测结果

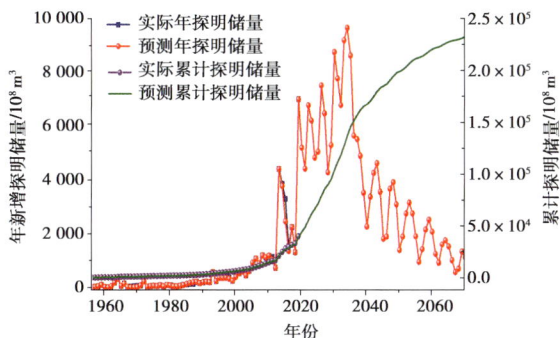

(d)45%探明率储量预测结果

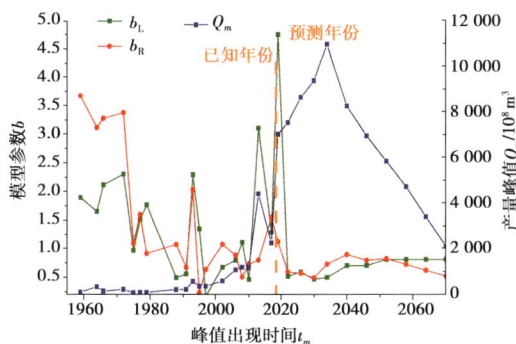

(e)50%探明率参数预测结果

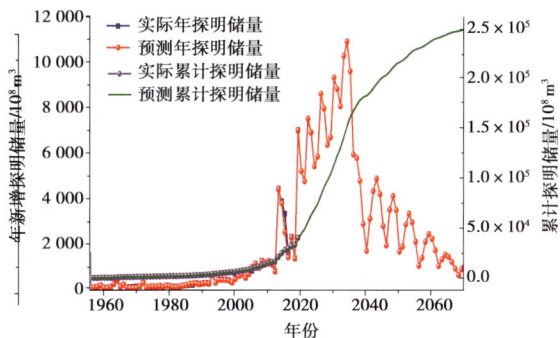

(f)50%探明率储量预测结果

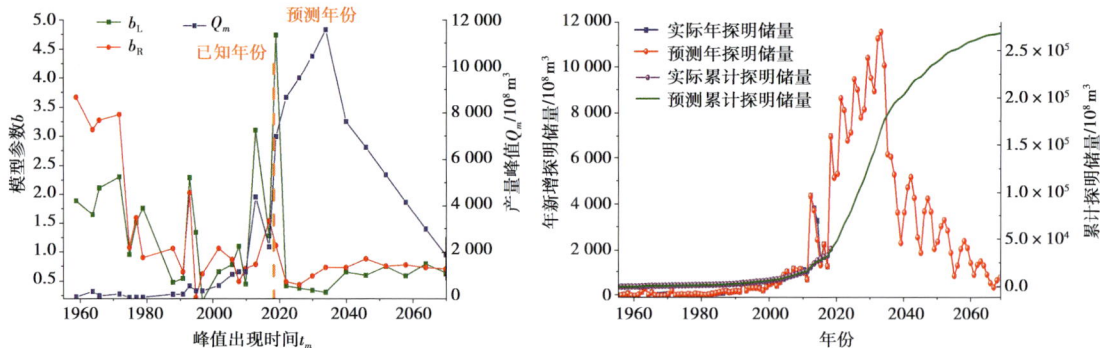

（g）55%探明率参数预测结果

（h）55%探明率储量预测结果

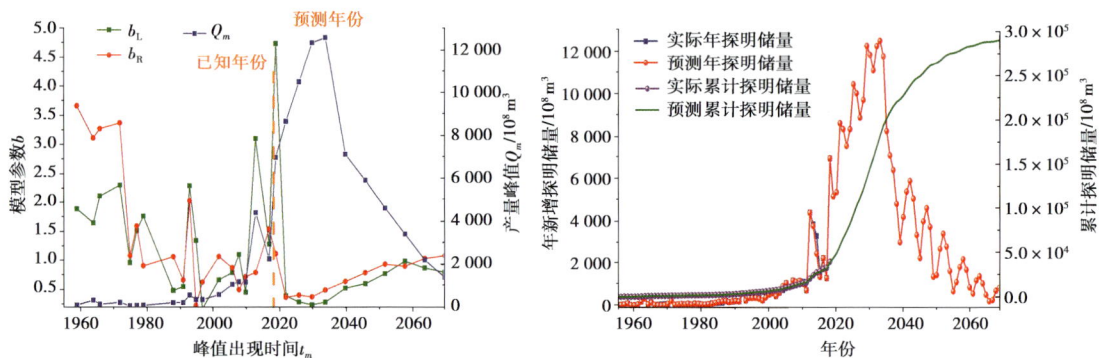

（i）60%探明率参数预测结果

（j）60%探明率储量预测结果

图 4.37　不同探明率情况下储量预测结果

从 2020 年开始，储量开始迅速上升，左峰斜率 b_L 高于右峰斜率 b_R，表明储量增长速度高于下降速度；在 2040 年后，左右峰斜率参数的变化趋势接近，表明年均新增探明储量在此时间后，变化速度上没有明显的变化（图 4.38、表 4.8）。

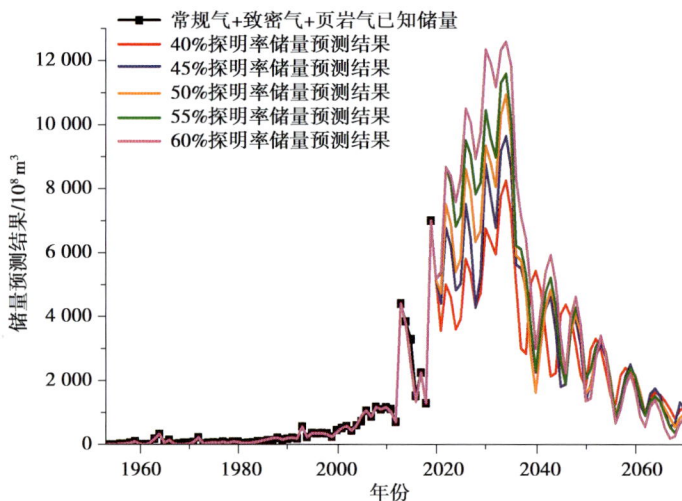

图 4.38　常规气+致密气+页岩气储量综合预测结果

表 4.8　常规气+致密气+页岩气储量综合预测结果

情景分析	40% 探明率	45% 探明率	50% 探明率	55% 探明率	60% 探明率
储量峰值/$10^8 m^3$	7 255.78	8 630.50	9 629.08	10 126.21	11 857.23
峰值出现时间	2035 年	2035 年	2035 年	2035 年	2035 年
平均储量/$10^8 m^3$　2021—2030 年	4 768.63	5 957.73	6 937.07	8 126.67	9 012.97
2031—2040 年	5 704.40	6 387.43	6 870.43	7 526.87	8 966.28
2041—2050 年	3 223.60	3 157.82	3 362.58	3 621.44	3 997.25
2051—2060 年	2 310.03	2 157.57	2 176.56	2 231.24	1 953.39
2061—2070 年	1 267.63	1 173.92	1 107.98	995.89	758.33

2）以 URR 为约束条件的产量预测模型构建

（1）常规气

常规气产量增长并不一直符合多旋回变化趋势,在整体类指数增长下保持多旋回增长趋势,即产量增长曲线由基线和多旋回曲线共同组成(图 4.39)。依据产量曲线的平滑性,将产量曲线分割为表征产量变化趋势的基线和多旋回生命曲线,旋回数为 3(图 4.40)。

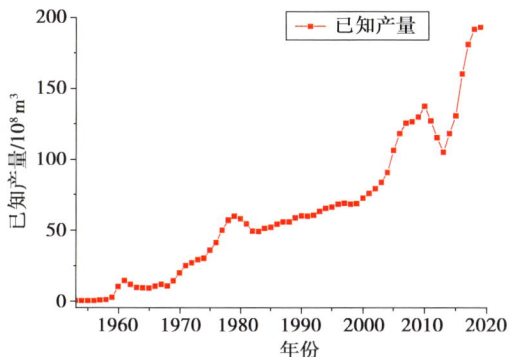

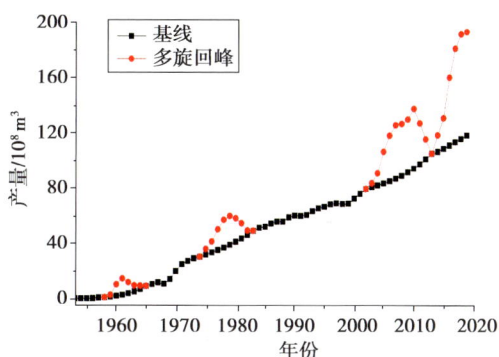

图 4.39　1956—2019 年常规气产量增长曲线　　图 4.40　1956—2019 年常规气产量增长曲线划分

产量预测过程分为两个部分分别进行预测。

①基线部分:首先将多旋回峰平缓部分筛选出来,通过 Weng 模型拟合预测得到基线,并预测至未来时间段。

②运用 Hubbert 多旋回模型预测得到已知 3 个峰的参数(表 4.9)。常规气增长曲线参数预测结果表明,灰色预测后验算方差比值 $C=0.121$,小误差概率 $P=0.964$,产量预测精度较高。由于将已知产量视为基线与 Hubbert 生命旋回模型的加和,因此每个旋回峰是原产量曲线减去基线后得到的,新得到的产量峰值 N_m 明显减小,峰值时间 t_m 也发生了微小改变。

表 4.9　1956—2019 年常规气产量预测结果参数

参　　数	峰 1	峰 2	峰 3
斜率 b	1.89	1.65	2.12
峰值 N_m	11.30	22.45	43.45

续表

参　数	峰1	峰2	峰3
峰值时间 t_m	1963 年	1979 年	2008 年
后验算方差比值	0.121		
小误差概率	0.964		
Weng 模型预测基线方程	$Q = 27.11(t-1\,955)^{0.1}e^{0.023(t-1\,955)}$		

注:式中,Q 为基线产量值,t 为年份。

常规气产量预测结果表明,预测未来基线趋势持续上升,符合四川盆地天然气产量快速持续上涨的趋势。由于产量增长趋势不是完全的多旋回曲线,且多旋回峰仅有 3 个,因此不能简单地用灰色预测模型预测未来多旋回峰的参数,需计算最终可采储量 URR 来预测未来产量增长趋势(图 4.41)。

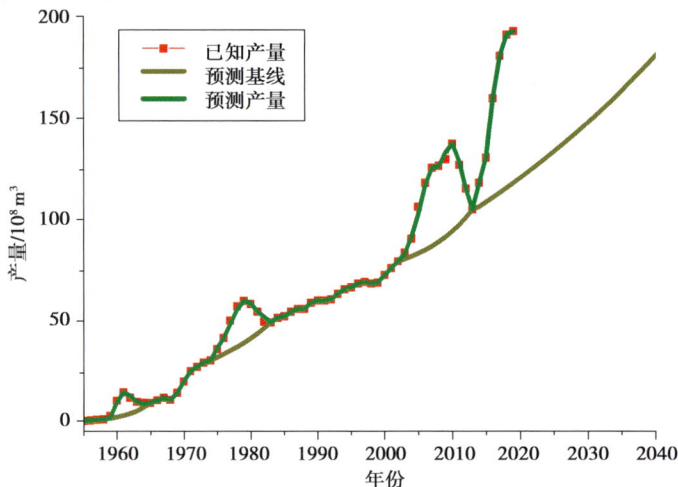

图 4.41　1956—2019 年常规气产量预测曲线

根据最终可采储量定义,URR 由 4 个部分的资源量组成,即累产气量、剩余可采储量、储量升级和待发现储量。其中,累产气量、剩余可采储量为气区已知数据,储量升级按照预测储量和控制储量的转化率进行折算,待发现储量为累计新增储量。根据预测,四川盆地将在 2060 年左右进入勘探后期,之后的新增探明储量对产量峰值的影响较小,故待发现储量由 2020—2060 年累计新增探明储量的预测结果进行折算。由此,综合分析后得出常规气最终可采储量为 $2.20 \times 10^{12} \sim 3.20 \times 10^{12}\,m^3$。依据不同资源量条件下的生命周期的预测储量计算结果,结合储量升级转化率计算 URR(表 4.10)。

表 4.10　常规气最终可采储量(URR)估算

不同情景	40% 探明率	45% 探明率	50% 探明率	55% 探明率	60% 探明率
URR 估算值/$10^{12}\,m^3$	2.20	2.57	2.74	2.96	3.16

将不同情况的最终可采储量 URR 代入公式,可以算出不同情况的产量增长方程。由于考虑到未来时间会进入稳产期,因此从未来时间段 2020 年开始,产量预测过程中不将预测基线代入方程,将 2020 年之后的产量预测曲线仅视为单峰 Hubbert 模型,而不是生命旋回

曲线与预测基线的组合。

$$Q = \begin{cases} Q = Q_1 + Q_2 \\ Q_1 = \dfrac{2 \times 11.3}{1 + \cosh[1.27(t - 1\,963)]} + \dfrac{2 \times 22.45}{1 + \cosh[0.85(t - 1\,979)]} + \\ \dfrac{2 \times 43.45}{1 + \cosh[0.56(t - 2\,008)]} e^{0.023(t - 1\,955)} + 27.11(t - 1\,955)^{0.1} e^{0.023(t - 1\,955)} \\ Q_2 = \begin{cases} \dfrac{2 \times 302.88}{1 + \cosh[0.055\,1(t - 2\,047)]} & (40\% \text{探明率}) \\ \dfrac{2 \times 458.44}{1 + \cosh[0.071\,3(t - 2\,047)]} & (45\% \text{探明率}) \\ \dfrac{2 \times 537.6}{1 + \cosh[0.078\,6(t - 2\,047)]} & (50\% \text{探明率}) \\ \dfrac{2 \times 636.85}{1 + \cosh[0.086(t - 2\,047)]} & (55\% \text{探明率}) \\ \dfrac{2 \times 718.64}{1 + \cosh[0.091\,1(t - 2\,047)]} & (60\% \text{探明率}) \end{cases} \end{cases} \tag{4.83}$$

式中，Q_1 为 1953—2019 年已知年份的产量曲线；Q_2 为不同探明率情况下 2019 年后预测年份的产量曲线。

预测结果表明，未来 20 年内产量都处于快速增长阶段，至 2047 年产量将达到峰值；5 种情景下的预测产量峰值、峰值出现时间均在较远的时间段；最终可采储量 URR 越大，峰值产量越大，预测产量曲线的凹凸性越明显（图 4.42）。由于天然气产业链具有上中下游一体化的特点，消费市场和输配管网建设都要求天然气供应必须有较长的稳定期，定义天然气高峰产量为达到最大规模上下波动不超过 10% 的产量。

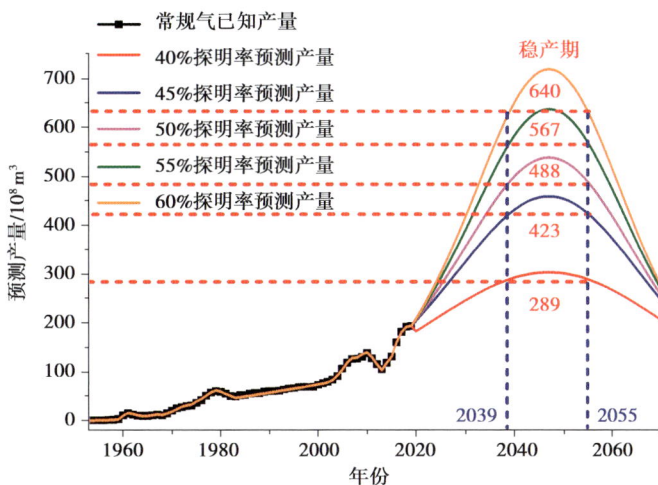

图 4.42　不同探明率情景下的常规气产量预测结果

当 $URR = 2.20 \times 10^{12}\,\text{m}^3$ 时（40% 探明率），产量峰值为 $303 \times 10^8\,\text{m}^3$，高峰产量为 289×10^8 m^3，稳产期为 2039—2055 年，稳产期末累计产量为 $1.37 \times 10^{12}\,\text{m}^3$，$URR$ 采出程度为 62.3%；当 $URR = 2.57 \times 10^{12}\,\text{m}^3$ 时（45% 探明率），产量峰值为 $458 \times 10^8\,\text{m}^3$，高峰产量为 $423 \times 10^8\,\text{m}^3$，稳

产期为 2039—2055 年,稳产期末累计产量为 $1.76\times10^{12}\,m^3$,URR 采出程度为 68.4%;当 $URR = 2.74\times10^{12}\,m^3$ 时(50% 探明率),产量峰值为 $538\times10^8\,m^3$,高峰产量为 $488\times10^8\,m^3$,稳产期为 2039—2055 年,稳产期末累计产量为 $1.94\times10^{12}\,m^3$,URR 采出程度为 70.9%;当 $URR = 2.96\times10^{12}\,m^3$ 时(55% 探明率),产量峰值为 $637\times10^8\,m^3$,高峰产量为 $567\times10^8\,m^3$,稳产期为 2039—2055 年,稳产期末累计产量为 $2.16\times10^{12}\,m^3$,URR 采出程度为 72.9%;当 $URR = 3.16\times10^{12}\,m^3$ 时(60% 探明率),产量峰值为 $719\times10^8\,m^3$,高峰产量为 $640\times10^8\,m^3$,稳产期为 2039—2055 年,稳产期末累计产量为 $2.34\times10^{12}\,m^3$,URR 采出程度为 74.0%(表 4.11)。

表 4.11　不同探明率下常规气产量预测结果

产量预测结果指标	最终可采储量 $URR/10^{12}\,m^3$	产量峰值 $/10^8\,m^3$	产量峰值时间	高峰产量 $/10^8\,m^3$	相对稳产时期	节点产量/$10^8\,m^3$		
						2025 年	2030 年	2035 年
40% 探明率	2.20	303	2047 年	289	2039—2055 年	214	273	287
45% 探明率	2.57	458	2047 年	423	2039—2055 年	262	361	413
50% 探明率	2.74	538	2047 年	488	2039—2055 年	275	354	434
55% 探明率	2.96	637	2047 年	567	2039—2055 年	290	389	494
60% 探明率	3.16	719	2047 年	640	2039—2055 年	301	416	540

(2)常规气+致密气

依据产量曲线的平滑性,将常规气+致密气产量曲线分割为表征产量变化趋势的基线和多旋回生命曲线,旋回数为 3(图 4.43、图 4.44)。

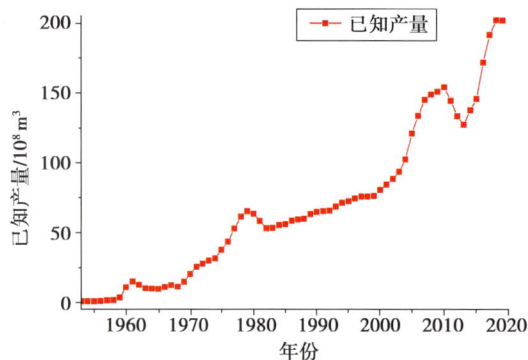

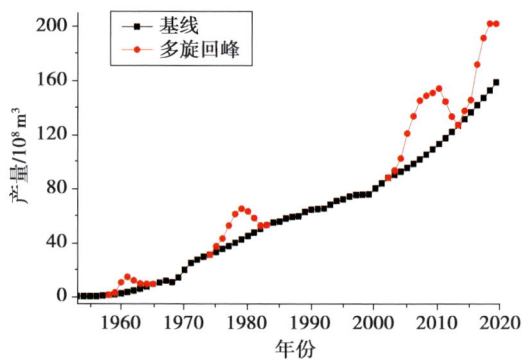

图 4.43　1956—2019 年常规气+致密气产量曲线　图 4.44　1956—2019 年常规气+致密气产量曲线划分

通过 Weng 模型拟合预测得到基线,并预测至未来时间段。运用 Hubbert 多旋回模型预测得到 3 个峰的参数(表 4.12)。

表 4.12　1956—2019 年常规气产量预测结果参数

参　数	峰 1	峰 2	峰 3
斜率 b	1.27	0.85	0.56
峰值 N_m	11.30	22.45	43.45

参　数	峰 1	峰 2	峰 3
峰值时间 t_m	1963 年	1979 年	2008 年
后验算方差比值	0.119		
小误差概率	0.967		
Weng 模型预测基线方程	$Q=27.68(t-195\,5)^{0.1}\mathrm{e}^{0.0265(t-195\,5)}$		

注:式中,Q 为基线产量值,t 为年份。

1956—2019 年常规气+致密气产量预测结果如图 4.45 所示。预测未来基线趋势持续上升,符合四川盆地天然气产量快速持续上涨的趋势。从图 4.45 可以看出,产量增长趋势呈现出多峰特征,需要计算最终可采储量 URR,并采用 Hubbert 模型来预测未来产量的发展趋势。

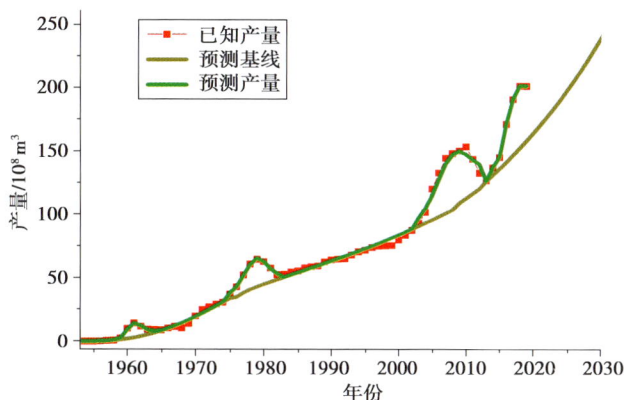

图 4.45　1956—2019 年常规气+致密气产量预测曲线

综合分析后得出常规气+致密气最终可采储量为 $3.09\times10^{12}\sim3.92\times10^{12}\,\mathrm{m}^3$。依据不同资源量条件下的生命周期的预测储量计算结果,结合储量升级转化率计算 URR(表 4.13)。

表 4.13　常规气+致密气最终可采储量(URR)估算

不同情景	40% 探明率	45% 探明率	50% 探明率	55% 探明率	60% 探明率
URR 估算值/$10^{12}\,\mathrm{m}^3$	3.09	3.26	3.43	3.60	3.92

将不同情况的最终可采储量 URR 代入公式,可以算出不同情况的产量增长方程。由于考虑到未来时间会进入稳产期,因此从未来时间段 2020 年开始,产量预测过程中不将预测基线代入方程,将 2020 年之后的产量预测曲线仅视为单峰 Hubbert 模型,而不是生命旋回曲线与预测基线的组合。

$$Q = Q_1 + Q_2$$

$$Q = \begin{cases} Q_1 = \dfrac{2 \times 11.3}{1 + \cosh[1.27(t-1\,963)]} + \dfrac{2 \times 22.45}{1 + \cosh[0.85(t-1\,979)]} + \\ \qquad \dfrac{2 \times 43.45}{1 + \cosh[0.56(t-2\,008)]} + 27.68(t-1\,955)^{0.1} \mathrm{e}^{0.0265(t-1\,955)} \\[4pt] Q_2 = \begin{cases} \dfrac{2 \times 532.98}{1 + \cosh[0.068\,9(t-2\,050)]} & (40\% \text{探明率}) \\[8pt] \dfrac{2 \times 601.78}{1 + \cosh[0.073\,8(t-2\,050)]} & (45\% \text{探明率}) \\[8pt] \dfrac{2 \times 668.81}{1 + \cosh[0.077\,9(t-2\,050)]} & (50\% \text{探明率}) \\[8pt] \dfrac{2 \times 734.36}{1 + \cosh[0.081\,5(t-2\,050)]} & (55\% \text{探明率}) \\[8pt] \dfrac{2 \times 852.95}{1 + \cosh[0.087\,1(t-2\,050)]} & (60\% \text{探明率}) \end{cases} \end{cases}$$

$$(4.84)$$

式中，Q_1 为 1953—2019 年已知年份的产量曲线；Q_2 为不同探明率情况下 2019 年后预测年份的产量曲线。

如图 4.46、表 4.14 所示，当 $URR = 3.09 \times 10^{12}\,\mathrm{m}^3$ 时（40% 探明率），产量峰值为 $530 \times 10^8\,\mathrm{m}^3$，高峰产量为 $483 \times 10^8\,\mathrm{m}^3$，稳产期为 2041—2059 年，稳产期末累计产量为 $2.15 \times 10^{12}\,\mathrm{m}^3$，$URR$ 采出程度为 69.5%；当 $URR = 3.26 \times 10^{12}\,\mathrm{m}^3$ 时（45% 探明率），产量峰值为 $602 \times 10^8\,\mathrm{m}^3$，高峰产量为 $540 \times 10^8\,\mathrm{m}^3$，稳产期为 2041—2059 年，稳产期末累计产量为 $2.32 \times 10^{12}\,\mathrm{m}^3$，$URR$ 采出程度为 71.2%；当 $URR = 3.43 \times 10^{12}\,\mathrm{m}^3$ 时（50% 探明率），产量峰值为 $669 \times 10^8\,\mathrm{m}^3$，高峰产量为 $592 \times 10^8\,\mathrm{m}^3$，稳产期为 2041—2059 年，稳产期末累计产量为 $2.49 \times 10^{12}\,\mathrm{m}^3$，$URR$ 采出程度为 72.4%；当 $URR = 3.60 \times 10^{12}\,\mathrm{m}^3$ 时（55% 探明率），产量峰值为 $734 \times 10^8\,\mathrm{m}^3$，高峰产量为

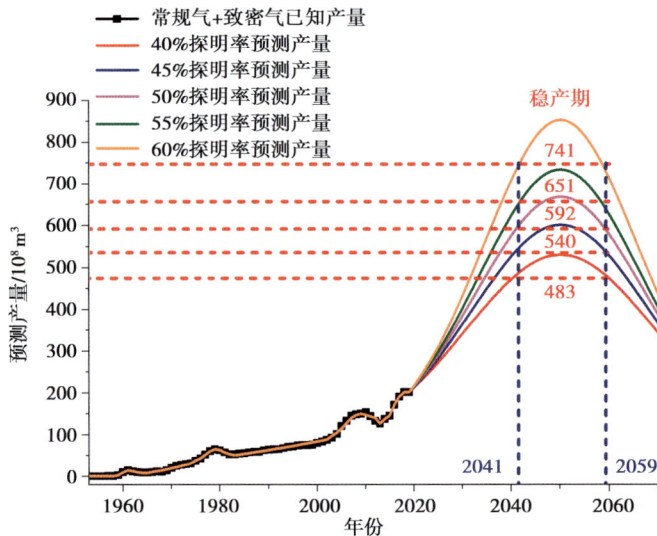

图 4.46 常规气+致密气产量预测结果

$651\times10^8\,\mathrm{m}^3$，稳产期为 2041—2059 年，稳产期末累计产量为 $2.64\times10^{12}\,\mathrm{m}^3$，$URR$ 采出程度为 73.3%；当 $URR=3.92\times10^{12}\,\mathrm{m}^3$ 时（60% 探明率），产量峰值为 $853\times10^8\,\mathrm{m}^3$，高峰产量为 $741\times10^8\,\mathrm{m}^3$，稳产期为 2041—2059 年，稳产期末累计产量为 $2.92\times10^{12}\,\mathrm{m}^3$，$URR$ 采出程度为 74.6%。

表 4.14　不同探明率下常规气产量预测结果

产量预测结果指标	最终可采储量 $URR/10^{12}\,\mathrm{m}^3$	产量峰值 $/10^8\,\mathrm{m}^3$	产量峰值时间	高峰产量 $/10^8\,\mathrm{m}^3$	相对稳产时期	节点产量/$10^8\,\mathrm{m}^3$		
						2025 年	2030 年	2035 年
40% 探明率	3.09	530	2050 年	483	2041—2059 年	274	342	411
45% 探明率	3.26	602	2050 年	540	2041—2059 年	284	364	449
50% 探明率	3.43	669	2050 年	592	2041—2059 年	292	384	484
55% 探明率	3.60	734	2050 年	651	2041—2059 年	300	402	516
60% 探明率	3.92	853	2050 年	741	2041—2059 年	312	433	572

（3）常规气+致密气+页岩气

由常规气+致密气+页岩气产量增长曲线可以看出，增长并不一直符合多旋回变化趋势，在整体类指数增长下保持多旋回增长趋势，即产量增长曲线由基线和多旋回曲线共同组成（图 4.47）。依据产量曲线的平滑性，将产量曲线分割为表征产量变化趋势的基线和多旋回生命曲线，旋回数为 3（图 4.48）。

通过 Weng 模型拟合预测得到基线，并预测至未来时间段。运用 Hubbert 多旋回模型预测得到 3 个峰的参数（表 4.15）。

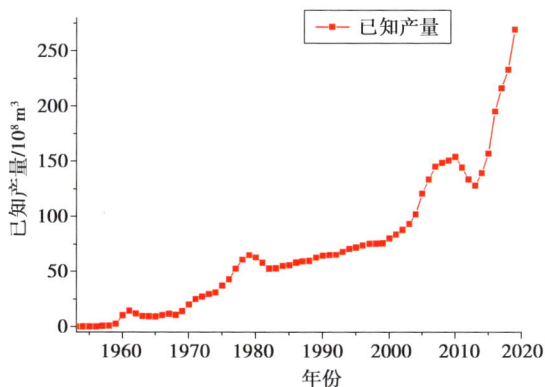

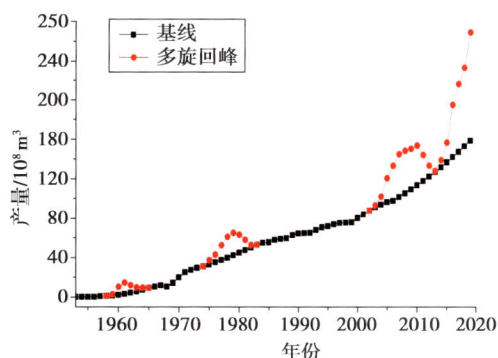

图 4.47　常规气+致密气+页岩气产量增长曲线　图 4.48　常规气+致密气+页岩气增长曲线划分

表 4.15　1956—2019 年常规气产量预测结果参数

参　　数	峰 1	峰 2	峰 3
斜率 b	1.27	0.85	0.65
峰值 N_m	11.30	22.45	43.27

续表

参　　数	峰 1	峰 2	峰 3
峰值时间 t_m	1963 年	1979 年	2007 年
后验算方差比值	0.101		
小误差概率	0.978		
Weng 模型预测基线方程	$Q = 27.65(t-1\,955)^{0.1}\mathrm{e}^{0.0266(t-1\,955)}$		

注:式中,Q 为基线产量值,t 为年份。

灰色预测后验算方差比值 $C = 0.101$,小误差概率 $P = 0.973$,产量预测精度较高。由于将已知产量视为基线与 Hubbert 生命旋回模型的加和,每个旋回峰是原产量曲线减去基线后得到的,新得到的产量峰值 N_m 明显减小,峰值时间 t_m 也发生了微小改变。

预测未来基线趋势持续上升,符合四川盆地天然气产量快速持续上涨的趋势。由于产量增长趋势不是完全的多旋回曲线,且多旋回峰仅有 3 个,因此不能简单地用灰色预测模型预测未来多旋回峰的参数,需计算最终可采储量 URR 来预测未来产量增长趋势(图 4.49)。

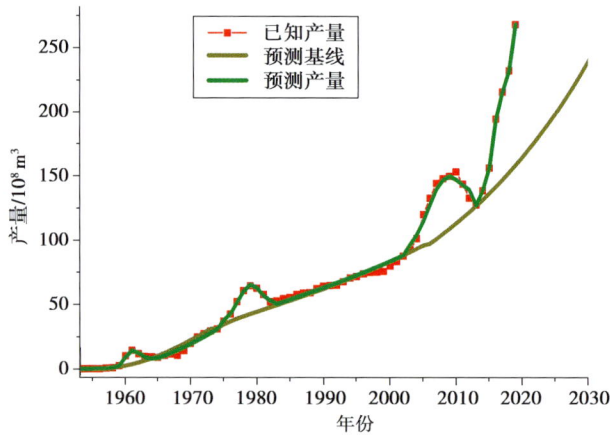

图 4.49　常规气+致密气+页岩气产量预测曲线

综合分析后得出常规气+致密气+页岩气最终可采储量为 $4.50 \times 10^{12} \sim 6.50 \times 10^{12}\,\mathrm{m^3}$。依据不同资源量条件下的生命周期的预测储量计算结果,结合储量升级转化率计算 URR(表 4.16)。

表 4.16　常规气+致密气+页岩气最终可采储量(URR)估算

不同情景	40% 探明率	45% 探明率	50% 探明率	55% 探明率	60% 探明率
URR 估算值/$10^{12}\,\mathrm{m^3}$	4.51	5.26	5.65	6.02	6.46

将不同情况的最终可采储量 URR 代入公式,可以算出不同情况的产量增长方程。

$$Q = \begin{cases} Q = Q_1 + Q_2 \\ Q_1 = \dfrac{2 \times 11.3}{1 + \cosh[1.27(t-1\,963)]} + \dfrac{2 \times 22.45}{1 + \cosh[0.85(t-1\,979)]} + \\ \qquad \dfrac{2 \times 43.27}{1 + \cosh[0.65(t-2\,007)]} + 27.65(t-1\,955)^{0.1}\mathrm{e}^{0.0266(t-1\,955)} \\ Q_2 = \begin{cases} \dfrac{2 \times 834.10}{1 + \cosh[0.080\,5(t-2\,048)]} & (40\%\,探明率) \\ \dfrac{2 \times 1\,119.99}{1 + \cosh[0.092\,5(t-2\,048)]} & (45\%\,探明率) \\ \dfrac{2 \times 1\,264.23}{1 + \cosh[0.097\,2(t-2\,048)]} & (50\%\,探明率) \\ \dfrac{2 \times 1\,400.68}{1 + \cosh[0.101\,2(t-2\,048)]} & (55\%\,探明率) \\ \dfrac{2 \times 1\,565.53}{1 + \cosh[0.105\,4(t-2\,048)]} & (60\%\,探明率) \end{cases} \end{cases} \tag{4.85}$$

式中，Q_1 为 1953—2019 年已知年份的产量曲线；Q_2 为不同探明率情况下 2019 年后预测年份的产量曲线。

预测结果显示，5 种资源量情景下的预测产量峰值、峰值出现时间均在较远的时间段，最终可采储量 URR 越大，峰值产量越大，预测产量曲线的凹凸性越明显（图 4.50）。

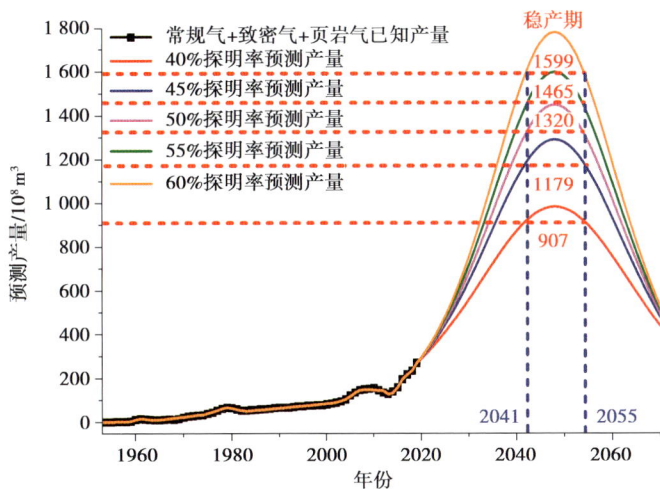

图 4.50　常规气+致密气产量预测结果

当 $URR = 4.51 \times 10^{12} \mathrm{m}^3$ 时（40% 探明率），产量峰值为 $982 \times 10^8 \mathrm{m}^3$，高峰产量为 $907 \times 10^8 \mathrm{m}^3$，稳产期为 2041—2055 年，稳产期末累计产量为 $3.09 \times 10^{12} \mathrm{m}^3$，$URR$ 采出程度为 68.6%；当 $URR = 5.26 \times 10^{12} \mathrm{m}^3$ 时（45% 探明率），产量峰值为 $1\,290 \times 10^8 \mathrm{m}^3$，高峰产量为 $1\,179 \times 10^8 \mathrm{m}^3$，稳产期为 2041—2055 年，稳产期末累计产量为 $3.73 \times 10^{12} \mathrm{m}^3$，$URR$ 采出程度为 70.8%；当 $URR = 5.65 \times 10^{12} \mathrm{m}^3$ 时（50% 探明率），产量峰值为 $1\,449 \times 10^8 \mathrm{m}^3$，高峰产量为 $1\,320 \times 10^8 \mathrm{m}^3$，稳产期为 2041—2055 年，稳产期末累计产量为 $4.05 \times 10^{12} \mathrm{m}^3$，$URR$ 采出程度为 71.6%；当 $URR = 6.02 \times 10^{12} \mathrm{m}^3$ 时（55% 探明率），产量峰值为 $1\,598 \times 10^8 \mathrm{m}^3$，高峰产量为

$1\,465\times10^8\,m^3$，稳产期为 2041—2055 年，稳产期末累计产量为 $4.34\times10^{12}\,m^3$，URR 采出程度为 72.1%；当 $URR=6.46\times10^{12}\,m^3$ 时（60% 探明率），产量峰值为 $1\,781\times10^8\,m^3$，高峰产量为 $1\,599\times10^8\,m^3$，稳产期为 2041—2055 年，稳产期末累计产量为 $4.70\times10^{12}\,m^3$，URR 采出程度为 72.7%（表 4.17）。

表 4.17　不同探明率下常规气产量预测结果

产量预测结果指标	最终可采储量 $URR/10^{12}\,m^3$	产量峰值 $/10^8\,m^3$	产量峰值时间	高峰产量 $/10^8\,m^3$	相对稳产时期	节点产量/$10^8\,m^3$		
						2025 年	2030 年	2035 年
40% 探明率	4.51	982	2048 年	907	2041—2055 年	411	560	724
45% 探明率	5.26	1 290	2048 年	1 179	2041—2055 年	444	644	881
50% 探明率	5.65	1 449	2048 年	1 320	2041—2055 年	458	683	957
55% 探明率	6.02	1 598	2048 年	1 465	2041—2055 年	470	717	1 026
60% 探明率	6.46	1 781	2048 年	1 599	2041—2055 年	484	756	1 107

3）以储采比+URR 为双重控制边界的产量预测模型构建

（1）常规气

影响产量的主要因素是地质资源及盆地区的勘探开发条件。四川盆地正处于产量快速增长的黄金时期，资源勘探率仍低于 20%，且川中古隆起勘探等进展使得盆地天然气勘探开发工作取得重大突破。因此，基于最终可采储量 URR（即以地质资源量为主要考虑的影响因素）影响下的产量增长趋势，产量增长曲线不会较大程度地偏离该结果。

天然气产量增长趋势在人为控制条件下会发生改变，选取储采比作为产量预测的主要指标，深入研究产量增长趋势，研究不同储采比情况下的产量增长规律，为四川盆地天然气产量规划提供长远理论依据（表 4.18）。

表 4.18　1956—2019 年常规气储采比、产量均值

年　　份	1956—1960 年	1961—1965 年	1966—1970 年	1971—1975 年	1976—1980 年	1981—1985 年	1986—1990 年
储采比	16.89	17.82	37.23	19.75	10.90	9.62	9.92
产量均值 $/10^8\,m^3$	2.92	10.80	13.29	29.35	53.11	51.11	56.76
年　　份	1991—1995 年	1996—2000 年	2001—2005 年	2005—2010 年	2011—2015 年	2016—2019 年	—
储采比	13.79	21.09	23.41	20.03	31.39	50.48	—
产量均值 $/10^8\,m^3$	62.94	69.20	87.01	127.38	119.15	181.28	—

由于油气单位以 5 年为一个产量规划周期,因此选择每 5 年为一个预测单位,统计 1956—2019 年间每 5 年的储采比与产量均值。将统计得到的储采比与产量均值,通过灰色 GM(1,2)模型预测未来时间段的储采比,每 5 年为一个单位(以 2021—2025 年为例),预测未来时间段的储采比,并代入数值计算 2021—2025 年的产量曲线,与基于 URR 预测 2021—2025 年的产量进行相关性分析。若相关性系数较小(即预测曲线偏离初级规划曲线较远),调整步长重新预测,直至相关性系数较大,再进行下一个 5 年的产量预测。其原理如图 4.51 所示,相关性系数阈值设为 0.95。

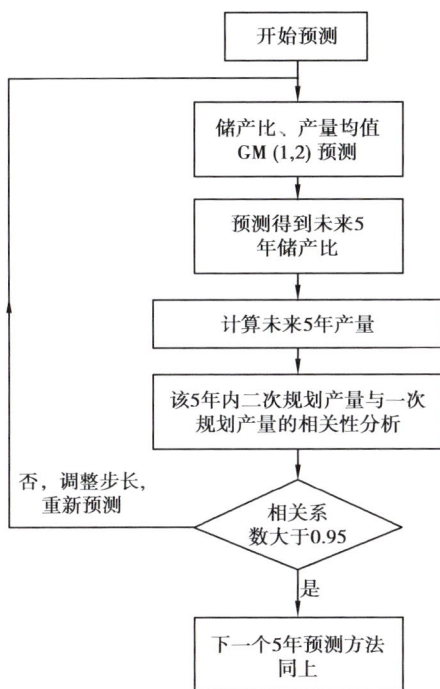

图 4.51　产量预测流程图

该预测方法可得到多个产量预测结果,将不符合阈值设定的产量预测结果筛除。每种探明率(40%、45%、50%、55%、60%)下,选择 4 种相关性较大的预测结果及产量相对应的储采比(图 4.52)。

由于储采比灰色预测是以相关性系数为限定阈值,因此曲线的变化规律相近,与天然气产量的主要限制因素是资源量的规律相符合。

以储采比作为变量,每种探明率的 4 种产量预测曲线均与预测基准的变化趋势接近,但局部有微小的上下波动。以基准预测产量曲线为中心,4 种预测产量曲线围绕其增长,产量增长曲线的凹凸性并未改变。

由于储采比=剩余可采储量/当年产量,因此前期产量越大后期剩余可采储量减小速度越快,远大于当年产量递减率,可采储量的快速减少也会加速产量的递减率。因此,在同样探明率条件(即同样最终可采储量 URR 条件)下,前期产量增长越快,后期产量递减也越快。

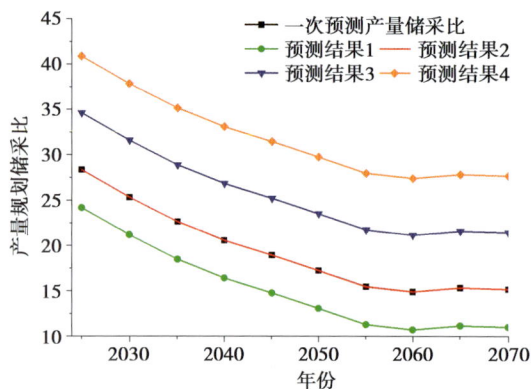

（a）40%探明率预测产量储采比

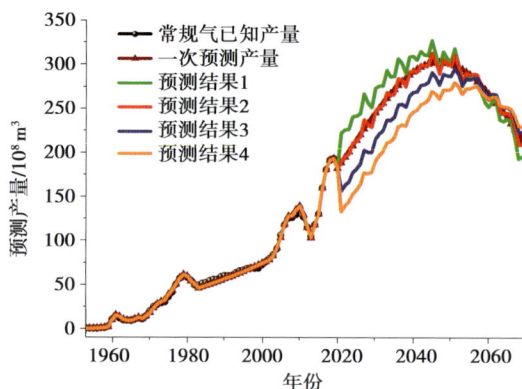

（b）40%探明率二次预测产量结果

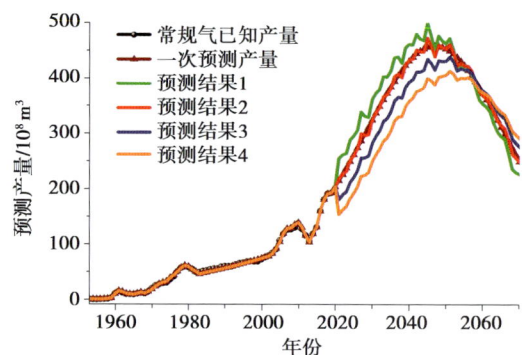

（c）45%探明率预测产量储采比

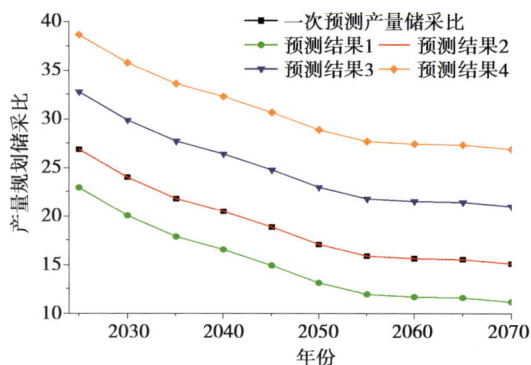

（d）45%探明率二次预测产量结果

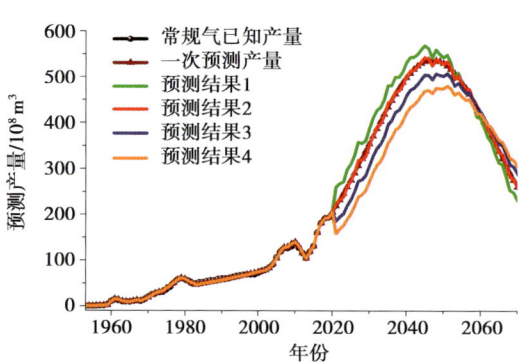

（e）50%探明率预测产量储采比

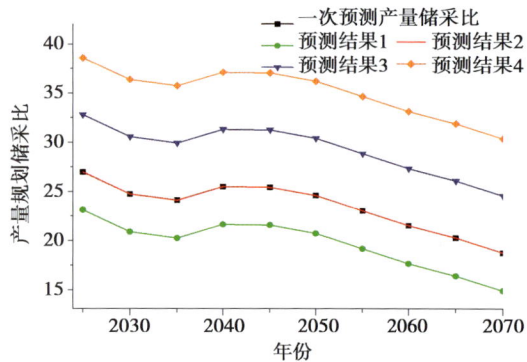

（f）50%探明率二次预测产量结果

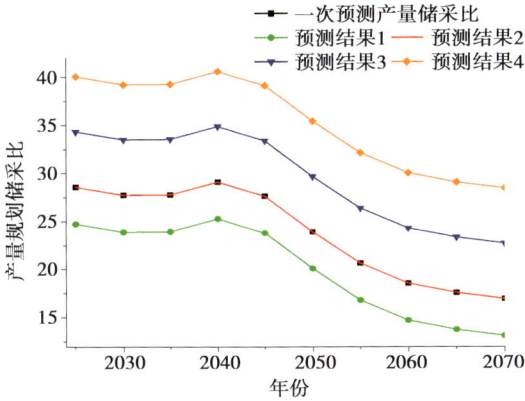

（g）55%探明率预测产量储采比

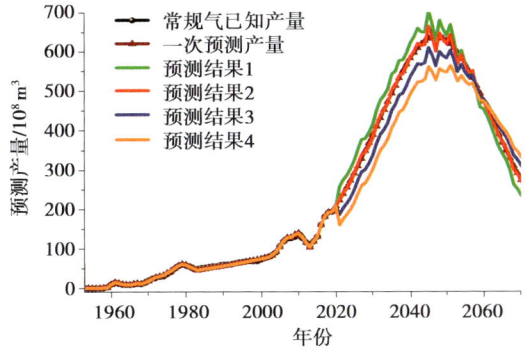

（h）55%探明率二次预测产量结果

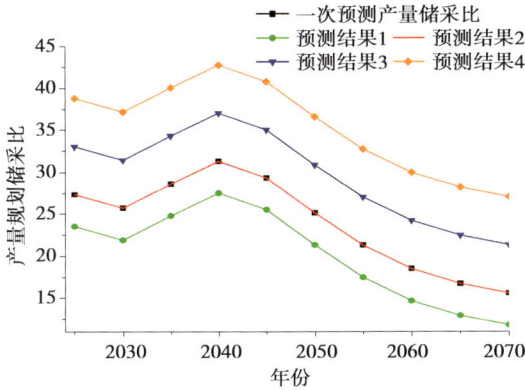

（i）60%探明率预测产量储采比

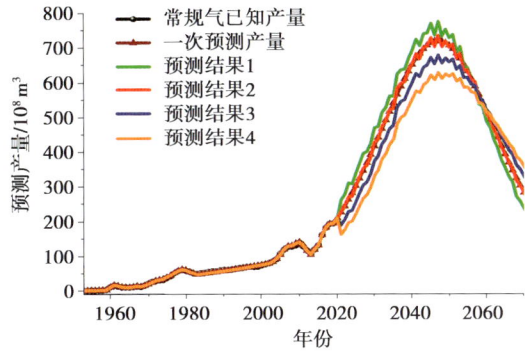

（j）60%探明率二次预测产量结果

图 4.52　不同探明率下储采比+*URR* 常规气预测产量结果

引入储量替换率（储量替换率＝当年新增探明储量×采收率/当年产量）评估产量变化规律（图 4.53、表 4.19）。可以看出，储量替换率变化曲线的多旋回特征非常明显，且峰值时间与预测储量的峰值时间相同；由于天然气预测储量也有明显的多旋回性，且每个单旋回内储量变化率极大，产量在 2020 年后呈现单旋回特征，因此储量替换率也呈现明显的多峰性。

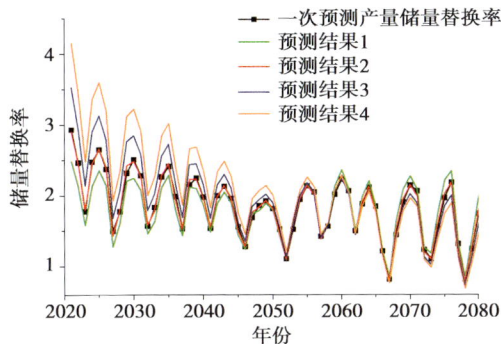

（a）40%探明率预测产量储量替换率

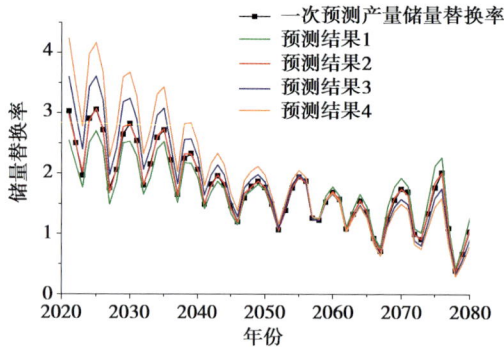

（b）45%探明率预测产量储量替换率

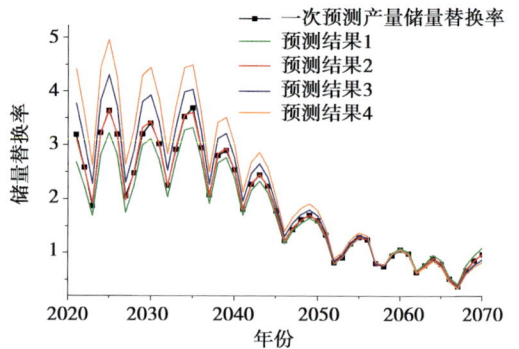

（c）50%探明率预测产量储量替换率

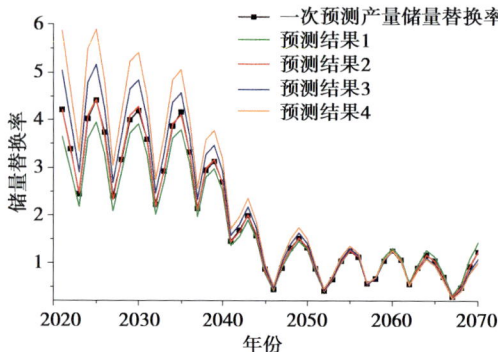

（d）55%探明率预测产量储量替换率

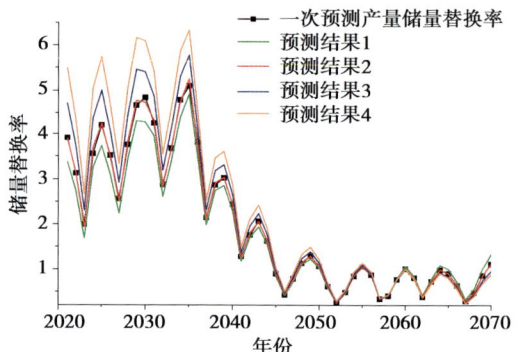

（e）60%探明率预测产量储量替换率

图 4.53 常规气产量预测储量替换

表 4.19 储量替换率

年　份	40%探明率储量替换率				
	一次预测	预测结果 1	预测结果 2	预测结果 3	预测结果 4
2020—2030 年	2.29	2.03	2.29	2.69	3.10
2030—2040 年	2.04	1.90	2.04	2.27	2.52
2040—2050 年	1.79	1.73	1.79	1.90	2.04
2050—2060 年	1.76	1.79	1.77	1.79	1.85
2060—2070 年	1.70	1.78	1.71	1.65	1.63

年　份	45%探明率储量替换率					50%探明率储量替换率				
	一次预测	预测结果 1	预测结果 2	预测结果 3	预测结果 4	一次预测	预测结果 1	预测结果 2	预测结果 3	预测结果 4
2020—2030 年	2.56	2.26	2.56	3.02	3.47	2.90	2.58	2.91	3.41	3.91
2030—2040 年	2.25	2.07	2.25	2.52	2.81	2.88	2.67	2.88	3.21	3.56
2040—2050 年	1.69	1.63	1.69	1.82	1.97	1.83	1.75	1.83	1.96	2.11
2050—2060 年	1.54	1.56	1.54	1.56	1.61	1.05	1.05	1.05	1.07	1.11
2060—2070 年	1.32	1.43	1.33	1.25	1.22	0.76	0.82	0.76	0.72	0.70

年　份	55% 探明率储量替换率					60% 探明率储量替换率				
	一次预测	预测结果 1	预测结果 2	预测结果 3	预测结果 4	一次预测	预测结果 1	预测结果 2	预测结果 3	预测结果 4
2020—2030 年	3.61	3.24	3.62	4.21	4.80	3.64	3.25	3.65	4.26	4.88
2030—2040 年	3.11	2.89	3.11	3.45	3.80	3.52	3.29	3.53	3.91	4.30
2040—2050 年	1.32	1.26	1.32	1.43	1.54	1.25	1.19	1.26	1.36	1.46
2050—2060 年	0.90	0.91	0.91	0.92	0.96	0.68	0.68	0.68	0.70	0.72
2060—2070 年	0.85	0.94	0.85	0.79	0.76	0.73	0.83	0.73	0.67	0.64

在 2055 年稳产期之前，产量处于递增趋势或递减率较低，储量替换率在多旋回局部特征下呈明显的下降趋势；在 2055 年稳产期过后，产量递减率变大，与此时的储量递减率接近，储量替换率区域呈现平稳不变的趋势。随着探明率的提高，相应预测结果的储量替换率也随之增大。

将以 URR+储采比为双重控制边界产量预测与以 URR 为约束条件下的预测结果进行自相关分析。依据相关系数最大性原则，每种探明率情况下优选出 1 种产量曲线，最终筛选出 5 种产量规划优选结果（图 4.54、表 4.20）。

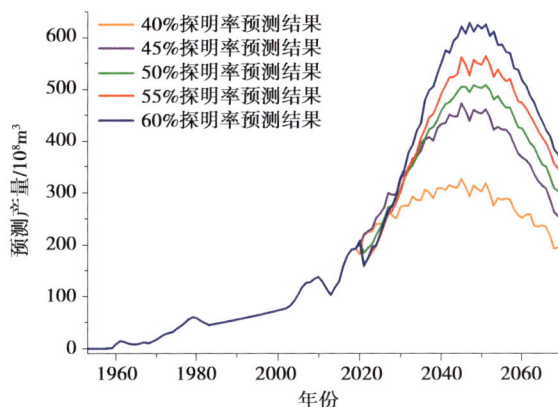

图 4.54　预测产量优选结果

综合分析产量规划关键年份（2025 年、2030 年、2035 年）的产量结果，由于 40% 探明率的产量预测曲线偏离其余 4 条曲线较远，因此不作为分析样本。2025 年常规气产量为 $220 \times 10^8 \sim 260 \times 10^8 m^3$，2030 年常规气产量为 $300 \times 10^8 \sim 330 \times 10^8 m^3$，2035 年常规气产量为 $380 \times 10^8 \sim 440 \times 10^8 m^3$。产量峰值在 2048—2051 年出现，峰值大小为 $460 \times 10^8 \sim 630 \times 10^8 m^3$。

（2）常规气+致密气

统计 1956—2019 年间每 5 年的储采比与产量均值（表 4.21）。将统计得到的储采比与产量均值，通过灰色 GM（1,2）模型预测未来时间段的储采比。每种探明率（40%、45%、50%、55%、60%）下，选择 4 种相关性较大的预测结果及产量相对应的储采比。

表 4.20　产量优选结果

项　目		年　份				相关系数	峰值产量/$10^8 m^3$	峰值时间	产量/$10^8 m^3$		
		2021—2030 年	2031—2040 年	2041—2050 年	2051—2060 年				2025 年	2030 年	2035 年
40%探明率	储采比预测值	22.66	17.41	13.89	10.98	0.993 6	315	2048 年	241	273	287
	储量替换率计算值	2.03	1.90	1.73	1.79						
45%探明率	储采比预测值	25.41	21.12	17.94	15.73	0.995 1	461	2051 年	261	326	380
	储量替换率计算值	2.56	2.25	1.69	1.54						
50%探明率	储采比预测值	31.67	30.60	30.81	28.07	0.996 3	507	2051 年	233	307	396
	储量替换率计算值	3.41	3.21	1.96	1.07						
55%探明率	储采比预测值	39.65	39.94	37.27	31.09	0.998 4	564	2051 年	217	302	407
	储量替换率计算值	4.80	3.80	1.54	0.96						
60%探明率	储采比预测值	37.98	41.40	38.69	31.35	0.996 2	627	2047 年	221	330	435
	储量替换率计算值	4.88	4.30	1.46	0.72						

表 4.21　1956—2019 年常规气+致密气储采比、产量均值

年　份	1956—1960 年	1961—1965 年	1966—1970 年	1971—1975 年	1976—1980 年	1981—1985 年	1986—1990 年
储采比	17.06	17.84	36.77	18.03	9.72	7.98	8.46
产量均值/$10^8 m^3$	2.92	10.81	13.32	29.92	56.66	54.66	60.61
年　份	1991—1995 年	1996—2000 年	2001—2005 年	2006—2010 年	2011—2015 年	2016—2019 年	—
储采比	12.29	19.12	22.37	24.28	45.73	61.56	—
产量均值/$10^8 m^3$	68.05	75.96	97.31	146.03	137.23	191.31	—

　　以储采比作为变量,预测常规气+致密气的产量(图 4.55)。预测结果表明,增加储采比作为控制边界,不同探明率下的预测结果与以 URR 为约束条件下的预测结果的变化趋势接近。

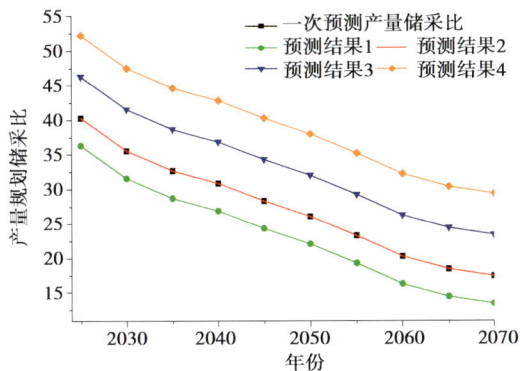

（a）40%探明率预测产量储采比

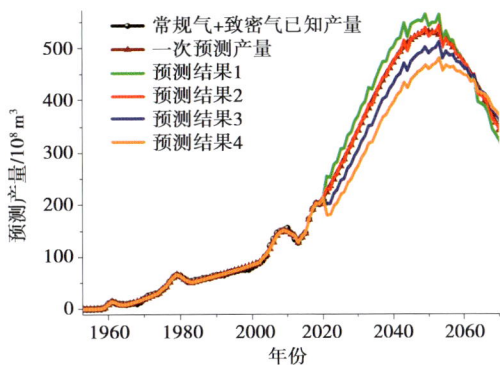

（b）40%探明率二次预测产量结果

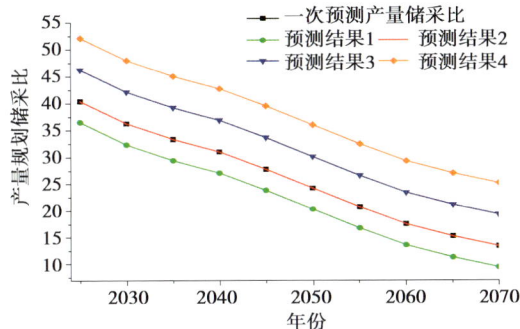

（c）45%探明率预测产量储采比

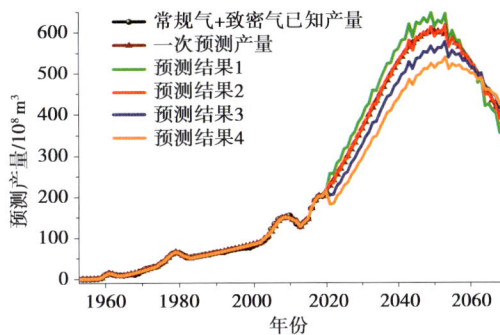

（d）45%探明率二次预测产量结果

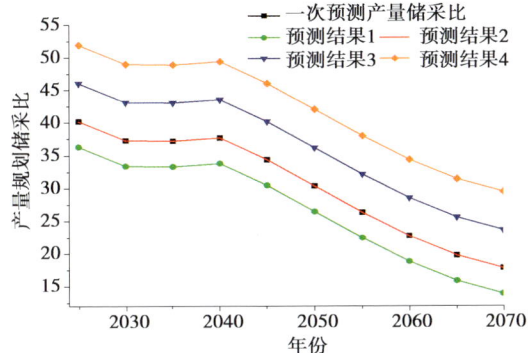

（e）50%探明率预测产量储采比

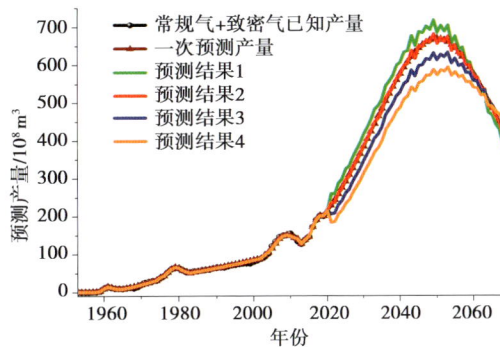

（f）50%探明率二次预测产量结果

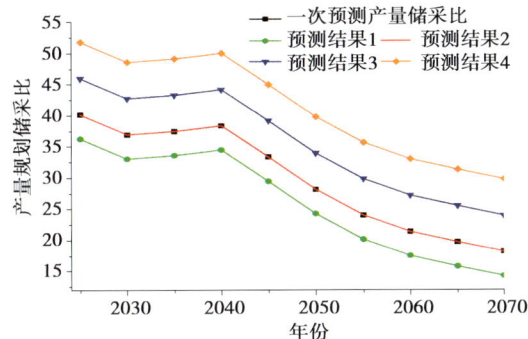

（g）55%探明率预测产量储采比

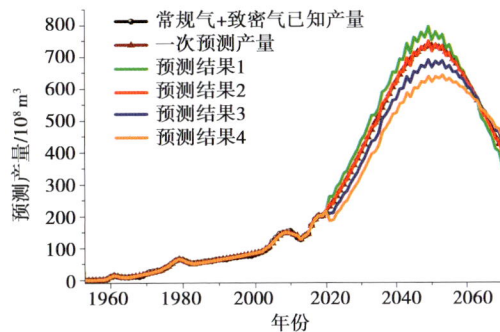

（h）55%探明率二次预测产量结果

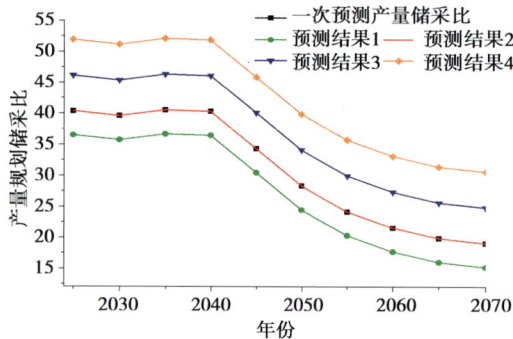

(i) 60%探明率预测产量储采比

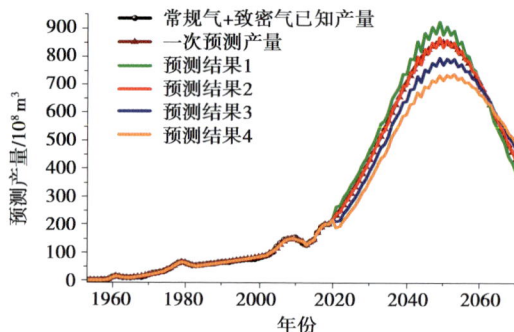

(j) 60%探明率二次预测产量结果

图4.55　常规气+致密气预测产量结果

储量替换率变化曲线的多旋回特征非常明显,2059年稳产期之前,产量处于递增趋势或递减率较低,储量替换率在多旋回局部特征下呈明显的下降趋势;在2059年稳产期过后,产量递减率变大,与此时的储量递减率接近,储量替换率区域呈现平稳不变的趋势(图4.56、表4.22)。随着探明率的提高,相应预测结果的储量替换率也随之增大。

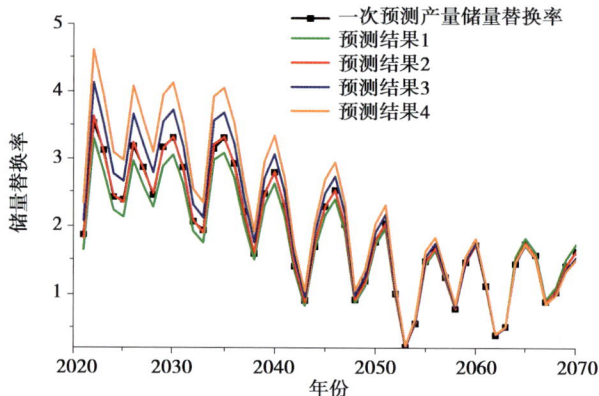

(a) 40%探明率预测产量储量替换率

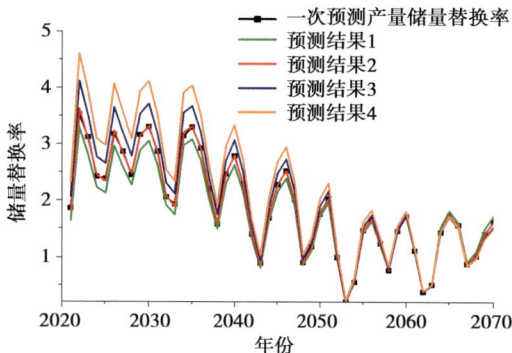

(b) 45%探明率预测产量储量替换率

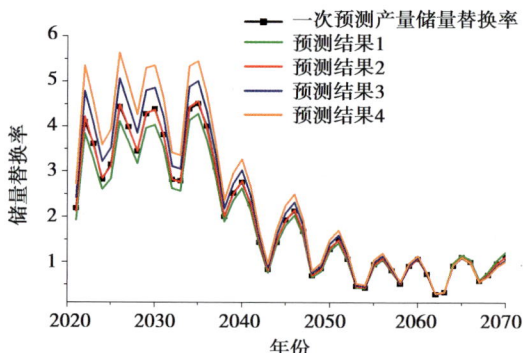

(c) 50%探明率预测产量储量替换率

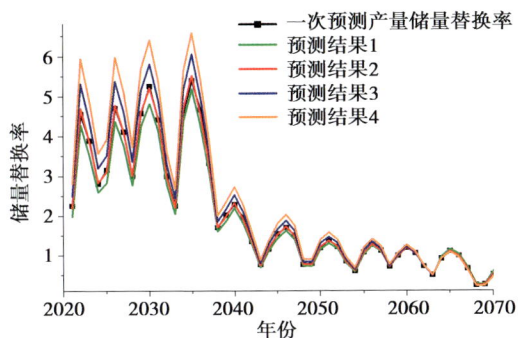

（d）55%探明率预测产量储量替换率　　　（e）60%探明率预测产量储量替换率

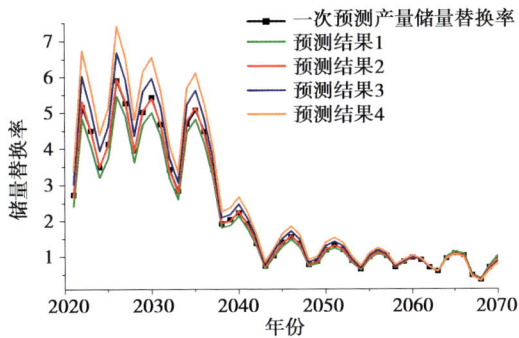

图 4.56　常规气+致密气产量预测储量替换率

表 4.22　储量替换率

年　份	40%探明率储量替换率				
	一次预测	预测结果 1	预测结果 2	预测结果 3	预测结果 4
2020—2030 年	2.84	2.60	2.85	3.21	3.58
2030—2040 年	2.54	2.37	2.54	2.81	3.09
2040—2050 年	1.71	1.62	1.71	1.85	2.00
2050—2060 年	1.22	1.20	1.23	1.28	1.34
2060—2070 年	1.18	1.24	1.18	1.15	1.16

年　份	45%探明率储量替换率				50%探明率储量替换率			
	一次预测	预测结果 1	预测结果 2	预测结果 3	预测结果 4	一次预测	预测结果 1	预测结果 2	预测结果 3	预测结果 4
2020—2030 年	3.14	2.88	3.15	3.55	3.95	3.65	3.35	3.66	4.12	4.58
2030—2040 年	2.56	2.38	2.56	2.83	3.11	3.28	3.08	3.29	3.60	3.93
2040—2050 年	1.50	1.42	1.50	1.63	1.77	1.47	1.39	1.47	1.59	1.71
2050—2060 年	1.14	1.12	1.14	1.19	1.25	0.89	0.86	0.89	0.93	0.99
2060—2070 年	1.06	1.13	1.06	1.02	1.02	0.79	0.83	0.79	0.77	0.77

年　份	55%探明率储量替换率				60%探明率储量替换率			
	一次预测	预测结果 1	预测结果 2	预测结果 3	预测结果 4	一次预测	预测结果 1	预测结果 2	预测结果 3	预测结果 4
2020—2030 年	3.82	3.51	3.83	4.31	4.80	4.56	4.20	4.57	5.13	5.68
2030—2040 年	3.36	3.15	3.37	3.69	4.03	3.48	3.27	3.49	3.82	4.15
2040—2050 年	1.28	1.20	1.28	1.39	1.50	1.21	1.14	1.22	1.32	1.44
2050—2060 年	1.04	1.01	1.04	1.10	1.16	0.97	0.94	0.97	1.02	1.08
2060—2070 年	0.70	0.73	0.70	0.69	0.69	0.77	0.81	0.77	0.75	0.74

综合分析产量规划关键年份（2025年、2030年、2035年）的产量结果,2025年常规气+致密气产量为$230×10^8 \sim 280×10^8 m^3$,2030年常规气+致密气产量为$310×10^8 \sim 340×10^8 m^3$,2035年常规气+致密气产量为$400×10^8 \sim 425×10^8 m^3$。产量峰值在2053年出现,峰值大小为$540×10^8 \sim 650×10^8 m^3$(图4.57、表4.23)。

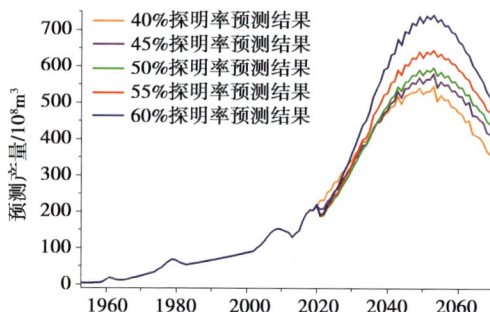

图4.57　预测产量优选结果

表4.23　产量优选结果

项　目		年　份				相关系数	峰值产量/$10^8 m^3$	峰值时间	产量/$10^8 m^3$		
		2021—2030年	2031—2040年	2041—2050年	2051—2060年				2025年	2030年	2035年
40%探明率	储采比预测值	2.60	2.37	1.62	1.20	0.991 6	543	2053年	279	340	409
	储量替换率计算值	33.94	27.79	23.22	17.81						
45%探明率	储采比预测值	3.15	2.56	1.50	1.14	0.995 2	577	2053年	255	324	404
	储量替换率计算值	38.29	32.11	25.95	19.07						
50%探明率	储采比预测值	4.12	3.60	1.59	0.93	0.993 2	594	2053年	234	315	400
	储量替换率计算值	33.94	27.79	23.22	17.81						
55%探明率	储采比预测值	4.80	4.03	1.50	1.16	0.991 4	643	2053年	241	330	423
	储量替换率计算值	50.12	49.51	42.36	34.31						
60%探明率	储采比预测值	5.68	4.15	1.44	1.08	0.992 3	739	2053年	250	389	475
	储量替换率计算值	50.12	49.51	42.36	34.31						

（3）常规气+致密气+页岩气

统计 1956—2019 年间每 5 年的储采比与产量均值（表 4.24）。将统计得到的储采比与产量均值，通过灰色 GM（1，2）模型预测未来时间段的储采比。每种探明率（40%、45%、50%、55%、60%）下，选择 4 种相关性较大的预测结果及产量相对应的储采比（图 4.58）。

表 4.24 1956—2019 年常规气+致密气+页岩气储采比、产量均值

年　份	1956—1960 年	1961—1965 年	1966—1970 年	1971—1975 年	1976—1980 年	1981—1985 年	1986—1990 年
储采比	42.13	17.40	42.08	19.64	10.71	7.53	8.69
产量均值	2.92	10.81	13.32	29.92	56.66	54.66	60.61
年　份	1991—1995 年	1996—2000 年	2001—2005 年	2006—2010 年	2011—2015 年	2016—2019 年	—
储采比	12.85	20.14	25.83	29.71	55.95	64.32	—
产量均值	68.05	75.96	97.31	146.03	140.12	227.98	—

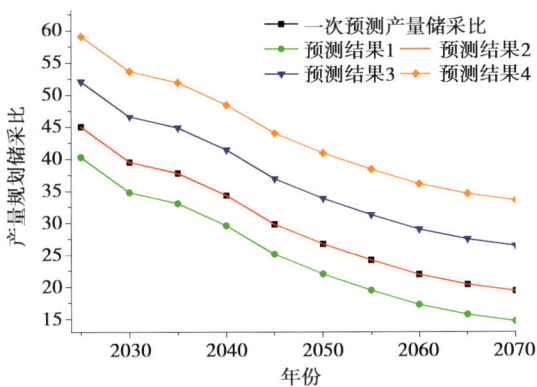

（a）40%探明率预测产量储采比

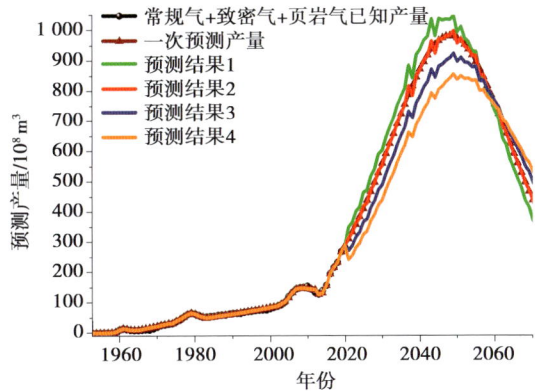

（b）40%探明率二次预测产量结果

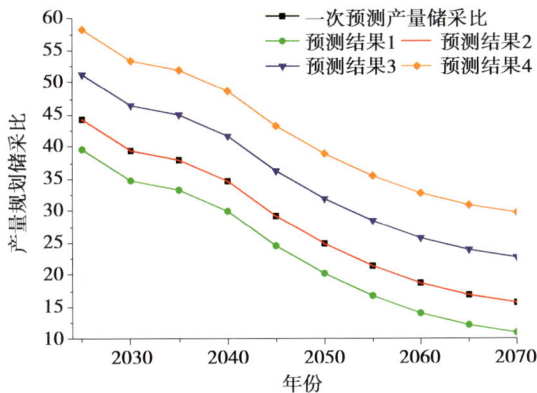

（c）45%探明率预测产量储采比

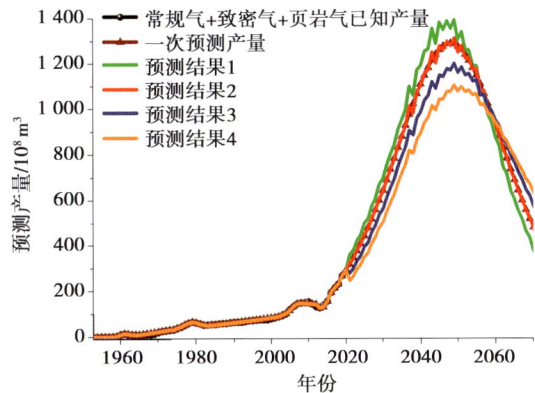

（d）45%探明率二次预测产量结果

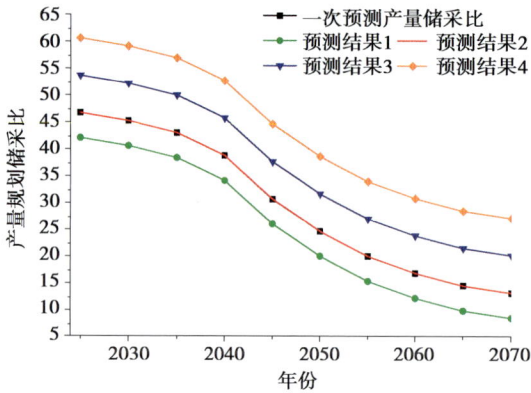

(e) 50%探明率预测产量储采比

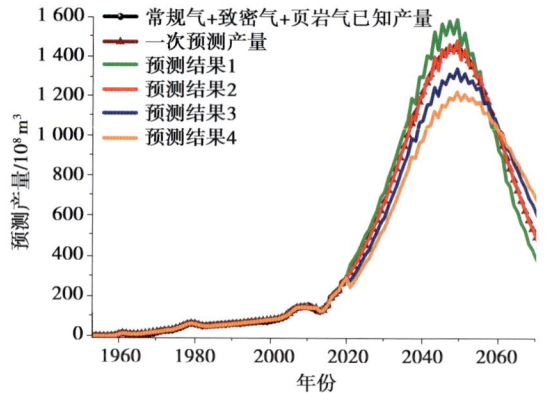

(f) 50%探明率二次预测产量结果

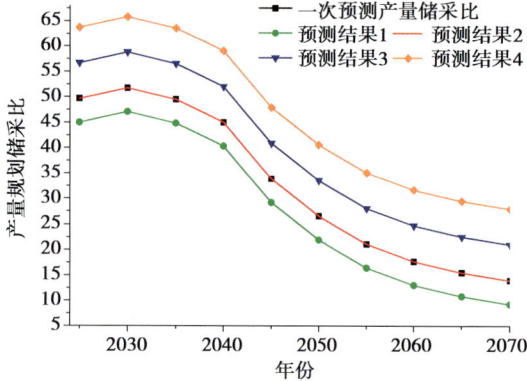

(g) 55%探明率预测产量储采比

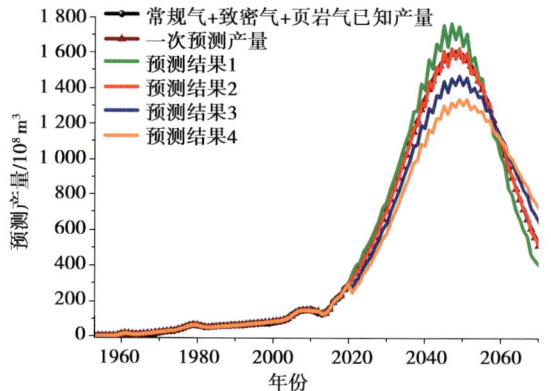

(h) 55%探明率二次预测产量结果

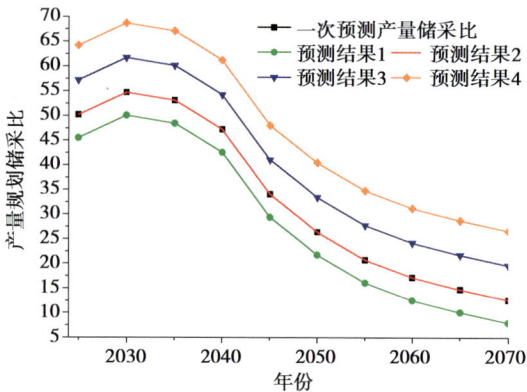

(i) 60%探明率预测产量储采比

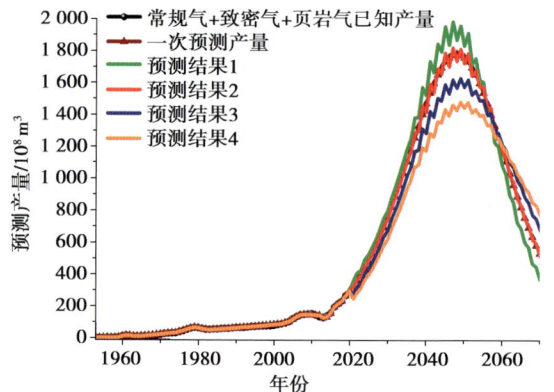

(j) 60%探明率二次预测产量结果

图 4.58　常规气+致密气+页岩气二次预测产量结果

在 2055 年稳产期之前,产量处于递增趋势或递减率较低,储量替换率在多旋回局部特征下呈明显的下降趋势;在 2055 年稳产期过后,产量递减率变大,与此时的储量递减率接近,储量替换率区域呈现平稳不变的趋势(图 4.59、表 4.25)。随着探明率的提高,相应预测结果的储量替换率也随之增大。

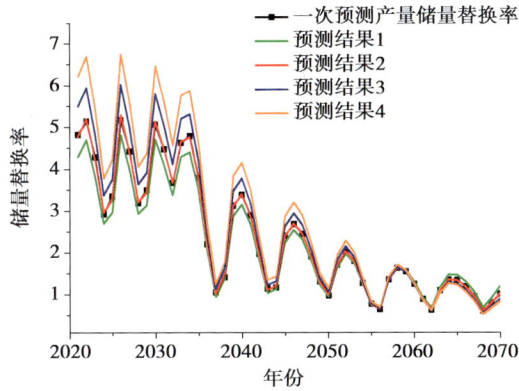

（a）40%探明率预测产量储量替换率

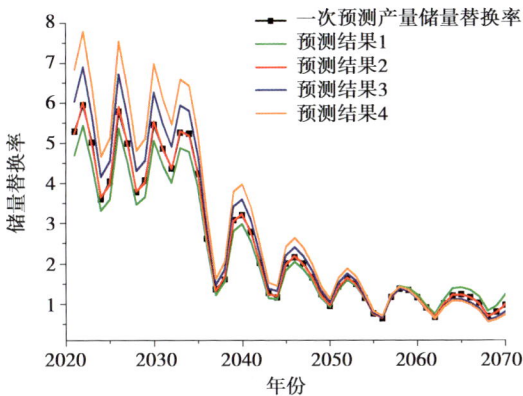

（b）45%探明率预测产量储量替换率

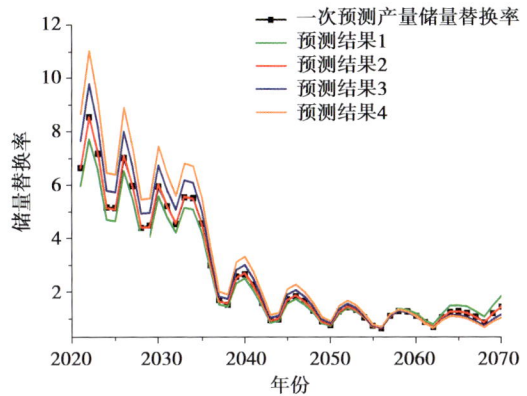

（c）50%探明率预测产量储量替换率

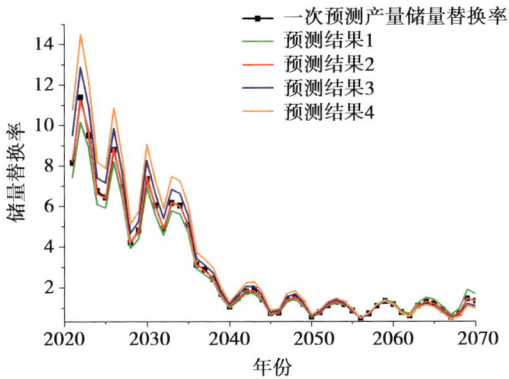

（d）55%探明率预测产量储量替换率

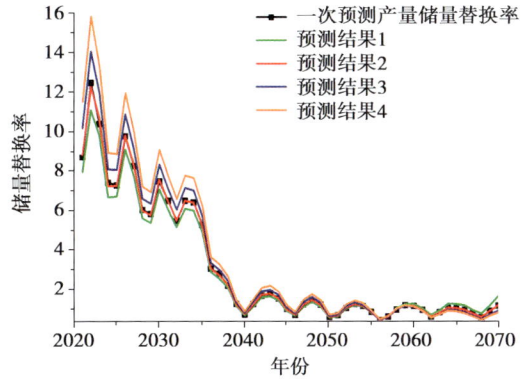

（e）60%探明率预测产量储量替换率

图 4.59 常规气+致密气+页岩气产量二次预测储量替换率

表4.25　储量替换率

年　份	40%探明率储量替换率				
	一次预测	预测结果1	预测结果2	预测结果3	预测结果4
2020—2030年	4.19	3.81	4.19	4.78	5.36
2030—2040年	3.25	3.01	3.25	3.63	4.01
2040—2050年	1.89	1.77	1.89	2.06	2.25
2050—2060年	1.40	1.39	1.40	1.44	1.51
2060—2070年	0.99	1.08	0.99	0.92	0.89

年　份	45%探明率储量替换率					50%探明率储量替换率				
	一次预测	预测结果1	预测结果2	预测结果3	预测结果4	一次预测	预测结果1	预测结果2	预测结果3	预测结果4
2020—2030年	4.80	4.36	4.80	5.48	6.15	6.04	5.52	6.05	6.84	7.63
2030—2040年	3.58	3.30	3.58	4.01	4.44	3.67	3.40	3.67	4.08	4.50
2040—2050年	1.72	1.61	1.72	1.90	2.08	1.39	1.29	1.39	1.55	1.70
2050—2060年	1.21	1.22	1.21	1.25	1.31	1.12	1.12	1.12	1.15	1.21
2060—2070年	0.97	1.11	0.96	0.86	0.83	1.09	1.30	1.09	0.95	0.90

年　份	55%探明率储量替换率					60%探明率储量替换率				
	一次预测	预测结果1	预测结果2	预测结果3	预测结果4	一次预测	预测结果1	预测结果2	预测结果3	预测结果4
2020—2030年	7.42	6.83	7.43	8.34	9.25	8.32	7.66	8.33	9.32	10.32
2030—2040年	3.91	3.65	3.91	4.31	4.71	3.97	3.71	3.97	4.35	4.75
2040—2050年	1.24	1.15	1.24	1.38	1.52	1.19	1.10	1.19	1.33	1.46
2050—2060年	0.96	0.97	0.96	1.00	1.05	0.88	0.89	0.88	0.92	0.97
2060—2070年	0.96	1.15	0.96	0.83	0.79	0.84	1.04	0.84	0.72	0.68

将以 URR +储采比为双重控制边界产量预测与以 URR 为约束条件下的预测结果进行自相关分析。依据相关系数最大性原则,每种探明率情况下优选出1种产量曲线,最终筛选出5种产量规划优选结果。

综合分析产量规划关键年份(2025年、2030年、2035年)的产量结果,2025年常规气+致密气+页岩气产量为 $360×10^8 ～460×10^8m^3$,2030年常规气+致密气+页岩气产量为 $540×10^8 ～630×10^8m^3$,2035年常规气+致密气+页岩气产量为 $780×10^8 ～940×10^8m^3$,产量峰值在2049年出现,峰值大小为 $1040×10^8 ～1480×10^8m^3$ (图4.60、表4.26)。

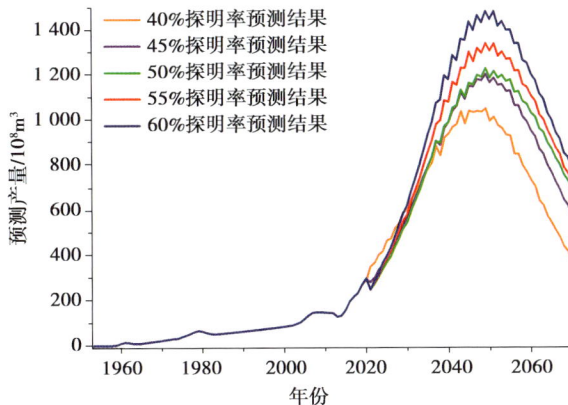

图 4.60　预测产量优选结果

表 4.26　产量优选结果

项　　目		年　　份				相关系数	峰值产量/$10^8 m^3$	峰值时间	产量/$10^8 m^3$		
		2021—2030 年	2031—2040 年	2041—2050 年	2051—2060 年				2025 年	2030 年	2035 年
40%探明率	储采比预测值	3.81	3.01	1.77	1.39	0.997 1	1 048	2049 年	464	603	782
	储量替换率计算值	37.53	31.31	23.57	18.36						
45%探明率	储采比预测值	4.80	3.58	1.72	1.21	0.998 7	1 202	2049 年	395	562	794
	储量替换率计算值	41.86	36.31	27.07	20.09						
50%探明率	储采比预测值	6.84	4.08	1.55	1.15	0.996 4	1 228	2049 年	368	544	791
	储量替换率计算值	53.02	47.91	34.63	25.35						
55%探明率	储采比预测值	9.25	4.71	1.52	1.05	0.994 3	1 338	2049 年	384	581	859
	储量替换率计算值	64.63	61.18	44.18	33.35						
60%探明率	储采比预测值	10.32	4.75	1.46	0.97	0.997 9	1 480	2049 年	396	622	935
	储量替换率计算值	66.36	64.08	44.16	32.91						

4.5 精准——风险量化

对于天然气企业而言,战略规划是一个跨越时间长、覆盖范围广、涉及环节多的复杂体系。其风险涉及天然气产业链上、中、下游各个环节,风险因素多,因素与因素之间关系复杂,识别困难,且不同产区、不同生产主体其风险因素也不尽相同。目前,国内外对天然气战略规划风险量化研究尚处于起步阶段(图4.61)。行业内风险评价工作长期采用定性分析方式开展,主观性较强,定量化分析研究不足。

图 4.61 石油天然气行业风险研究发展历程

由于天然气产量规划的长期性以及未来变化的不确定性,要增强其对现实的指导意义,就必须进行系统的风险分析,通过有效辨识天然气产量规划方案的关键风险点,提出针对可能出现的各种变化情况的对策以及不同环境下的实施方案选择,提前部署防范措施,将规划方案中潜在风险的威胁降到最低。

开发规划是依据油气开发的各项技术要求,以及国家对油气开发的政策和法规对油气田中长期发展进行宏观趋势的预测。通过长期的理论和实践分析,开发规划的内容与现实情况存在一定程度的差异,其差异多是由多个环节存在的不同风险所引起。为使油气开发规划预测内容更加符合现实情况的需要,风险分析便成为开发规划的主要内容。

然而,在开发战略规划制定中许多关键指标(如产量、储量、投资、成本、价格等)都具有较大的不确定性。在编制天然气开发规划的过程中,对规划方案的经济性和可行性影响最大的就是产量水平的实现。因此,产量预测的准确性至关重要,是编制规划的核心目标之一。为了更好地规避风险、突出战略规划的指导作用,对规划产量目标进行风险量化评价就显得十分必要。

4.5.1 风险评价方法

天然气开发规划研究覆盖面广、评价周期长、风险因素多,不同的因素之间关系复杂,风险因素既有定量指标(如资源规模),也有定性指标(如技术水平)。这些特点决定了天然气开发规划方案风险评价过程必定十分复杂。筛选天然气开发规划风险评价的最佳数学方法,必须结合各种数学方法的特点和天然气开发规划的特殊性。

风险评价方法大体可以划分为定性、定量、定性和定量相结合 3 类（图 4.62）。国外以定量分析为主，领域以勘探开发、管输、HSE 为主；国内的定量研究处于起步阶段，缺乏创新有效的分析评价模型。

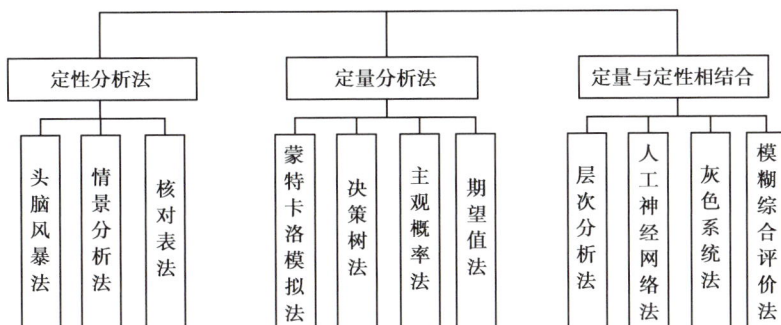

图 4.62　国内外风险分析方法

定性分析方法有头脑风暴法、情景分析法等；定量分析方法有蒙特卡洛模拟法、决策树法、三级风险等级估计、主观概率法、期望值法、风险调整贴现率法等；定量与定性相结合有层次分析法、故障树分析法、事件树分析法、模糊综合评判法、灰色系统法、人工神经网络法。

定量化评价方法有几十种，按评价特点可以归为 4 类（表 4.27）。

①直观类，如影响图、风险矩阵、决策树、故障树、对照表法；

②模拟类，如随机网络法、蒙特卡洛模拟法（MC）、计算机仿真、数据挖掘、数据包络、贝叶斯；

③综合类，如模糊分析法、灰色评价法、层次分析法；

④其他类，专家调查法、类比法、效用理论、敏感性分析、投资组合优化法（Portfolio）。

其中，较常用的方法有 5 个，即专家调查法、树型分析法、模糊分析法、蒙特卡洛模拟法（MC）和投资组合优化法（Portfolio）。针对天然气开发规划风险特点，对以上 5 种方法进行分析和论述。

表 4.27　风险评价方法统计

	4 类 30 种定量方法	常用 5 种
定量风险评价	影响图、风险矩阵、决策树、故障树、失效/故障模式、安全工作分析、对照表法、危害与可操作性研究、结构可靠性和风险评估、控制区间记忆模型、影响和评价分析、综合应急评审与响应技术、风险评审技术、预先危险性分析随机网络法、蒙特卡洛模拟法（MC）、计算机仿真、智能化评价、数据挖掘、数据包络、贝叶斯模糊分析法、灰色评价法、层次分析法、专家调查法、类比法、效用理论、敏感性分析、投资组合优化法（Portfolio）	专家调查法 树型分析法 模糊分析法 蒙特卡洛模拟法（MC） 投资组合优化法（Portfolio）

1）专家调查法

专家调查法又称德尔菲法,是美国兰德公司首创的,可广泛用于经济、政治、社会、技术、文化等领域发展趋势的预测。1964年,美国兰德公司首次将它应用于技术预测。此后,该预测法便迅速地应用于美国和其他国家。近年来,我国预测工作者也用它预测了地震预报工作前景、墙体材料发展方向等项目。专家调查法除了在技术预测中使用外,还广泛应用于制定政府政策、商业预测等方面,是目前经常使用的一种预测方法。

专家调查法的具体做法是先由主持预测的单位针对某项要预测的问题,事先编制成表格,列举出各种可能发生的数字或方案,邀请十余名至数十名熟悉该领域问题的专家,请他们将自己的判断写在表格内;然后将专家们的意见进行定量化的汇集与处理,再反馈给每位专家,请他们根据反馈的信息再次发表意见;如此反复几次,使专家们的意见趋于一致,最后得出代表多数专家的预测。

专家调查法以专家为索取信息的重要对象,各领域的专家运用专业方面的理论和丰富的实践经验,找出各种潜在的风险并对其后果做出分析与估计。常用的专家调查法有专家个人判断法、智暴法(专家一起讨论)和德尔菲法(专家匿名讨论)。专家调查法主要用来筛选风险指标并通过专家打分评价风险。

例如,设某一个风险评价问题有 n 个风险因素,请 m 个专家对所有风险因素进行打分,并规定指标高风险时赋值为5,中等风险赋值为4,较小风险、风险很小和无风险分别赋值为3、2、1,并形成专家打分表;然后根据每位专家对所有指标的风险打分值求和确定专家对该项目的总体风险评价;最后对所有专家综合评分求和,并最终确定该项目的总体风险(表4.28)。综合分数越大,风险越大;综合分数越小,风险越小。

表4.28　专家调查法案例

打分值	专家1	专家2	…	专家 m	指标综合分
指标1	5	4	…	3	$R_{1m}=R(r_{11},r_{21},\cdots,r_{m1})$
指标2	3	2	…	3	$R_{1m}=R(r_{12},r_{22},\cdots,r_{m2})$
指标 n	2	1	…	2	…
综合分	$R_{1m}=R(r_{11},r_{12},\cdots,r_{1n})$	…		…	$F=F(R_{11},R_{22},\cdots,R_{mn})$

该方法的缺点是易受心理因素的影响,主观因素影响大,评价结果的精度不够。该方法的优点是能够充分发挥专家经验的作用,在缺乏足够统计数据和原始资料的情况下,仍然可以做出定量化评估,并且可以量化定性指标。在以下几种典型情况中,利用专家的知识和经验是有效的,也是唯一可选方法:数据缺乏、新技术评估、非技术因素起主要作用,决策涉及的相关因素(技术、政治、经济、环境、心理、文化传统等)过多。

2）树型分析法

树型分析方法是一种研究结果和原因之间逻辑关系的方法,遵循逻辑学的演绎分析原则,即仿照树型结构,将多种风险画成树型,进行多种可能性分析。根据结果和原因分析方向,可以将树型分析方法分为 3 类,即由原因到结果的事件树分析方法、由结果到原因的故障树分析方法和双向进行分析方法。

事故树分析首先由美国贝尔电话研究所于 1961 年为研究民兵式导弹发射控制系统时提出来。1974 年,美国原子能委员会运用 FTA 对核电站事故进行了风险评价,发表了著名的《拉姆逊报告》。该报告对事故树分析作了大规模有效的应用。此后,在社会各界引起了极大的反响,受到了广泛的重视, 从而迅速在许多国家和许多企业应用和推广。我国开展事故树分析方法的研究从 1978 年开始。目前,已有很多部门和企业正在进行普及和推广工作,并已取得一大批成果,促进了企业的安全生产。20 世纪 80 年代末,铁路运输系统开始把事故树分析方法应用到安全生产和劳动保护上,也已取得了较好的效果。

故障树分析的特点有以下 7 个方面:

①故障树分析是一种图形演绎法,是故障事件在一定条件下的逻辑推理方法。它不局限于对系统作一般的可靠性分析,可以围绕一个或一些特定的失效状态,作层层追踪分析。因此,在清晰的故障树图形下,表达了系统故障事件的内在联系,并指出了单元故障与系统故障之间的逻辑关系。

②由于故障树能把系统故障的各种可能因素联系起来,故有利于提高系统的可靠性,找出系统的薄弱环节和系统的故障谱。

③故障树可以作为管理人员及维修人员的一个形象的管理、维修指南,用来培训长期使用大型复杂系统的人员更有意义。

④通过故障树可以定量的求出复杂系统的失效概率和其他可靠性特征量,为改进和评估系统的可靠性提供定量数据。

⑤故障树分析的发展与电子计算机技术的发展紧密相联。图像信息技术也已经应用在故障树分析中,编制计算程序是故障树分析中不可缺少的一部分。

⑥故障树分析的理论基础,除概率论和数理统计外,布尔代数及可靠性数学中用到的数学基础同样应用于故障树分析的定量分析。

⑦故障树分析方法不仅应用于解决工程技术问题,而且开始应用于经济管理的系统工程之中。

以事件树为例,该方法是从一个初因事件开始,按照事故发生过程中事件出现和不出现,交替考虑成功与失败两种可能性,然后再把这两种可能性又分别作为新的初因事件进行分析,直到分析最后结果为止。在进行定量分析时,各事件都要按条件概率来考虑,即后一事件是在前一事件出现的情况下出现的条件概率。事件数分析过程如图 4.63 所示。

①明确初始事件一;

②根据资料和经验估计可能存在的状态(如 R1、R2);

③估计每种状态发生的概率(A1、A2);

④依次类推,根据资料和经验估计可能存在的次一级状态,估算概率,并估算最末端可能带来的结果(R11、R12、R21、R22);

⑤加权求出综合值,并根据综合值评估风险大小。

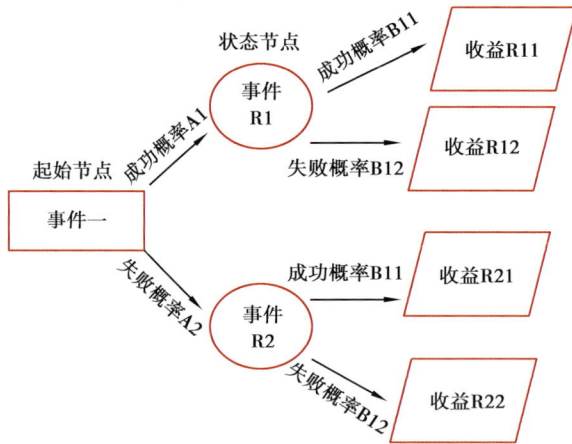

图 4.63　事件树分析过程示意图

该方法的优点是能够看到事故发生的动态发展过程,物理意义明确,容易理解,能够预知可能存在的各种状态,并对每种状态的概率作出准确估算。

3)模糊数学评价法

模糊数学评价方法是将风险分析中的模糊语言指标用隶属函数进行量化,同时引进指标的重要程度(权重),对方案的风险性进行综合评价。

模糊数学评价法是先从定性的模糊选择入手,然后通过模糊变换原理进行运算取得结果。考虑到一些因素的确定是模糊的,也就是在确定各因素指标体系之后对各因素指标不做定量处理,由评估专家对各因素指标进行模糊选择。统计出对各评估因素指标体系的选择结果,再按照所建立的数学模型进行计算。

模糊数学评价方法的内容是首先建立模糊数学综合评价的模式,再将复杂的评价问题演变为一个较为简便的模糊变换。主要步骤如下:

①确定模糊综合评价指标集 $U = (u_1\ u_2\cdots u_i)$,即主要有哪些风险因素;对指标进行等级划分,建立评语集 $V = (v_1\ v_2\cdots v_j)$,即建立每一类风险因素的风险划分标准。

②确定指标权重 $W = (w_1\ w_2\cdots w_i)$, $\sum_{i=1}^{1} w_i = 1$。

③确定隶属度函数,计算 U 对 V 的隶属度矩阵 R_{ij},即计算每一类风险因素的风险大小。

④选择模糊计算模型 $P = W \times R$,计算模型综合评价值,即计算综合风险。

⑤根据最大隶属度标准对评价结果进行判断。

该方法的优点是不涉及大量的计算,计算过程简单。对于既非"绝对是"(用 1 表示)也非"绝对否"(用 0 表示)的处于 0~1 中间状态的事件,能够有效进行量化。该方法的缺点是确定指标权重时存在人为因素,评价结果的精度不够。

4)蒙特卡洛模拟法

蒙特卡洛是摩纳哥的著名赌城。正如名字反映出的,蒙特卡洛模拟法本质上是跟赌博一样具有随机特性。因为赌博的本质是计算概率,而蒙特卡洛模拟法正是一种以概率为理论基础的方法,所以用赌城的名字(Monte Carlo)命名非常贴切。

蒙特卡洛模拟法是一种重要的统计分析方法,其核心是随机数。依据它的内涵与本质,该方法又称为统计实验法、随机模拟法和随机抽样法。通常认为,蒙特卡洛模拟法最早出现于第二次世界大战。著名的"氢弹之父"乌拉姆和数学家冯·诺依曼在研究核弹问题时,为解决中子扩散问题提出了蒙特卡洛模拟法。该方法的核心思想就是"把数学领域的抽象理论转化为真实实验来解决大量的不确定性问题"。利用蒙特卡洛模拟法,只需设计一个随机试验,使一个事件的发生概率呈现随机性特点,然后不断重复这个随机试验。随着重复次数的增多,模拟值就能无限接近于真实情况。

该方法是建立不确定性模型的主要手段,是 20 世纪 40 年代中期因科学技术的发展和电子计算机的发明,而被提出的一种以概率统计理论为指导的一类非常重要的数值计算方法。该方法是通过对随机变量的统计、试验、模拟,求解数学、物理、工程技术问题近似解的数学方法。当我们对未来情况不能唯一确定,只知道风险因素符合一定概率分布规律时,可以用一个随机数发生器来产生具有相同概率的数值,综合所有风险因素可能情况,计算出未来可能发生的所有可能情况,并用分布函数表示,用这个分布函数去标定事件的风险(图 4.64)。其计算步骤如下:

①确定评价目标(如容器体积);
②识别风险变量(如长、宽、高);
③估算风险变量的概率分布(如正态、三角、离散分布);
④建立数学模型(体积=长×宽×高);
⑤产生风险变量的随机数,计算评价目标;
⑥重复抽值,产生所有可能结果,统计评价目标概率分布。

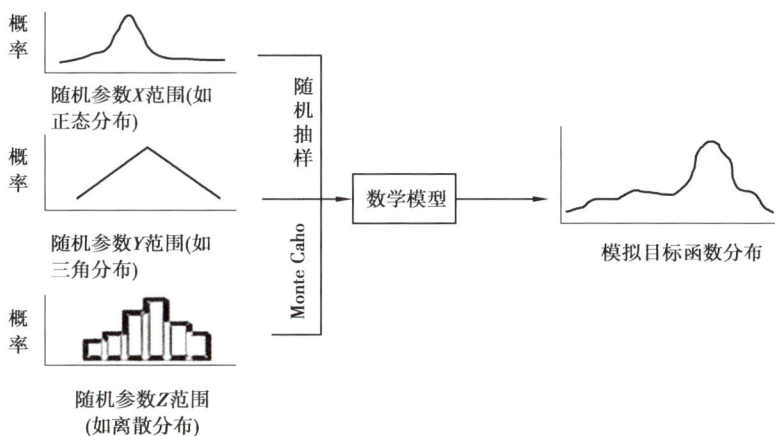

图 4.64 蒙特卡洛模拟法原理示意图(如体积模拟,X、Y、Z 分别代表长、宽、高)

蒙特卡洛模拟法的核心理论就是概率理论。该方法的优点是以计算机为手段,可以运用多种软件(Matlab、SAS、R 语言)应用于多个领域(确定性问题模拟、粒子运输模拟、稀薄气体动力学模拟等)之中。通过大量随机模拟计算,描述评价目标所有可能情景,据此考察风险大小。该方法的缺点是模拟工作量非常大,因而必须借助计算机,需要进行大量调查研究从而确定风险因素的概率分布规律。

5)投资组合优化法

投资组合优化法解决的问题是选择在满足诸多约束条件时实现目标最大化的最优项目组合。其原理可以形象地描述为多目标的0—1背包问题。若干项物品组成物品集合,每项物品都有其重量和效益值,而且背包具有容量上限;通过一定的方法从物品集合中选择适当的物品子集,使得所选物品效益总值最大化,同时重量总和不超过背包容量上限。

以收益-风险目标优化为例,该方法主要评价步骤为:

①建立目标函数,包括收益函数(净现值)和风险函数(组合的净现值半标准差);

②建立约束条件函数(如最低收益水平、最高投资额度、最低生产要求等);

③列出所有备选方案(包括每套方案收益值、风险值、约束指标值);

④形成备选方案组合集合,计算集合的综合效益;

⑤选择最优方案组合。

该方法的优点是能够对多套方案进行最优组合优选,缺点是必须要有明确的目标函数和约束函数,难以处理不容易量化的问题。

6)风险量化评价方法对比

比较以上5种方法,蒙特卡洛模拟法在精细风险评价中占统治性地位,它的应用条件是"假设未来与过去具有相同的统计规律"。在此前提下,通过对历史数据的统计规律预测未来可能情况。专家调查和模糊数学评价两种方法与蒙特卡洛模拟法不同,它们更多的是依靠人总结事物规律,划分风险等级标准,评价判断风险大小。树型分析方法并不算独立的一种方法,它常常与蒙特卡洛模拟法同时使用,进行方案决策。投资组合优化法主要应用于筛选多方案最优化组合,而每套方案是相对确定或无风险的。也就是说,该方法不对底层风险进行分析,而是转为对确定问题(方案)的组合风险研究。

从优缺点考虑5种方法,可将其分为两类(表4.29):

①一类是计算过程简单,但指标量化时人为影响大,争议多,如模糊综合评价法;使用这些评价方法的人群主要是具备一定的风险评价经验,了解规划方案宏观运行数据,但又没有掌握特别具体资料的研究人员。

②另一类是计算过程复杂,需要较多数据,但方法物理意义明确,能直接回答实现目标的概率,便于接受,如蒙特卡洛模拟法;使用的评价人群需要对规划方案制订的全过程有比较系统的了解,掌握大量的基础资料,如规划方案的编制人员和管理人员。

对风险量化方法进行调研和比较后,发现蒙特卡洛模拟法更加适合天然气的风险分析。首先,它适合油气开发的风险分析,能够得到直观的结果;其次,可以确定进行计算的具体模型,从而借助计算机对数据进行分析,可以达到足够大的模拟量。

表 4.29　5 种主要风险量化评价数学方法对比

评价方法		计算机化程度	理论基础	使用条件或难点	优　点	缺　点
A 类	专家调查法	非程序化	经验	专家对指标的打分、指标重要程度	方法简单,能发挥经验的优势,专家越多效果越好;在处理难量化指标时有独特的优势	人的主观情绪影响大,评价结果的精度低
	树型分析法	非程序化	全概率原理	节点概率、节点影响	原理、操作简单	节点的概率和影响大小直接决定了评价结果的好坏,对这两个数值的大小要求很高
	模糊综合法	非程序化	模糊理论	等级标准、指标重要程度	提高了打分法精度,对指标的评价值进行了严格计算	当评价指标之间相互影响时,权重分配存在困难
B 类	蒙特卡洛模拟法	程序化	统计数学随机函数	指标的概率分布、确定数学模型	极大地避免了人为因素的影响,程序化的方法能够实现大量的计算	需要确定评价的目标模型
	投资组合优化法	程序化	最优化理论	约束条件、风险指标	一种综合的方法,风险只是方案优选的一个指标	必须给出风险的大小;方案多时,如何提高计算速度

4.5.2　基于峰值预测的产量风险量化分析方法研究

目前,国内外对天然气战略规划风险量化研究尚处于起步阶段。通过查阅国内外相关文献,对已有的产量峰值预测和风险量化分析方法调研发现,现阶段行业内的规划产量目标风险分析基本是从定性的角度对规划产量目标进行辨识,主观性较强,定量化分析研究不足。主要原因是敏感因素的选取和量化评价存在不确定性,同时缺少样本气藏进行验证。能否充分认识规划产量目标风险主控因素,为规划产量目标优化提供理论依据,是实现规划产量目标风险量化研究的关键。

针对这一技术盲点,创新建立基于峰值预测的天然气产量风险量化评价方法,发展完善了风险量化理论技术,并通过构建四川盆地不同类型气藏峰值产量风险量化评价模型,精准预测产量实现概率,明确产量目标的风险分布,实现气藏从规模预测到风险量化全过程研究,探索了天然气发展战略目标研究的新方向,促进了国内油气企业在风险决策量化分析领域的新发展。

通过构建优化的产量峰值预测模型,梳理和分析风险量化评价理论,在此基础上,建立了一套适用于四川盆地战略规划决策的风险量化分析流程。针对尚处于开发初期或上产阶段气区,利用储量边界优化的峰值预测模型预测未来产量峰值,利用概率法能够计算未来不同产量目标的实现概率,利用风险等级评价矩阵评判目标气藏风险等级。

因此,将峰值预测与产量风险量化理论有机耦合联动,通过对不同阶段最终可采储量与产量进行蒙特卡洛模拟,计算得到分年产量实现概率;将概率曲线与风险等级矩阵叠置,评判目标气藏风险等级,形成了关键因素约束的储-产耦合产量目标风险量化评价技术,具体研究步骤分为4步(图4.65)。

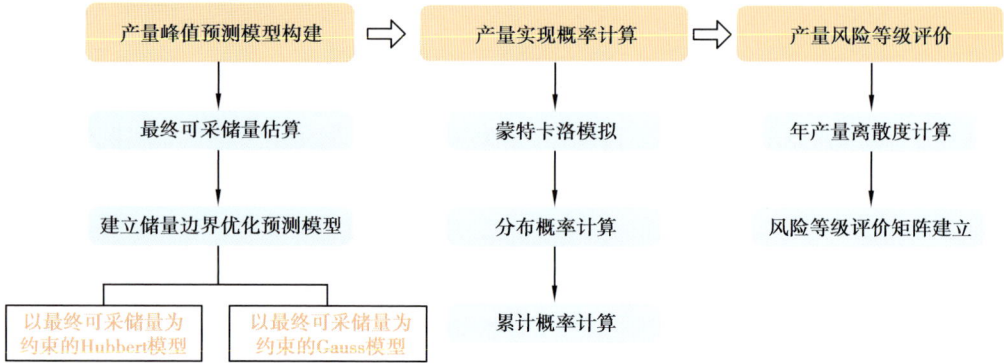

图4.65　基于峰值预测的天然气产量风险量化评价研究流程图

①第一步:产量峰值预测模型构建。依据气藏的资源量和探明率等因素,估算最终可采储量 URR 的数值范围。利用 Hubbert 和 Gauss 等峰值模型求取不同 URR 情景下的天然气产量增长规律。通过相关性分析选取最优的预测结果,为天然气产量目标风险量化提供研究基础。

②第二步:产量实现概率计算。将最终可采储量 URR 作为自变量的峰值产量进行蒙特卡洛模拟,通过足够次数抽取的产量数值计算各年份的产量概率分布情况,从而求取各产量实现概率,为产量风险等级评价提供评价指标。

③第三步:风险因素敏感性分析。选择影响目标的参数变量,在气田参数变量不变的情况下,变动其中的一个变量,运行程序对目标进行模拟,得出目标的变动大小,从而得出这个参数变量对目标的影响大小。

④第四步:产量风险等级评价。将概率分布结果代入离散度计算公式,求取各年份的产量离散度。依据实现概率 P 和离散程度 C 两个指标建立的产量风险评价矩阵,对各年份的不同产量开展风险等级评价。

1)产量目标概率模拟

蒙特卡洛概率模拟常用于求解某个目标问题的发生概率或期望。依据已有或建立的目标变量的数学模型,将具有一定概率分布的自变量参数代入目标变量的数学模型,得出目标变量的概率分布函数,从而研究多重参数对目标变量的影响程度。

当随机变量 $f(x)$ 的分布密度函数为 $\psi(x)$ 时,该变量的数学期望表述为:

$$E = \int_{x_0}^{x_1} f(x)\psi(x)\,\mathrm{d}x \tag{4.86}$$

根据分布密度函数 $\psi(x)$ 随机抽取 N 个样点 x_i,并将样点所对应函数值 $f(x_i)$ 的算术平均值作为积分估计值。

$$\overline{E_N} = \frac{1}{N}\sum_{i=1}^{N}f(x_i) \tag{4.87}$$

同理,对于多重变量的目标函数,分别根据各变量的概率分布密度函数依次随机抽取变量值,经过对各变量的数值进行大量反复的独立模拟,即可获得目标函数的概率密度分布情况(图4.66)。蒙特卡洛模拟可以实现多变量随机取样的计算过程。

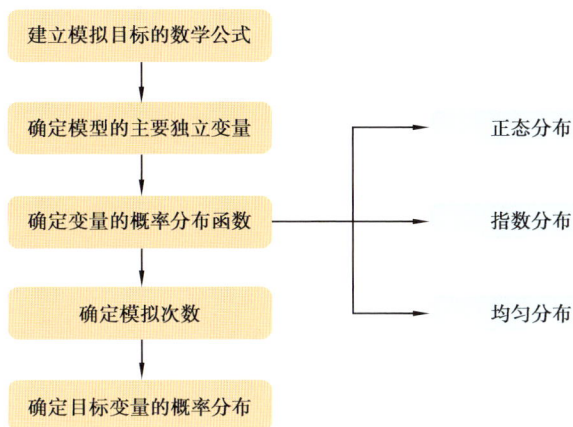

图4.66　蒙特卡洛模拟计算步骤

与常规的数值积分相比,蒙特卡洛模拟的优势在于多变量(维度)的抽样计算过程,其计算效率远高于常规的数值积分方法。由于天然气产量风险量化系统较为庞大,需要综合评价较多的风险因素。只有对每个风险因素充分地进行数值分析,寻找其数学规律,才能对天然气产量风险量化系统进行客观、准确、全面的评价,因此蒙特卡洛模拟更适合于天然气风险量化研究。

蒙特卡洛模拟的数学模型可以是已有的数学计算公式,也可以是依据被求解问题的特点推导得出的数学计算公式。蒙特卡洛模拟的关键是要确定变量的概率分布密度函数。确定变量的概率分布密度函数,需要依据变量数值的变化规律,改进已有的概率分布密度函数,从而更加精确地求取各变量的分布函数。

2)风险因素敏感性分析

敏感性分析是指从定量分析的角度研究有关因素发生某种变化对某一个或一组关键指标影响程度的一种不确定分析技术。其本质是通过逐一改变相关变量数值的方法来解释关键指标受这些因素变动影响大小的规律。

敏感性因素一般可选择主要参数进行分析。若某参数的小幅度变化能导致经济效果指标的较大变化,则称此参数为敏感性因素,反之则称其为非敏感性因素。

敏感性分析的主要步骤如下:

①确定敏感性分析指标。敏感性分析的对象是具体的规划方案及其对产量变化的影响程度。天然气勘探开发方案的某些评价指标(如勘探开发周期、可采资源量、经济效益等),都可以作为敏感性分析的指标。

②计算该规划方案的产量目标值。产量目标值通常选取正常勘探开发状态下的天然

气年产量或较高的年产量。

③选取不确定因素。在进行敏感性分析时,不需要对所有的不确定因素都考虑和计算,而应依据规划方案的具体情况选取几个变化幅度较大、对产量目标值影响作用较大的因素。

④计算不确定因素变动对分析指标的影响程度。若进行单因素敏感性分析时,则要在固定其他因素的条件下,变动其中一个不确定因素;然后,再变动另一个因素(仍然保持其他因素不变),以此求出某个不确定因素本身对方案效益指标目标值的影响程度。风险因素的敏感性 ω 计算公式如下:

$$\omega = \frac{\Delta Q}{\Delta \alpha} \tag{4.88}$$

式中,ΔQ 为产量变化值;$\Delta \alpha$ 为风险因素变化值。

⑤依据敏感性分析结果,选取敏感性较大的因素,进行分析和采取措施,以提高规划方案的抗风险的能力。

风险因素的敏感性分析要通过对产量风险因素和产量之间的相关性系数排序,从而分析风险因素的敏感程度。如果一个风险因素和产量之间有较高的相关系数,就意味着该风险因素对产量的敏感性程度较大。

风险因素的敏感度分析显示各个风险因素对产量的敏感程度,敏感性因素的正负值表征风险因素对产量的影响方向,其正(负)值的绝对值越大,则表示产量对风险因素越敏感;反之,越不敏感。

因此,选取了 5 个不同的累积概率区间的产量风险因素-产量增长曲线进行风险研究,利用模糊综合评价法求取不同风险因素的敏感性系数 W_i,从而确定不同累积概率区间的风险因素对产量的影响程度。

由于产量概率区间对风险因素敏感性分析的结果影响较大,将整个概率区间 5 等分,对 5 个概率区间分别进行敏感性分析。5 个累积概率区间分别为 80% ~ 100%、60% ~ 80%、40% ~ 60%、20% ~ 40% 和 0 ~ 20%。

风险因素的敏感性分析采取单因素分析原则,首先选取一个累积概率区间,之后每次仅选取一个产量风险因素,其他未被选取的产量风险因素保持在累积概率区间的中心概率值不变(如果累积概率区间为 80% ~ 100%,中心概率为 90% 即 P 90,其余概率区间依此类推)。在不同的累积概率区间内将不同概率的风险因素代入产量计算公式中,依次分析各产量风险因素对产量结果的敏感性程度,最终得到所有累积概率区间的敏感性分析图。

3)产量风险等级评价矩阵

引入实现概率 P 和离散程度 C 两个指标来评价风险大小。实现概率 P 定义为随机模拟产量大于规划产量目标的累计概率。产量的离散程度 C 表征随机模拟产量与规划产量目标的偏离程度,即产量风险因素变化引起的产量变化程度。因此,离散程度 C 的数值越小,受风险因素的影响越小,则该产量的稳定性越强,从而产量风险越小。

离散程度的计算公式如下:

$$C = 1 - \mu/s \tag{4.89}$$

式中,μ 为均值;s 为标准差。

综合考虑产量实现概率 P 和离散程度 C 两个评价指标,建立了产量风险等级评定矩阵(图 4.67)。将产量风险分为 4 个等级,根据天然气产量预测结果可以综合量化产量的风险。

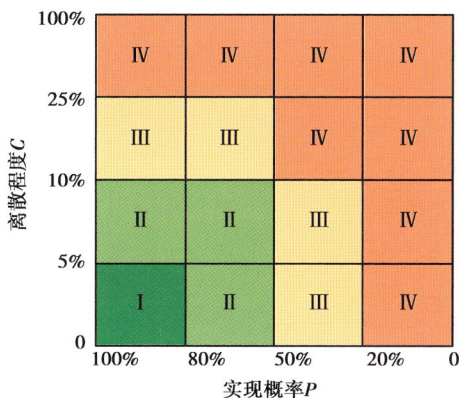

图 4.67　产量风险等级评价矩阵

产量风险等级评价矩阵的区域与风险等级判断标准的对应关系如表 4.30 所示。

① I 级风险:产量目标非常容易实现。判断标准:产量实现概率 $P>80\%$,且离散程度 $C\leqslant5\%$。

② II 级风险:产量目标容易实现。判断标准:产量实现概率 $50\%\leqslant P\leqslant80\%$,且离散程度 $C\leqslant10\%$;或产量实现概率 $P>80\%$,且离散程度为 $5\%<C\leqslant10\%$。

③ III 级风险:产量目标比较容易实现。判断标准:产量实现概率 $20\%\leqslant P<50\%$,且离散程度 $C\leqslant10\%$;或产量实现概率 $P>50\%$,且离散程度为 $10\%<C\leqslant25\%$。

④ IV 级风险:产量目标不容易实现。判断标准:产量实现概率 $P<20\%$;或产量实现概率为 $20\%\leqslant P<50\%$,且离散程度 $C>10\%$;或离散程度为 $C>25\%$。

表 4.30　产量风险等级判断标准

风险等级	描　述	判断标准
I 级风险	产量目标非常容易实现	$P>80\%$,$C\leqslant5\%$
II 级风险	产量目标容易实现	①$50\%\leqslant P\leqslant80\%$,$C\leqslant10\%$; ②$P>80\%$,$5\%<C\leqslant10\%$
III 级风险	产量目标比较容易实现	①$20\%\leqslant P<50\%$,$C\leqslant10\%$; ②$P>50\%$,$10\%<C\leqslant25\%$
IV 级风险	产量目标不容易实现	①$P<20\%$; ②$20\%\leqslant P<50\%$,$C>10\%$; ③$C>25\%$

4.6 跨越——硕果累累

大气田建设之初,峰值产量预测及风险量化研究是规划决策的重要内容。四川盆地经过多年的持续探索,展现出巨大的勘探开发潜力。以四川盆地不同开发领域为例,开展规划产量目标风险量化研究,实现预测产量目标分年风险量化综合评价,可进一步明确勘探开发潜力,支撑中长期产量规划方案科学优化,对该区域天然气发展规划有重要的指导作用。下面以四川盆地整体的天然气预测为例,分别展示四川盆地天然气总量的预测模型,以及常规气、致密气、页岩气、川中古隆起产量的预测模型。

4.6.1 四川盆地天然气峰值产量风险量化模型

在开展天然气产量预测工作之前,首先估算最终可采储量 URR 的数值范围。依据四川盆地资源量,按照资源转化率、采收率估算最终可采储量 URR 范围为 $30\,000 \times 10^8 \sim 48\,000 \times 10^8\,\mathrm{m}^3$。

Hubbert 模型和 Gauss 模型下的产量曲线和结果表如图 4.68、表 4.31 所示。

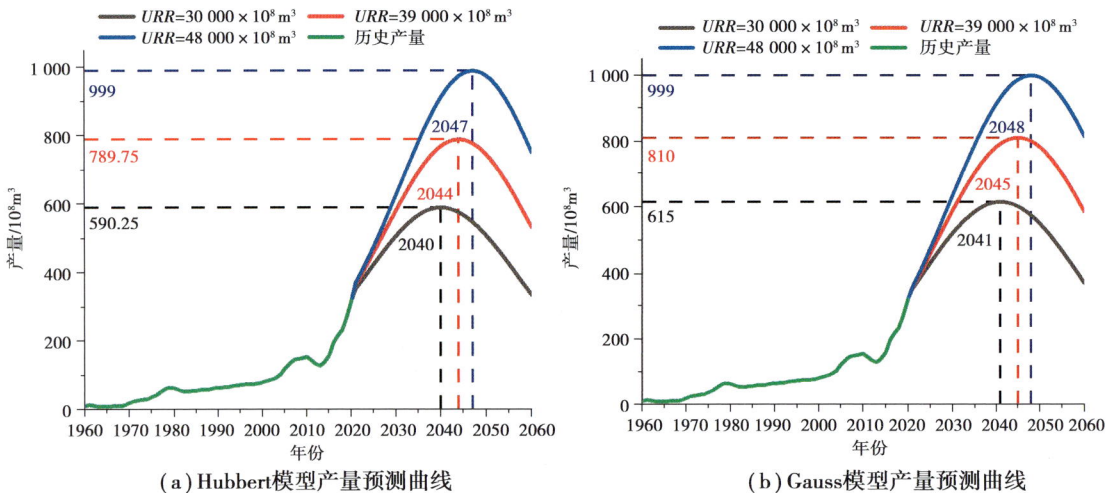

（a）Hubbert模型产量预测曲线　　　　（b）Gauss模型产量预测曲线

图 4.68　天然气产量预测曲线

表 4.31　不同最终可采储量下的天然气产量预测结果

预测模型	$URR/10^8\,\mathrm{m}^3$	$Q_{\mathrm{m}}/10^8\,\mathrm{m}^3$	2030 年产量/$10^8\,\mathrm{m}^3$	2035 年产量/$10^8\,\mathrm{m}^3$	2040 年产量/$10^8\,\mathrm{m}^3$
Hubbert 模型	30 000	590.25	507.52	567.98	590.25
	39 000	789.75	581.79	693.46	769.38
	48 000	990	627.44	782.17	911.84
Gauss 模型	30 000	615	518.36	584.5	614.13
	39 000	810	585.49	701.19	781.31
	48 000	999	630.74	785.94	912.25

天然气模型计算公式如下：

$$Q = \begin{cases} \dfrac{2 \times 590.25}{1 + \cosh\left[0.078\,7(t-2\,040)\right]} & (URR = 30\,000 \times 10^8\,\text{m}^3) \\[3mm] \dfrac{2 \times 789.75}{1 + \cosh\left[0.081(t-2\,044)\right]} & (URR = 39\,000 \times 10^8\,\text{m}^3) \\[3mm] \dfrac{2 \times 990}{1 + \cosh\left[0.082\,5(t-2\,047)\right]} & (URR = 48\,000 \times 10^8\,\text{m}^3) \end{cases} \tag{4.90}$$

$$Q = \begin{cases} 615 \times e^{-(t-2\,041)^2/(2 \times 19.46^2)} & (URR = 30\,000 \times 10^8\,\text{m}^3) \\[2mm] 810 \times e^{-(t-2\,045)^2/(2 \times 19.21^2)} & (URR = 39\,000 \times 10^8\,\text{m}^3) \\[2mm] 999 \times e^{-(t-2\,048)^2/(2 \times 19.17^2)} & (URR = 48\,000 \times 10^8\,\text{m}^3) \end{cases} \tag{4.91}$$

在采用 Hubbert 模型和 Gauss 模型计算之后，进行预测结果相关性分析，相关性系数计算公式如下：

$$r = \frac{n\sum\limits_{i=1}^{n} x_i y_i - \sum\limits_{i=1}^{n} x_i \sum\limits_{i=1}^{n} y_i}{\sqrt{n\sum\limits_{i=1}^{n} x_i^2 - \left(\sum\limits_{i=1}^{n} x_i\right)^2}\sqrt{n\sum\limits_{i=1}^{n} y_i^2 - \left(\sum\limits_{i=1}^{n} y_i\right)^2}} \tag{4.92}$$

相关性系数结果如表 4.32 所示。

表 4.32　相关性系数结果

$URR/10^8\,\text{m}^3$		30 000	39 000	48 000
相关性系数	Hubbert 模型	0.901 4	0.922 9	0.944 3
	Gauss 模型	0.914 5	0.931 7	0.965 5

预测结果表明，Hubbert 与 Gauss 两种模型的产量预测结果接近，Gauss 模型预测结果较 Hubbert 模型更精确。因此，选取 Gauss 模型的产量预测作为结果值，同时用于后续风险量化的分析（表 4.33）。

表 4.33　Gauss 模型下天然气产量预测结果

$URR/10^8\,\text{m}^3$	峰值产量$/10^8\,\text{m}^3$	峰值产量时间	产量稳定阶段			
			年份	最低产量$/10^8\,\text{m}^3$	累积产量$/10^8\,\text{m}^3$	URR 采收程度
30 000	615	2041 年	2035—2047 年	584	19 431	64.77%
39 000	810	2045 年	2039—2051 年	769	25 515	65.42%
48 000	999	2048 年	2042—2054 年	949	31 520	65.67%

根据预测结果与历史产量的拟合程度和相关性分析，四川盆地天然气将在未来 20 年继续保持产量快速增长趋势，相对稳产时间为 15 年；天然气产量将在 2040—2048 年达到产量峰值，峰值范围为 $600 \times 10^8 \sim 1\,000 \times 10^8\,\text{m}^3$；稳产期结束时，$URR$ 采收程度约为 65%（图 4.69）。

（a）产量上升阶段

（b）产量稳定阶段

（c）产量快速递减阶段

（d）产量缓慢递减阶段

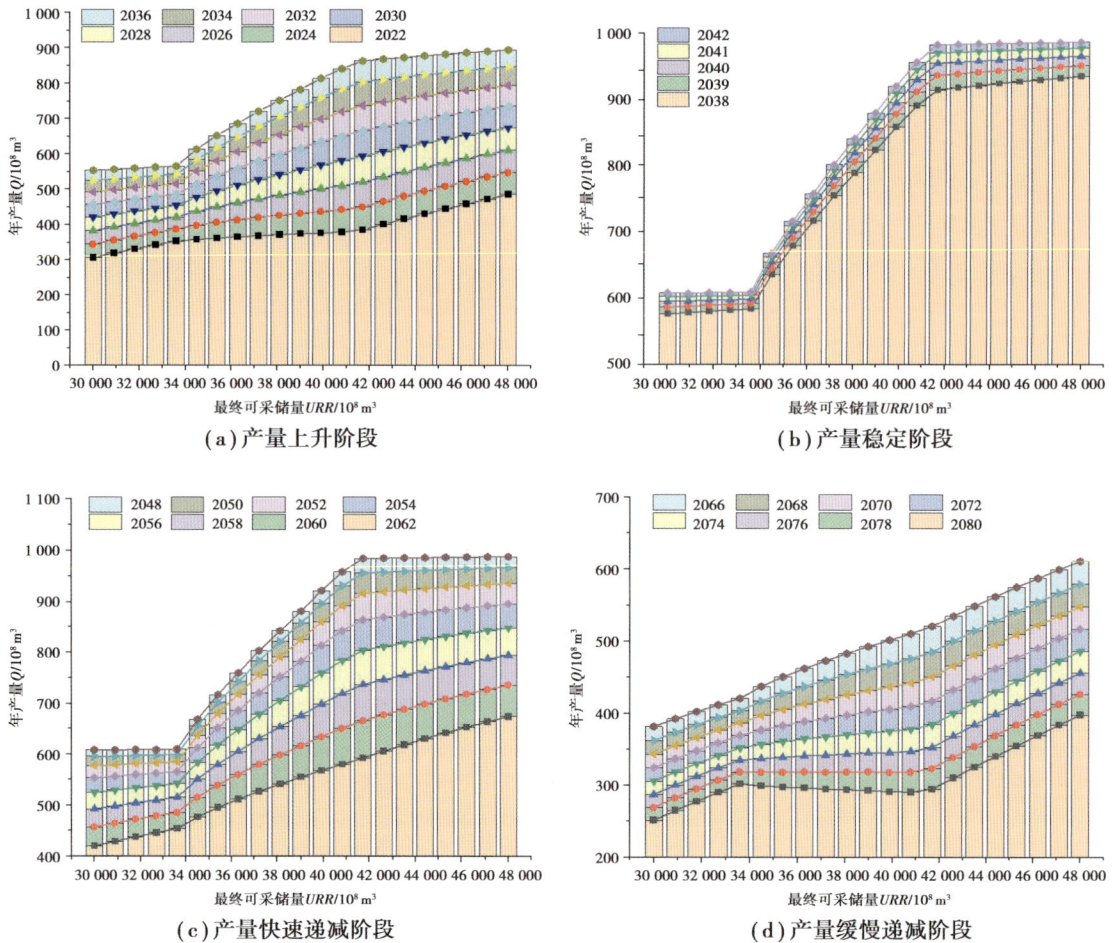

图 4.69 不同开发阶段 *URR*-产量预测结果

应用蒙特卡洛模拟法计算 4 个产量增长阶段各年份的不同产量实现概率。以 2030 年的产量计算过程为例介绍概率计算过程。以 Gauss 年产量计算方程为概率模拟的数学模型，*URR* 是影响产量的主要独立变量。由于前文 *URR* 的数值为均匀抽取得到的，故对均匀分布的 *URR* 数值进行多次随机抽取。设置 *URR* 的抽取次数为 100 000 次，每抽取一个 *URR* 值，得到相应的 Q_m 与 t_m 值，并与 $t=2\,030$ 一起代入公式中，得到 2030 年的产量 *Q*。

经过 100 000 次的产量计算后，统计出年产量数值 *Q* 的分布概率，并通过一次累加的方式得到相应的累积概率，即为产量的实现概率。由于 *URR* 为均匀分布，因此能够保障产量概率统计的准确性。图 4.70 所示为 4 个阶段中代表性年份的产量实现概率结果。

表 4.34 所示为不同阶段年份的产量实现概率计算结果，累积概率代表产量达到相应规模的可能性，累积概率也是实现概率。例如，在 2030 年，"*P*80 = 294.37×10^8 m³/a"表示产量达到 294.37×10^8 m³/a 的概率为 80%。*P*80 对应的产量为保证产量，*P*50 对应的产量为平均产量，*P*20 对应的产量为理想产量。产量模拟结果可以得到不同天然气开发目标的实现概率，对规划方案的制订和可行性分析具有重要的参考和指导作用。

（a）2030年产量实现概率　　　　　　　（b）2040年产量实现概率

（c）2060年产量实现概率　　　　　　　（d）2080年产量实现概率

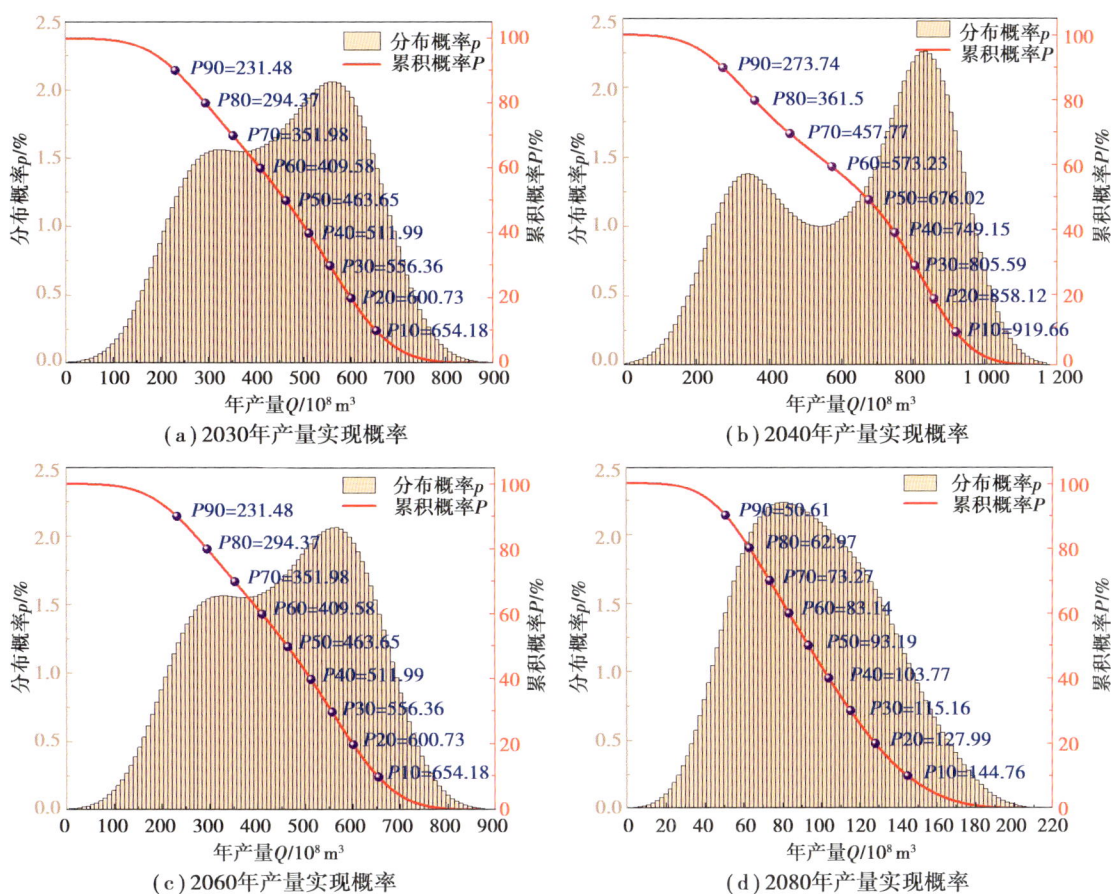

图 4.70　不同年份的产量实现概率计算

表 4.34　不同阶段年份的产量实现概率计算结果

年　份	年产量/$10^8 m^3$								
	P90	P80	P70	P60	P50	P40	P30	P20	P10
2030 年	231.48	294.37	351.98	409.58	463.65	511.99	556.36	600.73	654.18
2040 年	273.74	361.50	457.77	573.23	676.02	749.15	805.59	858.12	919.66
2060 年	231.48	294.37	351.98	409.58	463.65	511.99	556.36	600.73	654.18
2080 年	50.61	62.97	73.27	83.14	93.19	103.77	115.16	127.99	144.76

为了对天然气产量进行风险量化研究，需引入风险矩阵进行产量风险等级评价。依据分布概率曲线求取年产量的均值 μ 及标准差 s，求取年产量的离散程度 C。

在产量上升阶段及产量缓慢递减阶段，为 $5\% < C \leqslant 10\%$。此时，$P>80\%$ 对应的年产量为 Ⅱ 级风险，为 $20\% \leqslant P < 50\%$ 对应的年产量为 Ⅲ 级风险，$P<20\%$ 对应的年产量为 Ⅳ 级风险。

在产量稳定阶段与产量快速递减阶段，为 $10\% < C \leqslant 25\%$。此时，$P>50\%$ 对应的年产量为Ⅲ级风险，$P \leq 50\%$ 对应的年产量为Ⅳ级风险。

针对不同阶段 C 的取值范围，将 4 个阶段各年份的产量实现概率曲线与风险矩阵的不同区域进行叠加，得到不同阶段各年份的产量目标风险等级（图 4.71）。

随着年产量的增大，其对应的实现概率也随之减小，产量实现概率曲线也逐渐向更高一级的风险区域靠近。依据不同阶段的产量风险量化结果，可以直接得到各年份不同产量的实现概率和风险等级（图 4.71）。由于产量风险等级预示着产量目标实现的难易程度，因此，基于概率计算及矩阵分析的产量风险量化研究能够为不同时间节点的天然气产量目标的可行性分析提供理论依据。

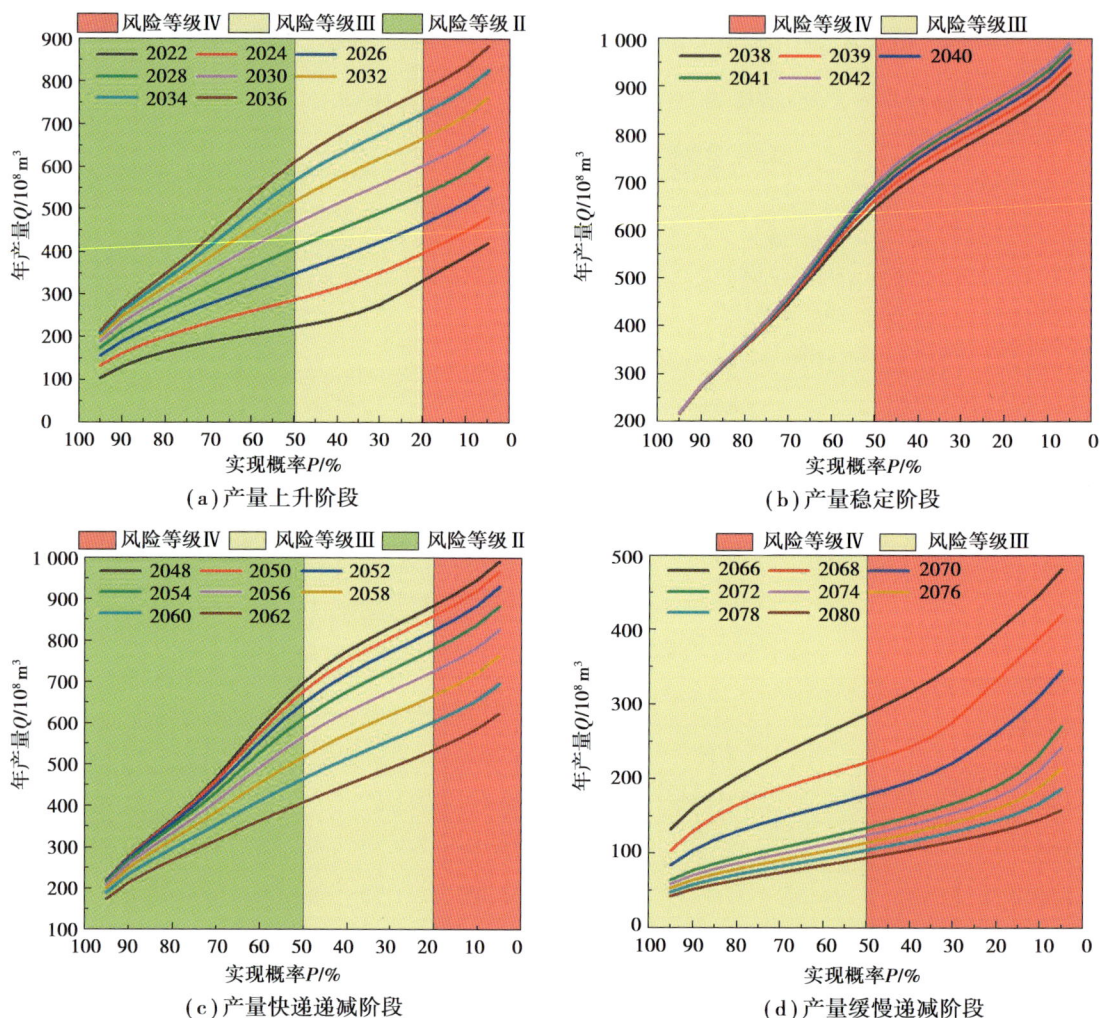

图 4.71 产量风险等级评价

天然气产量风险量化研究以产量预测结果为基础。在 URR 均匀分布的前提下，分析各年度产量的概率分布情况，研究不同时间节点的天然气产量。将产量实现概率 P 和离散程度 C 作为评价指标引入评价矩阵中。对不同产量增长阶段的年产量进行风险等级评价，综合分析天然气产量目标风险。

4.6.2　四川盆地常规气峰值产量风险量化模型

在开展常规气产量预测工作之前,首先估算最终可采储量 URR 的数值范围。依据四川盆地资源量,按照资源转化率、采收率估算最终可采储量 URR 为 $19\,568\times10^8 \sim 29\,352\times10^8\,\mathrm{m}^3$。

Hubbert 模型和 Gauss 模型下的产量曲线和结果如图 4.72、表 4.35 所示。

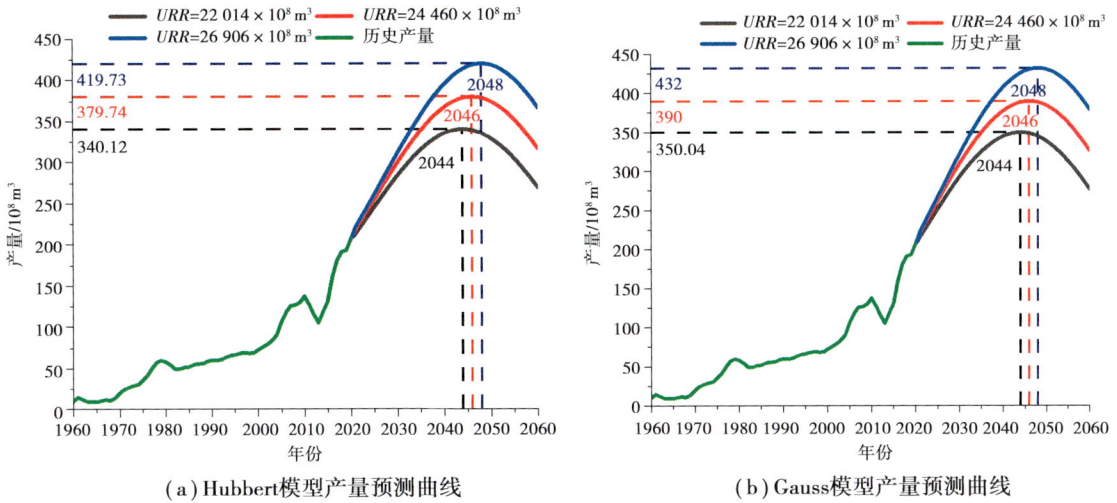

图 4.72　常规气产量预测曲线

表 4.35　常规气产量预测结果

预测模型	$URR/\times10^8\,\mathrm{m}^3$	$Q_m/10^8\,\mathrm{m}^3$	2030 年产量/$10^8\,\mathrm{m}^3$	2035 年产量/$10^8\,\mathrm{m}^3$	2040 年产量/$10^8\,\mathrm{m}^3$
Hubbert 模型	22 014	340.12	283.64	315.11	334.97
	24 460	379.74	299.53	338.67	366.86
	26 906	419.73	310.92	357.61	394.63
Gauss 模型	22 014	350.04	292.52	325.01	344.95
	24 460	390	309.48	349.62	377.52
	26 906	432	321.82	370.5	407.59

常规气模型计算公式如下:

$$Q=\begin{cases} \dfrac{2\times340.12}{1+\cosh\left[0.115\,92(t-2\,040)\right]} & (URR=22\,014\times10^8\,\mathrm{m}^3) \\[3mm] \dfrac{2\times379.74}{1+\cosh\left[0.115\,95(t-2\,040)\right]} & (URR=24\,460\times10^8\,\mathrm{m}^3) \\[3mm] \dfrac{2\times419.73}{1+\cosh\left[0.115\,98(t-2\,040)\right]} & (URR=26\,906\times10^8\,\mathrm{m}^3) \end{cases} \tag{4.93}$$

$$Q = \begin{cases} 350.04 \times e^{-(t-2\,040)^2/(2\times13.53^2)} & (URR = 22\,014\times10^8 \text{m}^3) \\ 390 \times e^{-(t-2\,040)^2/(2\times13.33^2)} & (URR = 24\,460\times10^8 \text{m}^3) \\ 432 \times e^{-(t-2\,040)^2/(2\times13.13^2)} & (URR = 26\,906\times10^8 \text{m}^3) \end{cases} \qquad (4.94)$$

在采用 Hubbert 模型和 Gauss 模型计算之后,计算两种模型下的相关性系数,进行相关性分析(表4.36)。

表4.36 相关性系数结果

$URR/10^8 \text{m}^3$		22 014	24 460	26 906
相关性系数	Hubbert 模型	0.901 4	0.922 9	0.954 3
	Gauss 模型	0.914 5	0.931 7	0.965 5

两种模型的相关性都比较高,但 Gauss 模型的相关性系数更高,说明其预测结果更加准确。因此,选取 Gauss 模型的产量预测作为结果值,同时用于后续风险量化的分析。

四川盆地常规气将在未来20年继续保持产量快速增长趋势,然后进入15年的稳产期。根据预测结果与历史产量的拟合程度和相关性分析,常规气产量将在2044—2048年达到产量峰值,峰值范围为$340\times10^8 \sim 432\times10^8 \text{m}^3$;稳产期结束时,$URR$ 采收程度约为63%(表4.37)。

表4.37 Gauss 模型下常规气产量预测结果

$URR/10^8 \text{m}^3$	峰值产量 $/10^8 \text{m}^3$	峰值产量时间	产量稳定阶段			
			年 份	最低产量$/10^8 \text{m}^3$	累积产量$/10^8 \text{m}^3$	URR 采收程度
22 014	350	2044 年	2037—2051 年	335	13 951	63.37%
24 460	390	2046 年	2039—2053 年	362	15 518	63.44%
26 906	432	2048 年	2041—2055 年	387	17 168	63.81%

依据产量增长速度,可将未来时间段的产量增长过程分为4个阶段:产量上升阶段(2022—2039年)、产量稳定阶段(2039—2053年)、产量快速递减阶段(2053—2065年)与产量缓慢递减阶段(2065—2090年)。因此,对于不同的产量增长阶段,产量实现概率应分别进行计算。

为了清晰地阐述 URR 对产量预测结果的影响规律,现将4个产量增长阶段的预测结果进行局部放大,并将这些图的横坐标由年份改为 URR,即可得到各阶段不同年份的 URR-产量预测结果(图4.73)。

采用蒙特卡洛模拟法计算4个产量增长阶段各年份的不同产量实现概率。以2030年的产量计算过程为例介绍概率计算过程。以 Gauss 年产量计算方程为概率模拟的数学模型,

URR 是影响产量的主要独立变量。由于前文 URR 的数值为均匀抽取得到的,故对均匀分布的 URR 数值进行多次随机抽取。设置 URR 的抽取次数为 100 000 次,每抽取一个 URR 数,会得到相应的 Q_m 与 t_m 值,并与 $t=2\,030$ 一起代入公式中,得到2030年的产量 Q。

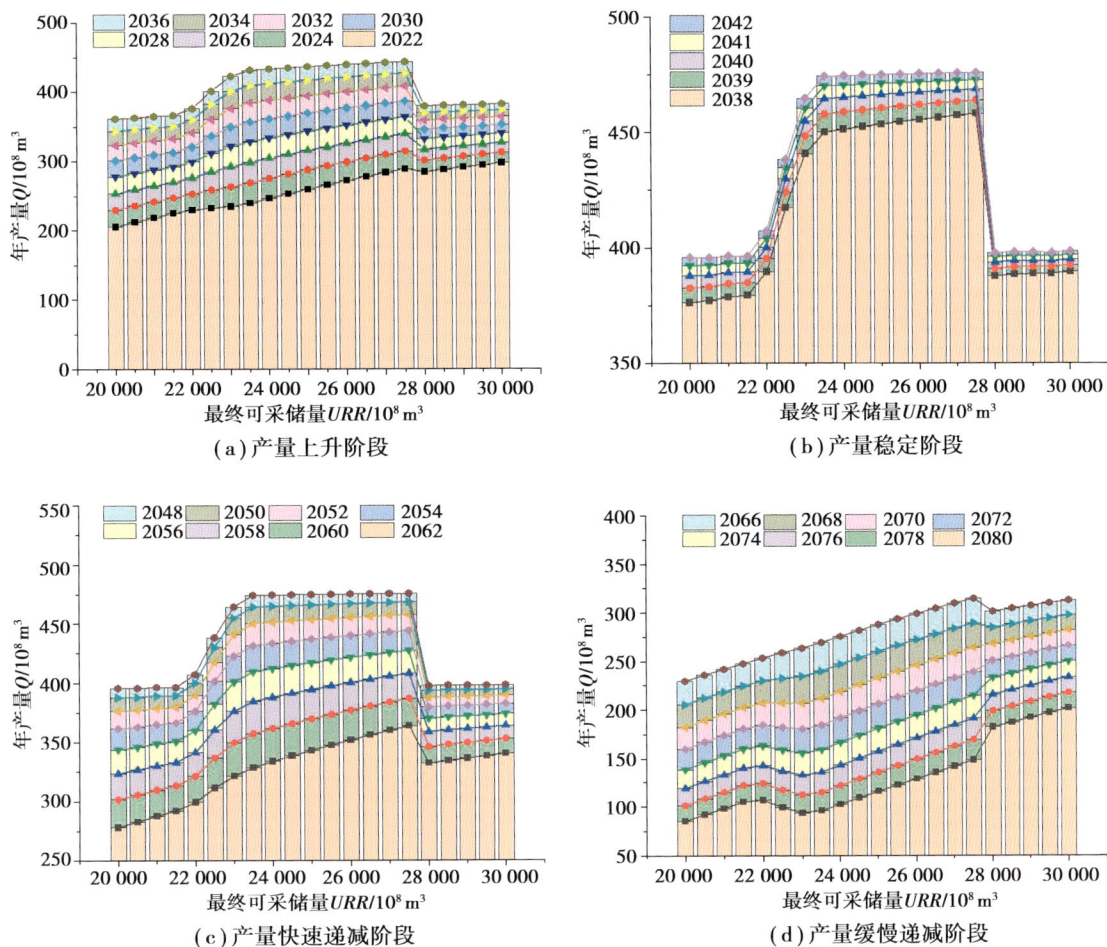

（a）产量上升阶段

（b）产量稳定阶段

（c）产量快速递减阶段

（d）产量缓慢递减阶段

图 4.73 URR-产量预测结果

经过 100 000 次的产量计算后，统计出年产量数值 Q 的分布概率，并通过一次累加的方式得到相应的累积概率，即为产量的实现概率。由于 URR 为均匀分布，因此能够保障产量概率统计的准确性。图 4.74 所示为 4 个阶段中代表性年份的产量实现概率结果。

表 4.38 所示为不同阶段年份的产量实现概率计算结果，累积概率代表产量达到相应规模的可能性，因此累积概率也是实现概率。例如，在 2030 年，"$P80 = 151.2 \times 10^8 \text{m}^3/\text{a}$" 表示产量达到 $151.2 \times 10^8 \text{m}^3/\text{a}$ 的概率为 80%。本书在 0~100% 概率区间内计算常规气产量，并对不同概率区间的产量进行风险量化。其中，$P80$ 对应的产量为保证产量，$P50$ 对应的产量为平均产量，$P20$ 对应的产量为理想产量。产量模拟结果可以得到不同常规气开发目标的实现概率，对常规气勘探开发方案的制订和可行性分析具有重要的参考和指导作用。

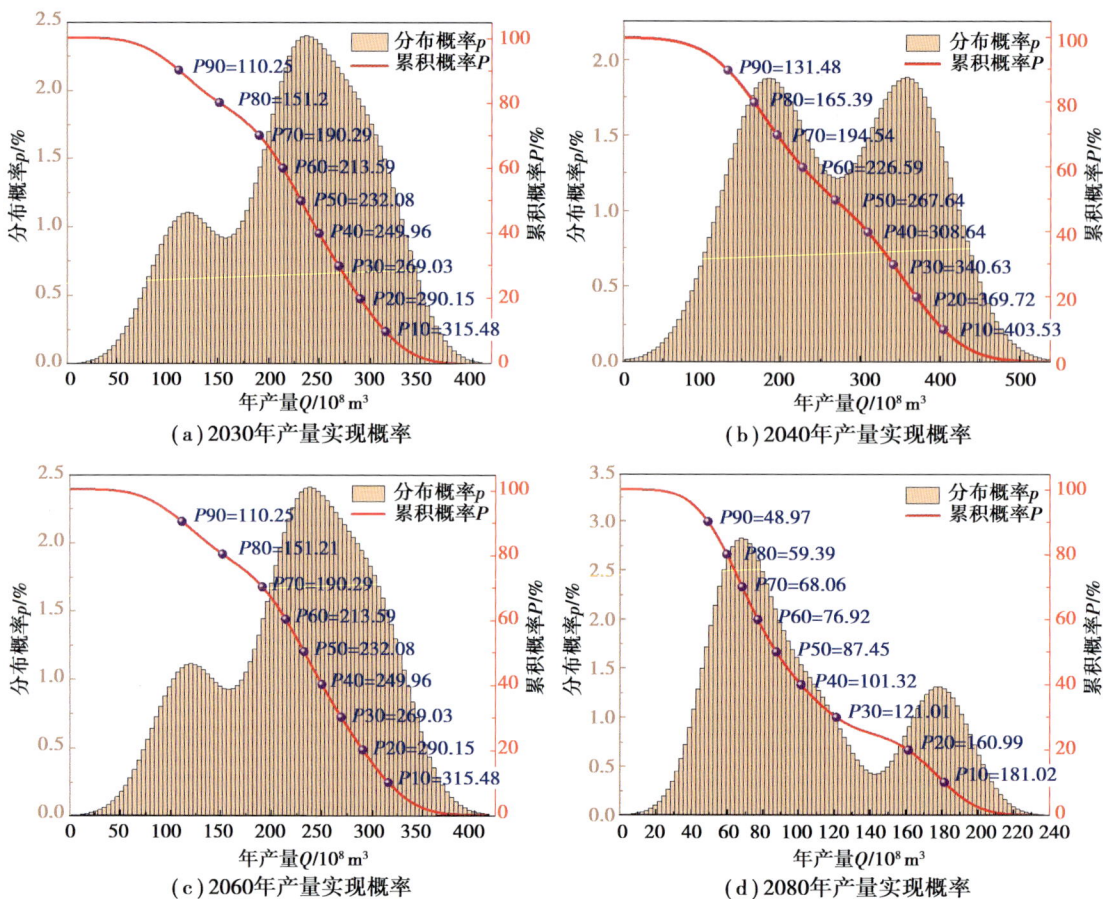

图 4.74　不同年份的产量实现概率结果

表 4.38　不同阶段年份的产量实现概率计算结果

年　份	年产量/$10^8 m^3$								
	P90	P80	P70	P60	P50	P40	P30	P20	P10
2030 年	110.25	151.20	190.29	213.59	232.08	249.96	269.03	290.15	315.48
2040 年	131.48	165.39	194.54	226.59	267.64	308.64	340.63	369.72	403.53
2060 年	110.25	151.20	190.29	213.59	232.08	249.96	269.03	290.15	315.48
2070 年	48.97	59.39	68.06	76.92	87.45	101.32	121.01	160.99	181.02

　　为了对常规气产量进行风险量化研究,需引入风险矩阵进行产量风险等级评价。依照概率计算方法,分别求取 4 个阶段各年份的产量分布概率及实现概率曲线。依据分布概率曲线求取年产量的均值 μ 及标准差 s,求取年产量的离散程度 C。

　　在产量上升阶段及产量缓慢递减阶段,为 $5\% < C \le 10\%$。此时,$P > 80\%$ 对应的年产量为 Ⅱ 级风险,$20\% \le P < 50\%$ 对应的年产量为 Ⅲ 级风险,$P < 20\%$ 对应的年产量为 Ⅳ 级风险。

　　在产量稳定阶段与产量快速递减阶段,为 $10\% < C \le 25\%$。此时,$P > 50\%$ 对应的年产量为Ⅲ级风险,$P \leqslant 50\%$ 对应的年产量为Ⅳ级风险。

针对不同阶段 C 的取值范围,将 4 个阶段各年份的产量实现概率曲线与风险矩阵的不同区域进行叠加,得到不同阶段各年份的产量目标风险等级(图 4.75)。

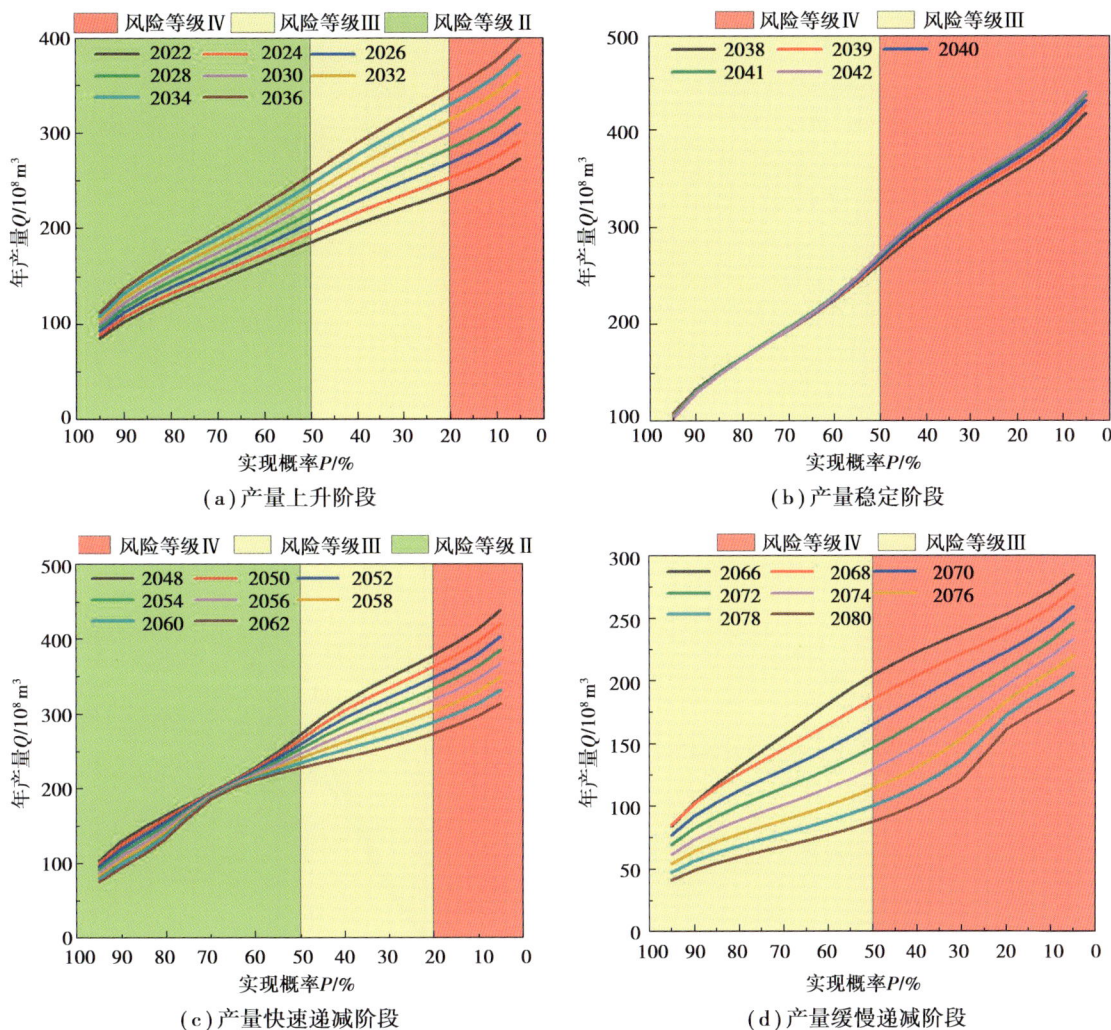

图 4.75 产量风险等级评价

4.6.3 四川盆地致密气峰值产量风险量化模型

致密气的产量曲线起始时间为 1964 年。从图 4.76 中可以看出,致密气产量拟合曲线保持着先增大后减小的趋势,且增长期和递减期几乎关于峰值对称,其增长曲线与 Ward 模型预测曲线的趋势一致,故可将 Ward 模型应用于致密气的产量预测的研究之中。

在开展致密气产量预测工作之前,首先估算最终可采储量 URR 的数值范围。依据四川盆地资源量,按照资源转化率、采收率估算最终可采储量 URR 为 $1\,380 \times 10^8 \sim 2\,760 \times 10^8 \, m^3$。确定 URR 的范围后,以其为边界条件,根据 Ward 模型的原理对致密气产量变化趋势进行预测。

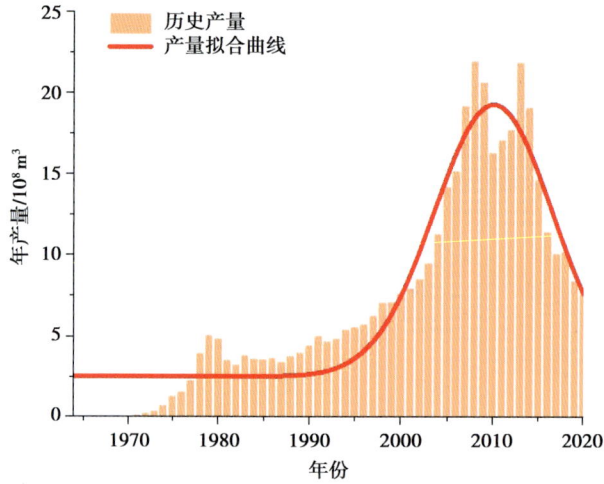

图 4.76　致密气历史产量拟合曲线

　　图 4.77、表 4.39 所示分别为致密气的预测曲线和结果。预测结果表明,四川盆地致密气将在未来 30 年继续保持产量快速增长趋势,致密气产量将在 2047—2050 年达到的峰值为 $63\times10^8 \sim 90\times10^8\,\mathrm{m^3/a}$;稳产期结束时,$URR$ 采收程度约为 64%。

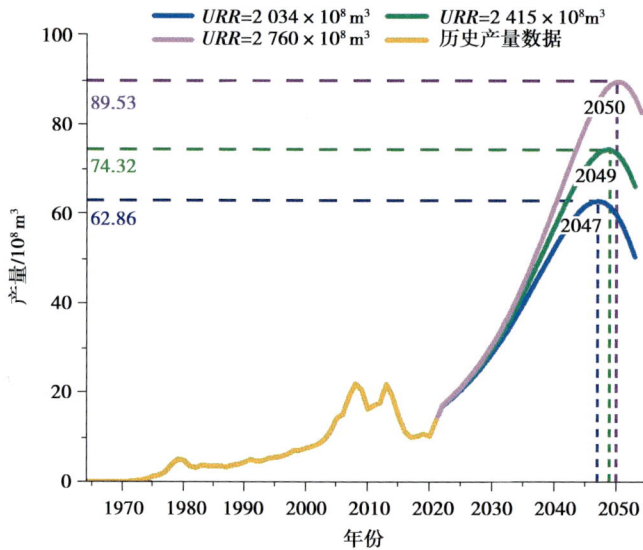

图 4.77　致密气产量预测曲线

表 4.39　致密气产量预测结果

$URR/10^8\,\mathrm{m^3}$	峰值产量 $/10^8\,\mathrm{m^3}$	峰值产量时间	产量稳定阶段			
			年　份	最低产量$/10^8\,\mathrm{m^3}$	累积产量$/10^8\,\mathrm{m^3}$	URR 采收程度
2 034	63	2047 年	2043—2051 年	59	1 294	62.52%
2 415	74	2049 年	2045—2053 年	70	1 528	63.37%
2 760	90	2050 年	2046—2054 年	85	1 791	64.29%

致密气模型计算公式如下：

$$Q = 13.74e^{0.1t}\left(1 - \frac{418.74}{URR}\right) \begin{cases} URR = 2\,034 \times 10^8\,m^3 \\ URR = 2\,415 \times 10^8\,m^3 \\ URR = 2\,760 \times 10^8\,m^3 \end{cases} \tag{4.95}$$

由于目前致密气的勘探开发程度较低，影响产量的未知因素较多，本节将最终可采储量 URR 作为影响产量变化趋势的主导因素。将 URR 的估计取值范围引入 Ward 模型中用于产量预测研究，建立不同探明率情况下的致密气产量增长趋势预测模型，为致密气勘探开发规划提供理论依据。初步预测结果表明，四川盆地致密气将在未来 30 年继续保持产量快速增长趋势，致密气产量将在 2047—2050 年达到的峰值范围为 $63 \times 10^8 \sim 90 \times 10^8\,m^3/a$。

为清晰地阐述 URR 对产量预测结果的影响规律，首先对不同 URR 下峰值产量与模型参数的变化趋势进行分析研究。随着 URR 的增加，整体上峰值产量 Q_m 和模型参数 b 均保持增大的趋势，但当 URR 变化不明显的某一个区域内，Q_m 与 b 呈现出负相关的趋势，即 Q_m 增大时 b 减小。

从图 4.78 中可以看出，无论是产量上升阶段还是产量稳定阶段，年产量随 URR 的变化趋势与图 4.79 中峰值产量的变化趋势一致。因此可以认为，随着 URR 的增大，年产量呈现出阶梯式的增长趋势。同时，随着 URR 的增大，不同年份产量曲线之间的间隔越大。这说明 URR 的增大也导致了年产量增长幅度的加大；URR 越大对应的产量预测曲线斜率越大，产量增加的幅度越大。

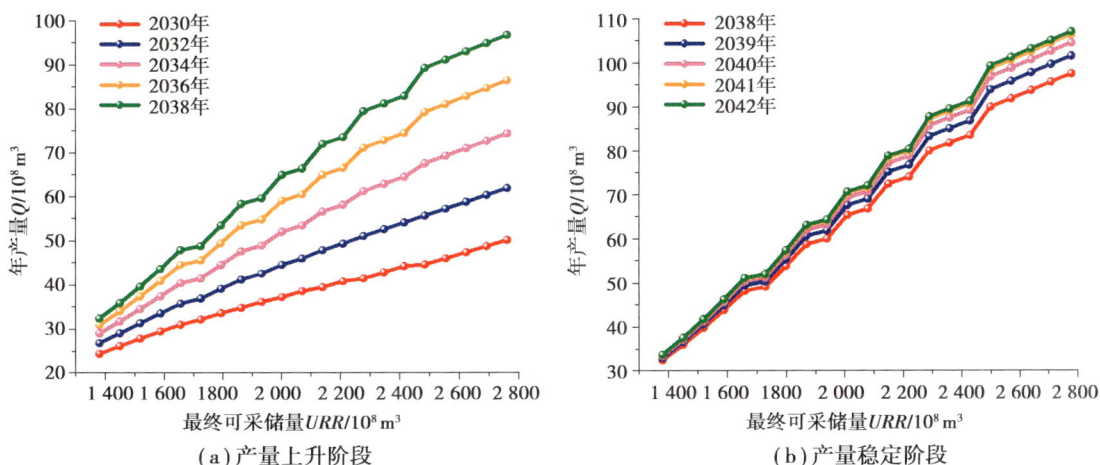

(a) 产量上升阶段　　(b) 产量稳定阶段

图 4.78　URR-产量预测结果

以 2030 年为例介绍致密气产量的概率分析过程。以 Hubbert 产量计算方程为概率模拟的数学模型，URR 是影响产量的主要独立变量。由于 URR 的数值为均匀抽取得到的，故均匀分布的 URR 数值直接被进行多次随机抽取。设置 URR 的抽取次数为 100 000 次，每抽取一个 URR 数值，分别计算与之对应的 Q_m 与 t_m 值，并与 $t = 2\,030$ 一起代入公式中，得到 2030 年的产量 Q。

采用循环对某一年的产量反复计算，在 100 000 次循环之后，得到目标产量可实现的分布概率，然后根据分布概率计算得到累积概率，即在年产量的最小值点实现概率为 1，下一

169

个产量值点的概率等于1减去前面所有产量的分布概率之和,以此类推直到年产量的最大值点。分布概率为正态分布下每个产量值点的平均概率,总和为1,累计概率则是年产量的实现概率。

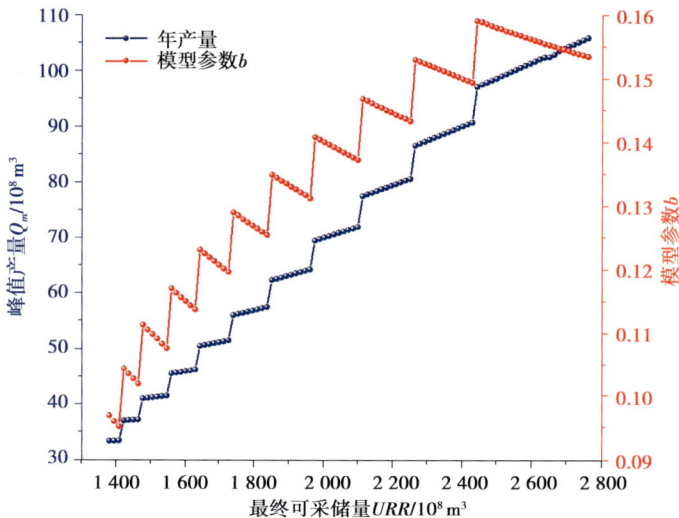

图 4.79　峰值产量与模型参数对比图

由于 URR 为均匀分布,因此能够保障产量概率统计的准确性。图 4.80 所示为两个阶段中代表性年份的产量实现概率结果。从图 4.80 中可以看出,对于分布概率,它的变化趋势与正态分布相似,即在同一年份下,产量越靠近极端值概率就越低,越靠近中间值概率就越高。对于累计概率,产量值越低,实现概率越高。

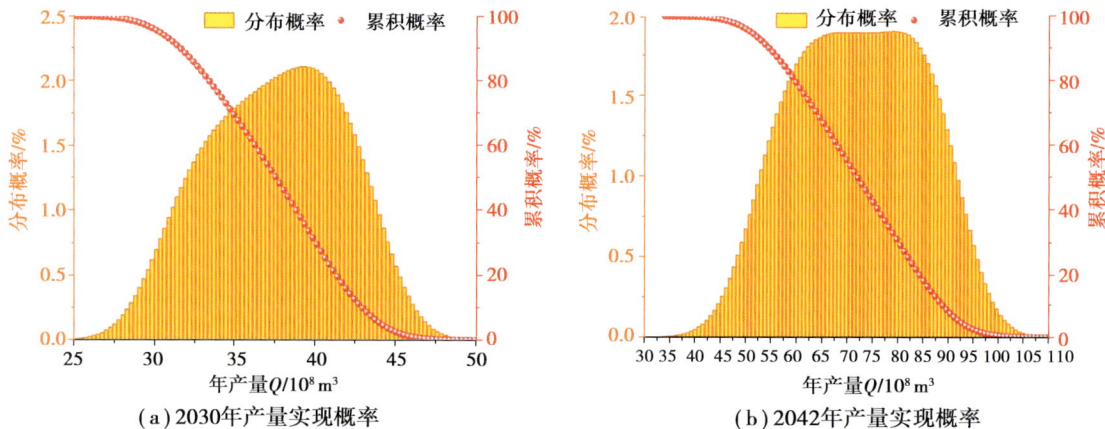

(a)2030年产量实现概率

(b)2042年产量实现概率

图 4.80　不同年份的产量实现概率图

图 4.81(a)所示为稳产期每一年的产量实现概率图。从图 4.81(a)中可看出,随着年产量预测值的增加,实现概率逐渐降低。同时,实现概率为10% ~20%对应的产量为理想产量,预测模型下的稳产期理想产量稳定在 $81×10^8 ~90×10^8 m^3/a$。图 4.81(b)所示为不同概率下(实现概率为10% ~90%)的年产量预测图,其中 P90 表示概率为90% 。从图 4.81(b)中可以看出,不同概率下年产量的变化趋势基本一致,并且相邻概率相差的产量值也大

致相同。这表明,该预测模型下的产量变化趋势较稳定,预测结果较准确。

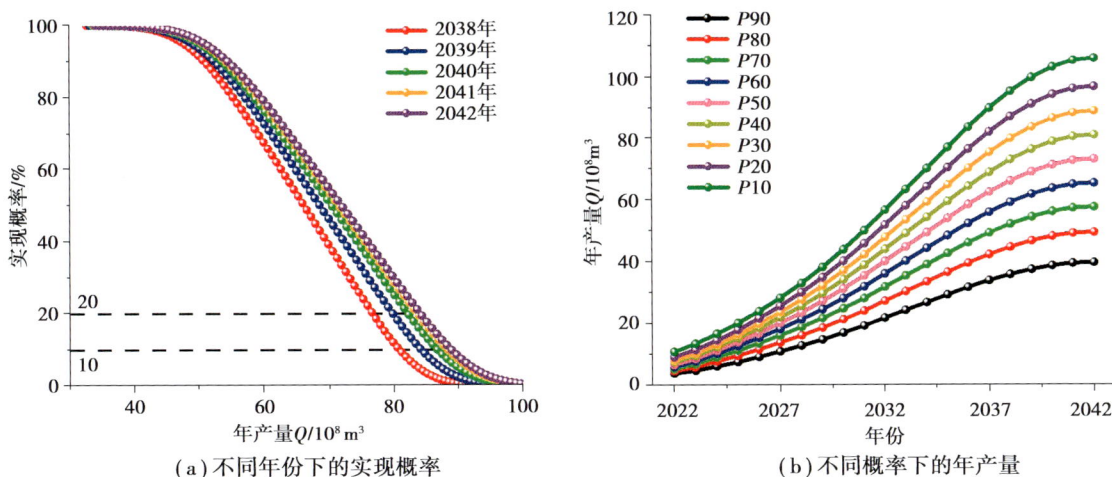

(a)不同年份下的实现概率　　　　　　(b)不同概率下的年产量

图 4.81　产量实现概率变化趋势图

表 4.40 所示为几个主要年份在不同概率的情形下,可以达到的产量值,其概率为累积概率,因此累积概率也是实现概率。在 2042 年,"$P20 = 96.89×10^8\,m^3/a$"表示产量达到 $96.89×10^8\,m^3/a$ 的概率为 20%。本书在 0 ~ 100% 概率区间内计算致密气产量,并对不同概率区间的产量进行风险量化。其中,$P80$ 对应的产量为保证产量,$P50$ 对应的产量为平均产量,$P20$ 对应的产量为理想产量。采用蒙特卡洛模拟计算得到的概率值,代表着在不同时期致密气产量实现的可能性。这一可行性研究对于致密气未来开采方案的规划有着重要的指导作用。

表 4.40　不同阶段年份的产量实现概率计算结果

年　份	年产量/$10^8\,m^3$								
	$P90$	$P80$	$P70$	$P60$	$P50$	$P40$	$P30$	$P20$	$P10$
2030 年	17.05	21.41	25.03	28.33	31.42	34.38	37.31	40.39	44.15
2035 年	29.42	36.73	42.84	48.59	54.19	59.68	65.11	70.70	77.25
2040 年	38.82	48.35	56.36	63.99	71.56	79.12	86.64	94.33	103.25
2042 年	39.83	49.61	57.82	65.65	73.43	81.22	88.97	96.89	106.07

为了对致密气产量进行风险量化研究,需引入风险矩阵进行产量风险等级评价。依照概率计算方法,分别求取两个阶段各年份的产量分布概率及实现概率曲线。依据分布概率曲线求取年产量的均值 μ 及标准差 s,求取年产量的离散程度 C。

在产量上升阶段及产量缓慢递减阶段,为 $5\% < C \leqslant 10\%$。此时,$P > 50\%$ 对应的年产量为 Ⅱ 级风险,$20\% \leqslant P < 50\%$ 对应的年产量为 Ⅲ 级风险,$P < 20\%$ 对应的年产量为 Ⅳ 级风险。

在产量稳定阶段与产量快速递减阶段,为 $10\% < C \leqslant 25\%$。此时,$P > 50\%$ 对应的年产量为 Ⅲ 级风险,$P \leqslant 50\%$ 对应的年产量为 Ⅳ 级风险。

由于不同阶段的离散程度不同,将离散程度和实现概率相结合,可以得到不同阶段各年份的产量目标风险等级(图 4.82)。

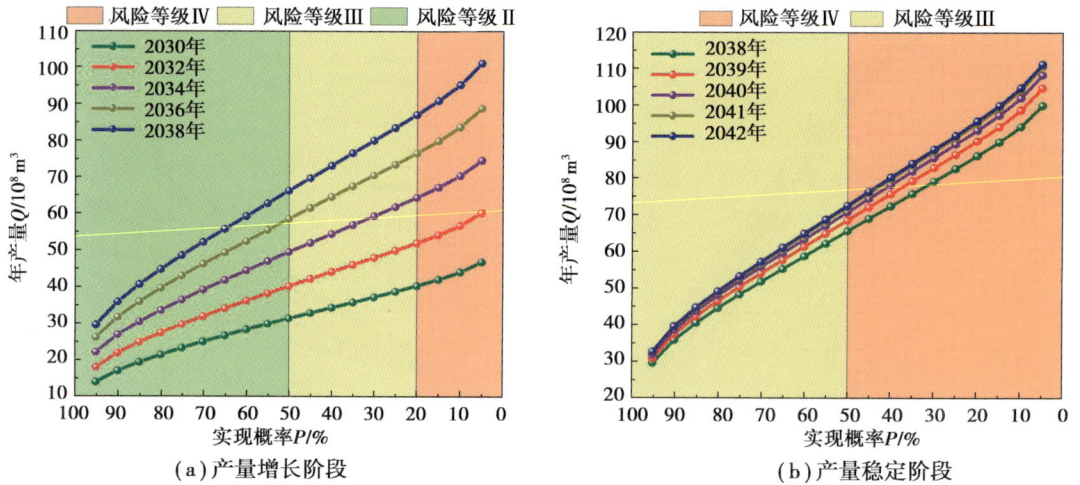

(a)产量增长阶段　　　　　　　　(b)产量稳定阶段

图 4.82　产量风险等级评价

由图 4.82 可知,目标产量越高,其对应的实现概率值越低,同时产量-概率曲线也处于风险等级较高的区域。

依据图 4.82 不同阶段的产量风险量化结果,可以直接得到各年份不同产量的实现概率和风险等级。由于产量风险等级预示着产量目标实现的难易程度,因此,结合实现概率计算和风险等级评价,可以很好地对产量的风险量化进行研究,并计算出致密气目标产量的实现概率,为可行性分析提供数据支撑。

4.6.4　四川盆地页岩气峰值产量风险量化模型

由于四川盆地页岩气的勘探开发时间较短,页岩气的产量曲线起始时间为 2011 年(图 4.83)。图 4.83 所示为年产量随时间变化曲线。可以看出,页岩气产量至目前仍保持快速增长趋势,其增长曲线与 Ward 模型的预测曲线的趋势一致,故可将 Ward 模型应用于页岩气产量预测的研究之中。

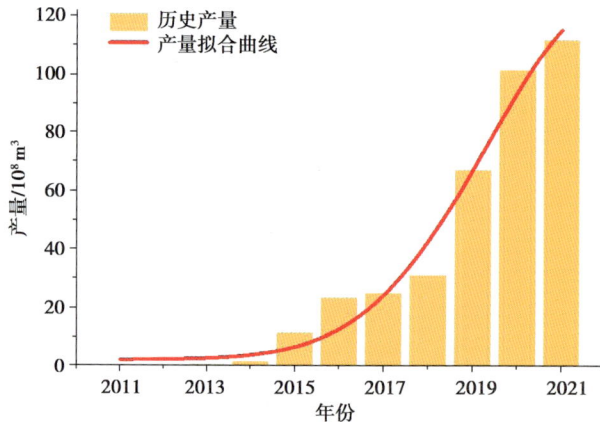

图 4.83　页岩气历史产量拟合曲线

在开展页岩气产量预测工作之前,首先估算最终可采储量 URR 的数值范围。依据四川盆地资源量,按照资源转化率、采收率估算最终可采储量 URR 为 $9\,342\times10^8 \sim 15\,570\times10^8\,\mathrm{m}^3$。确定 URR 的范围后,以其为边界条件,根据 Ward 模型的原理对页岩气产量变化趋势进行预测。

图 4.84、表 4.41 所示为页岩气的预测曲线和结果。预测结果表明,四川盆地页岩气将在未来 30 年继续保持产量快速增长趋势,页岩气产量将在 2045—2048 年达到的峰值为 $389.26\times10^8 \sim 492.3\times10^8\,\mathrm{m}^3/\mathrm{a}$;稳产期结束时,$URR$ 采收程度约为 65%。

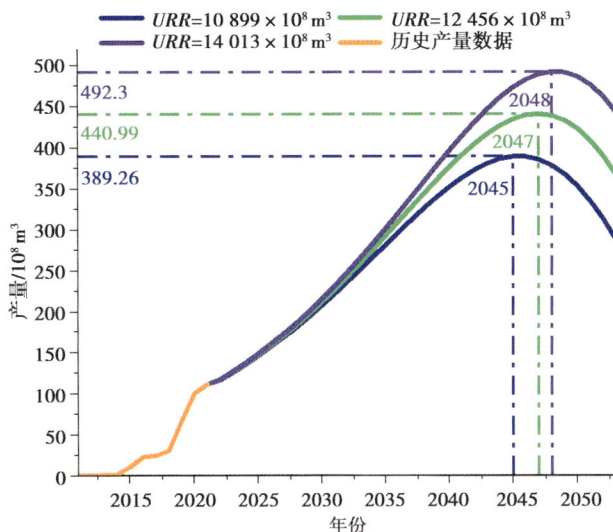

图 4.84　页岩气产量预测曲线

表 4.41　页岩气产量预测结果

$URR/10^8\,\mathrm{m}^3$	峰值产量 /$10^8\,\mathrm{m}^3$	峰值产量时间	产量稳定阶段			
			年份	最低产量/$10^8\,\mathrm{m}^3$	累积产量/$10^8\,\mathrm{m}^3$	URR 采收程度
10 899	389.26	2045 年	2041—2049 年	363.46	6 585.77	60.43%
12 456	440.99	2047 年	2043—2051 年	408.67	7 800.7	62.63%
14 013	492.30	2048 年	2044—2052 年	461.4	9 152.22	65.31%

页岩气模型计算公式如下:

$$Q=111.82\mathrm{e}^{0.1t}\left(1-\frac{373.92}{URR}\right)\begin{cases}URR=10\,899\times10^8\,\mathrm{m}^3\\URR=14\,013\times10^8\,\mathrm{m}^3\\URR=12\,456\times10^8\,\mathrm{m}^3\end{cases} \tag{4.96}$$

初步预测结果表明,四川盆地页岩气将在未来 30 年继续保持产量快速增长趋势。按照探明率的中间范围进行估算,页岩气产量将在 2045—2048 年达到的峰值为 $389.26\times10^8 \sim 492.3\times10^8\,\mathrm{m}^3/\mathrm{a}$。

依据产量增长速度,可将未来时间段的产量增长过程分为 4 个阶段:产量上升阶段

（2022—2037年）、产量稳定阶段（2037—2047年）、产量快速递减阶段（2047—2064年）与产量缓慢递减阶段（2064—2090年）。因此，对于不同的产量增长阶段，产量实现概率应分别进行计算。

为清晰地阐述 URR 对产量预测结果的影响规律，将4个产量增长阶段的预测结果进行局部放大，并将这些图的横坐标由年份改为 URR，即可得到各阶段不同年份的 URR-产量预测结果图（图4.85）。

以图4.85（a）的产量上升阶段的结果图为例，简单描述 URR-产量预测结果图的含义。图4.85（a）中包含柱形图和点线图，不同颜色的柱形图代表不同的年份的产量，将柱形图的顶端中点连线，即可组成产量曲线的点线图。柱形图中元素的详细信息如下：

柱子的颜色与相应的点线图曲线代表不同的年份。柱子的横坐标是目标年产量对应的 URR。不同颜色柱子的长度代表与相邻年份产量的差值。柱子顶端的纵坐标代表年产量。以图4.85（a）为例，浅蓝色的柱形图对应的产量年份是2036年。其中，最右上方向的蓝色柱子的横坐标为15 570，顶端纵坐标为458.99，底端纵坐标为447.78，即可算出蓝色柱子的长度为11.21，并与2034年对应颜色的柱子相邻。即当 $URR=15\,570\times10^8\,m^3$ 时，2036年的年产量 $Q=458.99\times10^8\,m^3$，并与2034年的年产量 $447.78\times10^8\,m^3$ 差值 $\Delta Q=11.21\times10^8\,m^3$。

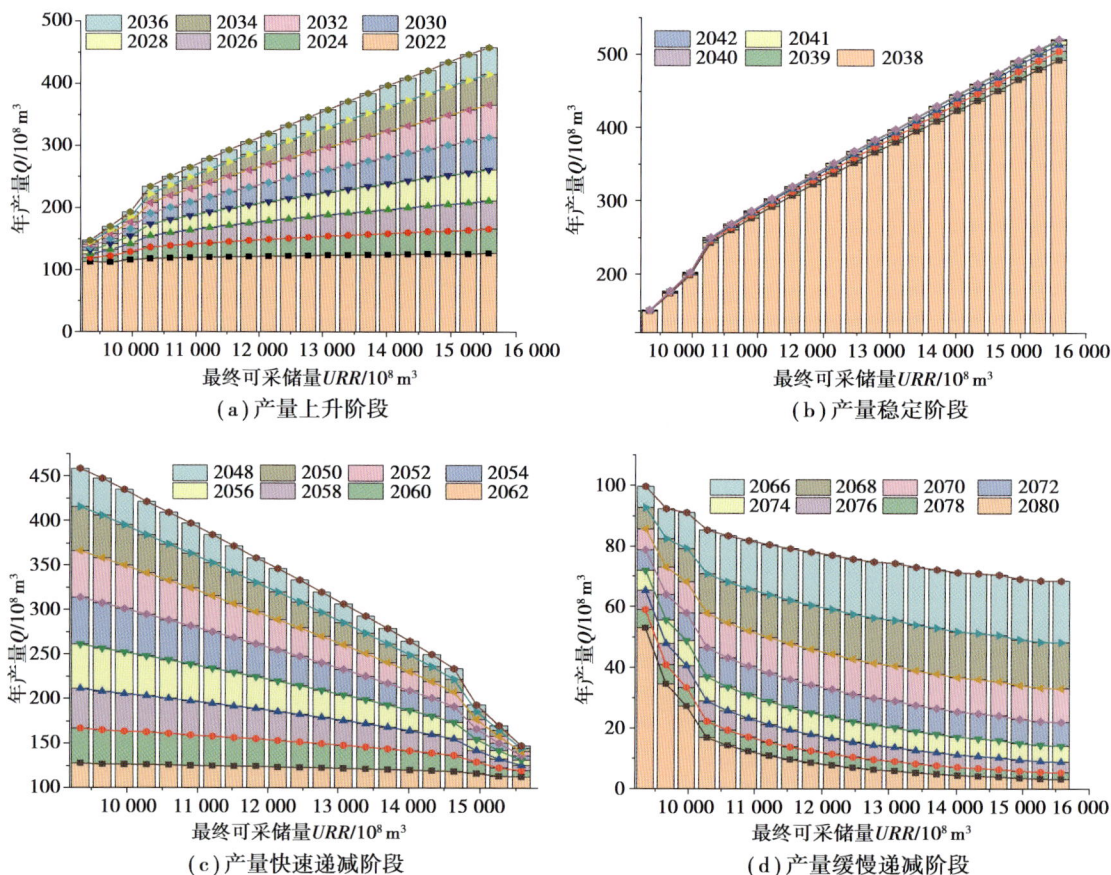

图4.85 URR-产量预测结果

采用蒙特卡洛模拟计算 4 个产量增长阶段各年份的不同产量实现概率。以 2030 年的产量计算过程为例介绍概率计算过程。以 Gauss 年产量计算方程为概率模拟的数学模型，URR 是影响产量的主要独立变量。由于前文 URR 的数值为均匀抽取得到的，故对均匀分布的 URR 数值进行多次随机抽取。设置 URR 的抽取次数为 100 000 次，每抽取一个 URR 数，会得到相应的 Q_m 与 t_m 值，并与 $t = 2\,030$ 一起代入公式中，得到 2030 年的产量 Q。

经过 100 000 次的产量计算后，统计出年产量数值 Q 的分布概率，并通过一次累加的方式得到相应的累积概率，即为产量的实现概率。由于 URR 为均匀分布，因此能够保障产量概率统计的准确性。图 4.86 所示为 4 个阶段中代表性年份的产量实现概率结果。

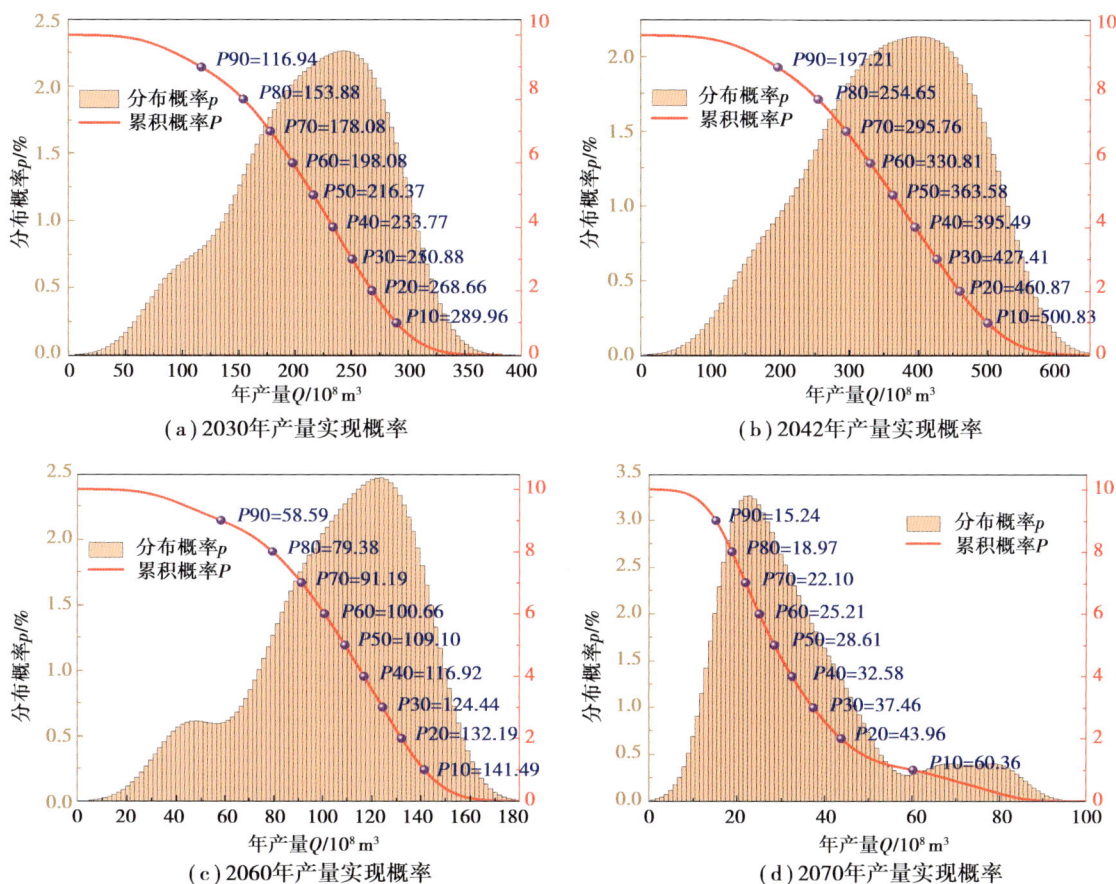

（a）2030 年产量实现概率　　　　　　　　　　（b）2042 年产量实现概率

（c）2060 年产量实现概率　　　　　　　　　　（d）2070 年产量实现概率

图 4.86　不同年份的产量实现概率计算

表 4.42 所示为不同阶段年份的产量实现概率计算结果，累积概率代表产量达到相应规模的可能性，因此累积概率也是实现概率。例如，在 2030 年，"$P80 = 153.88 \times 10^8\,\text{m}^3/\text{a}$" 表示产量达到 $153.88 \times 10^8\,\text{m}^3/\text{a}$ 的概率为 80%。本书在 0～100% 概率区间内计算页岩气产量，并对不同概率区间的产量进行风险量化。其中，$P80$ 对应的产量为保证产量，$P50$ 对应的产量为平均产量，$P20$ 对应的产量为理想产量。产量模拟结果可以得到不同页岩气开发目标的实现概率，对页岩气勘探开发方案的制订和可行性分析具有重要的参考和指导作用。

表4.42　不同阶段年份的产量实现概率计算结果

年 份	年产量/$10^8 m^3$								
	P90	P80	P70	P60	P50	P40	P30	P20	P10
2030 年	116.94	153.88	178.08	198.08	216.37	233.77	250.88	268.66	289.96
2042 年	197.21	254.65	295.76	330.81	363.58	395.49	427.41	460.87	500.83
2060 年	58.09	79.38	91.19	100.66	109.10	116.92	124.44	132.19	141.49
2070 年	15.24	18.97	22.10	25.21	28.61	32.58	37.46	43.96	60.36

为了对页岩气产量进行风险量化研究,需引入风险矩阵进行产量风险等级评价。依照概率计算方法,分别求取4个阶段各年份的产量分布概率及实现概率曲线。依据分布概率曲线求取年产量的均值 μ 及标准差 s,求取年产量的离散程度 C。

在产量上升阶段及产量缓慢递减阶段,为 $5\% < C \leq 10\%$。此时,$P>80\%$ 对应的年产量为Ⅱ级风险,$20\% \leq P < 50\%$ 对应的年产量为Ⅲ级风险,$P<20\%$ 对应的年产量为Ⅳ级风险。

在产量稳定阶段与产量快速递减阶段,为 $10\% < C \leq 25\%$。此时,$P>50\%$ 对应的年产量为Ⅲ级风险,$P \leq 50\%$ 对应的年产量为Ⅳ级风险。

针对不同阶段 C 的取值范围,将4个阶段各年份的产量实现概率曲线与风险矩阵的不同区域进行叠加,得到不同阶段各年份的产量目标风险等级(图4.87)。

从图4.87可以看出,随着年产量的增大,其对应的实现概率也随之减小,产量实现概率曲线也逐渐向更高一级的风险区域靠近。依据不同阶段的产量风险量化结果,可以直接得到各年份不同产量的实现概率和风险等级。由于产量风险等级预示着产量目标实现的难易程度,因此,基于概率计算及矩阵分析的产量风险量化研究能够为不同时间节点的页岩气产量目标的可行性分析提供理论依据。

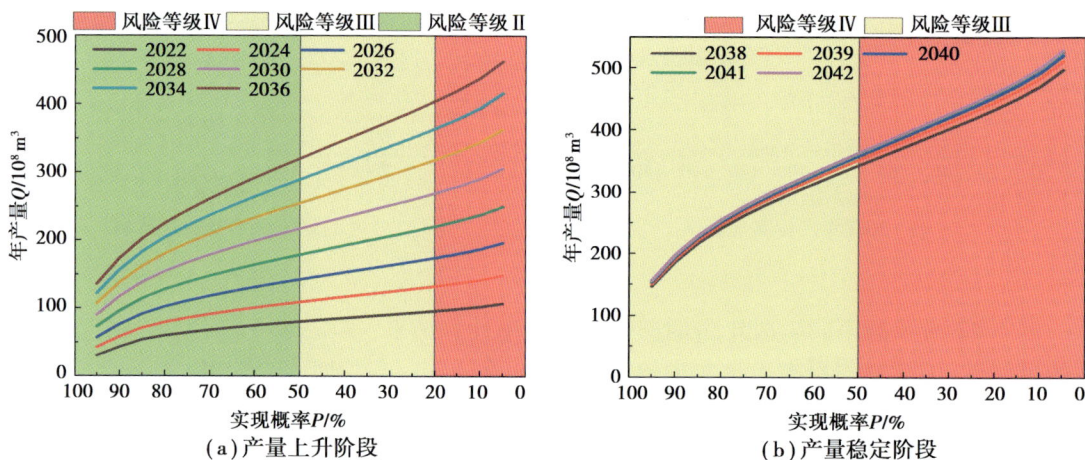

(a)产量上升阶段　　(b)产量稳定阶段

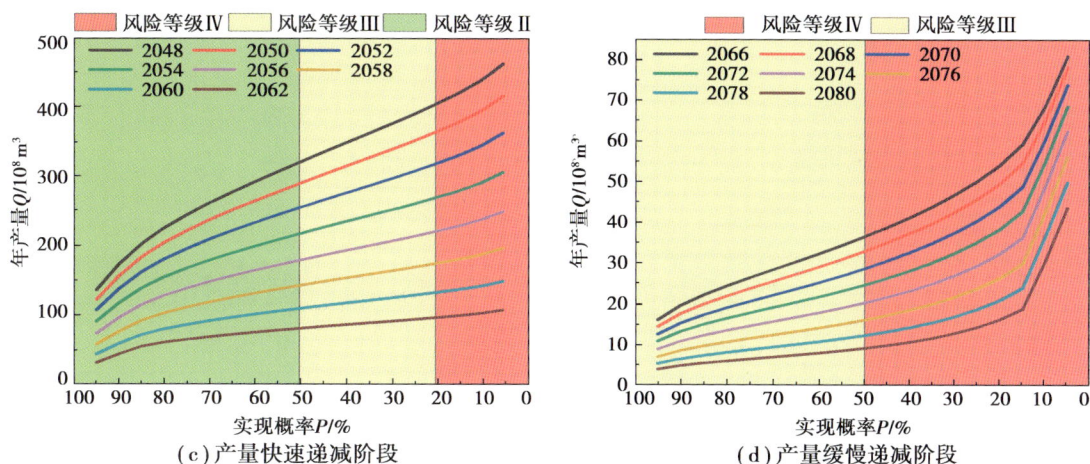

（c）产量快速递减阶段　　　　　（d）产量缓慢递减阶段

图 4.87　产量风险等级评价

4.6.5　川中古隆起气藏峰值产量风险量化模型

为了对川中古隆起气藏天然气勘探开发的指导工作提供量化的依据,本节对川中古隆起气藏的中长期产量进行峰值模型预测,并根据预测结果开展产量风险量化研究。在开展产量预测工作之前,首先估算最终可采储量 URR 的数值范围。依据四川盆地资源量,按照资源转化率、采收率估算最终可采储量 URR 为 $3\,600\times10^8 \sim 14\,700\times10^8\,m^3$。

为了更好地进行川中古隆起气藏天然气产量峰值的预测,采用 Hubbert 和 Gauss 峰值预测模型预测川中古隆起气藏天然气产量的增长趋势和产量的峰值,方法是将不同的 URR 数值带入公式中,得到所对应的曲线。为了更加深入地得出天然气产量随 URR 的增长规律,在 URR 的估算范围内选取 100 个不同的数值并将这些数值一并带入公式中,计算得到不同的产量预测结果,并绘制成相对应的曲线,将曲线进行组合得到图 4.88(a)和图 4.89(a),并提取相应的模型参数值[图 4.88(b)、图 4.89(b)],从而得到在一定 URR、峰值和参数的变化关系。

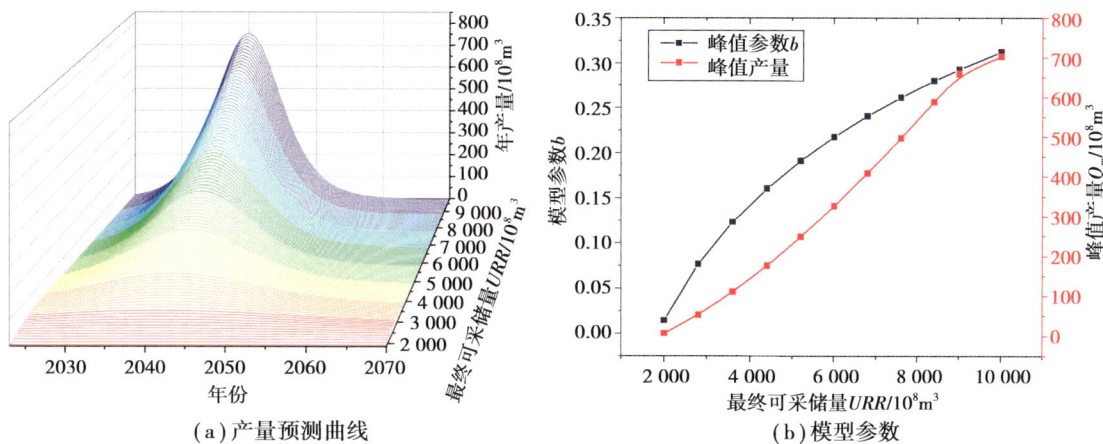

（a）产量预测曲线　　　　　　（b）模型参数

图 4.88　Hubbert 模型天然气产量预测结果

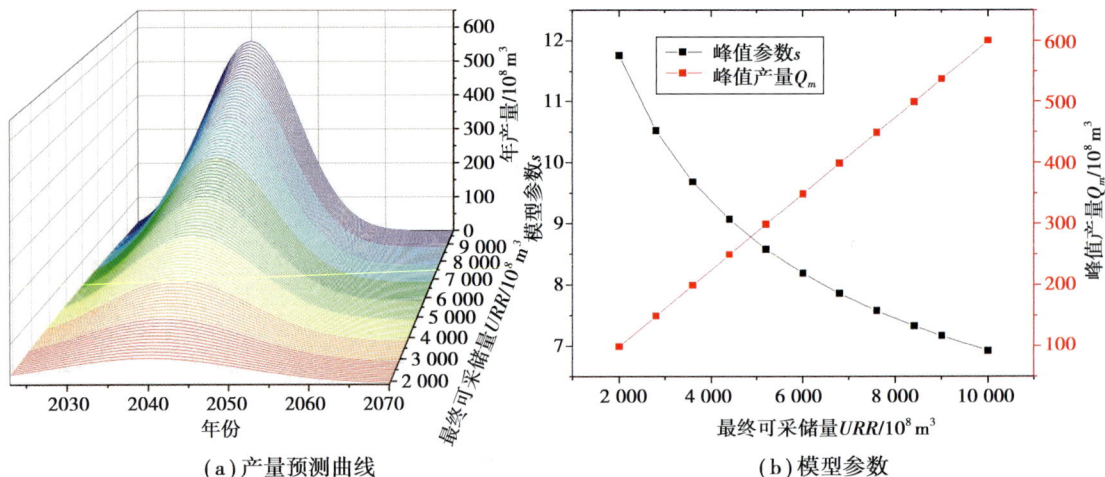

（a）产量预测曲线　　　　　　　　（b）模型参数

图 4.89　Gauss 模型天然气产量预测结果

从图 4.88（a）和图 4.89（a）可看出，Hubbert 与 Gauss 两种模型的产量预测结果高度相似，可对两种产量的预测结果进行同时分析，从而找出产量峰值随 URR 的变化趋势，即产量峰值和 URR 呈现出正相关性；也可以发现，峰值产量随年份的变化也在不断变化，呈现出先增大后减小的趋势，其峰值的时间在 2040 年。在 2023—2057 年，产量增长曲线关于 $t = 2040$ 呈现出轴对称。

从图 4.88（b）和图 4.89（b）可看出，在 Hubbert 模型中，随着 URR 的不断增长，其产量峰值 Q_m 和参数 b 呈现出阶梯式增长的趋势；当 URR 增长到某个特定值时，参数就会从迅速增大，变为较为平缓地增大。在 Gauss 模型中，随 URR 的增长，其产量峰值 Q_m 为线性增长，参数呈现出较为圆滑的下降趋势，且下降速率逐渐变小，最终趋于平缓。参数模型的变化能够反映出产量的变化情况。因此，当 URR 的增长速率相同时，Gauss 模型的产量预测结果比 Hubbert 模型的产量预测结果有更加平稳的增长趋势。

根据产量增长的变化速度，将产量增长的过程分为 4 个时期：即产量上升时期（2023—2033 年）、产量稳定阶段（2034—2046 年）、产量快速递减阶段（2047—2057 年）和产量缓慢递减阶段（2057—2070 年）。产量先随年份的增长不断地增加到 2040 年，并在 2040 年达到产量峰值；之后随年份的增长开始不断地下降，最终逐渐趋于 0。

从相关性分析的结果可以看出，Hubbert、Gauss 两种模型的产量预测结果的相关性系数都较高，其中前者的相关性系数平均约为 0.98，后者的相关性系数平均约为 0.99（表 4.43）。可以看出，Gauss 模型预测结果更为精准。因此，选取 Gauss 模型的预测方法作为川中古隆起气藏天然气的预测的主要方法。

表 4.43　产量预测结果的相关性分析

$URR/10^8\text{m}^3$		2 000	3 875	5 750	7 625	9 555
相关性系数	Hubbert 模型	0.989 1	0.979 3	0.981 5	0.981 3	0.984 8
	Gauss 模型	0.989 4	0.987 5	0.995 2	0.987 1	0.991 3

为能更清楚地发现 *URR* 对产量预测结果的作用程度,将不同阶段的 *URR* 和年产量的变化关系进行绘制,最终得到各阶段不同年份的 *URR*-产量预测结果,以更直观地看出 *URR* 和年产量的变化关系(图 4.90)。

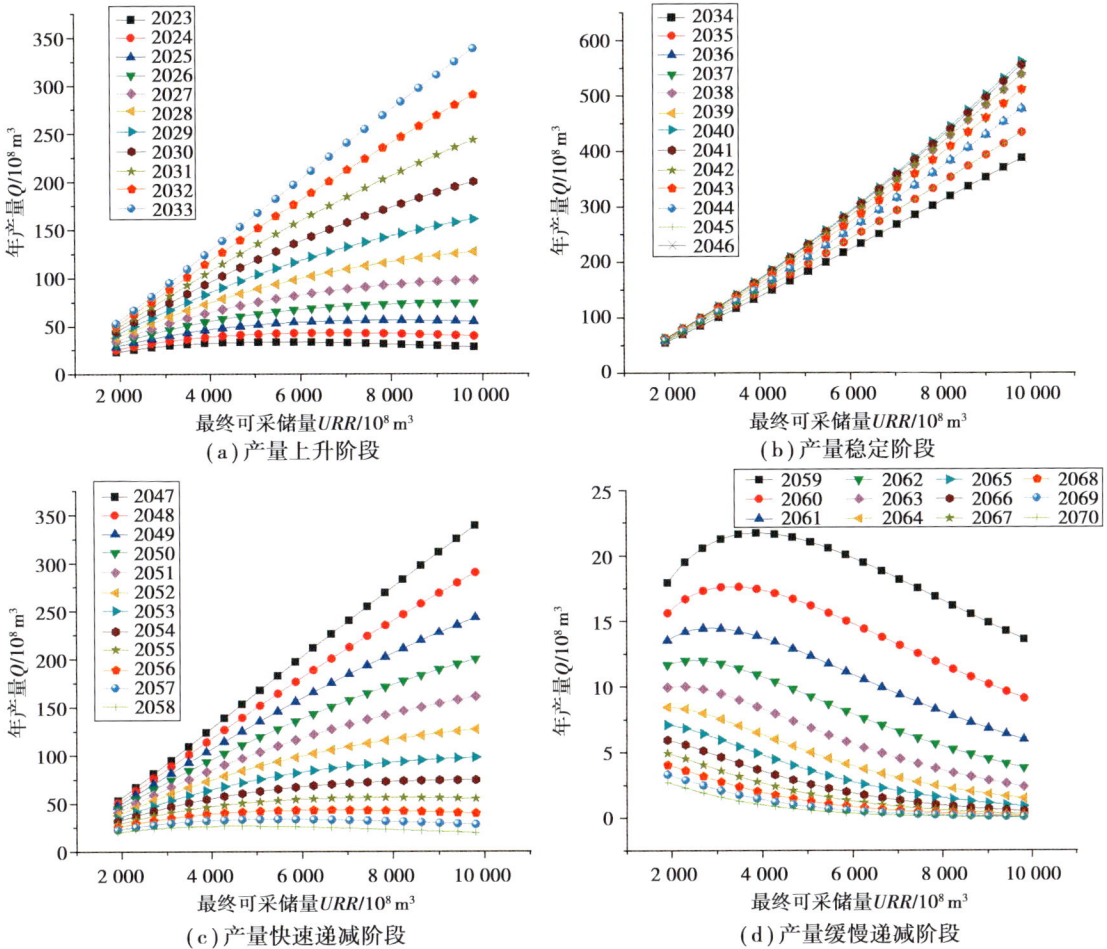

(a)产量上升阶段

(b)产量稳定阶段

(c)产量快速递减阶段

(d)产量缓慢递减阶段

图 4.90　不同 *URR* 条件下的年产量预测结果

经过蒙特卡洛模拟后,统计出年产量 Q 的分布概率,并通过一次累加的方式得到相对应的累积概率。所得到的累积概率,即为产量的实现概率。统计出的累计概率情况如图 4.91 所示。

将图 4.91 中典型年份的产量实现概率结果进行统计,通过表 4.44 的横向对比可知,产量实现概率随着产量的增大而减小;通过统计表的纵向对比可知,在实现概率相同的情况下,年均产量 Q 随年份呈现出先增大后减小的趋势。以平均产量的实现概率为例,在 2040 年时年均产量 Q 的实现下限为 $245.74 \times 10^8 \mathrm{m}^3$,在 2030 年时年均产量 Q 的实现下限为 $159.28 \times 10^8 \mathrm{m}^3$,在 2051 年时年均产量 Q 的实现下限为 $145.22 \times 10^8 \mathrm{m}^3$。这说明,在 2040 年的年均产量达到峰值。根据图 4.91 中各累积概率所对应的分布概率曲线可知,分布概率峰值均出现在 P65—P85 的范围内,说明实现该区域对应的年均产量的概率最大。

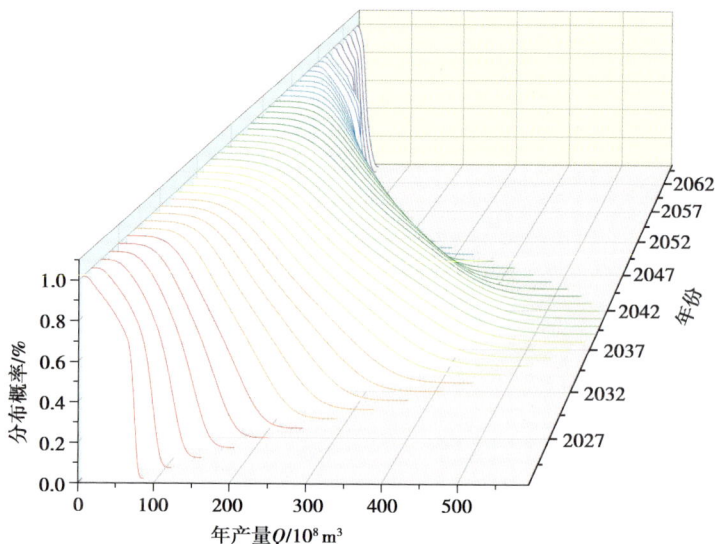

图 4.91　不同年份的产量实现概率计算

表 4.44　不同阶段年份的产量实现概率计算结果

年　份	年产量/$10^8 \, m^3$						
	P80	P70	P60	P50	P40	P30	P20
2030 年	75.25	88.48	101.62	115.14	128.85	142.69	157.18
2040 年	94.38	111.12	127.70	145.01	162.95	181.36	200.79
2049 年	58.34	68.37	78.13	87.80	97.28	106.68	116.47
2060 年	5.17	6.01	6.84	7.68	8.57	9.52	10.60
年　份	年产量/$10^8 \, m^3$						
	P80	P70	P60	P50	P40	P30	P20
2030 年	109.51	126.10	142.69	159.28	179.19	195.78	212.38
2040 年	155.84	185.81	209.78	245.74	281.70	317.67	359.63
2051 年	98.60	116.11	130.50	145.22	159.50	174.22	191.19
2065 年	13.68	11.45	16.77	18.54	20.30	22.95	26.04

　　本节在 0 ~ 100% 概率区间计算天然气产量,同时也对不同概率区间的产量进行风险的量化,产量模拟的结果可以得到不同天然气开发目标的实现概率,对川中古隆起气藏天然气的勘探开发方案的制订和实施有重要的参考和指导作用。

　　针对产量增长的 4 个不同的阶段 C 的取值范围,将 4 个阶段的实现概率曲线与风险矩阵的不同区域进行叠加,得到不同阶段各年份的产量目标风险等级。在上升阶段和产量快速递减阶段的离散程度 $C \in (5\%, 10\%)$,在产量稳定阶段和产量缓慢递减阶段的离散程度 $C \in (10\%, 25\%)$。将离散程度和实现概率进行综合得到不同阶段风险等级,最后将不同阶段的产量目标风险等级进行综合,形成综合的产量风险等级(图4.92)。

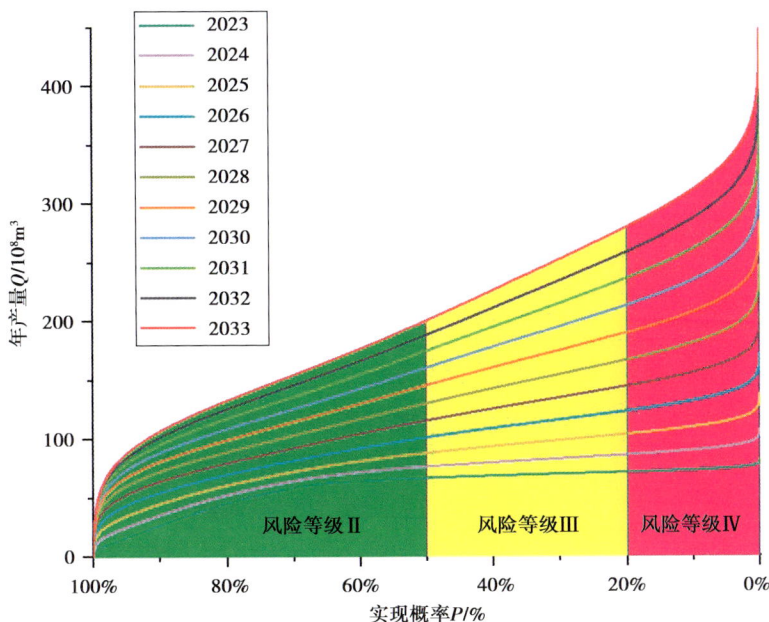

图 4.92　产量风险等级评价

从图4.92可以看出,随着产量的不断提高,与之相对应的实现概率也在不断地变小,导致产量实现风险逐渐提高。根据不同阶段的产量量化结果,可直接得到各年份不同产量的实现概率和风险等级。

本节将 URR 代入 Hubbert 模型和 Gauss 模型中,实现预测川中古隆起气藏天然气产量的大致趋势,并运用相关性分析。对比 Gauss 模型和 Hubbert 模型的精准程度,选出更合适的预测模型,即 Gauss 模型。通过产量预测结果表明,川中古隆起气藏将在 2040 年达到的峰值为 $73×10^8 \sim 561×10^8 \text{m}^3/\text{a}$,并在 2034—2046 年保持平稳的产出。

4.6.6　基于峰值预测的风险量化分析

天然气的风险量化分析以产量预测为基础,以震旦系气藏为例进行天然气的产量预测,并在此基础上进行风险量化分析。

1)天然气产量预测

在开展页岩气产量预测工作之前,首先估算最终可采储量 URR 的数值范围。依据四川盆地资源量,按照资源转化率、采收率估算最终可采储量 URR 为 $3\ 770×10^8 \sim 5\ 660×10^8 \text{m}^3$。其中,依据前文中40%、45%、50%、55%和60% 5种探明率,URR 估算值如表4.45所示。

表 4.45　URR 估算值

不同情景	40% 探明率	45% 探明率	50% 探明率	55% 探明率	60% 探明率
URR 估算值/10^8m^3	3 770	4 240	4 716	5 188	5 660

分别将不同的 URR 数值代入公式中,得到基于 Hubbert 模型和 Gauss 模型的天然气产量增长公式与天然气产量预测结果。

$$Q=\begin{cases} \dfrac{2\times109}{1+\cosh[0.116(t-2\,036)]} & (URR=3\,770\times10^8\,\mathrm{m}^3) \\[2mm] \dfrac{2\times164}{1+\cosh[0.154(t-2\,036)]} & (URR=4\,240\times10^8\,\mathrm{m}^3) \\[2mm] \dfrac{2\times206}{1+\cosh[0.175(t-2\,036)]} & (URR=4\,716\times10^8\,\mathrm{m}^3) \\[2mm] \dfrac{2\times243}{1+\cosh[0.187(t-2\,036)]} & (URR=5\,188\times10^8\,\mathrm{m}^3) \\[2mm] \dfrac{2\times284}{1+\cosh[0.201(t-2\,036)]} & (URR=5\,660\times10^8\,\mathrm{m}^3) \end{cases} \tag{4.97}$$

$$Q=\begin{cases} 140\times\mathrm{e}^{-(t-2\,036)^2/(2\times10.77^2)} & (URR=3\,770\times10^8\,\mathrm{m}^3) \\[2mm] 178\times\mathrm{e}^{-(t-2\,036)^2/(2\times9.489^2)} & (URR=4\,240\times10^8\,\mathrm{m}^3) \\[2mm] 215\times\mathrm{e}^{-(t-2\,036)^2/(2\times8.766^2)} & (URR=4\,716\times10^8\,\mathrm{m}^3) \\[2mm] 250\times\mathrm{e}^{-(t-2\,036)^2/(2\times8.290^2)} & (URR=5\,188\times10^8\,\mathrm{m}^3) \\[2mm] 285\times\mathrm{e}^{-(t-2\,036)^2/(2\times7.933^2)} & (URR=5\,660\times10^8\,\mathrm{m}^3) \end{cases} \tag{4.98}$$

可以看出,图 4.93(a)、图 4.94(a)中产量预测结果的相似度很高,两种产量预测结果可以同时进行分析。当 URR 增加,产量峰值也随之增加,产量到达峰值的时间始终在 2036 年,即 $t_m\equiv2\,036$。在 2021—2051 年,产量增长曲线关于 $t=2\,036$ 呈轴对称。

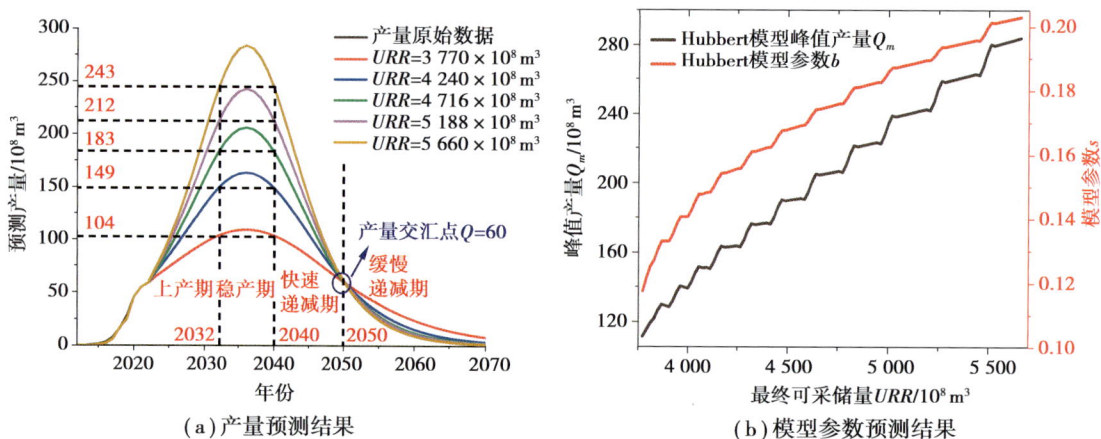

图 4.93　Hubbert 模型产量预测结果

图 4.93(b)中,随着 URR 的增长,Hubbert 模型的产量峰值 Q_m 和参数 b 呈现阶梯式增长趋势。当 URR 增长到某个特定值,参数会迅速增大,之后表现为较为平缓的增大。图 4.94(b)中,随着 URR 的增长,Gauss 模型的产量峰值 Q_m 为线性增长,参数 s 的数值曲线保持较为圆滑的下降趋势,且下降速率逐渐变小。模型参数的变化能够反映产量变化情况。因此,当 URR 的增长速率相同时,Gauss 模型的产量预测结果比 Hubbert 模型拥有更平稳的产量增长趋势。

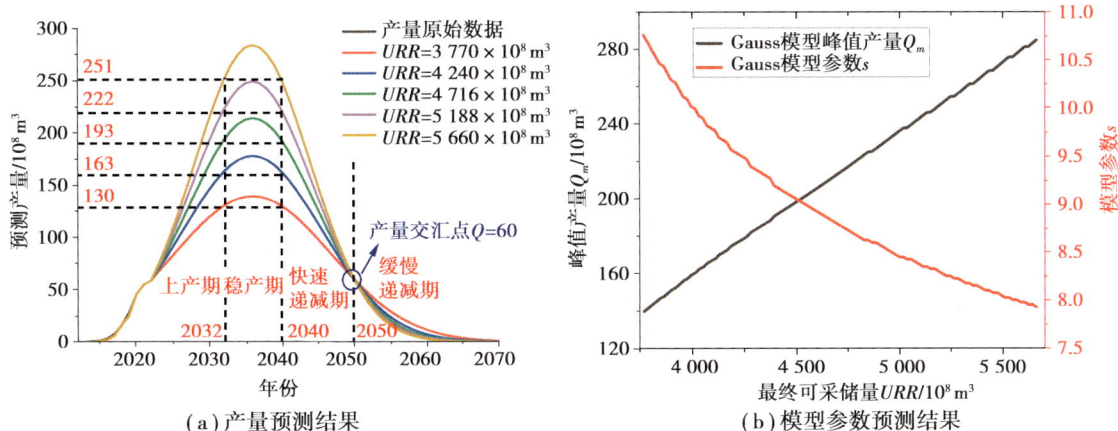

（a）产量预测结果　　　　　　　　（b）模型参数预测结果

图 4.94　Gauss 模型产量预测结果

在 2023—2031 年,产量随着年份的增加快速上升,与产量历史数据的变化趋势相同。在 2032—2036 年,产量保持平稳增长并在 2036 年到达产量峰值 Q_m。在 2036—2040 年,产量保持平稳下降。其中,该阶段的产量增长曲线关于 2036 年对称,且 2032 年与 2040 年的产量为稳产期的最低产量,也是整个生命周期的高峰产量。在 2041—2050 年,产量开始快速降低,与 2023—2031 年的产量快速上升趋势相反。在 2050 年后,产量曲线开始缓慢下降并逐渐趋近于 0。值得注意的是,产量曲线在 2050 年交汇于一点,此时年产量 $Q = 60 \times 10^8\,\text{m}^3$。因此,将 2050 年视为产量快速递减阶段与缓慢递减阶段的时间分界线。

为比较两种产量预测结果的精确性,需引入相关性分析过程,对 5 种不同 URR 情景下的产量预测结果进行精确性对比(图 4.95)。当 URR 相同时,Gauss 模型的产量增长曲线比 Hubbert 模型具有更高的产量峰值 Q_m,产量增长率和递减率也高于 Gauss 模型。因此,Gauss 模型的产量预测结果也更快地达到归零状态。在 2021—2049 年,Gauss 模型的年产量始终高于 Hubbert 模型,产量曲线在 2050 年相交;从 2050 年开始,Hubbert 模型的年产量数值开始高于 Gauss 模型。

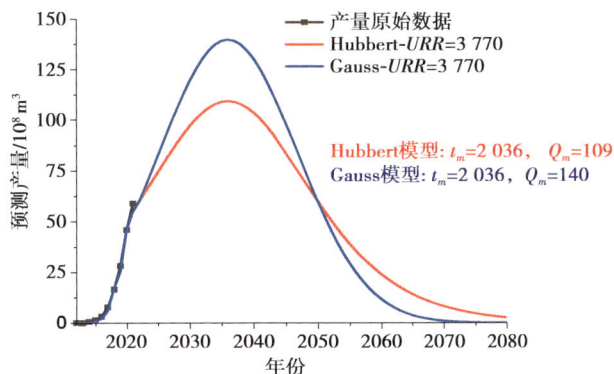

（a）产量预测结果：$URR = 3\,770 \times 10^8\,\text{m}^3$

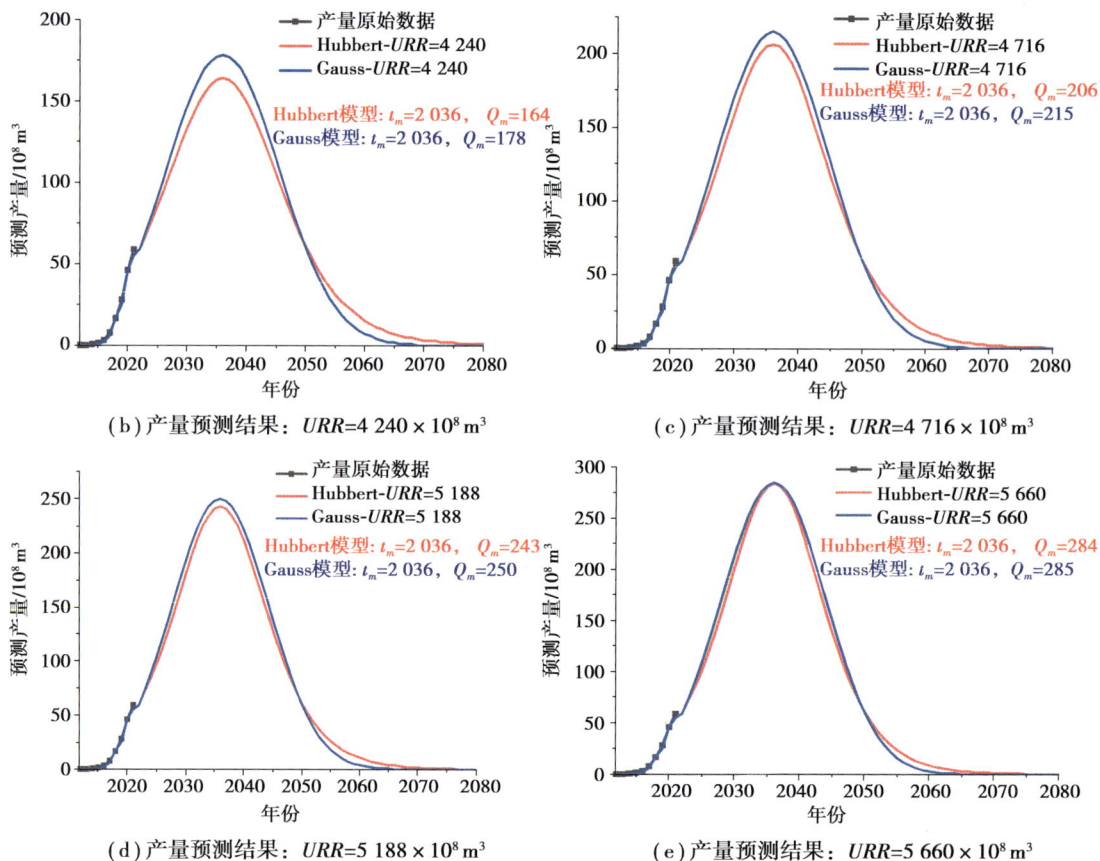

(b) 产量预测结果：$URR = 4\ 240 \times 10^8\ m^3$

(c) 产量预测结果：$URR = 4\ 716 \times 10^8\ m^3$

(d) 产量预测结果：$URR = 5\ 188 \times 10^8\ m^3$

(e) 产量预测结果：$URR = 5\ 660 \times 10^8\ m^3$

图 4.95　不同 URR 条件下的 Hubbert-Gauss 产量预测结果

　　将 Hubbert 模型的 5 种产量预测数据与历史数据分别进行相关性分析,Gauss 模型同理。从表 4.46 中可以看出,两种模型的相关性系数都非常接近 1,对应的产量预测结果都非常精确。然而,每个 URR 下的 Gauss 模型预测结果的相关性系数均高于 Hubbert 模型。更大的相关性系数代表着更优的预测结果。同时,考虑 Gauss 模型的产量参数曲线比Hubbert 模型更为平滑。因此,选取 Gauss 模型的预测数据作为震旦系气藏的产量预测结果。由此,统计得到不同 URR 条件下的产量预测结果(表 4.47)。

表 4.46　产量预测结果的相关性分析

天然气采收率		40%	45%	50%	55%	60%
最终可采储量 $URR/10^8\ m^3$		3 770	4 240	4 716	5 188	5 660
相关性系数	Hubbert 模型	0.979 1	0.978 3	0.982 5	0.980 3	0.980 8
	Gauss 模型	0.988 4	0.985 5	0.994 2	0.987 1	0.990 3

表 4.47 不同 URR 的震旦系产量预测结果

$URR/10^8 m^3$	产量峰值 $Q_m/10^8 m^3$	产量峰值时间	产量稳定阶段			
			年 份	最低产量$/10^8 m^3$	累积产量$/10^8 m^3$	URR 采出程度
3 770	140	2036 年	2032—2040 年	130	2 266	60.1%
4 240	178	2036 年	2032—2040 年	163	2 570	60.6%
4 716	215	2036 年	2032—2040 年	193	2 952	62.6%
5 188	250	2036 年	2032—2040 年	222	3 274	63.1%
5 660	285	2036 年	2032—2040 年	251	3 639	64.3%

2) URR 风险因素敏感性分析

为了清晰地阐述 URR 对产量预测结果的影响规律,现将图 4.94(a)中 4 个产量增长阶段的年份-产量预测结果进行局部放大,并将这些图的横坐标由年份改为 URR,即可得到 4 个阶段不同年份的 URR-产量预测结果。

在产量上升阶段(2021—2031 年),随着年份的增加产量增长,且同一 URR 下的不同份柱体的高度可以表征年份-产量预测曲线的斜率。当 URR 相同时,随着年份的增加,柱高度缓慢减小。这是由于在较为接近峰值点时,Gauss 模型曲线越接近 $t=t_m$ 时,曲线斜率越小。当年份相同时,随着 URR 的增加,产量曲线也随之增长,且曲线斜率几乎保持一致。这与图 4.96(a)中不同产量曲线在固定年份时纵向间距相同的现象一致。

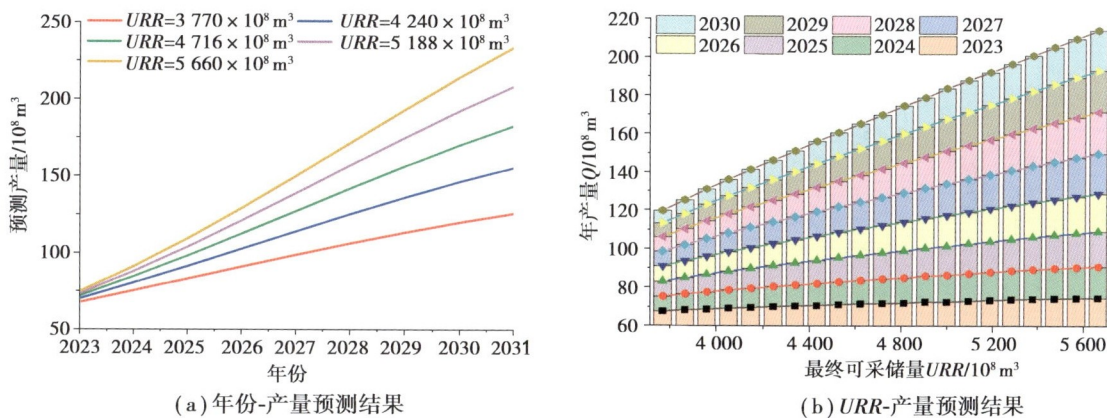

(a)年份-产量预测结果　　　(b)URR-产量预测结果

图 4.96 产量上升阶段(2021—2031 年)的 URR-产量预测结果

在产量稳定阶段(2032—2040 年),由于产量曲线关于 $t=t_m$ 对称,因此只分析 2032—2036 年的 URR-产量增长规律。随着年份的增加,产量缓慢增长。当 URR 相同时,随着年份的增加(即年份-产量曲线越接近 $t=t_m$),柱体高度缓慢减小甚至趋近于 0。当年份相同时,随着 URR 的增加,产量曲线也随之增长,且曲线斜率几乎保持一致。这与图 4.97(a)中不同产量曲线在固定年份时纵向间距相同的现象一致。

在产量快速递减阶段(2041—2050 年),由于该阶段年份较多,因此选取偶数年份的

URR-产量增长规律进行研究。随着年份的增加,产量快速减少。当 URR 相同时,随着年份的增加,柱体高度缓慢减小。这是由于在较为接近峰值点时,Gauss 模型曲线越远离 $t=t_m$ 时,曲线斜率越小。当年份相同时,随着 URR 的增加,产量曲线也随之增长,且曲线斜率几乎保持一致。这与图 4.98(a)中不同产量曲线在固定年份时纵向间距相同的现象一致。

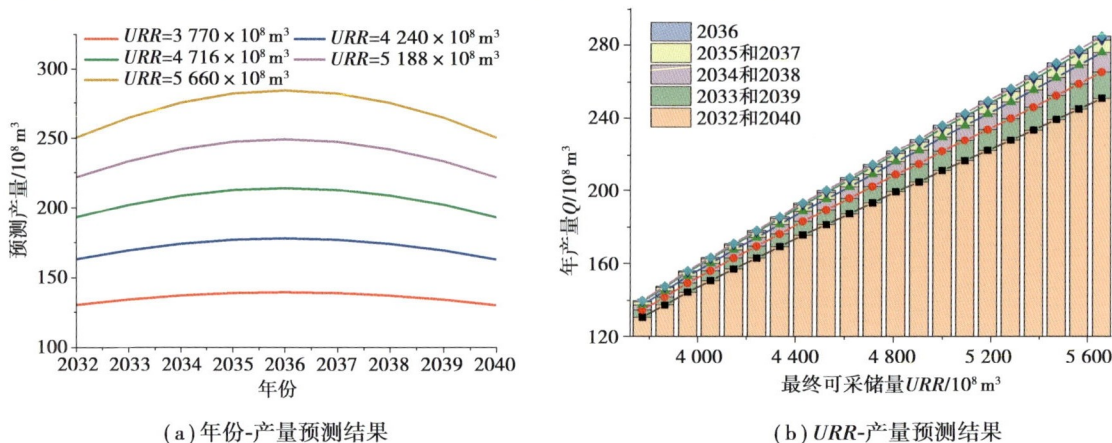

(a)年份-产量预测结果   (b) URR-产量预测结果

图 4.97 产量稳定阶段(2032—2040 年)的 URR-产量预测结果

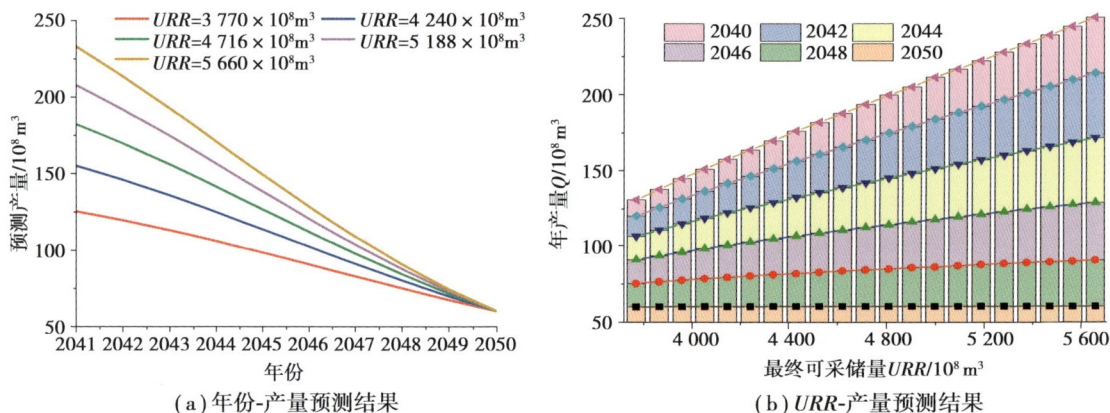

(a)年份-产量预测结果   (b) URR-产量预测结果

图 4.98 产量快速递减阶段(2041—2050 年)的 URR-产量预测结果

在产量缓慢递减阶段(2051—2070 年),由于该阶段年份较多,因此选取偶数年份的 URR-产量增长规律进行研究。随着年份的增加,产量缓慢减少。当 URR 相同时,随着年份的增加,柱体高度缓慢减小。这是由于该阶段的产量曲线已经远离 $t=t_m$,曲线斜率开始逐渐变小。当年份相同时,随着 URR 的增加,产量曲线也随之减小,且曲线斜率也逐渐变小。这与图 4.99(a)中不同产量曲线在固定年份时,纵向间距随着 URR 的增加逐渐变小的现象一致。

利用敏感性计算公式计算产量风险因素 URR 对产量的敏感性。前文中,在 URR = $3\,770\times10^8 \sim 5\,660\times10^8\,m^3$ 的估算范围内均匀抽取了 100 个不同的 URR 数值,并将这些 URR 数值代入产量预测方程中,计算得到不同的产量预测结果。然后,分别计算相邻 URR 的产量差值 ΔQ 与 URR 的差值 $\Delta\alpha$,得到图 4.100 的 URR-产量敏感性分析结果。图 4.100 中仅展示 5 种主要 URR 的敏感性结果曲线。

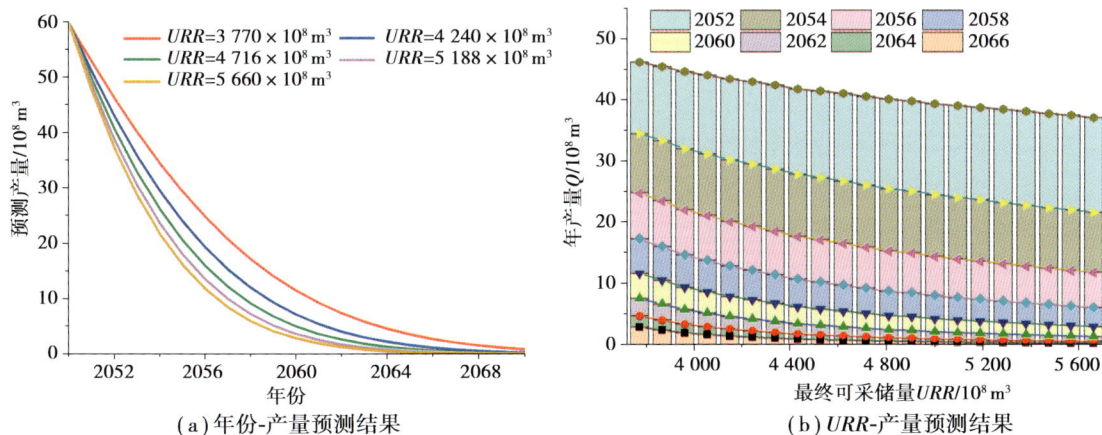

（a）年份-产量预测结果　　　　　　　　　（b）URR-产量预测结果

图 4.99　产量缓慢递减阶段（2051—2070 年）的 URR-产量预测结果

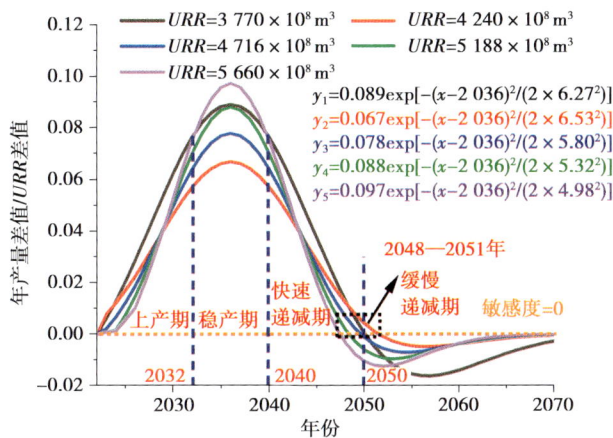

图 4.100　URR-产量敏感性分析结果

曲线公式如下：

$$Q = \begin{cases} 0.037 \times e^{-(t-2\,036)^2/(2 \times 6.27^2)} & (URR = 3\,770 \times 10^8\,m^3) \\ 0.042 \times e^{-(t-2\,036)^2/(2 \times 6.53^2)} & (URR = 4\,240 \times 10^8\,m^3) \\ 0.045 \times e^{-(t-2\,036)^2/(2 \times 5.80^2)} & (URR = 4\,716 \times 10^8\,m^3) \\ 0.048 \times e^{-(t-2\,036)^2/(2 \times 5.32^2)} & (URR = 5\,188 \times 10^8\,m^3) \\ 0.050 \times e^{-(t-2\,036)^2/(2 \times 4.98^2)} & (URR = 5\,660 \times 10^8\,m^3) \end{cases} \tag{4.99}$$

3）基于蒙特卡洛模拟的产量实现概率计算

采用蒙特卡洛模拟计算 4 个产量增长阶段各年份的不同产量实现概率。以 2030 年的产量计算过程为例介绍概率计算过程。图 4.101 至图 4.104 所示分别为 4 个产量增长阶段中代表性年份的产量实现概率的计算结果。

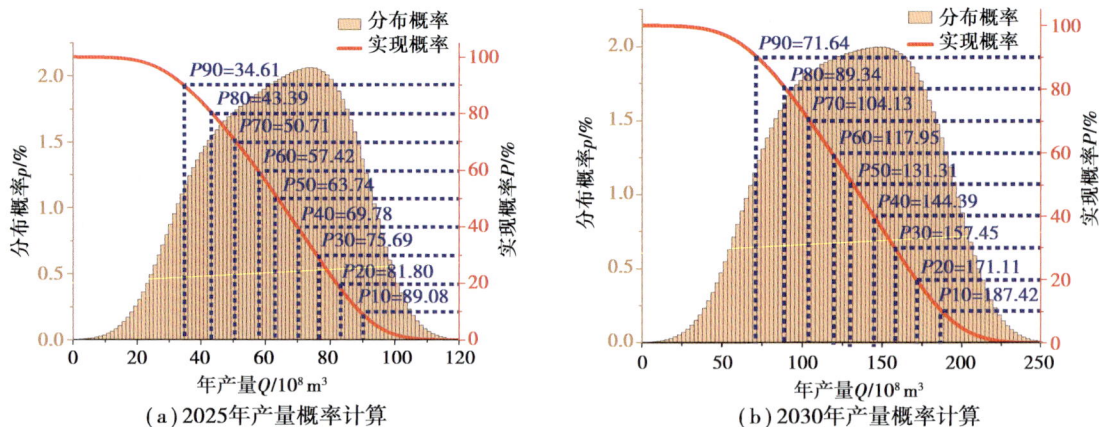

（a）2025年产量概率计算 　　　　（b）2030年产量概率计算

图 4.101　产量上升阶段（2021—2031 年）的代表年份产量计算

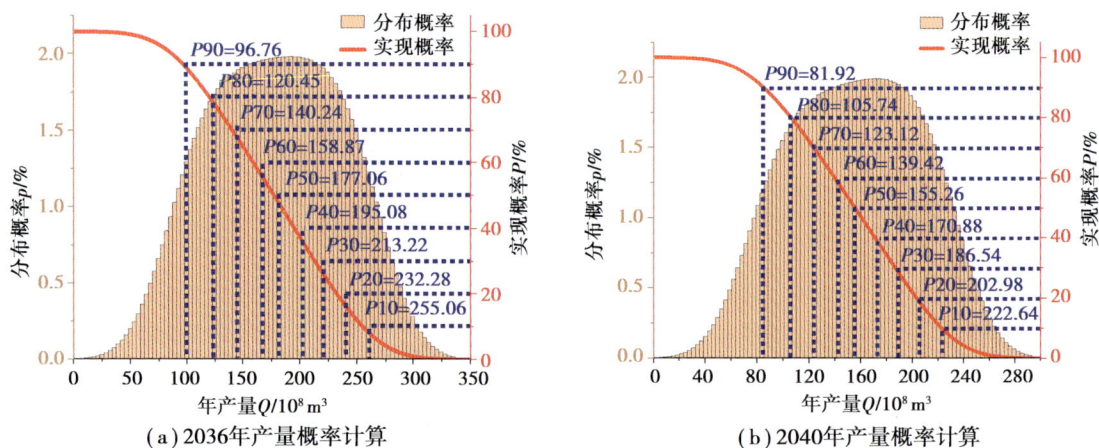

（a）2036年产量概率计算 　　　　（b）2040年产量概率计算

图 4.102　产量稳定阶段（2032—2040 年）的代表年份产量计算

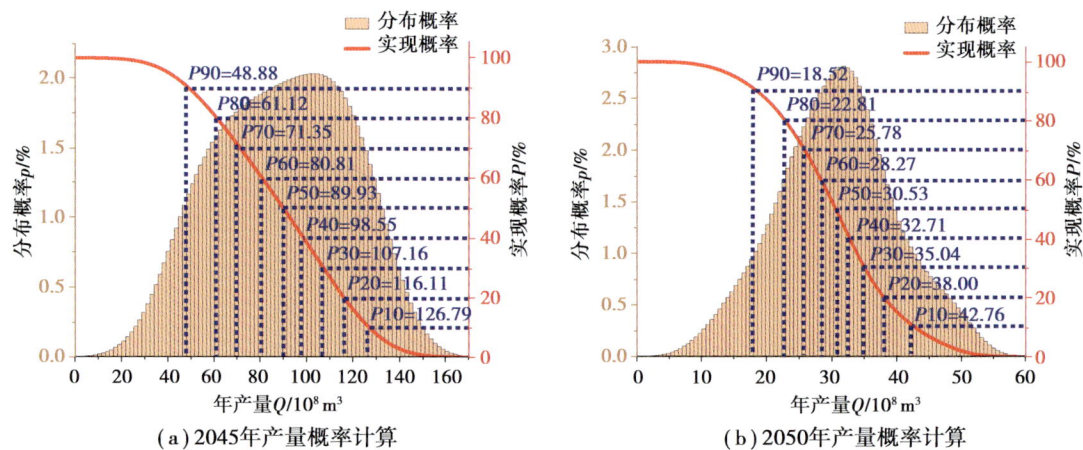

（a）2045年产量概率计算 　　　　（b）2050年产量概率计算

图 4.103　产量快速递减阶段（2041—2050 年）的代表年份产量计算

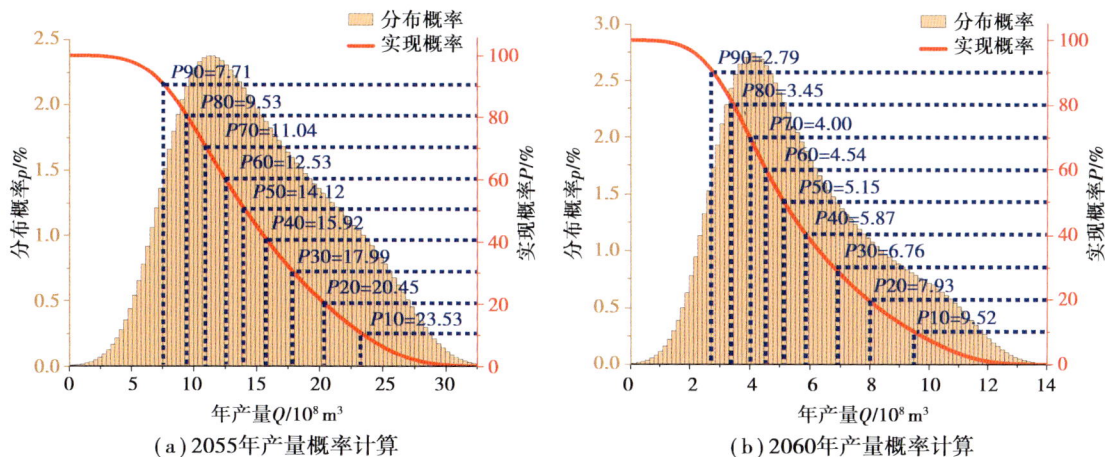

（a）2055年产量概率计算　　　　　（b）2060年产量概率计算

图 4.104　产量缓慢递减阶段（2051—2070 年）的代表年份产量计算

表 4.48 所示为不同阶段年份的产量实现概率计算结果，累积概率代表产量达到相应规模的可能性，因此累积概率也是实现概率。在 2030 年，"$P80 = 89.34×10^8 m^3/a$"表示产量达到 $89.32×10^8 m^3/a$ 的概率为 80%。本节计算从 0～100% 概率区间的天然气产量，对不同概率区间的产量进行了风险量化。其中，$P80$ 对应的产量为基础产量，$P50$ 对应的产量为平均产量，$P20$ 对应的产量为理想产量。从产量模拟结果可以得到不同天然气开发目标的实现概率，对震旦系气藏勘探开发方案的制订和可行性分析具有重要的参考和指导作用。

表 4.48　不同阶段的天然气产量目标实现概率

年　份	年产量/$10^8 m^3$								
	$P90$	$P80$	$P70$	$P60$	$P50$	$P40$	$P30$	$P20$	$P10$
2025 年	34.61	43.39	50.71	57.42	63.74	69.78	75.69	81.80	89.08
2030 年	71.64	89.34	104.13	117.95	131.31	144.39	157.45	171.11	187.42
2036 年	96.76	120.45	140.24	158.87	177.06	195.08	213.22	232.28	255.06
2040 年	84.92	105.74	123.12	139.42	155.26	170.88	186.54	202.98	222.64
2045 年	48.88	61.12	71.35	80.81	89.83	98.55	107.16	116.11	126.79
2050 年	18.52	22.81	25.78	28.27	30.53	32.71	35.04	38.00	42.76
2055 年	7.71	9.53	11.04	12.53	14.12	15.92	17.99	20.45	23.53
2060 年	2.79	3.45	4.00	4.54	5.15	5.87	6.76	7.93	9.52

4）基于矩阵分析的风险等级评价

为了对震旦系气藏天然气产量进行风险量化研究，需引入风险矩阵进行产量风险等级评价。依照前文中的概率计算方法，分别求取 4 个阶段各年份的产量分布概率及实现概率曲线。

依照风险矩阵分级标准，针对不同阶段 C 的取值范围，将 4 个阶段各年份的产量实现概率曲线与风险矩阵的不同区域进行叠加（图4.105），得到不同阶段各年份的产量目标风险等级（图4.105）。

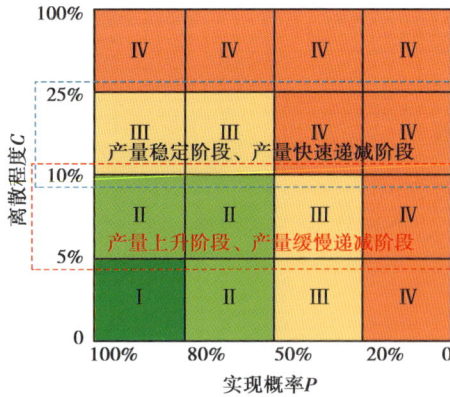

图 4.105　风险判断矩阵

从图4.106中可以看出，随着产量数值的提高，相应的实现概率也随之减小，产量实现概率曲线也逐渐向更高一级的风险区域靠近。依据图4.106中不同阶段的产量风险量化结果，可以直接得到各年份不同产量的实现概率和风险等级。由于产量风险等级预示着产量目标实现的难易程度，因此，基于概率计算及矩阵分析的产量风险量化研究能够为不同时间节点的天然气产量目标的可行性分析提供理论依据。

天然气产量风险量化研究以产量预测结果为基础，在 URR 均匀分布的基础上，分析风险因素 URR 对产量的敏感性与各年度产量的概率分布情况。将产量实现概率 P 和离散程度 C 作为评价指标引入评价矩阵中，对不同产量增长阶段的年产量实现概率曲线进行风险等级评价，评价分析方法具有系统性。

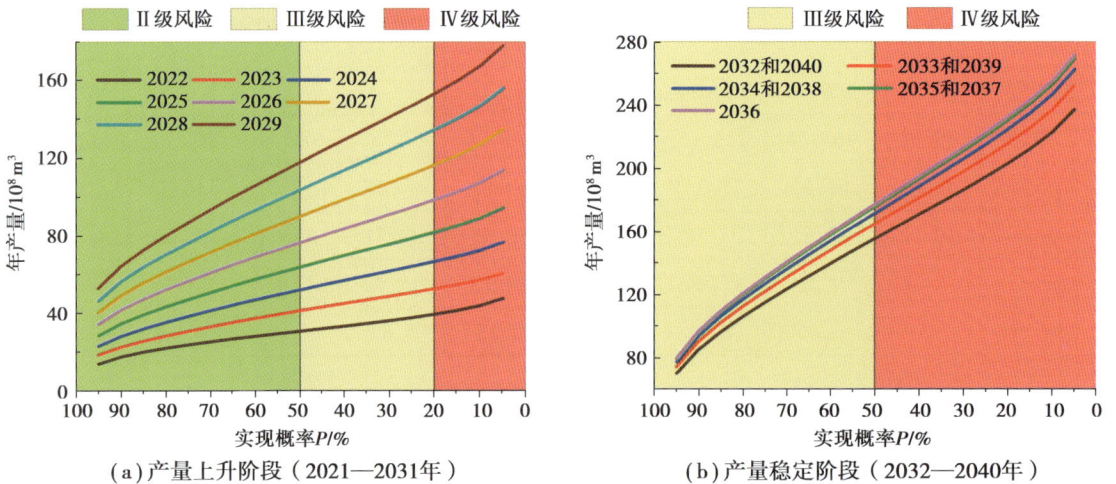

（a）产量上升阶段（2021—2031年）　　　（b）产量稳定阶段（2032—2040年）

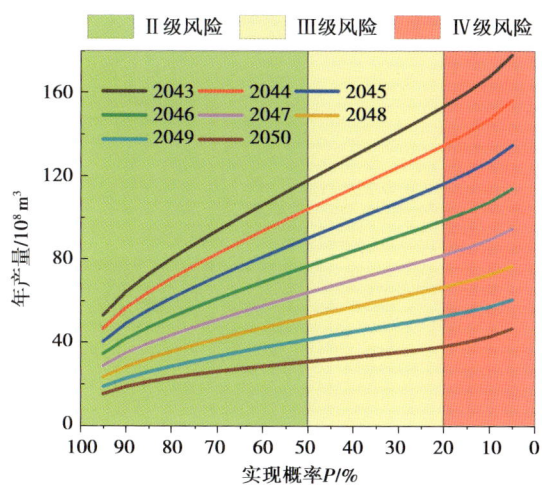

(c)产量快速递减阶段（2041—2050年） (d)产量缓慢递减阶段（2051—2070年）

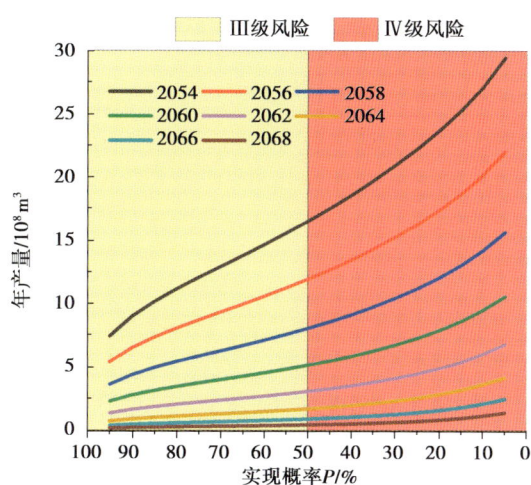

图 4.106 不同阶段的产量风险等级评价矩阵

第3篇

科学规划，再攀高峰

构建西南新模式，改革转型靠产气。 提氦发电作主力，奋力创造新业绩。
绿色消费新世纪，清洁能源来开辟。 节能减排天然气，为达双碳来助力。

天然气全产业链转型升级，利用天然气促进更多产业的发展是未来发展的重心。 四川省具有"丰水、富气、少油、贫煤、风光集中"的能源资源禀赋特点，依据《四川省"十四五"能源发展规划》，要在合理推进电源建设、培育能源新技术的同时，加快天然气的勘探开发利用。 此外，氦作为一种稀有的战略资源，在人类科技进步及国民经济发展中具有不可比拟的作用。 成都天然气化工总厂发展至今，作为我国唯一的一家天然气液化提氦专业厂，已在提氦领域取得了卓越的成就。

随着天然气在工业、日常各个方面使用的普及，天然气消费量日益上升，"煤降气升"将继续成为我国能源结构调整的显著特征。 相较于"双碳"目标下的天然气消费预测量，我国具备相应的天然气供应保障能力。 虽然油气短期十年仍是重要经济支柱，但长期来看发展空间受限，在"双碳"目标的背景下，与碳减排密切相关的油气行业势必将进入加速转型变革的新时期。 为努力实现天然气工业高质量发展，助力"双碳"目标的实现，我们要走理论技术、管理创新之路，走绿色、开放式发展之路，奋力打造绿色能源西南模式。

第5章
天然气全产业链转型升级 ▶▶▶▶

天然气产业链分为3个部分:上游勘探生产、中游运输以及下游分销。上游勘探生产主要指天然气的勘探开发,相关资源集中于中国石油、中国石化和中国海油。此外,还包括LNG海外进口部分。中游运输包括通过长输管网、省级运输管道、LNG运输船和运输车等。下游分销主要由燃气公司从事该项业务。除燃气分销以外,燃气公司主业还包括燃气接驳、燃气运营和燃气设备代销等,服务于居民、工商业等用户。川渝地区天然气工业历史悠久,拥有全国最完整的天然气产业链,不仅天然气产销量在全国处于领先地位,而且储运设施、利用市场、科技基地、政策保障、地企共建及技能培训等工业基地要素也配套且完备。天然气为川渝地区经济社会发展提供了能源保障。

《2020企业社会责任报告》显示,国内天然气产量突破 $1\ 300\times10^8\mathrm{m}^3$,天然气在油气结构中占比首次超过50%。从过去"产油为主",到如今天然气资源超过石油资源,这是一次历史性的突破,也是能源行业探索绿色转型过程中的阶段性成果。与此同时,四川盆地的天然气产量在2022年超过了 $600\times10^8\mathrm{m}^3$,约占全国天然气产量的28%。科学合理的产量规划在四川盆地天然气产量增长过程中发挥了引领作用。第4章中提到的峰值预测方法和风险量化分析,是中国石油西南油气田在四川盆地天然气产量预测的基础上建立和优化的。这些方法指导了"十三五""十四五"发展目标的制定。在2020年("十三五"规划的收官之年)实现了天然气上产 $300\times10^8\mathrm{m}^3$,预测和规划的符合率达到95%;"十四五"实施效果依然好,2022年产量为 $383.4\times10^8\mathrm{m}^3$,油气当量超过 $3\ 000\times10^4\mathrm{t}$ 。天然气的快速发展带动了全产业链的转型升级。

5.1 四川能源发展规划

5.1.1 四川能源基本情况

四川省能源发展战略研究表明,作为能源大省,四川省具有"丰水、富气、少油、贫煤、风光集中"的能源资源禀赋特点。四川省清洁能源资源丰富,水电资源技术可开发量约 $1.48\times10^{12}\mathrm{kW}$,占全国总量的21.2%;四川水电装机容量达 $8\ 947\times10^4\mathrm{kW}$,居全国首位,是西电东送的重要送出端。四川天然气探明地质储量和产量均占全国第一,是世界第二大页岩气产区。2021年,四川省天然气产量达 $522.2\times10^8\mathrm{m}^3$,其中页岩气产量为 $143.4\times10^8\mathrm{m}^3$,领跑全国;天然气消费量为 $268\times10^8\mathrm{m}^3$,承担川气东送等天然气外输任务。

2021年,四川省能源消费总量为 $2.3\times10^8\mathrm{t}$ 标准煤,煤品消费量占能源消费总量的25.9%,油品燃料消费量占17%,天然气消费量占16.7%,一次电力及其他能源消费量占40.4%(图5.1);全省非化石能源消费量占能源总消费量的39.5%,比重超全国20个百分点以上,稳居全国前列。

2021 年,四川省一次能源生产中,原煤为 1 907.2×10^4 t,水电为 3 531.4×10^{12} kW·h,天然气产量为 522.2×10^8 m^3(其中,页岩气产量为 143.4×10^8 m^3),风力发电为 106.2×10^{12} kW·h,光伏发电为 28.8×10^{12} kW·h,生物质能发电为 62.7×10^{12} kW·h;原煤、天然气、一次电力及其他能源分别占能源生产总量的 6.8%、32.1%、61.1%(图 5.2);外送电量为 1 368×10^{12} kW·h,净外输量为 178×10^8 m^3,能源生产结构持续向清洁低碳化发展。

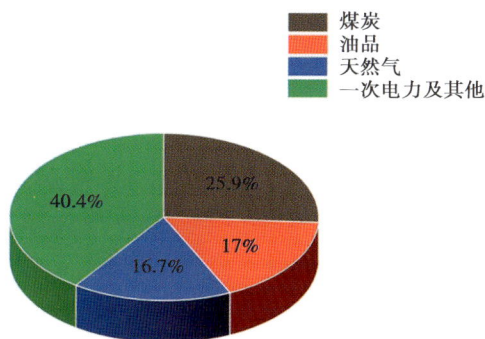

图 5.1　2021 年四川省能源消费结构　　　图 5.2　2021 年四川省能源生产结构

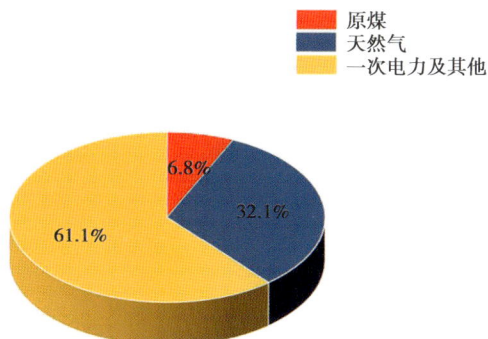

可见,四川省存在较大的能源缺口,能源结构有待进一步优化;四川省同时承担着"川气东送""西电东送"的任务,能源供需平衡面临较大挑战。尤其是在极端天气、突发事件背景下,这种供需矛盾会进一步凸显,给能源保供带来较大压力。

5.1.2　四川省"十四五"能源发展规划

1)发展基础

(1)国家清洁能源基地建设成效明显

"十三五"以来,金沙江、雅砻江、大渡河"三江"水电基地加快建设,白鹤滩、叶巴滩等一批大型水电项目核准开工,猴子岩、长河坝等水电站建成投产。2020 年,全省电力装机 10 295×10^4 kW、发电量为 4 140×10^{12} kW·h,分别比 2015 年增长 21.6%、34.3%。新增天然气探明储量为 2.35×10^{12} m^3,2020 年天然气产量为 432×10^8 m^3,其中页岩气产量为 119×10^8 m^3,跃升为全国最大的天然气生产基地。

(2)能源转型发展明显加快

2020 年,四川省发电总装机中清洁能源装机占比为 85.9%、发电量占比为 88.5%,分别比 2015 年提高 5 个、2.4 个百分点。"十三五"时期,关停落后煤电机组 17 台,装机容量约为 170×10^4 kW;关闭煤矿 339 处,退出产能为 4 397×10^4 t/年。清洁替代、电能替代加快推进,累计实现替代电量 445×10^{12} kW·h。2020 年,清洁能源消费占能源消费总量比重为 54.5%,比 2015 年提高 10.1 个百分点。煤炭消费占能源消费总量比重完成规划目标。能源利用效率不断提升,单位地区生产总值能耗累计降低 17.4%。

（3）能源基础设施加快建设

四川省电网形成以 500 kV 为骨干的主网架和"四直八交"外送通道,发展成为省级大电网、西部大枢纽。"十三五"期间,建成西南地区天然气输送枢纽,全面形成环形输送管网,年输配能力达到 $450×10^8 m^3$,5 年累计外输天然气为 $544×10^8 m^3$。

能源储备设施加快建设。川东北储气调峰项目竣工,成都市液化天然气应急调峰储备库项目基本建成,广安高兴煤炭储备基地项目开工建设。

能源科技装备研发制造能力不断提升。国内首台完全自主知识产权 F 级 50 兆瓦重型燃机完成满负荷运行试验,推动我国自主燃机产业实现新跨越。代表全球最高水平的百万千瓦级水电机组研制成功并在白鹤滩水电站投用。页岩气勘探开发主体配套技术和 3 500 m 以浅页岩气开发工艺路径及技术体系基本形成,部分关键工艺和装备实现国产化。

2）主要问题

（1）能源发展不平衡不充分

四川省人均用能、用电量均低于全国平均水平,能耗强度较高,能源效率还有较大提升空间。煤矿安全生产供应水平不高,煤炭储备调节能力弱。储气调峰能力不足,地下储气库和专门用于储气调峰的地面大型 LNG 储备库尚未建成,迎峰度冬天然气供应存在阶段性短缺。

（2）能源民生服务存在短板

部分地方电网供区、高原地区、边远山区配网建设相对滞后,供电可靠性有待进一步提高。农村天然气普及率与城市存在较大差距,农村燃气配网建设需进一步加强。适应美好生活需求和新模式新业态发展的能源普遍服务能力有待提升。

3）面临形势

（1）能源清洁低碳转型发展成为大势

我国郑重承诺二氧化碳排放力争于 2030 年前达峰、2060 年前实现碳中和的目标。这是一场广泛而深刻的经济社会系统性变革,已纳入生态文明建设整体布局。这必将推动我国出台更有约束力的应对气候变化政策,强化能耗"双控",促进能源结构转型升级,统筹推进化石能源压减和非化石能源发展。清洁能源成为能源消费增长的主导力量,为全国优质清洁能源基地建设提供新的机遇。

（2）能源安全保障压力凸显

国际能源供需格局深刻调整,全球能源博弈更趋激烈,给我国能源安全保障带来更多不确定性。"一带一路"建设加快推进,长江经济带发展、新时代推进西部大开发形成新格局、黄河流域生态保护和高质量发展等国家重大战略深入实施,成渝地区双城经济圈建设全面提速,对四川省能源安全保障提出了新的更高要求。

随着四川省工业化和城镇化快速推进,能源需求较快增长,重点领域、区域和季节性煤电油气保障面临较大压力。同时,大规模新能源集中并网,极端天气、自然灾害情况下的电力应急备用和调峰能力不足等问题,都对四川省电网平稳安全运行提出了新的挑战。

（3）能源技术变革加快

能源发展从主要依靠要素驱动向更多依靠创新驱动转变，发展动能转换提速。前沿领域技术加快突破并相互交叉融合，催生新经济新业态新模式不断涌现。新材料、新能源、储能、电动汽车、高效用电设备等绿色低碳产业加快发展，能源系统形态深刻变化，信息化、数字化、智能化进程加快。但能源领域关键核心技术瓶颈制约依然突出，先进储能、氢能、综合能源服务等领域的商业化路径还有待深入探索实践，新产业新业态新模式的经济性、安全性、发展有序性等问题有待解决。

4）发展目标

（1）清洁低碳转型持续推进

清洁能源装机占比 88% 左右，非化石能源消费占比 42% 左右，天然气消费占比 19% 左右；完成国家下达的可再生能源电力消纳责任权重目标任务，电能占终端能源消费比重进一步提高。煤炭消费比重进一步降低，煤炭消费量率先达峰。

（2）能源利用更加安全高效

能源消费总量得到合理控制，单位地区生产总值（GDP）能耗降低达到国家要求，能源系统效率进一步提升。能源储备保持合理规模，生产和运行安全水平持续提高，系统可靠性和应急能力进一步增强。

（3）改革创新取得新突破

油气体制改革全面深化，能源价格市场化改革、市场体系建设等取得明显成效，科技创新能力显著增强。

5.1.3　加快天然气勘探开发利用

（1）建设千亿立方米级产能基地

大力推进天然气勘探开发，实施国家天然气千亿立方米级产能基地建设行动方案，建成全国最大的现代化天然气生产基地。加大德阳—安岳古裂陷周缘、川中下古生界—震旦系、下二叠统、川西雷口坡组、川南五峰组—龙马溪组层系勘探力度。加快川中下古生界—震旦系气藏、川西和川中致密气藏、川东北高含硫气田、川西致密气田以及长宁、威远、泸州等区块产能建设，稳定主产区产量，开发接续区块。到 2025 年，天然气年产量达到 $630 \times 10^8 \mathrm{m}^3$。

（2）大力推进油气基础设施建设

按照适度超前的原则，加快四川省内油气输送管网建设，围绕主要产气区、消费区和薄弱区，统筹优化管网布局，构建供应稳定、运行高效、安全可靠的输配系统。推进川气东送二线（四川段）、威远和泸州区块页岩气集输干线工程、攀枝花—凉山等天然气管道建设，进一步完善达州、雅安、乐山、泸州、巴中等末端区域供气管网，布局南向管道并适时建设。规划新增成品油入川管道。到 2025 年，形成输气能力 $700 \times 10^8 \mathrm{m}^3 /$ 年。

（3）扩大天然气利用

提升城乡燃气普及率，发展燃气采暖。积极调整工业燃料结构，鼓励玻璃、陶瓷、建材、机电、轻纺等重点工业领域实施天然气燃料替代。科学布局 LNG 加注站、压缩天然气（CNG）加气站，推进长途重卡等交通领域燃料气化改造。统筹规划涉电用气，促进天然气综合利用。优化发展天然气化工产业，加快向精细化、高端化转型，提升资源转化水平和产品附加值。

5.1.4 加强能源安全储备和风险管控

（1）增强油气储备能力

加强四川省天然气应急储备和调峰能力建设，推进储气设施集约化、规模化布局，建成以地下储气库为主、地面 LNG 储罐为辅的天然气储气设施。到 2025 年，四川省储气能力达 $32 \times 10^8 \mathrm{m}^3$，建成国家西南天然气储备基地。加强成品油储备能力建设，落实企业储备主体责任。

（2）完善能源风险管控体系

高度重视防范化解能源安全重大风险，建立全过程闭环监管的能源安全风险管控机制，完善能源安全风险管控体系。强化供需预警预测，提高形势分析研判与指挥调度能力，提升能源安全风险管控水平。落实"管行业必须管安全"的原则，加强油气管网等能源设施保护。强化能源网络安全防护，推动关键信息基础设施网络安全监测预警体系建设，提升关键信息基础设施应急响应和恢复能力。

5.1.5 培育能源新技术新业态

（1）推动传统能源装备技术升级

持续完善能源装备研发制造体系，着力提高传统能源装备技术自主研发能力。聚焦全球领先高效清洁燃煤发电装备、重型燃气轮机、非常规油气勘探开发设备、大型压缩/液化天然气（CNG/LNG）成套设备等领域。围绕核心材料、核心设备、关键零部件等开展技术攻关，不断提升能源装备整体性能。

（2）促进氢能及新型储能产业发展

以氢能、新型储能为重点，着力推动新兴能源技术装备发展，围绕关键技术、核心材料、装备制造等短板弱项，建立技术研发平台，加大核心技术攻关。对接国家氢能规划，着眼抢占未来产业发展先机，统筹氢能产业布局，推动氢能技术在制备、储运、加注、应用等环节取得突破性进展。支持成都、攀枝花、自贡等氢能示范项目建设，探索氢燃料电池多场景应用。

（3）推进智慧能源发展

纵深推进能源互联网产业发展，鼓励各地因地制宜构建智慧能源体系。加快电网基础设施智能化改造和智能电网建设，加强源网荷储衔接，提高电力系统互补互济和智能调节能力。发展能源大数据服务应用，实现多领域能源大数据集成融合，开展面向能源生产、流通、消费等环节的新业务应用与增值服务，建立基于能源大数据的行业管理与监管体系。

（4）优化能源产业创新环境

不断完善能源技术创新体系和服务体系，推动能源科技领域产学研用融合发展。以重大项目为载体,促进能源领域首台重大技术装备示范应用和实证示范基地建设,促进先进能源技术成果向商业化应用转化。积极支持相关高等院校、能源企业在川设立能源科研机构,鼓励通过细化落实知识产权、资金、税收、金融相关配套政策等措施,引进一批具有带动作用的优势企业在川落户,推动形成具有较强创新能力和市场竞争力的能源装备产业集群。充分发挥行业协会、产业联盟等社团组织的桥梁纽带作用,促进相关能源企业以市场化方式推进项目合作,推动能源产业协同发展。

（5）推进能源合作

推动川渝能源一体化发展、推动成渝地区双城经济圈能源一体化高质量发展,在能源规划、科技研发、装备制造、产业融合等方面不断深化合作。根据川渝两地电力源网荷储特性、主网架构建、电力流向优化等情况,加强川渝省（市）间电力互济和电力市场建设,加快推进川渝电力一体化发展。有序推进川渝地区天然气资源勘探开发,积极发挥长宁—威远、涪陵国家级页岩气示范区建设的引领作用和安岳气田等常规天然气主产区建设支撑作用,打造川渝天然气生产基地。着力建设川渝一体化煤炭保供体系,建立煤炭储备应急保障机制。

（6）持续加强区域合作

扩大和深化区域能源资源勘探开发、能源技术、能源运输等方面合作,与浙江、江苏、上海等能源需求中心加强战略合作,与相关受端地区签订体现可再生能源"减碳价值"的送电协议,建立利益共享的战略性送电机制。推动与西藏、云南、贵州、陕西、甘肃等周边省（区）能源合作。加强与西北煤炭供区合作。积极对接京津冀、长三角、粤港澳等国内能源高端产业聚集区,围绕建链、补链、强链、延链,开展清洁能源产业精准招商与产业合作。

（7）积极开展国际合作

深度参与"一带一路"建设,加强与欧洲、东亚、东盟等的能源科技和产业合作,支持四川省内能源企业"引进来"与"走出去"。鼓励在川能源开发企业、能源装备制造企业和相关研究机构稳步推进国际化进程,消化吸收国际先进技术,提升能源装备国产化水平。支持能源企业在"一带一路"沿线重点国家和地区积极布局,开展双边多边合作,对接国际资本,拓展能源市场。

5.1.6　建立健全现代能源治理体系

（1）开展油气体制综合改革

进一步完善页岩气开发利益共享机制并加快在页岩气主产区推广,积极拓展到致密砂岩气等领域。推进油气行业混合所有制改革,推动央地建立合资企业,在资源地就地注册。组建省级天然气管道合资公司,推进油气管网独立规范运营,探索省级管网以市场化方式融入国家管网公司。探索储气设施投融资和运营模式新机制,推动央企与地方企业合资建设地下储气库。建立健全天然气上下游价格联动机制和储气调峰等辅助服务价格机制。

（2）加强能源行业管理

创新能源宏观调控机制,推动规范有序开发和项目投资建设。加强能源行业制度建设,加快推进能源行业简政放权、放管结合、优化服务改革进程,提高行业管理效率。强化资源、环境、安全等技术标准,运用市场、信用、法治等手段,加强对能源市场主体行为的持续性动态监管,防范安全风险。提高能源领域法治意识,推动能源行业依法行政。加快能源行业信用体系建设,建立守信激励和失信惩戒机制,持续营造良好营商环境。

5.2 重庆能源发展规划

5.2.1 重庆能源发展基础

"十三五"期间,重庆能源消费总量和强度"双控"成绩突出,能源消费总量为 $8\,875\times10^4$ t 标准煤,单位 GDP 能耗累计下降 19.4%,单位 GDP 二氧化碳排放量累计下降 23%;能源消费结构加快优化,煤炭消费占比下降为 44.3%,较全国平均水平低 12.5 个百分点;天然气车船利用规模扩大,累计建成运营 CNG 加气站 147 座、LNG 加注站 16 座、水上加注码头 1 个(表 5.1)。

表 5.1 重庆"十三五"能源生产消费(部分)

序 号	指标名称	单 位	2015 年	2020 年	年均增速/%
1	能源消费总量	万吨标准煤	7 747	8 875	2.8
2	煤炭消费量	10^4 t	4 880	4 996	0.5
3	煤炭消费比重	%	49.1	44.3	[-4.8]
4	成品油消费量	10^4 t	793	958	3.9
5	成品油消费比重	%	15.0	15.8	[0.8]
6	天然气消费量	$10^8\,m^3$	88	107	4.0
7	天然气消费比重	%	15.2	15.7	[0.5]
8	非化石能源消费量	万吨标准煤	1 364	1 857	6.4
9	非化石能源消费比重	%	17.6	20.9	[3.3]
10	城镇居民天然气普及率	%	97.4	98.5	[1.1]

注:①现状数据以统计公布数据为准。
②[ ]内为五年累计数。

"十四五"时期,我国将迈入新阶段、开启新征程。重庆将立足新发展阶段,完整、准确、全面贯彻新发展理念,积极融入和服务新发展格局,谱写高质量发展的新篇章,对能源保障能力和水平提出更高要求。同时,"十四五"时期也是推进我国"双碳"政策的第一个五年,是能源低碳转型进入碳达峰关键期,重庆能源结构调整面临更大挑战。

5.2.2 重庆能源发展目标

(1)能源保障安全有力
到 2025 年,煤炭供应保障能力达到 $5\,000\times10^4$ t;常规天然气、页岩气产量分别达到 50×

$10^8\mathrm{m}^3$、$135\times10^8\mathrm{m}^3$;成品油供应能力达到 $1\,050\times10^4$ t;能源储备体系进一步完善,应急保供能力进一步增强。

(2)能源绿色转型成效显著

到 2025 年,非化石能源消费比重提高到 25%;煤炭消费比重降低至 40%,石油消费比重保持在 15%,天然气消费比重达到 20%。

(3)普遍服务水平持续提升

到 2025 年,城镇居民天然气普及率达 99.0% 以上;推进农村用能供应方式多元化体系建设,提升乡村清洁能源保障能力。

重庆"十四五"能源发展规划主要指标如表 5.2 所示。

表 5.2 重庆"十四五"能源发展规划主要指标(部分)

目 标	指标名称	单 位	属 性	2020 年	2025 年	年均增速/%
能源保障安全有力	常规天然气产量	$10^8\mathrm{m}^3$	预期性	50	50	—
	页岩气产量	$10^8\mathrm{m}^3$	预期性	80	135	11.0
	储气能力占天然气消费比重	%	预期性	3.3	4	[0.7]
	煤炭储备能力占年消费量比重	%	预期性	10	15	[5]
能源绿色转型成效显著	非化石能源消费比重	%	预期性	20.9	25	[4.1]
	煤炭消费比重	%	预期性	44.3	40	[-4.3]
	天然气消费比重	%	预期性	15.7	20	[4.3]
	单位 GDP 二氧化碳排放下降率	%	约束性	—	以国家下达为准	—
普遍服务水平持续提升	城镇居民天然气普及率	%	预期性	98.5	99.0	[0.5]

注:①现状数据以统计公布数据为准。

②约束性指标以国家下达的强制性计划为准。

③[ ]内为五年累计数。

到 2035 年,现代能源体系基本建成,绿色生产和消费模式广泛形成,非化石能源消费比重进一步提高,单位 GDP 能耗持续低于全国平均水平,能源安全保障能力大幅提升,能源消费碳排放系数显著降低。

5.2.3 构建多元安全的能源供给体系

坚持积极开发本地清洁能源与有序扩大市外能源调入规模并重,构建多元灵活的能源保障格局和内畅外通的能源供给基础设施体系,提高能源安全储备能力,提升安全运行水平。到 2025 年,能源综合生产能力达到 $3\,400\times10^4$ t 标准煤以上。

1）强化能源供应保障能力

增强油气供应保障。挖潜五百梯、沙坪场、卧龙河等老气田，平稳释放磨溪、罗家寨等新区产能，常规天然气年产量保持在 $50 \times 10^8 m^3$ 左右。稳定涪陵页岩气田产能，推进南川、武隆、彭水、永川、綦江、铜梁、忠县、梁平等页岩气新区开发，实现资源有序接替。到 2025 年，页岩气年产量达到 $135 \times 10^8 m^3$。争取稳定成品油长江水运通道，确保长江中下游、海进江等油源稳定供应。拓展西南、华南、西北等新增油源供应渠道，形成水路、管道、铁路协同共保格局。到 2025 年，成品油输入能力达到 $1\ 050 \times 10^4$ t 以上。

2）气管网项目

完善天然气输气管网。按照国家部署，协同推进川气东送二线重庆段建设，形成"一纵三横多支线"跨省管网格局，增强川渝天然气资源服务全国能源保障能力。打造以川渝环网和渝西管网为骨架，铜锣峡、黄草峡储气库为节点，城镇燃气配网为触角的主城都市区产供储销体系。建设万源—城口、奉节—巫溪、云奉巫复线等管网，补齐渝东北供气短板；强化渝东南武陵山区城镇群管道运维，适时启动渝东南地区管网互联互通工程，增强天然气保障能力，形成国家干网、市级管网、储气调峰设施、城镇燃气配网互联互通，多方来气、气气竞争、就近利用，上中下游高效衔接的格局。

天然气管道：建设川气东送二线及配套输气支线等国家干网；进一步完善市域输气管网，建设永川—江津、江津—南川、云奉巫复线、奉节—巫溪、万源—城口、南川—两江新区、东胜—大有、临江—港桥、巴南姜家—界石、三合—双福、黄草峡—江南清管站、合川铜相线—银祥配气站、铜锣峡储气库—龙兴配气站、涪陵长南线—长江西阀室等天然气输气管道，适时推进渝西、永川—荣昌、武隆、梁平—忠县、綦江丁山等页岩气区块外输通道；积极完善渝东南、渝东北等地区天然气管网，推动建万线、巴渝线、卧渝线等老旧管网及站场适应性改造工程，配套建设储气库、工业园区、燃机电厂供气主管道。

3）提升能源运行安全水平

（1）提升能源储备调度能力

构建以地下储气库为主，气田调峰、CNG 和 LNG 储备站为辅，可中断用户为补充的天然气综合性调峰系统。力争到 2025 年，重庆储气调峰能力达到 $38.6 \times 10^8 m^3$，完成 3 天日均消费量及城镇燃气企业年用气量5%的储气能力建设任务。

天然气储备：建设相国寺储气库扩大工作压力区间工程，建成投用铜锣峡和黄草峡储气库，启动沙坪场、万顺场等储气库前期论证；规划建设九龙坡、万州、黔江、永川等区域性调峰设施。

（2）提升能源应急保障能力

制定和完善煤炭、电力、成品油、天然气等供给保障应急预案，明确应急启动条件、责任主体和保障措施，把握民生用能底线，梳理紧急情况压减用能单位清单，建立和完善应急指挥系统和保障队伍。建立能源安全预警体系，加强能源月度、季度监测，动态监控能源供应保障风险。督促能源企业落实安全供应主体责任和安全供应措施，确保各类能源生产、输送、调度、消费安全。强化重要能源基础设施、设备检测和巡视维护,提高抵御地质灾害、极端天气等突发事件冲击的能力。

（3）强化能源安全生产

坚持管行业必须管安全,进一步健全能源领域安全生产监督管理体制。完善油气长输管道保护责任清单,推动重庆油气长输管道保护工作进入法治化、规范化轨道。加强油气长输管道高后果区风险管控,严防第三方施工破坏,推动安全生产和安全事故防范工作规范化、常态化。

4）夯实能源惠民利民保障

（1）完善城市居民用能基础设施

提高边远区县供气能力,完成城口、巫溪等区县天然气管道建设。加快城镇燃气配套设施建设,扩大管网覆盖范围,完善区域供气网络,提升城镇天然气利用水平。加快推进城镇燃气老旧管道改造,消除安全隐患,增强天然气分户式采暖和集中采暖保障能力。

（2）建设多元清洁供能体系,助力乡村振兴

实施乡村清洁能源建设工程,加强煤炭清洁化利用。按照"宜管则管""宜罐则罐"的原则,积极稳妥推进燃气下乡,建设安全可靠的乡村储气罐站和微管网供气系统。

5.2.4　推动能源结构绿色低碳转型

实施能源领域"双碳"行动,科学有序推动能源生产消费方式绿色低碳变革。实施可再生能源替代,减少化石能源消费。加强产业布局和能耗"双控"政策衔接,促进重点用能领域、用能结构的优化和能效提升。

1）降低煤炭在能源供给和消费结构中的占比

（1）加快推动燃煤替代

控制非电行业燃煤消费量,提高煤炭用于发电的比例。严格控制钢铁、化工、水泥等用煤行业煤炭消费,有序推进"煤改电""煤改气"工程。严控新增耗煤项目,新、改、扩建钢铁、化工、水泥等项目实施煤炭减量替代,推进城乡以电代煤、以气代煤。

（2）减少能源产业碳排放

加强化石能源开发生产碳减排,推动能源加工储运提效降碳。加强能源加工储运设施节能及余能回收利用,推广余热余压、LNG 冷能等余能综合利用技术。注重能源产业和生态治理协同发展,推动采煤沉陷区和关闭煤矿生态环境治理修复,因地制宜推动林光互补、农光互补,开发枯竭气藏、关闭煤矿的二氧化碳地质封存潜力。

（3）推动天然气与太阳能、地热源、水源等可再生能源融合发展

开展氢能利用研究,以先行先试带动推广应用,加快"油气电氢"综合能源站建设,车用综合能源站达到 100 座。完善 LNG 加气站点网络化布局,增加 LNG 加气站加注功能,形成覆盖全市的 LNG 加气站网络体系。推进船用燃油领域天然气替代,鼓励发展 LNG 动力船舶,加快推进涪陵、万州、丰都 LNG 加注码头建设,支持船用 LNG 移动加注。

2）培育发展能源科技创新平台

加强能源科研能力建设,建立健全产学研用协同创新机制。聚焦页岩气、可再生能源、智慧能源、氢能等前沿领域技术研发,大力引进国内外知名能源研究机构落地重庆,支持企业、高校、科研院所联合组建院士工作站、重点实验室、科技研发中心、产业技术创新战略联盟等一体研发平台。加大油气、电力、氢能等重大技术攻关,攻关海相深层、常压页岩气和陆相页岩油气富集评价技术,开展二氧化碳捕集、封存与利用技术研究,力争形成一批国家和省部级能源科技进步成果。加快科技成果转移转化,推进能源领域首台重大技术装备示范应用。

能源科技创新包含以下重大科技及重点研究平台:

①重点实验室:做强输配电装备及系统安全与新技术、煤矿灾害动力学与控制等国家重点实验室,争创非常规油气等国家重点实验室。培育壮大输变电安全科学与电工新技术、复杂油气田勘探开发、绿色航空能源动力等市级重点实验室。

②重点研究机构:争创国家页岩气技术创新中心,引进和加快页岩气勘探开发、海上风力发电、氢能动力等研究机构建设。

③重大技术攻关:力争突破侏罗系陆相页岩油气开发技术,页岩气立体开发技术,深层、长水平段优快钻井技术,储气库跨层系扩容建设技术;开展海上大兆瓦风电机组装备研发;开展二氧化碳捕集、封存与利用技术攻关;开展氢燃料电池动力系统、电堆、关键材料和关键零部件攻关。

5.2.5 推动重点领域能源体制改革

深化重点领域和关键环节市场化改革,破除妨碍发展的体制机制障碍,提高能源配置效率和公平性,为推进能源高质量发展提供制度保障。

鼓励引导各类资本进入上游勘探开发市场,支持页岩气矿权流转,全面实施区块竞争性出让,激发页岩气勘查开采的市场活力。完善天然气利益共享机制,推动与央企合资合作。规范天然气管网建设和运营,整治和清理违法项目和"背靠背"不合理加价行为。全面落实油气管道等基础设施向第三方公平开放,研究天然气管网设施托运商制度,探索建立管网运行统一调度机制,推动"多气源"供气。推动储气设施独立运行,建立储气库气量和储气服务市场化交易机制。

5.2.6 构建互利共赢的能源合作体系

积极落实国家区域发展战略,主动融入国内国际双循环,加强能源资源对接,建立长期稳固、开放共赢的合作关系,努力实现开放条件下的能源安全。

1）强化成渝地区双城经济圈能源合作

（1）推进川渝天然气中心市场建设

发挥川渝地区天然气资源丰富、消费活跃、管网调度灵活、市场联通范围广、价格传导性强的优势,以重庆石油天然气交易中心为平台,建设全国性天然气中心市场。加快实施四川盆地"气大庆"工程,推进川渝地区天然气资源勘探开发,推动油气管网互联互通,推进储气调峰设施建设,形成以跨省市管网为骨干、储气库基地为中枢、区域支线为辐射的蛛网式管网格局。

（2）加强煤炭跨区域合作

推动陕晋蒙、新甘宁东西两线铁路通道运力完善工程,增强北煤入川渝运输能力。推动在川渝地区主要煤炭消费区域以及运输通道关键节点建立煤炭储备基地。建立川渝区域煤炭产供储销信息共享机制、区域外煤炭调入和运输沟通协调机制。

（3）加快推动成渝氢走廊建设

争取燃料电池汽车示范城市群政策落地成渝地区,联动带动中西部燃料电池汽车技术和产业创新发展,推动未来社会清洁能源和动力转型。促进以重庆主城都市区和成都都市圈为龙头的产业先行城市的氢能产业发展,助力成渝之间走廊城市的氢能产业布局。支持在渝蓉、成渝、渝万等高速公路沿线布局建设加氢站,加快打造氢燃料电池物流车城际示范线。

2）努力扩大能源合作范围

加强与大型能源企业合作。深化央地共建能源项目模式,进一步优化能源生产、利用、销售、税收合理分配机制,争取更多的国家能源战略项目落户重庆。加强与产煤省（区）大型煤炭企业集团战略合作,进一步落实煤源。加大资金、人才等支持力度,推动能源研究机构、智库建设,开展国际国内交流合作。鼓励开展能源领域的信息交流和培训活动,吸引国内外具有优势的能源企业、能源融资公司、能源服务机构向重庆集聚。

5.3　全产业链持续优化升级

根据国家统计局数据,2022 年度中国天然气消费总量达 $3\,663\times10^8\,m^3$,国内自产天然气总量为 $2\,178\times10^8\,m^3$。相比于全球天然气消费在能源消费中约 25% 的占比,我国 8% 的天然气消费占比仍有很大的上升空间。近年来,我国鼓励天然气利用和消费的政策密集出台,力度不断增强,国内勘探频频发现大气田,具备了国内天然气快速开发的规模和条件。进口管道气规模初步形成,LNG 进口配套基础设施不断完善,接收能力不断提升。海上进口LNG 将会成为未来天然气增量的重要组成部分。

5.3.1　全球天然气消费趋势

1）全球天然气供需情况

2022 年,全球天然气产量出现小幅下降,美国为增产主力,而俄罗斯产量明显下滑。主要供给国当中,美国 2022 年 1—9 月的天然气累计产量为 $7\,248.5\times10^{12}\,m^3$,增加了 4.2%,为全球增产的主力;受俄乌冲突后俄罗斯输欧管道气量减少的影响,俄罗斯 2022 年 1—9 月累

计产量为 $5\,268.1\times10^{12}\,\mathrm{m}^3$,减少了 9.6% ,且 6 月以来减产幅度明显扩大(俄罗斯 6—9 月天然气产量为 $1\,944.2\times10^{12}\,\mathrm{m}^3$,同比大幅下降 20.2%);挪威天然气为欧洲地区增产主力, 2022 年 1—9 月,挪威天然气累计产量为 $934.9\times10^{12}\,\mathrm{m}^3$,增加了 9.37% ;澳大利亚产量也有所增长,2022 年 1—9 月澳大利亚天然气累计产量为 $1\,216.1\times10^{12}\,\mathrm{m}^3$,增加了 4.84% ;中东等其他地区产量基本保持平稳,由于近年来上游投资不足等因素,产能周期驱动下产量增长有限,2022 年 1—9 月卡塔尔天然气产量为 $1\,569.7\times10^{12}\,\mathrm{m}^3$,减少了 0.3% 。

2022 年,全球天然气需求小幅下降,北美需求增长,欧洲消费量大幅削减,而亚洲需求相对持平。在"REPower EU"计划下,欧盟天然气需求大幅削减,持续减少对俄罗斯天然气的依赖。2022 年 1—9 月,欧盟天然气累计消费量为 $2\,614.7\times10^{12}\,\mathrm{m}^3$,减少了 10.12% 。亚洲天然气需求受高价抑制,中、日、韩需求增速均大幅放缓。2022 年 1—9 月,中国天然气表观消费量为 $2\,694.8\times10^{12}\,\mathrm{m}^3$,减少了 1.4% ;2022 年 1—8 月,日本天然气消费量为 $663.6\times10^{12}\,\mathrm{m}^3$,减少了 0.4% ;2022 年 1—8 月,韩国天然气消费量为 $381.1\times10^{12}\,\mathrm{m}^3$,减少了 0.3% ;美国本土天然气需求快速增长,2022 年 1—9 月,累计消费量为 $6\,764.7\times10^{12}\,\mathrm{m}^3$,增加了 5.22% 。

2)俄罗斯天然气减供驱动国际气价大涨

2021 年以来,国际天然气现货价格出现三轮大幅上涨阶段,对其涨幅和驱动因素复盘如下:

①2021 年下半年至年底,产能周期驱动下天然气供需矛盾开始显现。由于 2016 年以来天然气投资不足,这导致增产能力和 LNG 出口液化能力增量有限,全球供需矛盾开始显现,气价出现上行态势。

②2022 年 2 月底,俄乌冲突事件爆发,欧盟表示将对俄罗斯的能源进行制裁。3 月 8日,欧盟宣布计划在今年削减 2/3 从俄罗斯进口的天然气(约 $1\,000\times10^{12}\,\mathrm{m}^3$)。对俄罗斯断供后,欧洲天然气供应状况的担忧日益加剧,天然气价格由 2 月 22 日的 23.8 美元/mmbtu飙升至 3 月 8 日的 69 美元/mmbtu ,其间涨幅达 190.3% 。

③2022 年 6 月以来,随着俄罗斯管道气量的持续下降以及美国自由港事故导致美国LNG 出口能力受限,欧洲气价出现了一轮持续近 3 个月的气价大幅上涨期。2022 年 5 月 16日至 5 月 22 日以来,俄罗斯到欧洲的亚马尔管道气量下降为 0;6 月 20 日至 6 月 26 日以来,北溪管道气量降为去年同期的 40% ,此后气量进一步下降;8 月 31 日以来,北溪 1 号管道气量降为 0;9 月 26 日,北溪管道发生爆炸事故,短期内气量恢复无望。在上述多重因素的刺激下,天然气价格由 6 月 9 日的 24 美元/mmbtu ,一度冲高至 8 月 30 日的 91.7 美元/mmbtu ,其间涨幅高达 282.7% 。

而 2022 年 10 月以来的国际气价大跌,则主要是欧盟高气价吸引全球 LNG 货源,德法等国大力采购高价气实现快速补库存。以德国为例,政府原定计划到 9 月 1 日将天然气储气量提高到 75% ,到 10 月份达到 85% ,而 10 月的目标在 9 月初已提前实现。截至 10 月 5日,欧盟库存达到库容的 90% 。受库容能力的限制,欧盟采购需求大幅减弱。欧盟提出天然气消费量削减 15% 的目标,并出台一系列政策以实现减少对俄罗斯天然气依赖的目标,天然气的实际消费量大幅下降。

5.3.2 中国天然气消费现状及预测

中国天然气消费持续旺盛,对外依存度得到有效控制。2018 年,中国天然气产量为 $1\,601\times10^8\,m^3$,消费量为 $2\,803\times10^8\,m^3$,天然气对外依存度为 42.9%。2022 年,中国天然气产量为 $2\,178\times10^8\,m^3$,消费量为 $3\,663\times10^8\,m^3$,天然气对外依存度为 40.5%。4 年间,在天然气消费量增加 $860\times10^8\,m^3$ 的情况下,对外依存度降低了 2.4%。这主要得益于近年国内天然气产量的快速增长。4 年间,国内天然气净增量为 $577\times10^8\,m^3$,对外依存度的下降也出乎大部分专家的预测。

具体来看,2022 年常规天然气产量为 $1\,338\times10^8\,m^3$,占总自产气量的 61.4%,常规气是天然气生产和稳定增产的主要来源,但增速较为缓和;非常规天然气产量为 $840\times10^8\,m^3$,占总自产气量的 38.6%。非常规气增产较快,其中页岩气的占比最高,页岩气发展态势强劲。未来,非常规气将可能成为中国天然气稳定供应的重要支撑。

未来,中国立足国内增储上产的政策不会改变,大力发展天然气产业,把天然气作为实现绿色转型的桥梁,推动非常规天然气发展将成为增储上产的主要力量。

天然气发展助推能源结构转型。同世界水平相比,我国天然气占一次能源消费比例偏低,但能源结构的特殊性决定了我国天然气消费比例与国外没有可比性。天然气占一次能源消费比例从 2010 年的 4% 增至 2022 年的 8%,10 年间增长一倍,消费量从 $958\times10^8\,m^3$ 增至 $3\,663\times10^8\,m^3$,增长近 4 倍。

在天然气消费结构方面,天然气消费集中在城镇燃气和工业燃气两大领域。二者在 2022 年国内天然气消费总量中分别占比 38% 和 36%,同比增长 12% 和 5%。城镇燃气的增长得益于城市化进程深入、管道等基础设施的完善以及"煤改气"的稳步推进;同时,环保要求推进 LNG 对柴油的替代,全年交通用气增长约为 $43\times10^8\,m^3$,也有力推动了城镇燃气的增长。工业燃气增长主要是环保压力的推动,2020 年是《打赢蓝天保卫战三年行动计划》的收官之年,"煤改气"工程继续有序推行。故在制造业出口订单下滑情况下,工业用气仍实现了正增长。

中国天然气消费预测:"煤降气升"将继续成为中国能源结构调整的显著特征。未来,在城市人口持续增长、环境污染治理力度加大、天然气管网设施日趋完善,以及分布式能源系统快速发展等利好形势下,中国天然气消费黄金发展期将持续到 2030 年或 2035 年;但也因"双碳"目标的提出,多数机构下调了天然气消费预测量。"双碳"目标提出前,按照国务院发展研究中心对中国天然气发展趋势的预测,2030 年中国天然气消费量将达到 $6\,022\times10^8\,m^3$,2035 年将达到 $7\,208\times10^8\,m^3$;"双碳"目标提出后,2030 年天然气预期消费规模下调至 $5\,500\times10^8\sim6\,000\times10^8\,m^3$;之后天然气消费稳步增长,2040 年前后将进入发展平台期,预计在 2040 年达到峰值 $6\,000\times10^8\,m^3$。

在用气增量结构方面,结合中国近年出台的多项天然气相关政策及国家管网正式运营等油气体制改革成果来看,中国未来天然气市场及消费趋势可总结为以下 5 点:

①2020 年,《中央定价目录》将天然气定价从目录中移除,与天然气相关的仅保留油气

管道运输定价,且将"跨省长输管道价格"独立成一个定价项目类别。未来随着供应商、销售商等天然气市场主体增多和市场活跃度的不断提升,天然气下游用户与上游企业直接谈判购气行为将日益增多,有利于工业等用气领域的发展。

②中国"煤改气"工程持续推进,南方供暖居民户数逐年增加,城镇燃气用气在中短期内将持续增长。

③顺应增量配电业务改革,天然气调峰装机将有巨大增长空间。天然气将成为高平电气化能源系统中的重要补充,为电力系统提供保障和支持,发电用气量将进一步上调。

④国家海事局《2020 年全球船用燃油限硫令实施方案》、交通运输部《关于 LNG 动力船试运行通过三峡船闸相关事项的通告》等政策的发布实施,表明未来船舶燃料排放标准趋严。这将加速国际、国内 LNG 动力船的发展。

⑤中国天然气交易平台建设不断推进。中国在国际天然气市场的话语权将进一步增强,同时国内天然气交易的市场化将得到进一步推进,国内外市场的衔接互动将更加紧密,对建立稳定的国内天然气市场有积极推进作用,进一步助推天然气消费。

在上述发展趋势下,中国天然气消费增长将以城镇燃气、工业用气、发电用气为主,船舶用气量增速较快,但短期内绝对用气增量有限,长期用气增量将有显著提升。

5.3.3　"十四五"中国现代能源体系的构建

2022 年 1 月 29 日,由国家发展和改革委员会、国家能源局印发实施的《"十四五"现代能源体系规划》(以下简称《规划》)根据《中华人民共和国国民经济和社会发展第十四个五年规划和 2035 年远景目标纲要》编制,主要阐明我国能源发展方针、主要目标和任务举措,是"十四五"时期加快构建现代能源体系、推动能源高质量发展的总体蓝图和行动纲领。

1)增强能源供应链安全性和稳定性

清洁低碳、安全高效,是现代能源体系的核心内涵,也是对能源系统如何实现现代化的总体要求。《规划》主要从以下 3 个方面推动构建现代能源体系:

①增强能源供应链安全性和稳定性。"十四五"时期,将从战略安全、运行安全、应急安全等多个维度,加强能源综合保障能力建设。《规划》提出,到 2025 年,国内能源年综合生产能力达到 46×10^8 t 标准煤以上,原油年产量回升并稳定在 2×10^8 t 水平,天然气年产量达到 $2\,300 \times 10^8\,m^3$ 以上,发电装机总容量达到约 30×10^{12} kW。

②推动能源生产消费方式绿色低碳变革。"十三五"时期,我国能源结构持续优化,煤炭消费比重下降至 56.8%,非化石能源发电装机容量稳居世界第一。"十四五"时期,重点做好增加清洁能源供应能力的"加法"和减少能源产业链碳排放的"减法",推动形成绿色低碳的能源消费模式。

③提升能源产业链现代化水平。进一步发挥好科技创新引领和战略支撑作用,增强能源科技创新能力,加快能源产业数字化和智能化升级,推动能源系统效率大幅提高,全面提升能源产业基础高级化和产业链现代化水平。《规划》提出,锻造能源创新优势,强化储能、氢能等前沿科技攻关,实施科技创新示范工程。

2）加强能源自主供给能力建设

"十三五"时期,我国能源供应保障基础不断夯实,原油产量稳步回升,天然气产量年均增量超 $100×10^8 m^3$,油气管道总里程达 $17.5×10^4 km$,发电装机容量达 $22×10^{12} kW$,西电东送能力达 $2.7×10^{12} kW$ 。但还是出现电力、煤炭、天然气等供应时段性偏紧的情况。

"十四五"时期,我国能源消费仍将刚性增长,能源保供的压力持续存在。下一步将坚持"立足国内、补齐短板、多元保障、强化储备"的原则,加强能源自主供给能力建设,确保能源供需形势总体平稳有序。

一是着力增强能源供应能力。一方面做好增量,把风、光、水、核等清洁能源供应体系建设好,加快实施可再生能源替代行动。另一方面稳住存量,发挥好煤炭、煤电在推动能源绿色低碳发展中的支撑作用,有序释放先进煤炭产能。根据发展需要,合理建设支撑性、调节性的先进煤电,着力提升国内油气生产水平。

二是加快完善能源产供储销体系。提升能源资源配置能力,做好电网、油气管网等能源基础设施建设,特别是加强电力和油气跨省跨区输送通道建设。建立健全煤炭储备体系,加大油气增储上产力度,重点推进地下储气库、LNG（液化天然气）接收站等储气设施建设,提升能源供应能力弹性。

根据《规划》,"十四五"期间,存量通道输电能力提升 $4\,000×10^4 kW$ 以上。到2025年,全国油气管网规模达到 $21×10^4 km$ 左右;全国集约布局的储气能力达到 $550×10^8 \sim 600×10^8 m^3$,占天然气消费量的比重约13%。

三是加强能源应急安全保障能力。既要加强风险预警,建立健全煤炭、油气、电力供需预警机制,还要做好预案、加强演练,提高快速响应和能源供应快速恢复能力。

我国能源生产消费逆向分布特征明显。我国中东部地区能源消费量占全国比重超70%,生产量占比不足30%,重要能源基地主要分布在西部地区。长期以来,形成了"西电东送、北煤南运、西气东输"的能源流向格局。《规划》从推进西部清洁能源基地绿色高效开发、提升东部和中部地区能源清洁低碳发展水平等方面对能源生产布局和输送格局作出统筹安排。

西部地区化石能源和可再生能源资源比较丰富,要坚持走绿色低碳发展道路,把发展重心转移到清洁能源产业,重点建设多能互补的清洁能源基地,加快推进以沙漠、戈壁、荒漠地区为重点的大型风电光伏基地项目建设。以京津冀及周边地区、长三角等为重点,加快发展分布式新能源、沿海核电、海上风电等,依靠清洁能源提升本地能源自给率。

5.3.4　助力"双碳"目标的实现

随着碳达峰、碳中和目标的正式提出,我国首次在国家层面为各行业低碳化发展指明了方向,企业也纷纷将"双碳"目标纳入发展规划和顶层设计。作为重要的碳排行业之一,能源行业的转型将对我国实现低碳发展的道路产生深远影响。当下,我国不断推进着能源行业改革,能源生产和利用方式正在发生重大、深刻、积极的变化:能源生产和消费结构不断优化,能源利用效率显著提高,生产、生活用能条件明显改善,能源安全保障能力也在持续增强。

1) 能源行业低碳转型路径

对以化石能源开采加工为主的油气行业来说,低碳转型非常关键且富有挑战。未来 10 年,油气仍将是经济增长的重要支柱;长期来看,由于化石能源发展空间显著受限,油气企业将进入向综合能源服务商转型的换挡期。然而,油气企业转型面临融资困境、化石能源项目投资受限等挑战。与此同时,气候目标和政策支持也极大地促进了低碳技术的发展。油气企业可通过稳油增气、效能提升、技术减排、燃料替代、多元布局和市场减排六大举措,促进产业低碳转型。

作为以化石能源开采加工为主的传统行业,油气在能源领域的地位举足轻重,其贯穿全产业链的碳排放量也不容小觑。而油气企业自身重资产、广布局的特性也使得油气行业转型如大象转身,缓慢而富有挑战。在"双碳"目标的背景下,与碳减排密切相关的油气行业势必将进入加速转型变革的新时期。

2) 低碳转型下油气行业的机遇与挑战

(1) 油气短期 10 年仍是重要经济支柱,长期来看发展空间受限

我国经济增长阶段发生根本性转变,由过去的高速增长阶段转为更加可持续的中高速增长阶段。伴随着经济增速的趋缓和环境约束趋严,我国能源消费总量也将于 2035 年达峰后逐渐下降。油气事关我国能源安全,具有战略性意义,且其能量密度高、便于存储和运输等特性,使得油气在运输领域、基础化工领域、城镇化发展等领域的作用难以被快速替代。油气仍将在我国国民经济和社会发展中发挥重要作用。到 2030 年,油气在我国能源消费结构中仍占近 30%。未来 10 年油气仍是经济增长重要支柱。

而后随着低碳转型进入深水区,一次能源消费中化石能源的占比将大幅减小。到 2050 年,油气消费占比将降至 17.8%,长期来看发展空间显著受限。从供给端来看,化石能源行业本身的能源消耗巨大,低碳政策将增加其碳排放成本和生产成本,降低其在能源市场上的竞争力;从需求端来看,低碳政策将增加各行业化石能源的使用成本,从而降低化石能源需求。因此,长期来看,低碳和减排政策的大力实施对化石能源行业将产生重大冲击。

(2) 油气市场不稳定性增加,油气价格在中低位剧烈震荡

过去几年,受各种因素的影响,油气价格大幅下滑并维持低位震荡。未来,在碳中和约束下,温室气体排放约束趋紧,化石能源消费减少。尽管油气供应方将加强对油气供应的协同调控,但油气供过于求的局面将更加显现化,且大概率将不断加剧。因此,长期来看,油气供需基本面保持宽松,油气价格难以恢复高位,短期内受油气需求波动影响,市场价格走势不稳定性增加,剧烈震荡将成常态,油气企业盈利能力将受到巨大影响。

(3) 油气企业转型面临融资困境,但低碳技术前景广阔

油气生产企业融资难度增加。一方面,气候变化行动对资本市场产生深远影响,油气等化石能源项目的投资长期回报不再被看好,直接导致近年来油气公司现金流吃紧,股价持续下滑低迷。另一方面,新冠疫情叠加油价低迷也对油气企业的生产经营造成巨大影

响。化石能源行业融资难度和成本显著上升,现金流和债务管理面临更大挑战。

虽然化石能源项目投资受到限制,但气候目标和政策支持极大地促进了低碳技术的发展。中国油气企业应抓住技术发展机遇期,综合运用自主研发、合作研发、技术引进集成及风险投资等多种方式,积极开展碳捕获和存储、甲烷排放管控等温室气体减排技术研究,充分利用数字化、智能化技术手段提升效能,逐步形成碳减排及新能源关键技术体系,降低气候变化带来的经济损失和发展风险。

3)油气行业低碳转型举措

碳中和时代的到来,需要油气企业重新审视已经积累起来的行业经验和在能源领域的竞争优势,探寻新的可持续发展路径,重构业务链,不断降低产业链的碳排放强度。从油气产业链各环节来看,上游开采以及下游炼油和化工具备较大的减排空间。埃森哲认为,油气行业低碳转型路径可归纳为六大举措,分别是稳油增气、效能提升、技术减排、燃料替代、多元布局和市场减排。

(1)稳油增气,结构减排

短期来看,聚焦核心油气业务。中国油气需求将继续增长,油气企业在未来仍发挥着增储上产主力军的作用。油气田企业应加大国内核心区块的勘探开发力度,提升探明储量动用程度,增强供应体系的稳定性和弹性。同时,充分利用天然气的绿色低碳能源属性,积极提升天然气在产品结构中的占比;持续加大勘探开发力度,推进致密气、页岩气、煤层气等非常规天然气开发;多渠道引进国外天然气资源,推动天然气产量快速增长。

道达尔集团、壳牌公司、埃尼集团、挪威国家石油公司等国际油气企业提供的油气产品中,天然气所占比例已提高至约 50%。道达尔集团提出 2035 年天然气产量占比要达到60%,壳牌公司更是提出了 2030 年后天然气占比要达到 75%的超级计划。

(2)效能提升,直接减排

从整个油气价值链的排放构成分析,除去消耗油气产品产生的碳排外,仍有 36%的排放产生在油气行业企业生产运营环节,主要排放源包括火炬燃放(25%)、工艺放空(9%)以及气体逃逸(2%)(图5.3)。除二氧化碳外,油气的生产运营还会产生甲烷等非二氧化碳温室气体的排放。

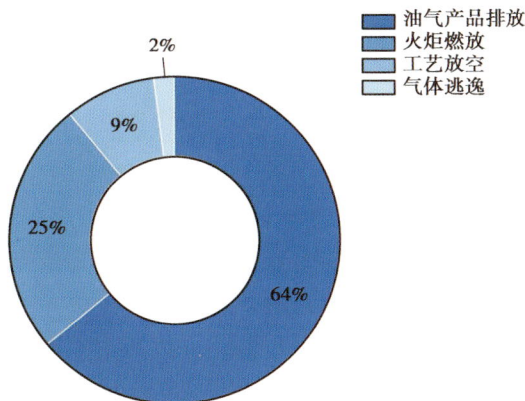

图 5.3 2019 年油气行业温室气体排放构成

为降低生产运营过程中产生的碳排,油气田企业和炼化企业需加大新技术、新装备的使用力度,替换或升级高排放设备;提高火炬气、伴生气等资源的利用效率。同时,在甲烷排放管控方面,减少计划性和逸散性甲烷排放;扩大泄漏监测和修复,及时发现存在泄漏现象的组件,并进行修复或替换,进而实现降低泄漏排放。

(3)技术减排,未来可期

CCUS碳捕集技术可以显著减少开采炼化过程中产生的温室气体排放,抵消无法避免的温室气体排放。油气田企业可通过将二氧化碳注入油层,提高原油采收率的同时,解决二氧化碳封存问题。炼化企业也可通过布局CCUS技术捕捉、利用并存储生产运营过程中产生的二氧化碳。自2000年以来,埃克森美孚已经在减少排放的技术和项目上投资了100多亿美元,其中包括发展碳捕捉和储存技术。作为全球CCUS技术的领导者,埃克森美孚二氧化碳捕集能力为900×10^4 t,在美国、澳大利亚和卡塔尔建有CCUS项目。埃克森美孚于2021年2月成立专业部门负责CCUS技术的商业化,并计划投资30亿美元用于推进未来全球碳捕集与封存项目。中国石化也已经上马了百万吨级CCUS项目。

此外,雪佛龙也向CTV核心基金投资超过3亿美元,其中部分资金将用于发展碳捕集、利用和储存(CCUS)技术;在2021年3月,雪佛龙宣布与斯伦贝谢(Schlumberger)和微软(Microsoft)在加州开发生物能源及碳捕获和封存(BECCS)项目,旨在发展负碳排项目。

(4)燃料替代,清洁用能

油气田企业也应更加注重自身用能结构的优化。油气田企业和运输企业可推广"油改电""油改气"技术,使用电力、天然气替代柴油消耗;同时推进地热、太阳能、风能等新能源利用,替代燃煤、燃油或燃气锅炉供热,建设分布式供电系统,推动能源结构清洁化调整。炼化企业可推广应用余热产气、余热发电、余热供暖技术,提高能源利用率;开展蒸汽、电互供合作,实现热电资源互补和共享;利用闲置空间开展分布式光伏发电。

油气产品终端消耗是主要排放环节。根据国际油气生产者协会(IOGP)统计数据,2019年该部分占比达64%。因此,油气行业企业也需向社会提供更加清洁的终端能源。发展氢能是实现全球能源结构向清洁化、低碳化转型的关键路径之一。油气田企业和炼化企业拥有多年石化产品经验,具备支持氢能相关创新发展的专业知识,现有的输配管道基础设施也为氢气输送提供了物理条件。此外,生物燃料也是推动终端能源清洁化的重要手段,油气田企业和炼化企业可利用餐饮废油、动植物油脂等可再生资源生产生物航空煤油、生物柴油及乙醇汽油,推动石油产品转型升级。

(5)多元布局,势在必行

在立足能源安全的同时,油气田企业应构建多元的能源供应体系,实现由单一化石能源供应商向综合能源服务商转型。油气行业企业加大新能源业务投资,重点布局太阳能发电、风力发电等与油气业务协同发展的新能源业务;同时,可围绕新能源业务进一步推进下游充电站、非油产品零售等清洁多元化业务的有序发展。

国际领先油气企业已纷纷布局相关业务。道达尔集团太阳能发电业务已覆盖全球40多个国家,并在近年大举进军海上风电和储能业务。预计到2050年,其电力产品销售(尤其是可再生能源电力)将占总体业务的40%。壳牌公司也将电力作为未来业务核心,目标是在 2030 年前实现每年 560×10^{12} kW·h 的电力销售,并在近年来陆续收购了欧洲最大的电动汽车充电商之一 NewMotion、储能电池制造商 Sonnen,以及电动汽车充电和管理软件开发商 Greenlots。预计到 2025 年,壳牌公司的电动汽车充电桩将从目前的 6 万扩展到 50 万。

（6）市场减排,积沙成塔

市场减排主要包含碳交易和碳汇等市场手段。油气行业企业可积极参与国家试点地区碳交易,积累市场经验,合理制定交易计划和策略,应对全国碳市场新形势要求,降低履约成本,同时可大力实施林业碳汇,努力实现碳转移(图 5.4)。以中国首个碳中和林——马鞍山碳中和林为例,根据规划,马鞍山碳中和林项目占地面积 510 亩(1 亩 $\approx$ 666.7 m^2),分两期完成:2020 年底完成一期项目建设,二期于 2021 年 4 月下旬正式启动。一期栽植面积 185 亩,栽植乔木 7 700 余株,并取得了天津排放权交易所《碳中和证明书》。

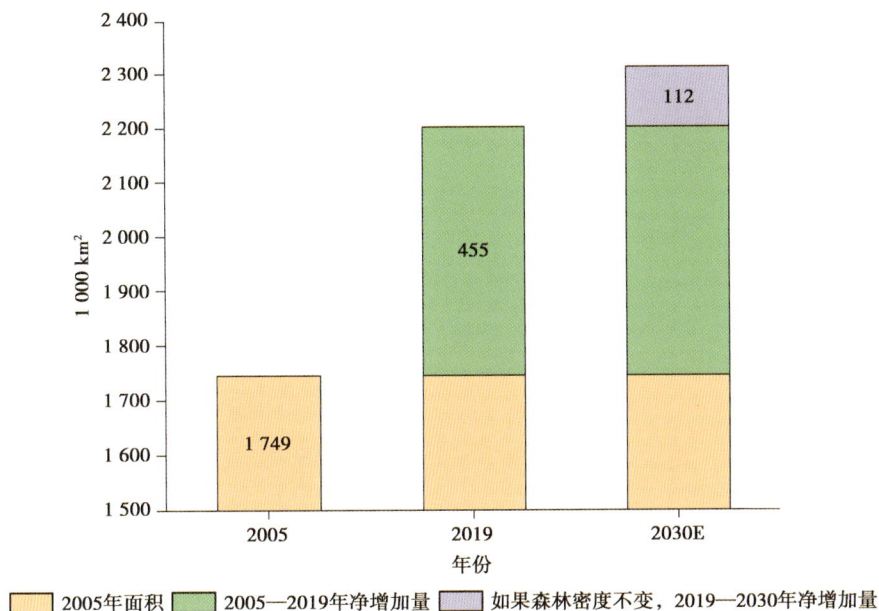

图 5.4　中国森林碳汇面积

当前飞速进步的数字技术带来了构建可持续未来的契机。低碳转型归根到底是数字化转型,助力企业创造并实现新的价值。中国能源企业应将低碳化的数字智能解决方案嵌入企业的核心业务及全产业链,更有效地进行产品组合及运营过程的管理及优化,充分释放减碳价值,实现可持续发展。

明者因时而变,知者随事而制。当前,每家能源企业都在研究如何应对低碳经济,并希望尽快探索出转型道路。虽然此举并非易事,却不可或缺。低碳转型不再是锦上添花,而是能源企业生存的必要条件。未来既来,能源企业也应当适逢其时,以转型应对变局、以创新开拓新局。

参考文献 ▶▶▶▶

[1] 石岩,刘纯发."双碳"目标下开发性金融支持海外天然气资源开发建议[J].开发性金融研究,2022,42(2):54-64.

[2] 郜婕,赵忠德,武松,等.世界典型国家天然气发展历程及对中国的启示[J].国际石油经济,2017,25(8):72-80.

[3] 邹才能,赵群,张国生,等.能源革命:从化石能源到新能源[J].天然气工业,2016,36(1):1-10.

[4] 邹才能,潘松坼,党刘栓.论能源革命与科技使命[J].西南石油大学学报(自然科学版),2019,41(3):1-12.

[5] GIELEN D,BOSHELL F,SAYGIN D,et al. The role of renewable energy in the global energy transformation[J]. Energy Strategy Reviews,2019,24:38-50.

[6] DU X W. Energy revolution:For a sustainable future[J]. Chinese Journal of Population Resources and Environment,2015,13(2):115-118.

[7] SAFARI A,DAS N,LANGHELLE O,et al. Natural gas:A transition fuel for sustainable energy system transformation? [J]. Energy Science & Engineering,2019,7(4):1075-1094.

[8] BUGAJE A A B,DIOHA M O,ABRAHAM-DUKUMA M C,et al. Rethinking the position of natural gas in a low-carbon energy transition[J]. Energy Research & Social Science,2022,90:102 604.

[9] 马新华.天然气与能源革命:以川渝地区为例[J].天然气工业,2017,37(1):1-8.

[10] 陆家亮,赵素平.中国能源消费结构调整与天然气产业发展前景[J].天然气工业,2013,33(11):9-15.

[11] 李萌.浅析天然气应用现状及其利用技术[J].资源节约与环保,2017(12):95.

[12] 华贲."十三五"规划和天然气产业发展前瞻:天然气和非化石能源有可能成为未来的主体能源,必须充分重视天然气在未来能源中所扮演的角色[J].世界石油工业,2016(1):27-30.

[13] AGUILERA R F,AGUILERA R. World natural gas endowment as a bridge towards zero carbon emissions [J]. Technological Forecasting and Social Change,2012,79(3):579-586.

[14] WANG Z,LIU M M,GUO H T. A strategic path for the goal of clean and low-carbon energy in China[J]. Natural Gas Industry B,2016,3(4):305-311.

[15] ZOU C N,YANG Z,HE D B,et al. Theory,technology and prospects of conventional and unconventional natural gas[J]. Petroleum Exploration and Development,2018,45(4):604-618.

［16］刘建亮,杨涵,王小彩. 天然气在英国能源转型中的作用及启示[J]. 国际石油经济,
　　　 2021,29(4):74-82.

［17］胡见义,郭彬程. 天然气是能源低碳化发展的重要阶段和趋势[J]. 中国工程科学,
　　　 2011,13(4):9-14.

［18］周总瑛. 中国天然气资源特点与发展建议[J]. 新疆石油地质,2009,30(6):663-666.

［19］娄钰,潘继平,王陆新,等. 中国天然气资源勘探开发现状、问题及对策建议[J]. 国际
　　　 石油经济,2018,26(6):21-27.

［20］唐红君,吴志均,陆家亮,等. 中国天然气资源潜力分析[J]. 国际石油经济,2011,19
　　　 (6):45-51.

［21］杜灵通. 中国天然气资源的分布特征及勘探前景[J]. 油气地质与采收率,2005,12
　　　 (2):30-32.

［22］郑志红,李登华,白森舒,等. 四川盆地天然气资源潜力[J]. 中国石油勘探,2017,22
　　　 (3):12-20.

［23］王伟锋,刘鹏,郑玲,等. 鄂尔多斯盆地天然气储量和产量预测分析[J]. 天然气地球
　　　 科学,2014,25(9):8.

［24］黄少英,杨文静,卢玉红,等. 塔里木盆地天然气地质条件、资源潜力及勘探方向[J].
　　　 天然气地球科学,2018,29(10):1 497-1 505.

［25］王南,裴玲,雷丹风,等. 中国非常规天然气资源分布及开发现状[J]. 油气地质与采
　　　 收率,2015,22(1):6.

［26］贾爱林,位云生,郭智,等. 中国致密砂岩气开发现状与前景展望[J]. 天然气工业,
　　　 2022,42(1):83-92.

［27］邱振,邹才能.非常规油气沉积学:内涵与展望[J].沉积学报,2020,38(1):1-29.

［28］董大忠,邹才能,戴金星,等. 中国页岩气发展战略对策建议[J]. 天然气地球科学,
　　　 2016,27(3):397-406.

［29］余国合,吴巧生. 中国页岩气开发利用环境效益评估[J]. 中国矿业,2015,24(7):
　　　 24-28.

［30］蔡勋育,赵培荣,高波,等. 中国石化页岩气"十三五"发展成果与展望[J]. 石油与天
　　　 然气地质,2021,42(1):16-27.

［31］徐士林,包书景. 鄂尔多斯盆地三叠系延长组页岩气形成条件及有利发育区预测[J].
　　　 天然气地球科学,2009,20(3):460-465.

［32］陈斐然,陈践发,姜呈馥,等.陆相页岩有机质成分对微纳米孔隙发育影响[C].全国有
　　　 机地球化学学术会议,2015.

［33］张金川,陶佳,李振,等. 中国深层页岩气资源前景和勘探潜力[J]. 天然气工业,
　　　 2021,41(1):15-28.

［34］张道伟. 四川盆地未来十年天然气工业发展展望[J]. 天然气工业,2021,41(8):
　　　 34-45.

［35］郭旭升,胡东风,黄仁春,等. 四川盆地深层-超深层天然气勘探进展与展望[J]. 天然

气工业,2020,40(5):1-14.

[36] 王顺玉,李兴甫.威远和资阳震旦系天然气地球化学特征与含气系统研究[J].天然气地球科学,1999,10(3):63-69.

[37] 王兰生,李子荣,谢姚祥,等.川西南地区二叠系碳酸盐岩生烃下限研究[J].天然气地球科学,2003,14(1):39-46.

[38] 魏国齐,刘德来,张林,等.四川盆地天然气分布规律与有利勘探领域[J].天然气地球科学,2005,16(4):437-442.

[39] 唐立章,张贵生,张晓鹏,等.川西须家河组致密砂岩成藏主控因素[J].天然气工业,2004,24(9):5-7,1.

[40] 朱光有,戴金星,张水昌,等.中国含硫化氢天然气的研究及勘探前景[J].天然气工业,2004,24(9):1-5.

[41] 朱光有,戴金星,张水昌,等.含硫化氢天然气的形成机制及分布规律研究[J].天然气地球科学,2004,15(2):166-170.

[42] 黄籍中.再论四川盆地天然气地球化学特征[J].地球化学,1990,19(1):32-43.

[43] 戴金星.中国含硫化氢的天然气分布特征、分类及其成因探讨[J].沉积学报,1985(4):109-120.

[44] 张子枢.四川碳酸盐岩气田的硫化氢[J].石油实验地质,1983(4):304-307.

[45] 戴金星,倪云燕,董大忠,等."十四五"是中国天然气工业大发展期:对中国"十四五"天然气勘探开发的一些建议[J].天然气地球科学,2021,32(1):1-16.

[46] 贾爱林,何东博,位云生,等.未来十五年中国天然气发展趋势预测[J].天然气地球科学,2021,32(1):17-27.

[47] 张金川,金之钧,袁明生,等.油气成藏与分布的递变序列[J].现代地质,2003,17(3):323-330.

[48] 金涛,白蓉,郭蕊莹,等.四川盆地侏罗系常规与非常规油藏类型探讨[J].天然气与石油,2021,39(3):73-81,124.

[49] 李国辉,苑保国,朱华,等.四川盆地超级富气成因探讨[J].天然气工业,2022,42(5):1-10.

[50] 冉隆辉.论四川盆地天然气勘探前景[J].天然气工业,2006,26(12):42-44,194-195.

[51] 韦先海.四川盆地天然气资源开发利用保护现状及对策[J].天然气技术与经济,2002(3):43-46.

[52] 董大忠,高世葵,黄金亮,等.论四川盆地页岩气资源勘探开发前景[J].天然气工业,2014,34(12):1-15.

[53] 马新华,徐春春,李国辉,等.四川盆地二叠系火成岩分布及含气性[J].石油勘探与开发,2019,46(2):216-225.

[54] 马新华,杨雨,张健,等.四川盆地二叠系火山碎屑岩气藏勘探重大发现及其启示[J].天然气工业,2019,39(2):1-8.

[55] 文龙,李亚,易海永,等.四川盆地二叠系火山岩岩相与储层特征[J].天然气工业,

2019,39(2):17-27.

[56] 马新华,杨雨,文龙,等. 四川盆地海相碳酸盐岩大中型气田分布规律及勘探方向[J]. 石油勘探与开发,2019,46(1):1-13.

[57] 杨雨,黄先平,张健,等. 四川盆地寒武系沉积前震旦系顶界岩溶地貌特征及其地质意义[J]. 天然气工业,2014,34(3):38-43.

[58] 黄阳,张彩,杨家静,等. 四川盆地裂缝型油气藏确权含油气面积的确定[J]. 天然气勘探与开发,2020,43(1):16-21.

[59] 杨光,石学文,黄东,等. 四川盆地龙岗气田雷四亚段风化壳气藏特征及其主控因素[J]. 天然气工业,2014,34(9):17-24.

[60] 杨跃明,陈聪,文龙,等. 四川盆地龙门山北段隐伏构造带特征及其油气勘探意义[J]. 天然气工业,2018,38(8):8-15.

[61] 马新华. 四川盆地南部页岩气富集规律与规模有效开发探索[J]. 天然气工业,2018,38(10):1-10.

[62] 杨光,朱华,黄东,等. 四川超级富气盆地特征及油气勘探潜力[J]. 天然气勘探与开发,2020,43(3):1-7.

[63] 徐春春,沈平,杨跃明,等. 四川盆地川中古隆起震旦系—下古生界天然气勘探新认识及勘探潜力[J]. 天然气工业,2020,40(7):1-9.

[64] 李建忠,董大忠,陈更生,等. 中国页岩气资源前景与战略地位[J]. 天然气工业,2009,29(5):11,16,134.

[65] 陆家亮,赵素平,孙玉平,等. 中国天然气产量峰值研究及建议[J]. 天然气工业,2018,38(1):1-9.

[66] 万吉业. 石油天然气"资源量—储量—产量"的控制预测与评价系统[J]. 石油学报,1994,15(3):51-60.

[67] 张劲,黄炳光,王怒涛,等. 利用产量预测模型确定油气田合理储采比[J]. 内蒙古石油化工,2008,34(12):147-148.

[68] 李明葵. 辽河油区合理储采比的确定[J]. 特种油气藏,2005,12(3):53-54,63-109.

[69] 李宏勋,王海军. 基于改进灰色模型的我国天然气产量预测研究[J]. 河南科学,2014,32(5):872-876.

[70] 周相广,帅训波,吴兵. 基于改进灰色模型的天然气产量预测[J]. 天然气技术,2008(4):70-72,80.

[71] 周猛. 灰色预测模型优化方法及其在中国页岩气产量预测中的应用[D]. 重庆:重庆工商大学,2020.

[72] 薛亮,顾少华,王嘉宝,等. 基于粒子群优化和长短期记忆神经网络的气井生产动态预测[J]. 石油钻采工艺,2021,43(4):525-531.

[73] 郭超. 基于神经网络的页岩气藏产量评估方法[J]. 中国石油和化工标准与质量,2021,41(3):1-2,8.

[74] 宋尚飞,洪炳沅,史博会,等. 基于人工神经网络的天然气井产量计算方法研究[J].

石油科学通报,2017,2(3):413-421.

[75] 余果,李海涛,陈艳茹,等. 四川盆地中部古隆起震旦系气藏产量增长趋势预测[J]. 天然气勘探与开发,2022,45(1):1-7.

[76] 陈艳茹,余果,邹源红,等. 基于指数与倍数修正系数的天然气产量预测方法优化[J]. 天然气技术与经济,2021,15(1):83-88.

[77] 何琛,陆家亮,唐红君,等. 改进的天然气储产量生命旋回预测模型[J]. 天然气工业,2010,30(4):54-57,142.

[78] 秦莉,雷玲,王屿涛,等. 准噶尔盆地天然气产量增长趋势及加快发展策略[J]. 新疆石油天然气,2014,10(1):55-61.

[79] 翁文波. 预测论基础[M]. 北京:石油工业出版社,1984.

[80] 陈元千,胡建国. 对翁氏模型建立的回顾及新的推导[J]. 中国海上油气(地质),1996(5):317-324.

[81] 赵旭东. 用Weng旋回模型对生命总量有限体系的预测[J]. 科学通报,1987,32(18):1 406-1 409.

[82] LAHERRERE J. Forecasting future production from past discovery[J]. International Journal of Global Energy Issues,2002,18(2/3/4):218-238.

[83] 周鹏,陈明,王庆勇,等. 预测油气田产量和可采储量的广义Weibull模型[J]. 大庆石油地质与开发,2017,36(5):93-97.

[84] 陈元千,赵庆飞. 预测油气田剩余可采储量和储采比的方法[J]. 中国海上油气,2005,17(4):242-244.

[85] KAUFMANN R K,CLEVELAND C J. Oil production in the lower 48 states:Economic,geological,and institutional determinants[J]. The Energy Journal,2001,22(1):27-49.

[86] CLYNCH M. Petroleum resources pessimism debunked in Hubbert model and Hubbert modelers'assessment[J]. Oil and Gas Journal,2003,101(27):38-47.

[87] 陈元千,李从瑞. 广义预测模型的建立与应用[J]. 石油勘探与开发,1998,25(4):38-41.

[88] 陈元千,田建国. 哈伯特二次函数的推导与应用[J]. 新疆石油地质,1998,19(6):502-506.

[89] 胡建国,陈元千. 预测油气田产量和可采储量新模型[J]. 低渗透油气田,1997,(4):37-42.

[90] 张家青. 全球主要天然气田分布及其地质特征[J]. 内蒙古石油化工,2010,36(24):6.

[91] 白国平,郑磊. 世界大气田分布特征[J]. 天然气地球科学,2007,18(2):7.

[92] CHONG Z R,YANG S H B,BABU P,et al. Review of natural gas hydrates as an energy resource:Prospects and challenges[J]. Applied Energy,2016,162:1633-1652.

[93] XIONG W W,YAN L,WANG T,et al. Substitution effect of natural gas and the energy consumption structure transition in China[J]. Sustainability,2020,12(19):7853.

［94］ECONOMIDES M J,WOOD D A. The state of natural gas［J］. Journal of Natural Gas Science and Engineering,2009,1(1/2):1-13.

［95］MACDONALD G J. The future of methane as an energy resource［J］. Annual Review of Energy,1990,15(1):53-83.

［96］方一竹,余果,李海涛,等. 采气速度对气田产量峰值预测模型的影响分析［J］. 石油化工应用,2020,39(2):17-22.

［97］余果,方一竹,刘超,等. 改进峰值天然气产量预测模型在四川盆地的应用［J］. 天然气技术与经济,2020,14(2):34-39.

［98］王宁,王凯全. 城市天然气管线风险评价［C］.国际安全科学与技术学术研讨会,2006.

［99］巩艳芬,张爱芬. 深层天然气开发风险评价与控制［J］. 辽宁工程技术大学学报(社会科学版),2009,11(3):243-245.

［100］姚玉萍,石向京,汪玉春,等. 天然气集输管网规划方案评价［J］. 油气田地面工程,2010,29(10):34-36.

［101］苏欣,冯琦,章磊,等. 浙江省天然气管网规划布局［J］. 油气储运,2009,28(5):4-16.

［102］马永生,郭旭升,郭彤楼,等. 四川盆地普光大型气田的发现与勘探启示［J］. 地质论评,2005,51(4):477-480.

［103］黄籍中,冉隆辉. 四川盆地震旦系灯影灰岩黑色沥青与油气勘探［J］. 石油学报,1989,10(1):27-36.